ADHD
원서3판 학교상담

ADHD in the Schools (3rd ed.)
Assessment and Intervention Strategies

George J. DuPaul · Gary Stoner 공저 | 김동일 역

학지사

2013년 정부(교육부)의 재원으로 한국연구재단의 지원을 받아 수행되었음
(NRF-2013S1A3A2055007)

역자 서문

이 책은 학교 현장에서 흔히 만날 수 있는, 문제행동을 보일 가능성이 가장 높은 학생들을 대상으로 한 학술적·실제적 작업을 담고 있다. ADHD 학생은 활동 수준이 높아 끊임없이 움직이기 때문에 제자리에 앉아서 공부하는 일이 드물고, 과잉행동, 충동성, 부주의 등의 특징을 보인다. 우리나라에서도 그동안 ADHD에 대한 이해는 크게 높아졌지만 ADHD 아동이 학교에서 잘 적응하고 지내기에는 여전히 많은 어려움이 있다. 학교 현장에서 모든 교육 전문가가 ADHD 학생을 이해할 수 있고, 이들에 대한 효과적인 진단·교육·평가 역시 개발되어 적용될 수 있기를 지속적으로 바라는 마음으로 이 책을 번역하였다.

13년 전인 2003년 미국 캘리포니아 주의 라호이아에서 개최된 Pacific Coast Research Conference(PCRC)의 한 워크숍에서 George J. DuPaul과 Gary Stoner 박사를 직접 만났던 인연으로 지난 2007년 이미 이 책의 2판을 국내에 소개하였으며, 이어서 3판을 같이 읽어 볼 소중한 기회를 갖게 되었다. 이 책의 목적은 학교의 현장 전문가들에게 ADHD 학생의 평가와 상담·중재에 관한 표준 지침을 제시하는 것이다. 특히 이 책에서는 경험과학적으로 타당한 증거가 있으면서 교육 현장에 적용할 수 있는 평가와 중재 기법을 제안하고자 하였다. 이번 3판에서는 학생의 발달 과정을 고려하여 학교 환경에 따라 효과적인 평가와 중재 기법을 포함한 새로운 내용을 추가하였으며, 다루는 범위도 확대하였다. 그러나 여전히 번역서라는 한계로 문화적 차이 때문에 저자의 설명과 개념이 제대로 전달되지 않는 부분이 있을 수 있으므로 미리 독자 여러분의 조언을 부탁드리며, 부족한 부분은 추후 보완해 나가고자 한다.

돌아보건대, 여성가족부 산하 전문상담기관인 한국청소년상담복지개발원의 청소년상담사 연수 과정 및 교육부 산하 국립특수교육원의 연수 과정에서 강의하며 이 책을 전체적으로 이해하는 기회를 가지게 되었다. 그간 강의를 제공한 담당자와 수강한 카운슬러 및 교사들에게 깊은 감사의 말씀을 전한다. 무엇보다도 이 책을 같이 읽으면서 토론에 참여하였던 서울대학교 대학원 특수교육전공 연구원들에게 고마움을 전하며, 마지막 원고 교정을 도와준 장세영, 안지영, 안예지 선생의 노고를 기억하고자 한다.

2016년 9월
오름 김동일

추천의 글

주의력결핍 과잉행동장애(ADHD)는 많은 학생에게 영향을 미치는 문제로 현재 미국에서 가장 흔하게 진단받는 심리적 장애다. 세계적으로 학령기 아동 중 유병률은 5%로 추정되지만 최근 미국의 연구자들은 ADHD로 진단을 받거나 의심되는 학령기 아동의 출현율이 10% 이상이라고 보고하였다.

ADHD는 이후 사회에서도 심각한 문제를 보인다. 이것은 만성적이고 평생에 걸쳐 나타나는 장애로, ADHD를 지닌 개인은 낮은 학업 성취, 학습장애, 품행장애, 우울증 등과 같은 일련의 심각한 문제에 더 큰 위험성을 지닌다. 더불어 이들은 사회적 환경에서 심각한 어려움에 부딪힐 수 있는데, 이는 사회적 고립을 초래할 수 있다. ADHD 아동은 사춘기에 접어들었을 때 다른 또래 친구들보다 구속되거나 성병에 걸리거나 다양한 차 사고를 경험할 가능성이 있다. 어떤 증상은 시간이 지나면서 완화되기도 하지만 핵심 문제는 성인이 될 때까지 지속된다. ADHD 성인은 일반 성인에 비해 불완전한 고용 상태에 있거나 실직 상태에 있을 가능성이 높다.

미국에서는 ADHD 직접 경비(의료 비용, 교육 서비스 비용)를 연간 약 50조 원으로 추정한다. 간접 경비(ADHD를 지닌 가족 구성원으로 인한 작업 시간의 손실과 같은)는 수량화하기는 어렵지만 더 높을 것이다. 요컨대, ADHD는 확실하게 개인적·사회적·경제적 문제를 일으킨다.

예상할 수 있듯이, ADHD는 역사상 가장 활발하게 연구된 정신장애다. 온라인 데이터베이스 검색을 통해 ADHD의 다양한 양상을 다룬 과학 논문을 1만 편 이상 찾아볼 수 있다. 또한 ADHD는 대중매체의 엄청난 관심을 받고 있는데, 주기적으로 뉴스나 기사 등 각종 미디어의 표제로도 자주 나타난다. 그러나 이만큼의 관심도 인터넷에서 찾을 수 있는 자료에 비하면 아무것도 아니다. 정말로 ADHD에 관한 정보의 양은 엄청나다. 불행하게도 유명 매체나 인터넷에서 보여 주는 ADHD는 과장되거나 대표성을 띠지 못하고 있다. 대중매체는 종종 극적인 성공 또는 실패를 보인 첫 사례자의 이야기에 집중하는데, 그들은 희망을 기록하지만 이례적으로 어떻게 ADHD를 극복했는지 설명하고, 정반대로 ADHD의 더욱더 심각한 문제들이 그들에게 어떻게 이어지는지를 기록한다. 웹사이트는 마치 시계가 정기적으로 움직이듯 곧 다음의 만병통치약으로 대체될 최신의 '기적의 치료'를 퍼뜨리고 다닌다. 한편, 어떤 기사들은 확인되지 않은 ADHD의 원인을 보도하기도 한다.

보도나 방송은 일반적으로 논쟁에 초점을 맞추고 있다. ADHD가 진짜인지 꾸며 낸 것인지의 여부 혹은 과학적 지식의 '불확실성(uncertainties)'을 둘러싼 분쟁에 집중하는 소수 무리(cottage industry)가 있다. '불확실성'은 종종 이러한 무리들이 직접 만든 안건을 통해 전부 만들어진다. 결과적으로 ADHD는 미스터리에 싸인 것 같고, 많은 사람이 ADHD가 무엇인지 확실하게 알지 못하며, 어떻게 그것이 개인이나 궁극적으로 사회에 영향을 주는지 알지 못한다. 아마도 이런 이유로 ADHD에 대한 오개념이 미신과 같은 지위를 얻는데, 이는 계속해서 반복되고, 설득력을 만들어 가며, 비현실적이기까지 하다. 불행하게도 이러한 미신들은 ADHD에 대한 인식과 교육자들의 ADHD에 대한 반응에 영향을 줄 수 있다.

과학자들이 ADHD의 현상을 확실하게 이해하지 못한 것은 사실이다. 이는 ADHD가 복잡하고 다면적인 장애이기 때문이다. ADHD 아동은 동일한 진단을 받음에도 불구하고 매우 이질적인 집단이다. 추가적으로 부모 또는 교사가 아동의 요구와 기대가 서로 다른 환경에서 아동을 관찰하기 때문에 이들은 아동의 문제에 대해 각기 다른 의견을 주장한다.

정보(그리고 잘못된 정보)의 과부하와 복합성의 결합은 ADHD 치료의 최전선에 있는 교육자에게 심각한 문제를 제기한다. ADHD 아동과 청소년은 매년 1,000시간 이상을 학교에서 보낸다. 다른 전문가들은 교육자가 가지는 시간에 비해 대단히 적은 시간 동안에만 ADHD 학생을 만난다. 학교에서의 성공은 이러한 학생들에게 중요하며, 이것은 달성 가능한 목표다. 하지만 이것은 쉽게 이루어지지 않고 교육자들에게 학교에서 학생의 수행에 영향을 미치는 ADHD의 핵심 요소에 대한 확실하고 과학적인 정보를 가질 것을 요구한다.

George J. DuPaul과 Gary Stoner는 ADHD와 관련하여 교육자들이 믿을 만한 정보를 가질 필요성을 확실히 잘 알고 있다. 현장에서의 나의 경험에 따르면 나는 어느 누구도 이러한 정보를 제공할 수 있는 자격을 갖추고 있지 않다고 생각한다. 두 저자는 학교와 ADHD 분야의 출중한 학자들에게 환영받는다. 두 저자는 학교에서 수십 년간 실용적 경험과 ADHD 학생의 평가 및 치료에 대한 연구를 하였다. 교육자들은 이러한 학생들과 함께 성공적으로 일하기 위해 필요한 ADHD의 중요한 지식에 민감하게 반응한다. 가장 중요한 것은, 제공된 모든 정보는 최고이자 최신의 과학적 증거를 기반으로 하고 편견과 다른 외부의 의견에 자유롭다는 것이다. 저자들의 관심은 확실히 교육자들에게 가장 정확하게 이용 가능한 정보를 주제에 맞게 제공하는 것이다.

이 책에서 저자들은 독자를 잠재적 독자로 제한하거나 중요한 정보를 아끼지 않고 정보의 바다에서 감당할 수 있는 양을 추출하였다. 저자들은 ADHD를 둘러싼 논란 및 오류에 대한 훌륭한 치료제와 함께 배경지식을 제공하며, ADHD의 선별과 평가 그리고 그 과정에서의 학교의 역할을 논의하였다. 자세한 중재 파트에서는 ADHD 학생에게 일반적으로 나타나는 문제들을 어떻게 효과적으로 다룰 것인지에 대한 정보를 교육자들에게 제공해 준다. ADHD 치료에서 가장 논쟁이 되고 있는 부분인 약물치료는 매우 균형적인 방식으로 제시된다. 또한 저자들은 치료에서 중요한 요인인 ADHD 학생의 부모와 함께 일하는 방법을 제공한다.

3판인 이 책은 교육자들을 위하여 매우 중요한 참고문헌을 포함하였다. 이 책은 ADHD 학생을 가르치는 교사들에게 없어서는 안 되는 책이다. 다시 한 번 매우 귀중한 자료를 제공한 저자들이 인정받을 필요가 있다고 하겠다.

네브래스카 주립대학교 링컨 캠퍼스 특수교육 및 의사소통장애 전공 교수

Robert Reid, Ph.D.

저자 서문

학교에서 산만하고 수업을 방해하는 학생들은 교사와 상담자에게 커다란 도전이다. 실제로 교실에서 행동 조절에 어려움을 보이는 많은 아동과 청소년이 ADHD로 진단된다. ADHD 학생은 지속적인 학업 부진, 반사회적 문제행동 및 또래, 부모, 교사와의 관계에서 문제를 보일 위험이 높다. 전통적으로 ADHD는 소아과 의사나 임상심리학자와 같은 병원의 의료 전문가들이 진단하고 치료해 왔다. ADHD 아동과 청소년이 학교에서 매우 어려움을 겪는다는 사실로 인하여 최근 교육 전문가들이 ADHD 학생들의 요구에 보다 많은 관심을 기울이고 있다. 특히 ADHD 학생들에 대한 특수교육 적격성을 명시한 미국 연방정부의 규정에 따르면, 교사가 학교에서 ADHD 학생을 평가하고 치료할 수 있도록 연수를 받게 하고 있다. 이 책의 목적은 학교상담 및 현장 전문가들이 ADHD 아동과 청소년을 이해하고 치료하는 데 도움을 주는 것이다.

1994년에 이 책의 1판이 출판되었을 때 ADHD 아동과 청소년에 관련된 연구와 평가 활동은 주로 소아과 의사, 정신과 의사, 임상 기반 심리학자의 영역이었다. 소수의 학교 기반 연구를 통해서만 ADHD 아동의 활동, 기능, 발달에 대한 연구가 이루어졌다. 그 이후로 이러한 상황은 바뀌었다. 우리는 학교 기반 연구자, 경험적 조사, 학교 기반 문제와 관련하여 ADHD가 연구 논문에서 전문 학회의 주제로 널리 퍼지게 되었다고 본다. 3판에서 우리는 부모, 지역사회 현장 전문가, 교사가 팀으로 함께 노력해야 한다는 것을 인식하여 ADHD와 관련된 문제를 학교 기반으로 생각해 보려고 한다. 특히 우리는 ① ADHD 학생을 진단 및 평가하는 방법, ② ADHD 학생에 대한 교실 중재 프로그램을 개발하고 실시하는 방법, ③ ADHD 위험군에 있는 어린 학생들을 위해 조기에 진단하고 중재를 제공하는 방법, ④ ADHD를 치료하기 위해 각성제를 사용할 때 의사와 의사소통하고 의사를 돕는 방법에 초점을 두었다.

3판에서는 학교상담 전문가가 포괄적으로 ADHD를 이해하고 다룰 수 있도록 ADHD의 주요 분야에서의 최신 정보를 새롭게 추가하였다. 더불어 ADHD 대학생을 위한 평가와 중재 전략을 설명하고, 이와 관련하여 행동장애의 확장된 영역을 제공할 뿐만 아니라 중등학교 ADHD 학생의 평가 및 치료 접근 방법을 제공한다.

이 책은 학교심리 전문가, 상담교사, 행정가, 일반교사, 특수교사 등을 포함하는 다양한 학교 현장 전문가의 요구에 부응하고자 한다. ADHD 학생은 학교 장면에서 만날 수 있고 이들이 여러 가지 어려움을 경험하고 있다는 것을 이해한다면, 이 책은 모든 교육 전문가에게 의미가 있을 것이다. 또한 관련 분야의 대학원생도 이 책을 통해 ADHD를 잘 이해할 수 있기 바란다. 이것은 ADHD 아동과 청소년을 위한 학교 기반 실제, 서비스, 지원이 지속해서 나아갈 수 있도록 하는 데 기여하기 위한 우리의 시도다. 우리는 진심으로 이 책이 독자에게 학교에서의 ADHD에 대한 전문적 관점을 제공하고, ADHD 학생들에게 서비스를 제공하는 모든 사람의 전문적 작업에 영향을 미칠 수 있기를 바란다.

George J. DuPaul · Gary Stoner

차 례

제1장 ADHD의 개관 … 17

제2장 학교에서의 ADHD 평가 … 47

제1장

ADHD의 개관

에이미, 4세

에이미는 어머니, 양아버지, 두 살 된 남동생과 살고 있는 네 살 난 여자아이다. 에이미는 주 4회 오전 동안 교회 부설 보육원에 간다. 에이미의 어머니는 에이미가 영아였을 때부터 '골칫거리'였다고 말한다. 급작스러운 복통을 일으키거나 자주 울고, 계속 안고 있어야만 했다. 11개월쯤 에이미가 걷기 시작하였을 때 과잉행동 수준이 증가하였고, '항상 모든 물건에 덤벼들었다.' 에이미가 두 살 때, 한번은 부엌 개수대에서 발견한 세척제를 마시고 응급실에 간 적도 있다. 에이미가 여러 어린이집과 보육시설에서 퇴소된 이유도 과도한 활동 수준과 짧은 주의집중 시간 그리고 또래에 대한 신체적 공격성 때문이었다. 비록 글자와 숫자를 배우기 시작하긴 했지만, 어머니와 교사는 읽기 또는 학습 활동을 위해 에이미가 조용히 앉아 있게 할 수 없었다. 에이미가 좋아하는 것은 거칠게 뒹구는 것이었고, 앉아서 해야 하는 집중 활동(예: 그리기, 색칠하기)을 하라고 하면 에이미는 상당히 힘들어하고 반항하였다.

그레그, 7세

그레그는 7세로 초등학교 일반학급의 1학년 학생이다. 부모에 따르면, 처음 유아원을 다니기 시작한 3세까지는 신체적 발달과 심리적 발달에서 '정상'이었다. 유치원 교사는 그레그의 주의집중 시간이 짧고, 집단 활동을 할 때 한자리에 앉아 있기 힘들어하고, 대화에 갑자기 끼어든다고 보고하였다. 이러한 행동은 집에서도 점점 더 뚜렷해졌다. 최근 그레그의 학교 성적은 모든 과목에서 중간 정도다. 그렇지만 주의집중 곤란, 충동성, 산만한 행동의 문제를 계속 보이고 있다. 이러한 행동은 그레그가 교사의 말을 경청하거나 자습을 할 때 더욱 자주 나타난다. 담임교사는 주의력과 행동이 조절되지 않으면 학업에서도 문제가 나타날 것이라고 걱정하고 있다.

토미, 9세

토미는 초등학교 4학년 남학생으로, 전일제 '정서장애' 특수학급에서 교육을 받고 있다. 어머니는 토미가 유아 때부터 다루기 힘든 아이였다고 말한다. 유치원에서 토미는 매우 활동적이었지만(가구에 올라가고, 심하게 뛰어다니고, 조용히 앉아 있는 때가 거의 없는), 어머니의 말은 통 듣지 않았다. 또한 타인에 대해 언어적으로나 신체적으로 공격적이어서 또래들과 관계를 형성하는 데 만성적인 어려움을 겪고 있다. 그래서 또래의 친구가 거의 없고 더 어린 아이들과 노는 경향이 있다. 토미는 허락도 없이 소리를 지르고, 교사 앞에서 욕을 하고, 과제를 하지 않으려고 하는 등의 산만한 행동과 학업 문제 때문에 2학년 때부터 정서장애 특수학급에 가게 되었다. 작년 한 해 동안 토미의 반사회적 행동은 심각하게 증가하였다. 가게에서 여러 번 물건을 훔치다가 잡히고, 남아용 화장실을 파손시켜 정학을 당하기도 했다. 매우 구조화된 특수학급에서조차 토미는 과제를 수행하고 교실 규칙을 지키는 데 어려움을 겪고 있다.

리사, 13세

리사는 대부분의 교육을 일반학급에서 받아 온 중학교 2학년의 13세 여학생이다. 8세에 실시한 심리교육적 평가에서 일주일에 3시간씩 학습도움실에서 수학 수업을 받아야 하는 수학 '학습장애'로 진단되었다. 또한 수학 기능의 문제와 함께 5세 이후부터 주의집중에 심각한 어려움을 보이고 있다. 특히 공상이나 딴생각을 지나치게 많이 하고, 가정이나 학교에서 노력해야 마칠 수 있는 과제들을 하지 않고 내버려 두곤 하였다. 부모와 교사는 리사가 과제에 대한 지시를 잘 잊는데, 특히 복잡한 여러 단계의 과제일 때 더욱 그렇다고 보고한다. 한때는 부주의 문제가 수학 학습장애 때문이라고 생각되기도 하였다. 그러나 (수학 시간만이 아니라) 대부분의 수업 시간에 그러하기 때문에 수학 학습장애로 보기 어렵고, 이러한 부주의행동이 초등학교에 입학하기 전부터 나타났다고 했다. 그리고 종종 '반응이 매우 느리고' 대인관계에서도 말이 없는 경우가 많다고 하였다.

로베르토, 17세

로베르토는 17세의 고등학교 1학년 남학생이다. 로베르토는 초등학교를 다니는 동안 2번이나 유급하였고, 학업을 따라가는 데 몹시 힘들어했다. 담당했던 교사들은 로베르토가 참을성이 없고 방해행동을 하며, 불안정하고 동기가 부족하다고 평가했다. 로베르토는 학업과 행동의 어려움으로 학습도움실에 배치되었고, 개인 상담과 시간제 특수학급 등 다양한 특수교육 서비스를 받아 왔다. 그리고 학교 교사들은 로베르토의 부모에게 지역사회 중심 상담 서비스에 참여하고 약물과 관련하여 의사와 상의해 보라고 권고하였지만, 일관성 있는 서비스를 받지는 않았다. 로베르토의 장애로 인한 문제는 더 심해졌고, 그가 지역의 폭력집단에 가담함으로써 더욱 복잡해졌다. 그는 절도와 기물 파손 등으로 2번씩 체포되었고, 자주 무단결석을 하였다. 로베르토는 부모에게 고등학교를 그만두고 직업을 가지겠다고 여러 번 이야기하곤 했다.

제프, 19세

제프는 사립대학교 2학년에 재학 중인 19세의 대학생이다. 그는 초등학생 때 자신의 잦은 부주의한 행동과 충동성 때문에 ADHD 복합형으로 진단받았다. 제프의 ADHD 증상은 그의 부모와 교사가 실시한 약물과 행동 전략으로 어느 정도 통제 가능한 수준이었다. 그 결과, 제프는 수업을 준비하고 시험공부를 하느라 힘들기는 했지만 모든 학업 영역에서 평균 이상의 점수를 받을 수 있었다. 그는 시험을 칠 때 추가 시간과 과제를 줄여 주는 등의 편의를 제공받았다. 지원과 추가 시간으로 제프는 SAT에서 경쟁력 있는 점수를 받았고, 여러 대학에 지원할 수 있었다. 그가 대학교에 적응하기 위해서는 높은 독립성과 자기통제 수준이 요구되었다. 장애학생지원센터는 제프에게 학습도우미와 조직 기술에 대해 지도해 주었다. 또한 그는 계속해서 교육적 편의를 제공받았다. 제프는 과목마다 학점에 차이가 있기는 하지만 전체 학점이 2.5 정도다.

이상의 여섯 학생은 상당히 달라 보이지만, 공통적으로 주의집중의 곤란, 특히 학교에서 제시하는 과제와 집에서 해야 할 것들에 대한 주의력 부족 등의 측면에서는 공통점을 갖는다. 더욱이 주의력결핍 문제를 가진 대부분의 아동은 충동성과 과잉행동도 함께 보인다. 지나친 부주의(inattention), 충동성(impulsivity)과 과잉행동(overactivity)의 문제를 보이는 아동에 대한 최근의 정신병리학적 용어는 주의력결핍 과잉행동장애(attention-deficit hyperactivity disorder: ADHD)다(American Psychiatiric Association, 2013). 이 사례에서도 알 수 있듯이, ADHD라는 용어는 유치원에서 대학교에 이르기까지 실제적으로 모든 교육 장면에서 만날 수 있는 다양한 아동·청소년에게 적용된다.

이 장에서는 ADHD에 대해 간략하게 살펴볼 것이다. 특히 ADHD의 출현율, ADHD 아동의 학교 관련 문제, 관련된 적응상의 곤란, ADHD 아동의 유형을 구분하는 방법, ADHD의 원인, 증상의 심각성에 영향을 미치는 환경 요인, 장기적 예후 등에 관한 정보를 소개할 것이다. 이러한 배경 자료는 ADHD를 위한 학교 기반 중재와 중재 전략을 구안하는 데 도움이 될 수 있다. 이러한 배경적인 자료는 이후 ADHD를 위한 학교 기반 중재와 치료 전략을 다룰 이후 장들을 위한 맥락적 정보를 제공한다.

ADHD의 출현율

출현율 조사에 의하면, 미국 아동은 약 3~7%가 ADHD로 진단되며(Centers for Disease Control and Prevention[CDC], 2010; Froehlich et al., 2007) 전 세계적으로는 평균 6.8%다(Centers for Disease Control and Prevention, 2013). 20여 명의 학생으로 학급이 구성된다면, 한 학급에 한 명 정도는 ADHD로 진단될 수 있다. 결과적으로, 주의력과 행동의 문제를 가진 아동이 학교심리 전문가와 다른 교육 및 정신건강 전문가에게 의뢰되는 경우가 빈번하다. 여학생에 비해 남학생이 더 많다는 결과가 병원에 의뢰된 표본(약 6:1)과 지역사회에 기반을 둔 표본(약 3:1) 모두에서 나타나고 있다(Centers for Disease Control and Prevention, 2010, 2013; Froehlich et al., 2007). 이러한 장애를 가진 남학생이 병원이나 치료 시설에서 더 자주 나타나는 것은 ADHD를 가진 남학생에게 여러 가지 방해행동(예: 지시에 저항하기, 품행장애)이 더 많이 나타나기 때문인 것으로 간주된다(Gaub & Carlson, 1997). ADHD로 진단된 50% 이상의 아동들이 이러한 증상에 대해 약물치료를 받고 있는 반면, 대략 12%와 34%의 아동들이 특수교육과 정신건강 서비스를 각각 받고 있다(Pastor & Reuben, 2002). 따라서 다른 아동기의 문제(예: 자폐증과 우울증)와 비교해 볼 때, ADHD는 특히 남아에게 두드러지게 '높은 출현율(high-incidence)'을 보이는 장애다. 다른 장애들과 마찬가지로, 긍정적인 발달 성과를 거두기 위해 ADHD에 대한 다양한 집단과 교육 전문가의 서비스가 필요하다.

대부분의 ADHD 관련 연구가 중간 정도의 사회경제적 지위(SES)의 백인 남학생을 대상으로 한다는 것에 유념해야 한다. 최근 들어 조사에 성별, 인종, 사회경제적 지위 측면에서 다양한 사례가 포함되기 시작했다. 아프리카계 미국 학생들은 교사나 부모의 보고에서 ADHD 증상을 더 자주 보인다고 보고되지만 백인처럼 ADHD로 진단되고 치료받는 경우는 2/3 정도에 불과하다(Miller, Nigg, & Miller, 2009). 한편, 증상 보고의 증가는 모집단에 비해 아프리카계 미국 학생이 과다하게 진단되는 결과를 가져왔다(Reid, DuPaul, Power, Anastopoulos, & Riccio, 1998). 그럼에도 불구하고, 여전히 낮은 비율의 아프리카계 미국 학생들이 진단되고 치료받는 이유는 ADHD에 대한 부모의 믿음의 차이, 사회환경적 위험 요소의 잦은 노출, 치료 서비스에 대한 낮은 접근성과 관련될 것이다(Miller et al., 2009). ADHD 진단은 보험 보장을 받지 못하는 사람보다 건강보험을 적용받는 사람에게 더 일반적으로 나타난다(Centers for Disease Control and Prevention, 2013). 이 또한 인종 간 차이를 일으키는 부가적인 요인이 될 수 있다. 정책가들은 출현, 진단, 치료 패턴에 관한 사회적 또는 문화적 요인이 있음을 유념해야 한다. 문화, 인종, 사회경제적 지위의 영향에 관한 추가적인 연구는 정책가들이 다양한 배경을 지닌 ADHD 아동을 위한 평가와 치료를 개발하도록 하는 데 필수적이다.

 ADHD 아동의 학교 관련 문제

핵심적인 문제행동

아동은 ADHD의 증상(부주의, 충동성, 과잉행동)으로 인해 학교에서 많은 어려움을 겪을 수 있다. 특히 ADHD 아동은 노력을 기울여야 할 과제에 지속적으로 주의를 집중하지 못하기 때문에 혼자 책상에 앉아서 하는 과제를 잘 수행하지 못한다. 수업 시간이나 과제를 지시받을 때에도 마찬가지다. 부주의와 관련된 학업에서의 다른 문제는 낮은 시험점수, 공부 방법 문제(노트필기, 책상 정리, 리포트 제출), 교사의 강의 내용/집단토의에 대한 소극적 참여나 방해 등이다. ADHD 아동은 종종 수업을 방해해서 친구들의 학습까지 방해한다. 예를 들면, 그들의 충동성은 허락 없이 소리 지르기, 아무 때나 친구와 이야기하기, 꾸중을 듣거나 과제를 잘못했을 때 화내기 등 다양한 방식으로 표출된다. 충동적이고 부주의한 반응 양식 때문에 수업 시간 과제와 숙제의 정확성은 심하게 떨어진다.

ADHD 아동 및 청소년이 보이는 가장 일반적인 교실 문제는 높은 수위의 부주의 또는 과제이탈행동이다. 메타연구는 전형적인 학생들이 수업참여행동을 평균

88% 보이는 반면, ADHD 학생들은 그 시간에 평균 75% 정도의 수업참여행동을 보인다고 하였다. 이들 집단 차이와 관련된 효과크기(1.40)는 크고 두 집단의 수업 참여행동의 차이가 1.4 표준편차를 보인다는 측면에서 의미가 있다(Kofler, Rapport, & Alderson, 2008). ADHD 학생들의 수업참여행동은 시간에 따라 변하고(Kofler et al., 2008) 교실 활동과 교육 환경에 따라 완화된다(Imeraj et al., 2013). Imeraj와 동료들(2013)이 밝혔듯이, ADHD를 지닌 초등학생들은 일반학생에 비해 전체 집단 활동이나 자습을 할 때 수업참여행동이 덜 나타났지만 소그룹 활동이 있는 수업에서는 그렇지 않았다. 또한 수업참여행동의 차이는 한 교실 활동에서 다른 것으로의 전환이 있을 때만큼 매우 학문적인 교과(수학, 언어)에서 더 분명해지지만 덜 학문적인 수업 시간(음악, 미술)에서는 그렇지 않다. 따라서 ADHD의 부주의 증상은 환경적인 맥락과 활동에 민감하다. 중재에 대한 분명한 함의를 지닌 이와 같은 발견은 이후 장에서 논의한다.

과잉행동과 관련된 교실 내 문제는 허락도 없이 자리를 떠나고, 부적절한 물건(예: 과제와 관련 없는 책상 속 물건)을 가지고 있고, 손과 발을 계속 두드리며, 의자를 흔드는 행동 등으로 나타난다. 후자의 행동은 비교적 괜찮아 보이지만, 자주 일어날 경우 수업을 심하게 방해할 수 있다.

ADHD와 관련된 문제행동

ADHD를 가진 학생은 다양한 기능 영역에서 어려움을 겪을 수 있다. 부주의, 충동성, 과잉행동과 관련된 문제가 아동에게 또 다른 문제를 일으키는데, 경우에 따라서는 이런 문제가 ADHD의 핵심적인 결손보다 더 심하게 나타날 수 있다. ADHD와 관련하여 가장 자주 일어나는 문제는 학업부진, 반항과 공격성, 또래관계의 문제 등이다.

교사와 부모는 ADHD 아동이 또래에 비해 학업 성적이 떨어진다고 자주 보고한다(Barkley, 2006; Weyandt, 2007). 이들은 수업 시간이나 혼자서 과제를 할 때 또래에 비해 과제집중행동을 보이는 경우가 드물다(Platzman et al., 1992; Vile Junod,

DuPaul, Jitendra, Volpe, & Lorah, 2006). 결과적으로, ADHD 아동은 학습 자료에 반응할 기회가 더 적어지고 또래보다 자습을 적게 하게 된다(Pfiffner, Barkley, & DuPaul, 2006). 이 장애를 가진 아동의 약 80%가 학업 수행에서 문제를 보이고 있으므로, 과제를 기대 수준에 못 미치게 수행할 때 한편으로 ADHD와 관련된 학업부진의 가능성을 생각해 볼 수 있다(Cantwell & Baker, 1991). ADHD 학생들과 일반학생들의 성취도 점수는 실제 0.71 표준편차를 보이며(중간에서 높은 효과크기) 이런 격차는 대학생이 될 때까지 계속된다(Frazier, Youngstrom, Glutting, & Watkins, 2007). 나아가, ADHD 아동의 일부(20~30%)는 특정 학업 기능 습득의 결손으로 인한 '학습장애'로 분류된다(자세한 내용은 3장 참조). ADHD 아동에 대한 청소년기 및 성인 초기까지의 추수연구 결과에 따르면, 이들은 유급, 퇴학 등 만성적인 학업 실패의 가능성이 높다(예: Barkley, Murphy, & Fischer, 2008).

과잉행동과 공격성 사이의 높은 상관관계는 연구 문헌들을 통해 입증되고 있다 (Barkley, 2006; Jensen, Martin, & Cantwell, 1997). ADHD와 가장 흔히 동반되는 공격적 문제에는 반항이나 권위적인 사람의 명령에 대한 불복종, 분노 조절 실패, 따지기 좋아함, 언어적 반항 등이 포함되는데, 이러한 문제들은 현재의 정신과 분류인 반항장애(oppositional defiant disorder: ODD)에 해당된다(American Psychiatric Association, 2013). 따라서 ODD가 ADHD와 동시에 진단되는(동시진단, 공존장애: associated or comorbid condition) 것은 흔한 일이다. 전체 ADHD의 40% 이상, 10대 ADHD의 65% 이상이 ODD 관련 문제행동을 보인다(Barkley, 2006; Jensen et al., 1997). 보다 심각한 반사회적 행동(예: 훔치기, 신체적 공격, 무단결석)은 ADHD를 가진 학생, 특히 중학교 이상 학생에게서 25% 정도 나타난다(Barkley et al., 2008).

공격성과 ADHD 관련 문제행동을 동시에 보이는 아동은 가정, 학교, 또래 집단에서 ADHD만을 보이는 아동에 비해 대인관계 갈등을 일으킬 위험이 훨씬 높다 (Johnston & Mash, 2001). ADHD 부모들은 전형적인 아이들의 부모보다 훨씬 높은 스트레스를 경험하고, 또 ADHD 증상이 심할수록 보다 높은 스트레스를 경험한다 (Theule, Wiener, Tannock, & Jenkins, 2013). 부모의 우울증과 함께 아이들의 행동 문제가 나타난다면 부모는 더 높은 스트레스를 경험한다(Theule et al., 2013). 교사들

이 ADHD를 가진 학생을 다루는 것에 대해 상당한 스트레스를 경험하고 있다는
것은 놀라운 일이 아니며, 특히 ADHD 증상과 함께 공격성을 보여 주는 학생에게
는 더욱더 그러하다(Greene, Beszterczey, Katzenstein, Park, & Goring, 2002). 나아가
품행 문제와 ADHD가 결합되면 약물남용과도 밀접히 관련된다(Barkley et al., 2008;
Biederman et al., 1997).

ADHD를 가진 많은 아동은 친구를 사귀고 친근감을 유지해 나가는 것을 매우
어려워한다(Stormont, 2001). 사회망 측정을 이용한 연구들은 ADHD 관련 행동을
보이는 아동에 대한 또래들의 높은 거부율을 보여 준다(예: Hinshaw, Zupan, Simmel,
Nigg, & Melnick, 1997; Hodgens, Cole, & Boldizar, 2000). 특히 공격성과 ADHD를 동시
에 보이는 아동에 대한 또래 거부 비율이 높다. 전형적으로 또래에게 거부당하는
상태가 장기간 계속되고, 이는 ADHD 아동의 대인관계에 대한 어려움이 만성적인
특성을 띤다는 것을 시사한다(Parker & Asher, 1987). ADHD 아동에게 거부 상태는
비행, 불안, 전반적인 손상을 포함한 여러 장기적인 문제를 일으키는 중요한 예측
변인이기 때문에 또래 거부 상태의 지속은 매우 성가신 문제다(Mrug et al., 2012). 또
한 ADHD 학생들 중 대략 22%의 소년들과 15%의 소녀들은 사회적 기능에 대한 표
준화된 검사에서 연령과 성(性)의 평균보다 1.65 표준편차만큼 떨어진 것으로 나타
나 '사회적 장애'라는 특징을 보이기도 한다는 것을 알 수 있다(Greene et al., 1996,
2002). 선행연구에 의하면, ADHD 아동은 교실 내의 사회적 관계망에서 '주변부'에
있는 경향이 있고, 같이 '몰려다니며(hang out)' 방해행동을 증가시키는 경향이 있
다(Kelly, 2001). 그러므로 비장애학생에 비해 ADHD 아동은 또래나 급우들이 사회
적 지원을 제공할 것이라고 생각하지 않는다(Demaray & Elliott, 2001).

아마도 ADHD 아동의 또래관계 문제는 그들의 '사회적 수행(social performance)'
을 저해하는 부주의적 성향과 충동적인 행동 때문이라 할 수 있다(Stormont, 2001).
ADHD와 관련되어 가장 흔히 나타나는 문제행동은 또래들의 집단 활동에 참여해
보려고 부적절하게 시도하는 것(예: 진행 중인 게임을 방해하기), 서툰 대화행동(예: 잦
은 끼어듦, 다른 사람들이 하는 말에 주의를 기울이지 않음), 대인관계에서 공격적 성향
을 보이는 것, 사회적 상황에서 갈등이 있거나 좌절되었을 때 자신의 감정을 조절

하지 못하는 것 등이다(Barkley, 2006). 사회적 영역에서 관련된 사항은, ADHD 아동은 정상적으로 발달하고 있는 아동에 비해 단체 활동을 잘 하지 못하는데, 공격성을 보이거나, 정서적으로 불안정하여 단체로 하는 체육 활동에서 축출되기도 한다는 것이다(Johnson & Rosen, 2000). 놀랍게도 ADHD 아동은, 비록 대인관계 문제에서 공격적인 성향을 보이기도 하지만 특별한 상황에서는 사회적으로 적절한 행동을 하기도 한다(Stormont, 2001). 요약하면, ADHD 관련 증상들은 아동에게 사회적 기술 자체의 결손이 아니라 사회적인 수행 곤란을 야기할 수 있다(상세한 내용은 8장에서 설명할 것이다).

ADHD 아동은 더욱 자주 의학적·정신적 관리를 요구한다. 최근의 한 연구에 의하면, 이러한 장애를 가진 아동이 그렇지 않은 아동에 비해 더욱 빈번하게 직접적인 치료, 투약 그리고 정신건강 서비스를 위한 진료가 필요하다고 밝히고 있다(Guevara, Lozano, Wickizer, Mell, & Gephart, 2001). 결과적으로 ADHD 아동의 건강 관리 비용은 일반 아동에 비해 2배 이상 들며(Doshi et al., 2012 참조), 천식과 같은 다른 만성질환을 가진 아동에 비해서도 더 많이 든다(Chan, Zhan, & Homer, 2002). ADHD를 다루는 '실제' 비용은 이러한 아동들이 학교와 병원에서 서비스를 받는다는 것을 가정할 때 더 낮게 책정될 수 있다(Chan et al., 2002). Pelham, Foster와 Robb(2007)은 ADHD와 연관된 사회적 비용이 연 425억 달러이며 일반 교육예산 외에 평균 교육 비용이 학생 1명당 연 5,007달러라고 하였다(Robb et al., 2001). 그리하여 전문가들은 ADHD 집단의 건강 관리 요구가 높은 것을 인식하고, 지역사회에서 그러한 서비스를 받을 수 있도록 가족들을 도와야 한다.

ADHD의 하위 유형

ADHD는 부주의 행동 특성 9개와 과잉행동 및 충동성 특성 9개로 구성된 총 18개의 행동 증상을 통해 정의된다(American Psychiatric Association, 2013). 개인마다 나타내는 주 증상을 살펴보면, ADHD로 분류된 아동이 상당히 이질적인 집단이라는 것을 알 수 있다. 사실, 18개의 증상 가운데 12개는 적어도 7,056개의 조합을 통해 나올 수 있기 때문에 복합형으로 진단되는 아동은 그만큼 이질적인 특성을 지니게 된다. 또한 학업부진, 공격성, 또래관계의 어려움 등과 관련된 장애요인까지 포함되면 ADHD 아동의 이질성은 더욱 심화될 수밖에 없다. 따라서 동질성을 가질 수 있는 ADHD 하위 유형을 밝혀내고, 그 하위 유형별 원인을 찾는 작업을 통해 하위 유형 간의 차이를 밝히고, 그에 알맞은 상담 계획을 수립할 수 있다(Barkley, 2006; Jensen et al., 1997; Willcutt et al., 2012).

DSM-5에 따르면 ADHD에는 복합형(ADHD-COMB), 주의력결핍 우세형(ADHD-IA), 과잉행동-충동 우세형(ADHD-HI)의 세 가지 하위 유형이 있다(American Psychiatric Association, 2013). 복합형의 경우 9개의 부주의 항목 가운데 적어도 6개 이상의 증상을 보임과 동시에 9개의 과잉행동-충동성 항목 중에서 적어도 6개의 증상을 보일 때 진단된다. 증상이 최소 6개월 지속되어야 하며, 개인의 발달 수준과 일치하지 않고 사회적 활동과 학업 수행에 직접적인 영향을 주어야 한다. 주의력결핍 우세형은 부주의 항목 가운데 적어도 6개 이상의 증상을 보이지만, 과잉행동-충동성 항목에서는 6개 이하의 증상을 보일 때 진단된다. 마지막으로, 과잉행동-충동 우세형은 과잉행동-충동성 항목 중 적어도 6개의 증상을 보이지만, 부주의 항목에서는 6개 이하의 증상을 보일 때 진단된다. 다음에서는 공격성이나 내재화 증상의 존재 혹은 부재를 근거로 또는 부주의 혹은 과잉행동-충동성 증상의 수를 근거로 ADHD의 하위 유형을 분류하는 것의 가치에 대한 탐구와 더불어 현재의 각 하위 유형에 대한 간단한 개요를 제시한다.[1]

주의력결핍 우세형 ADHD

DSM-III와 같은 이전의 미국정신의학회(American Psychiatric Association)의 분류체계는 과잉행동을 동반한 주의력결핍형과 과잉행동을 동반하지 않는 주의력결핍형

---

1) 학습장애 아동과 비장애 아동의 하위 유형을 구분하는 것에 대한 장점 및 단점은 3장에서 논의한다.

으로 하위 유형을 구분하고 있다(American Psychiatric Association, 1980). 과잉행동을 동반하지 않는 주의력결핍형의 경우, 과잉행동은 별로 나타나지 않지만 부주의와 충동성의 문제를 보일 때 진단되었다. 하지만 이 유형은 1987년에 DSM-III가 개정되면서 경험적 자료가 부족해 사라지게 되었다.

DSM-III-R(American Psychiatric Association, 1987)이 출판된 이후, 과잉행동을 동반하지 않는 주의력결핍 유형을 지지하는 다양한 연구가 진행되면서(Carlson & Mann, 2000 참조) DSM-IV에서는 이 하위 유형이 다시 도입되었고(American Psychiatric Association, 1994) DSM-5에도 포함되었다(American Psychiatric Association, 2013).

주의력결핍 우세형 ADHD(ADHD Inattentive Type-IA)의 경우 주목할 만한 충동성과 과잉행동의 특징 없이 부주의와 관련된 문제만을 뚜렷하게 보인다. 주의력결핍 우세형의 아동은 기억 인출과 지각-운동 속도에서 과잉행동-충동 우세형 아동보다 더 큰 문제를 가지고 있음이 밝혀졌다(Barkley, DuPaul, & McMurray, 1990). 그리고 이들은 교사나 부모로부터 ADHD 복합형 아동보다 인지 작용이 느리고, 몽상에 빠지기 쉬우며, 사회적으로 위축되어 있다는 평을 더 많이 받고 있다(Hodgens et al., 2000; McBurnett, Pfiffner, & Frick, 2001). 또한 여러 연구에서 주의력결핍 우세형 아동이 다른 유형의 아동보다 학습장애가 더 많이 나타날 수 있음을 시사하고 있다. 예로, Barkley 등(1990)의 연구에서는 주의력결핍 우세형 학생(53%)이 복합형 학생(34%)보다 학습장애 특수학급에 배치되는 비율이 더 높다는 것을 밝힌 바 있다. 더불어 부주의 증상은 과잉행동-충동 증상보다 학업적 결함에 더 관련이 있다(Bauermeister, Barkley, Bauermeister, Martinez, & McBurnett, 2012). 하지만 ADHD 복합형 아동과 주의력결핍 우세형 아동 간에는 신경심리 또는 신경학적 기능에서 특별한 차이는 나타나지 않는다(Willcutt et al., 2012).

일반 표집에서는 부주의 아동(4.4%)이 ADHD 복합형 아동(2.2%)보다 더 많은 반면(Froehlich et al., 2007), 병원 장면에서는 ADHD의 모든 증상을 보이는 아동에 비해 주의력결핍 우세형 아동의 수가 상대적으로 적다(약 1.3%; Szatmari, Offord, & Boyle, 1989). 또한 이러한 아동들이 ADHD 복합형 아동과 분리되어 진단되어야 한다는 많은 증거가 있다. 이러한 증상은 관련된 문제점이 분명히 다르고, 치료에 대한 반응이나 장기적 결과 측면에서 차이를 나타내고 있다(Willcutt et al., 2012). Barkley(2006)는 주의력결핍 우세형 아동이 지닌 주의력 결함은 과잉행동-충동 우세형 아동의 주의력 결함과 질적으로 차이가 있다고 주장하고 있다. ADHD 복합형의 경우 환경에 대한 반응이 손상되고 지연됨으로 인해 지속적인 주의를 기울이지 못하는 반면, 주의력결핍 우세형의 경우 주의를 기울이는 것 자체를 힘들어한다. 즉, 서로 다른 신경기제로 인해 행동 반응 양식에 차이가 나타나는 것이다 (Barkley, 2006). 더욱이 인지 처리 속도가 느려서 헤매는 듯 보이기도 하는 주의력결핍 우세형의 아동은 복합형 아동에게서는 좀처럼 나타나지 않는 사회적 위축과 내재화된 문제들을 나타낸다(Bauermeister et al., 2012; Carlson & Mann, 2002). 하위 유형 간의 차이가 드러남에 따라 주의력결핍 우세형이 복합형과 구분되는 특징적 증상을 가지고 있다는 주장이 설득력을 얻게 되었고(Barkley, 2006; Milich, Balentine, & Lynam, 2001), 주의력결핍 우세형의 진단 준거에 느린 인지 처리 속도를 포함시켜야 한다는 논의가 있다(Carlson & Mann, 2002).

주의력결핍 우세형 아동 중 어떤 아동은 과잉행동-충동 증상이 매우 적게 나타나는 반면, 어떤 아동은 복합형 진단 준거 바로 전인 4~5개의 과잉-충동성 증상을 가지는 ADHD 복합형 경계선으로 나타나 DSM-IV 주의력결핍 우세형 하위 유형의 이질성을 증명하기도 한다(Milich et al., 2001). 과잉행동-충동 증상 표현의 차이가 다른 장애, 결과 그리고 치료 반응과 관련될 수도 있다.

주의력결핍 우세형 아동은 ADHD의 모든 증상을 다 보이는 아동에 비해 충동성, 과잉행동, 공격성, 불순응, 또래 거부 등을 나타내는 비율이 낮고(Carson & Mann, 2002), 품행장애나 반항장애 등의 공존병리를 보이거나, 정서장애아 학급에 배치되거나, 학교에서 정학 처분을 받거나, 심리치료를 받는 경우가 적다(Barkley, DuPaul, & McMurray, 1990; Faraone, Biderman, Weber, & Russel, 1998; Willcutt, Pennington, Chhabildas, Friedman, & Alexander, 1999). 하위 유형 간의 차이를 종단적으로 비교한 연구 결과는 없지만, 주의력결핍 우세형 아동에 비해 ADHD의 증상을 모두 갖고 있는 아동은 반사회적 행동이나 행동 적응상의 곤란을 겪을 가능성이 더 높다고 추정되고 있다. 한 연구에서 ADHD 과잉행동-충동 표본에서 4~6세 아동 중 60% 이상이 8세 무렵 ADHD의 최소 하나의 하위 유형으로 진단받을 수 있음을 밝혔음에도 아동기의 주의력결핍 우세형의 만성적이고 종단적인 결과에 대해서는 알려진 바가 매우 적다(Lahey, Pelham, Loney, Lee, & Willcutt, 2005). 리탈린 또는 메틸페니데이트 등의 각성제를 통한 약물치료에 대한 반응 연구에서는, 일반적으로 두 유형 모두 약물치료에 긍정적 반응을 보이지만 주의력결핍 우세형이 더 적은 용량에 반응한다는 것이 밝혀졌다(예: Barkley, DuPaul, & McMurray, 1991). 현재까지는 소수의 연구만이 하위 유형 간의 비약물 중재에 대한 반응을 살펴보았다(Willcutt et al., 2012 참조).

과잉행동-충동 우세형 ADHD

과잉행동-충동 우세형 ADHD(ADHD Hyperactive-Impulsive Type)는 DSM-IV에서 처음 소개되었다(American Psychiatric Association, 1994). DSM-IV 출판 이전에 수행된 연구에서는 부주의 증상을 나타내지 않으면서도 과잉행동-충동적 행동을 현저히 드러내는 일부 아동이 있다고 보고하였다(Lahey et al., 1994). 이러한 아동들의 대부분이 유치원 혹은 초등학교 저학년의 연령에 속해 있어서 주의력결핍 우세형 이전에 과잉행동-충동 우세형이 발달한다는 가설이 만들어졌다. 이 가설을 입증하기 위한 한 연구에서는 ADHD 과잉행동-충동 표본에서 4~6세 아동이 8세 평가 시기에 ADHD 복합형으로 변하지 않는 것을 알았다(Lahey et al., 2005). 사실상 많은 수의 연구는 아니지만 ADHD 과잉행동-충동 우세형의 병인론, 임상적 특성, 학교 수행 그리고 치료 결과에 관한 연구가 이루어졌다(Willcutt et al., 2012). 한 연구에서는 주의력결핍 우세형 준거에 적합한 아동이 표본에서 대략 2%라는 결과를 보여 주지만, 이 하위 유형의 유병률에 관한 증거는 거의 없다(Froehlich et al., 2007). 주의력결핍 우세형 아동과 과잉행동-충동 우세형 아동이 지닌 공존장애(예: 반항행동, 품행장애)가 유사하다는 조사가 있다(Willcutt et al., 1999). 아직 연구가 부족하지만, 현재까지의 연구 결과에 근거해 추측해 보면, 과잉행동-충동 우세형

ADHD는 복합형 ADHD의 초기 형태이고, 보다 덜 심각한 수준에 해당된다고 할 수 있다(Lahey et al., 2005).

DSM 하위 유형 접근의 한계

기능적 손상과 관련되어 있고, 부주의와 과잉행동-충동과 같은 두 개의 증상 측면의 타당도를 연구들이 명백히 문서화함으로써 DSM의 ADHD 준거의 타당도를 강력히 지지함에도 불구하고, ADHD 하위 유형의 판별 타당도를 고려한 증거는 혼재되어 있다(Willcutt et al., 2012). 더불어 Valo와 Tannock(2010)은 DSM-IV의 하위 유형 진단이 정보 제공자의 수, 평가 방법의 유형, 증상 보고의 확인에 있어 임상가의 결정에 매우 의존함을 알아냈다. 따라서 하위 유형 분류는 평가 방법론에 있어 기능의 차이로 비신뢰적인 본질적 변수가 나타난다. 우려한 것처럼 종단연구들은 매번 ADHD 하위 유형 종류의 불안정성을 지속적으로 보여 주고 있다. 예로, Lahey와 Willcutt(2010)은 종단연구를 통해 아동이 4~6세경 초기 평가에서 DSM 각각의 하위 유형일 때 9세에 최소 하나의 하위 유형과 일치하는 확률이 높다는 사실을 밝혔다. 종합적 메타분석과 ADHD 하위 유형 연구들의 리뷰를 통해 Willcutt과 동료들(2012)은 "명목상 DSM-IV 하위 유형 범주는 시간에 따라 체계적이고 무작위적인 변화를 보이기 때문에 불안정하다."라고 결론을 내렸다(p. 16). 따라서 이 장 후반부에 논의된 것처럼, 하위 유형 범주로 명목을 구분하는 것보다는 부주의와 과잉행동-충동 증상의 총 횟수 또는 부주의나 과잉행동-충동 증상의 횟수의 지속적인 평가를 바탕으로 ADHD 아동을 구분하는 것이 더 적절할 수도 있다. DSM-5(American Psychiatric Association, 2013)는 이런 지속적인 평가 방법을 채택하지는 않았지만, DSM-IV의 ADHD '하위 유형'이 ADHD '표현 방식'으로 대체되었다는 것은 아동이 선천적으로 불안정하게 나타나는 명목적 하위 유형의 준거에 부합하는지를 확인하는 것보다 발달에 따라 변할 수 있는 증상들을 통해 진단 유형을 결정해야 할 필요성이 있음을 의미한다.

공격성을 가진 ADHD와 그렇지 않은 ADHD

앞에서 언급하였듯이 '공격적'이라는 용어는 언어적 지시를 따르지 않거나, 반항적·논쟁적이고, 분노 조절이 안 되는 등의 모습이 또래보다 더 많이 나타날 때 붙일 수 있다. 이러한 행동을 보이는 아동의 상당수는 ODD의 분류 준거에도 해당될 수 있다. ADHD와 ODD가 중복된 형태로 나타나거나 두 장애를 동시에 가지고 있는 경우가 많지만(Barkley, 2006; 앞의 'ADHD와 관련된 문제행동' 절 참조), 둘 중 한 장애만을 가진 아동의 경우 두 장애를 동시에 가진 아동과 장기 치료 결과에서 차이를 보인다(Jensen et al., 1997 참조).

ADHD와 공격성(ODD 또는 품행장애)을 함께 가진 아동은 공격성을 갖고 있지 않은 과잉행동 아동보다 거짓말, 훔치기, 싸움과 같은 반사회적인 행동을 보이는 빈도가 더 높다(Barkley, 2006). ADHD와 더불어 외현화된 장애들을 같이 가지고 있는 아동은 ADHD만 가지고 있는 아동에 비해 낮은 사회성을 보인다(Booster, DuPaul, Power, & Eiraldi, 2012). 더욱이 과잉행동-공격적인 아동은 ADHD나 공격성 하나만 있는 아동에 비해 또래가 거부할 확률이 더 높다. 가족의 역기능과 부모의 정신병리 징후 역시 두 장애를 동시에 가지고 있는 아동에게서 더 많이 발견된다(Jensen et al., 1997). 중요한 것은 ADHD와 공격성을 동시에 가지고 있는 아동이 다른 ADHD 하위 영역의 아동보다 청소년기와 성인기에 약물남용과 같은 문제가 일어날 위험이 더 높다는 것이다(Jensen et al., 1997).

약물치료에 대한 반응은 크게 다르지 않지만(예: Barkley, McMurray, Edelbrock, & Robbins, 1989), ADHD와 공격성을 동시에 보이는 아동의 경우 보다 심도 있고 지속적인 치료가 요구된다. 또한 이들에게는 보다 깊이 있고 다각적인 접근이 요구된다. 아동의 자기 내적 요인(예: 신경질적인 기질, 짧은 주의력 지속 기간, 높은 활동 수준)과 환경적 요인(예: 가족 구성원들의 강요적 반응, 부부 불화, 취약한 부모 기능)의 조합이 이러한 두 장애가 동시에 발생하도록 할 수 있다(Barkley, 2006). 이러한 요인이 아동의 부적응에 영향을 주기 때문에 개입 시점이 늦어질수록 보다 장기적이고 집중적인 치료가 요구된다. 이러한 문제행동의 지속성과 심각성 때문에 학교나 가정이 아닌 좀 더 제한적인 장소로 아동이 배치된다.

내재된 장애를 가진 ADHD와 그렇지 않은 ADHD

대략 13~50%의 ADHD 아동은 불안이나 우울과 같은 심리적(내재화) 장애를 함께 가지고 있다(Jensen et al., 1997). 심리적 장애는 ADHD 아동에게 긍정적으로 작용할 수도 있고 부정적으로 작용할 수도 있다. ADHD가 심리적 장애를 가지고 있는 경우 다음의 방어적 기능을 할 수 있다. ① 과잉행동–충동적 행동은 심리적 증상이 없을 때 덜 심각하다는 것과, ② 품행장애 증상이 덜 일어난다는 것이다(Pliszca, Carlson, & Swanson, 1999). 한편, 교사 및 부모의 보고에 따르면 심리적 장애를 가진 ADHD는 사회적 관계가 더 많이 손상되어 있다(Karustis, Power, Rescorla, Eiraldi, & Gallgher, 2000). 또한 이러한 아동은 약물치료에 대한 효과도 낮게 나타난다(DuPaul, Barkley, & McMurray, 1994). 따라서 심리적 장애가 있는 ADHD와 그렇지 않은 ADHD 간에는 원인론, 손상, 심리적 반응 등에서 중요한 차이가 있을 수 있으며, 이는 중요한 하위 유형에 대한 구분 기준이 될 수 있다. 이러한 결론은 이 분야에서 이루어진 연구가 ① 거의 우울 증세보다는 불안에 치중해 있고, ② 심리적 장애 증상에 대한 진단을 단일 반응자(예: 부모 보고)에 의존했다는 등의 한계점이 있는 연구에 근거하는 것이다(Booster et al., 2012). 하지만 ADHD 아동을 평가할 때는 외현적 증상뿐만 아니라 심리적 증상을 함께 평가할 필요가 있다. 왜냐하면 이러한 증상의 유무는 아동의 문제 특성과 특정 중재에 대한 반응 모두에 영향을 줄 수 있기 때문이다.

증상 변화가 있는 ADHD

앞서 언급한 바와 같이 ADHD 하위 유형 진단은 평가 기간의 기능에 따라 아동의 하위 유형 변화가 일어나는 것처럼 계속해서 불안정하게 나타난다(Willcutt et al., 2012). 명목적 하위 유형 분류의 내재적 불안정성을 고려하여, Lahey와 Willcutt

(2010)은 ADHD 집단의 이질성을 설명하기 위해 지속적으로 대안적 방법을 제안했다. 129명의 ADHD 아동과 130명의 비교집단 아동을 9년간 지켜보는 종단연구에서, Lahey와 Willcutt은 부주의와 과잉행동-충동성 증상이 치료의 필요성에 대한 부모와 교사의 인식, 아동 기능의 관찰자 척도, 또래 반감과 거부에 대한 교사 척도, 읽기와 수학 성취를 포함한 장애 예측의 중요한 지표임을 알았다. 다른 영역에서는 2개의 증상과 연관되는가 하면, 어떤 장애 영역은 또래 거부, 수학 성취와 같이 단적으로 부주의만을 보이는가 하면, 또 다른 영역은 또래 반감, 읽기 성취와 같이 단적으로 과잉행동-부주의와 연관되는 경우도 있다. 따라서 Lahey와 Willcutt은 명목상의 하위 분류를 사용하는 것보다, 임상가들은 각각의 영역에 대한 증상의 수를 세어서 ADHD 진단의 질을 높여야 한다(예: "평가 시점에 부주의 영역에서 6개의 증상과 과잉-충동 영역에서 3개의 증상을 보인다."). 증거로 제시할 더 많은 연구가 분명히 필요한 조언이지만, 이는 학교 현장 연구자들이 심도 있게 고려해야 할 부분이다.

　ADHD의 심각성을 결정하기 위해 증상 횟수와 손상 수준을 고려하는 것이 중요하다고 인식됨에 따라 DSM-5는 경도, 중등도, 중도와 같은 세 가지의 수준을 포함한다(American Psychiatric Association, 2013). 경도 ADHD는 상대적으로 경미한 학업적 또는 사회적 문제와 함께 대략의 진단적 임계점이나 증상 수로 특정될 수 있다. 다른 쪽 극단에서 증상 점수가 임계점 이상이고 주요 기능적 장애가 확실할 때 중도 ADHD로 판명된다. 중도 ADHD 증상과 장애 형태는 경도 ADHD와 중등도 ADHD 두 극단 사이에 있다.

ADHD의 원인

　ADHD를 분명하게 설명해 주는 한 가지 원인은 없다. 오히려 ADHD는 다양한 인과 기제의 결과로 인식되고 있다(Barkley, 2006; Nigg, 2006). ADHD의 원인을 규명하려는 대부분의 연구는 상관연구이기 때문에 변인을 원인으로 해석하기 위해서는 신중을 기해야 한다. 하지만 많은 경험연구에서 ADHD에 영향을 미치는 다양한 변인이 확인되고 있다(Barkley, 2002; Nigg, 2006 참조). 연구의 관심은 신경생물학적 요인, 유전적 영향과 같은 아동의 심리적 변인에 모아져 있다(Barkley, 2006; Nigg, 2006). 이러한 변인이 ADHD에 미치는 영향은 다음에 요약되어 있다. 환경적 영향(예: 가족 스트레스, 부모 훈육 문제)은 장애의 수준에 영향을 미치지만, 그 자체를 원인으로 보기는 어렵다(Barkley, 2006; Nigg, 2006).

신경생물학적 변인

신경생물학적 변인은 원인론 역사에서 가장 많은 관심을 받았던 분야다. ADHD 아동에 대한 최초의 가설은 뇌의 구조적 손상으로 인해 주의력과 행동 통제에 어려움이 발생한다는 것이었다(Barkley, 2006). ADHD 아동과 일반 아동 간의 뇌 구조의 차이는 미세한 수준이었다. 뇌의 구조(예: 자기공명영상[MRI])나 기능(예: 양전자단층촬영[PET])을 촬영하는 기술의 발달에 힘입어, ADHD 아동 뇌의 전두엽/선조(fronto-striatal) 연결망 부분(Nigg, 2006 참조), 그리고 소뇌, 뇌량(corpus callosum)의 뒷부분과 오른쪽 미상(caudate)이 일반 아동의 뇌와 다르거나 비정상적일 가능성이 있음이 설명되었다(Valera, Faraone, Murray, & Seidman, 2007). 흥미로운 사실은 이러한 측면에서 연구된 뇌 영역 중 하나인 전전두피질(prefrontal cortex)이 의도적으로 행동을 억제하고 환경 자극에 대한 반응을 매개하는 것과 관련되어 있다는 것이다. 이와 함께 신경전달물질인 도파민과 노르에피네프린이 전두피질과 같은 뇌의 특정 부위에서 부분적으로 적게 나타나 ADHD에 영향을 미치는 것으로 추정되고 있다. 이 가설은 뇌의 도파민과 노르에피네프린의 양을 증가시키는 리탈린과 같은 각성제의 영향에 기반을 둔다. 이러한 신경생물학적 문제는 유전적 요인, 호르몬 관련 요인, 환경적인 요인 등으로 인해 정상적인 뇌 발달이 방해받아 발생하는 것으로 가정해 볼 수 있다(Nigg, 2006).

유전적인 영향

ADHD가 가계를 통해 유전되는 장애라는 증거가 지지를 얻고 있는데(Waldman & Gizer, 2006), 다양한 방법의 연구를 통해 유전적 요인이 지지받고 있다.

첫째, 일반 아동에 비해 ADHD 아동의 직계가족 중에 ADHD를 가지고 있는 가족 구성원이 더 많다는 것이다(예: Faraone et al., 1993). 더욱이 양부모나 어릴 때 입양된 형제들에 비해 직접적으로 가까운 혈연 친족들 사이에서 ADHD의 발생 일치율이 높게 나타난다(예: Van der Oord, Boomsa, & Verhulst, 1994).

둘째, 쌍생아 연구에서도 유전 가능성이 확인된다. 쌍둥이 중 한 명이 ADHD를 가지고 있을 때 다른 한 명이 ADHD를 가지고 있을 확률은 이란성 쌍둥이보다 일란성 쌍둥이에게서 훨씬 더 높게 나타난다(예: Levy, Hay, McStephen, Wood, & Waldman, 1997). 이란성 쌍둥이는 유전자의 50%를 공유하는 반면, 일란성 쌍둥이는 유전적으로 동일하기 때문에 이들 간의 일치율이 더 높은 것은 ADHD 발달에 유전적 요인이 영향을 미친다는 것을 의미한다. 쌍생아 연구를 통해 유전, 공유된 환경, 공유되지 않는 환경 등의 요인이 ADHD 발달에 영향을 미치는 정도를 평가할 수 있는데, 유전적 요인에 의해 설명되는 변량, 즉 유전 가능성 추정치는 60~90% 사이인 것으로 보고된다(Waldman & Gizer, 2006 참조). 이러한 연구 중 어떤 연구도 공유된 환경 요인의 유의미한 역할을 지지하지 않으며, 변량 중 10~40% 사이의 작지만 유의미한 비율은 공유되지 않은 환경적 요인에 의해 설명된다. ADHD의 유전 가능성에 대한 추정치는 어떠한 정서장애나 행동장애보다도 높게 나타나며, 정신분열증이나 자폐증의 추정치보다도 높다(Barkley, 2006).

분자유전학 연구를 통해 특정 신경전달물질과 관련된 유전자와 ADHD 증상 표현형 간의 연관성이 처음으로 지지받았다(예: Barkley, Smith, Fischer, & Navia, 2006). 도파민계 및 노르아드레날린계와 관련되어 있는 여러 유전자가 있기는 하지만 (Nigg, 2006), 도파민계 체계와 관련된 유전자가 지금까지 큰 관심을 받아 왔다 (Banaschewski, Becker, Scherag, Franke, & Coghill, 2010 참조). 예로, 도파민 전달자 유전자(DAT)와 D4 도파민 수용기 유전자(DRD4) 간의 중요한 차이가 일반인과 비교 시 ADHD에서 발견되었다는 것이다(Waldman & Gizer, 2006). 흥미롭게도 도파민은 ADHD의 원인으로 추정되는 뇌 부위(예: 전두피질)에 영향을 미치는 중요한 신경전달물질이며, 각성제에 의해 일시적으로 증가되는 신경전달물질이다. ADHD의 유전적 근원이 작은 확률의 변인과 연관될 수 있는 다양한 유전자와 관련이 있으며(Nigg, 2006), 유전은 환경적 경험에 의해 조절될 수도 있다(Martel et al., 2011)는 것에 대한 합의가 증가하고 있다. 마지막으로, ADHD의 유전적 영향은 가능성이 있다는 것이지 결정적이지는 않다는 것을 기억해야 한다. 유전율은 유전적 결정보다는 장애에 대한 책임을 반영하는 것일지도 모른다(Nigg, 2006).

환경적 독소

수년간 다양한 환경적 독소가 ADHD 증상의 원인으로 가정되어 왔고, 영양 요인, 납중독, 임신 중 약물이나 알코올에 대한 노출 등이 주로 거론되었다(Barkley, 2006). 예를 들면, Feingold(1975)는 특정 식품첨가물(예: 인공색소, 방부제)이 아동기의 과잉행동을 유발할 수 있다고 주장했다. 비슷한 가정하에 설탕 등의 식품을 대상으로 정밀하게 진행된 연구에서, 식품이 ADHD에 미치는 영향은 거의 없는 것으로 밝혀졌다(Barkley, 2006). 최근에는 어머니의 흡연(Milberger, Beiderman, Faraone, Chen, & Jones, 1996)이나 임신 중의 흡연(Mick, Biederman, Faraone, Sayer, & Kleinman, 2002) 또는 이러한 환경적 독소와 관련된 요인들이 뇌 발달과 관련이 있을 수도 있으며 ADHD 위험 가능성을 높인다고 알려져 있다. ADHD와 연관된 병리학적 요인의 해석에서 Nigg(2006)는 임신 중과 영유아기에 알코올과 니코틴에 노출된 경우 이후 대략 11% 정도가 ADHD 증상을 보인다고 예측했다. 저체중 출산, 저농도 납 노출, 분만기 손상과 같은 다른 환경적 요인의 경우, 대략 35%가 ADHD 증상을 보인다.

요 약

ADHD의 원인에 대해 합의된 결론은 여러 생물학적 요인으로 인해 주의집중 시간이 짧고 충동적이며 높은 활동성을 지니게 된다는 것이다. 가장 확고한 증거를 가지고 있는 것은 유전적 요인과 신경독소(neurotoxin)에 노출된 시기다. 조기에 신경독소에 노출되는 경우, 전전두엽과 계획 및 체계화와 관련된 뇌의 선조 신경 연결망의 크기와 기능이 변하게 된다는 것이다(Nigg, 2006). ADHD의 다양한 증상 중 약 65%는 유전적 영향으로 인한 것이며(예: 유전적 주 효과), 나머지 35%는 환경적 요인과 신경독소에 비교적 빠르게 노출된 것과 관련이 있다([그림 1-1] 참조). 또한 ADHD는 장애 유무가 중요한 범주적(categorical) 장애가 아니라, 수준이 문제가 되는 차원적(dimensional) 장애임이 행동유전 연구에서 밝혀지고 있다(Levy et al., 1997). 달리 말하면, 모든 사람이 때로는 이 장애의 증상을 나타낸다. 진단되지 않은 또래와 ADHD 아동을 구분하는 것은 그들이 유전적으로 동일한 연령과 성별의 사람들보다 훨씬 높은 비율로 이러한 행동을 나타내는 경향(신경생물학적 차이를 통해)이 있을 수 있다는 것이다.

병인론과 관련된 결론을 내릴 때는 몇 가지 주의해야 할 요소가 있다. 첫째, 이

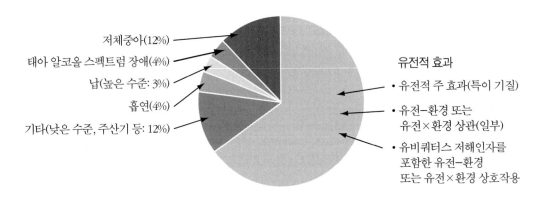

저체중아(12%)
태아 알코올 스펙트럼 장애(4%)
납(높은 수준: 3%)
흡연(4%)
기타(낮은 수준, 주산기 등: 12%)

유전적 효과

• 유전적 주 효과(특이 기질)

• 유전-환경 또는
유전×환경 상관(일부)

• 유비쿼터스 저해인자를
포함한 유전-환경
또는 유전×환경 상호작용

[그림 1-1] ADHD 출현율에 대한 병인론적 요소의 도식화:
납(높음)은 납 10g/dl 또는 그 이상의 농도에 노출된 경우

출처: Nigg (2006), p. 309. Copyright 2006 by The Guilford Press. 허락을 받고 재인용함.

분야의 연구는 방법론적 한계로 결과에 대한 해석이 제한된다(Nigg, 2006). 둘째, 아동 내적인 변인이 1차적 원인이라 하더라도, ADHD 증상을 지속시키는 환경적 요인의 역할을 가볍게 볼 수는 없다. 예를 들면, 4장, 5장과 6장에서 다루겠지만, 환경적 조건을 변화시키는 등의 중재 전략은 이 장애를 가진 아동의 기능을 효과적으로 향상시킬 수 있다. 셋째, ADHD의 원인과 중재 계획 간의 관련성은 아직 밝혀지지 않고 있다. 원인론이 치료 성과를 높이는 데 별 영향을 미치지 못하는 것이다. 분자유전학 등의 영역에서 진단 기술이 발달하면 임상적으로도 유용한 ADHD 병인론이 나타날 것이다.

 ## ADHD 증상의 심각성에 영향을 미치는 환경 요인

생물학적 변인이 ADHD의 1차적 원인으로 가정되고 있지만, ADHD 관련 행동의 발생 가능성을 증가시키거나 감소시키는 환경 요인 역시 전문적인 상담을 제공하는 입장에서는 중요하다. 선행 사건과 후속 결과는 주의력 문제, 충동성, 행동 통제의 심각성을 결정하는 데 중요한 영향을 미친다. 사실, ADHD 아동에 대한 학교 상담은 ① ADHD 관련 행동의 기능을 결정하고, ② 행동 기능에 직접적으로 연결된 전략을 이행하면 촉진될 수 있다(Dupaul & Ervin, 1996; 2장, 4장, 5장 참조). 예를 들어, 한 아동의 부주의한 방해행동이 지속적으로 교사의 주의를 끌었다면, 방해되지 않는 행동에 대해서도 교사가 관심을 보여야 한다. 비록 환경적인 요인들이 모든 아동의 행동에 영향을 끼치지만, 주의와 행동 통제 문제를 가진 아동의 수행은 이러한 사건에 훨씬 민감하다.

ADHD 관련 행동의 발생 가능성에 영향을 미치는 중요한 선행 사건에는 아동에게 주어지는 명령이나 지시의 형태, 혼자 하는 과제에서 감독을 받는 정도, 지시를 받는 동안 함께 있는 아동의 수(Barkley, 2006), 어렵거나 싫어하는 학업 과제의 제시 등이 포함된다.

교사들은 종종 주의와 행동 통제 문제를 가진 아동이 '감독자'(예: 교사, 보조원,

또래)와 '일대일' 상호작용을 하면 더욱 정확하게 과제를 완수할 수 있다고 말한다. 그러나 앉아서 하는 작업이나 집단 환경에서 지시에 집중하라고 하면 ADHD 아동은 빈번한 어려움을 겪게 된다(Barkley, 2006). 같은 맥락에서, 방치하지 않고 공부 시간에 밀접하게 감독하면 ADHD 아동은 과업을 잘 완수할 수 있다. ADHD 아동은 자극적이고 흥미로운 과제를 보다 잘 완수하고, 자신의 능력 범위 내에 있는 과제(즉, 너무 어렵지 않은 과제) 역시 잘 완수한다. 더구나 ADHD 아동에게 특정한 과제를 완수하도록 지시하는 것보다 여러 가지 과제 중에서 선택하도록 할 때 더 적절하게 행동하게 된다는 연구 결과도 있다(예: Dunlap et al., 1994).

ADHD 아동은 부탁할 때("자리에 와서 앉지 않을래?")보다는 직접적인 방식으로 지시할 때("제자리에 와서 앉아.") 주의를 잘 기울인다(Anastopoulos, Smith, & Wein, 1998). 또한 주의를 분산시키는 것(예: 장난감, TV)을 치웠을 때와 눈을 마주치면서 지시를 줄 때 지시를 더 잘 따른다. 마지막으로, 지시에 대한 순응성은 지시한 후 첫 몇 분 동안 계속 아동을 감독할 때 향상된다(Barkley, 1997b). 따라서 보다 나은 행동 통제와 학업 수행을 촉진할 수 있는 방법은 일대일 형태로 아동의 과제를 감독하며 효과적으로 지시하는 것이다.

다양한 요인이 ADHD 아동의 행동을 통제하는 데 영향을 미친다. 이것은 행동과 결과 간의 지연 시간, 강화의 빈도, 결과가 아동에게 얼마나 분명하게 '동기를 주는가'와 언어적인 꾸중이 전달되는 방식 등을 말한다(Pffifner et al., 2006). ADHD 아동은 비교적 즉각적이고 작은 강화가 있는 조건에서 학급 친구들과 비슷하게 수행한다(Pfiffner et al., 2006). 특히 강화의 유형이 아동에게 중요하고 의미가 있을 때 더욱 그렇다. 그러나 대부분의 일반 교실에서 강화는 지연되고 드물게 주어진다. 더구나 성적이나 교사의 칭찬 같은 전형적인 강화는 학교에서 드물게 주어진다.

교사들은 아동의 산만한 행동을 줄이기 위해 흔히 언어적 꾸중을 사용한다(White, 1975). 보통 교사들은 산만한 학생에게 화가 났다는 것을 나타내는 찌푸린 표정, 화난 얼굴 등의 비언어적 단서를 보이며, 교실 앞쪽에서 큰 소리로 꾸중을 한다. 그러나 여러 연구 결과에 따르면, 아동에게 일대일로 즉각적이며 간결하게 꾸중할 때 문제행동을 감소시킬 수 있다(예: Pfiffner & O'Leary, 1987). 이러한 요인은 부주의 학생의 산만한 행동을 감소시키는 데 특히 더 중요하다.

행동억제 장애로서의 ADHD

아동 내 생물학적인 요인과 환경적 요인이 ADHD 증상의 심각성을 결정하는 데 중요한 역할을 한다는 점에서 ADHD의 결손을 개념화하는 방식이 바뀌게 되었다. 특히 ADHD의 중심 특성은 주의집중의 결손 그 자체이기보다 만족지연 반응(예: 행동억제)에서의 결손일 수도 있다(Barkley, 1997a, 2006). 여러 중요한 상황(예: 교실)과 능력(예: 언어의 내재화)은 즉각적인 만족을 지연하는 행동 통제 능력을 요구한다. 그리하여 만족지연 반응에서의 결손은 여러 상황에서 ADHD 증상을 보여 주고 규칙을 따르는 행동의 발달을 억제시킨다.

Barkley(1997a)는 ADHD는 행동억제장애(disorder of behavioral inhibition)라고 개념화한 이론적 모델을 제시하였다. 이 모델에서는 환경에 대한 결손지연 반응이 네 가지 핵심적인 인지 실행 기능의 발달을 손상시킨다고 한다. 여기서 실행 기능은 작업기억, 정서-동기화-자각에 대한 자기조절, 언어의 내재화 그리고 행동 분석/종합을 말한다. 이러한 실행 기능의 발달에서의 결손은 인지적·학업적·사회적 기능에서의 문제를 유발한다. 이러한 이론적 모델은 직관적 감각을 형성하며, ADHD 장애에 대한 현재의 문헌과 일치할 뿐 아니라 후속연구에 대한 분명한 함의를 가진다(Barkley, 1997a 참조).

이 장애에 대한 개입 전략은 아동 내 변인을 변화시키는 것(예: 각성제를 통한 뇌 기능에서의 일시적인 변화)과 지연된 반응의 발생 가능성을 증가시키고 그럼으로써 집중적이고 생산적인 행동으로 이끌도록 선행 자극과 후속 결과를 변화시키는 것이다(Barkley, 1997a). 불행히도, 대부분의 교실에서는 학생들이 규칙을 따르고 학업 과제를 마치는 것이 '심리적으로 동기화되어 있다'는 가정하에 강화가 지연되어 드물게 주어진다. 이것은 ADHD 아동에게 부주의와 주의산만 행동(즉, 반응 억제의 결손)을 일으키기에 가장 좋은 조건인 것이다. 따라서 교사는 부주의하고 산만한 학생들이 공부하고 있는 교실에서 학생의 성취를 높이는 강화자극을 자주 제공해야 할 것이다(4장, 5장, 6장 참조).

 **ADHD의 예후**

일반적으로 ADHD 아동의 행동 통제에 대한 어려움은 청소년이나 성인 초기가 되면 없어질 것이라고 기대되었다. 그러나 이 가정은 ADHD에 대한 종단적 연구 결과, 사실이 아님이 밝혀졌다(Barkley, Murphy, & Fischer, 2008 참조). ADHD 아동은 10대가 되면서 증상의 절대적인 빈도와 강도가 줄어들게 된다(Barkley, 2006). 즉, 주의력, 충동성, 특히 과잉행동의 측면에서 유치원이나 초등학교 시절에 비교해 볼 때 더 나아진다. 물론 일반 또래들 역시 행동 통제에서 유사한 향상 경향을 보인다. 따라서 ADHD 청소년과 나머지 학급 구성원 간에는 지속적으로 행동통제의 측면에서 차이가 난다. 실제로 70~85%의 ADHD 아동은 지속적으로 또래보다 유의하게 높은 주의력결핍과 충동성을 보인다(Barkley et al., 2008; Biederman et al., 1996).

ADHD를 가진 10대는 ADHD의 증상이 계속될 뿐만 아니라 다양한 영역의 기능에서 적응상의 문제를 보인다. 우선 이 장애가 있는 청소년 중 60% 이상이 권위를 가진 사람과 규칙에 자주 반항하고 순응하지 않는 것으로 나타났다(예: Barkley, Fischer, Edelbrock, & Smallish, 1990; Biederman et al., 1997). 또한 ADHD를 가진 10대 중 40% 이상이 폭행, 훔치기, 파괴와 같은 반사회적 행동을 한다(예: Barkley, Fischer, et al., 1990; Gittelman, Mannuzza, Shenker, & Bonagura, 1985). ADHD가 아닌 또래들과 비교할 때 ADHD 청소년은 유급, 정학, 퇴학, 약물남용을 할 가능성이 더 크다. ADHD 청소년은 성인과 비슷한 수준의 니코틴, 알코올 및 약물 사용에 노출될 가능성이 높다(Charach, Yeung, Climans, & Lillie, 2011). 학부모 관찰에 의한 결과 (예: 학부모 관찰은 ADHD 관련 증상이나 품행 문제를 과소평가할 수 있는 위험이 있다; Molina et al., 2012), 약물 및 알코올 사용의 위험은 ADHD 관련 문제와 더불어 품행 문제의 원인이 된다(예: Biederman et al., 1997; Gitterlman et al., 1985). 따라서 다수의 ADHD 아동이 성숙해짐에 따라 문제행동이 사라질 것이라고 추측하는 것은 비현실적이다.

ADHD 아동을 성인 초기(18~25세)까지 추적한 종단적 연구들이 있다. 이 연구들이 밝힌 공통된 사항은 ADHD 아동 중 50% 이상이 성인이 되어서도 증상, 특히 부주의와 충동성을 여전히 가지고 있었고, 특히 자기보고 자료보다 부모 보고 자료에서 더욱 그러하였다(Barkley, Fischer, Smallish, & Fletcher, 2002). ADHD 청소년에서 두드러지는 학업 성취 영역에서의 문제와 반사회적 행동은 성인기에도 여전히 보인다. 이러한 성인 가운데 1/3은 고등학교를 졸업하지 못하고, 일반 성인의 경우 40%가 대학을 마치는 데 비해 단지 5%만이 대학을 마친다(Barkley et al., 2008). 특히 주의력결핍 증상의 심각 정도는 중도 탈락률을 포함한 장기 교육 성과를 예측하는 유의미한 예측 변인이다(Pingault et al., 2011). ADHD 아동의 약 25%는 성인기까지 문제가 지속되어 다른 적응상의 문제와 관련되는 만성적인 반사회적 행동 패턴(예: 약물남용, 대인관계 문제, 불안정한 직업)을 발달시킨다. ADHD 청소년과 청년은 일반 청소년과 청년에 비해 운전 중 속도 위반과 차 사고를 일으킬 가능성이 큰 것으로 나타났다(Barkley, Guevremont, Anastopoulos, DuPaul, & Shelton, 1993; Barkley, Murphy, DuPaul, & Bush, 2002). 또한 ADHD가 성인기까지 지속된 경우 성병, 두부외상(head injury), 응급실 입원 등과 관련하여 현저하게 높은 수준의 위험을 보인다(Olazagasti et al., 2013). 위험한 행동과 관련된 부정적인 결과는 품행장애 여부에 따라 달라질 수 있으나, ADHD만을 가지고 있는 학생은 일반 집단과 별반 다르지 않다(Olazagasti et al., 2013). 마지막으로 ADHD 여아는 ADHD 증상과 관련 장애를 지속적으로 가질 확률이 높으며, 청소년기 또는 청년기에 자해나 자살시도를 할 가능성이 높다(Hinshaw et al., 2012). 한 가지 긍정적인 측면은 추적 대상 중 1/3의 성인은 증상을 나타내지 않고 비교적 잘 적응하고 있었다는 점이다(Barkley, 2006). 그러나 아동기의 문제 가능성은 ADHD가 아닌 일반인보다 오랫동안 지속되는 것이 분명하다.

ADHD 아동이 청소년기와 성인기에 어떻게 될 것인가를 예측해 주는 변인을 찾고자 하는 연구가 이루어져 왔다. 그러나 일반인에 대한 예측 변인(예: 지능지수, 사회경제적 지위)을 넘어서는 특정한 변인을 밝히지는 못했다. 그럼에도 관심 있게 보아야 할 두 가지 예측 변인이 있다. 첫째, 빨리 나타나는 반사회적 행동, 특히 거짓말, 절도, 싸움 등은 이후의 반사회적 행동과 ADHD의 지속을 예측하게 해 준다(Barkley, 2006; Biederman et al., 1996). 빠른 출현이란 문제행동이 8∼10세 이전부터 시작되는 것을 말한다. 둘째, 아동기에 경험한 또래에 의한 거부는 이후의 대인관계 문제를 예측하게 해 준다(Barkley, 2006; Parker & Asher, 1987). 따라서 현재 아동의 낮은 인지적 능력, 공격성, 또래의 거부, 가족의 불안정성, 양육 방식은 ADHD의 지속을 가장 잘 예측하는 변인들이다(Barkley, 2006; Biederman et al., 1996).

　많은 ADHD 아동의 장기적인 문제 증상으로 인하여 학령기 동안 다중적인 상담 모형이 요구된다(Barkley, 2006). ADHD를 치료하려는 것에서 아동의 행동통제 문제의 보완을 조력하는 것으로 관점을 전환할 필요가 있다. 더욱이 ADHD는 아동의 생물학적 요인(예: 신경전달물질에서의 유전적인 차이)과 환경(예: 상황적 요인) 사이의 중간 위치에 놓여 있으며, 그 안에서 아동은 특정한 환경적 상황에서 또래에 비해 억제하지 못하고 지나치게 과격한 행동을 하도록 되어 있다. 따라서 치료로는 각성제 약물을 사용한 아동 내부 요인의 변화뿐만 아니라 학교와 가정에서의 환경 수정도 고려되어야 한다. 이러한 관점에서 이 책 전반에 걸쳐 강조하는 점은 ADHD 아동이 학업에서, 정서적으로 그리고 대인관계에서 모두 성공할 수 있도록 하는 '지지적 환경(prosthetic environment)'(Barkley, 2006)을 만들고 유지하는 것이다. 이러한 결과를 얻기 위해서는 학교 전문가, 부모, 상담자의 장기적이고 조화된 노력이 필요하다.

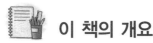

이 책의 개요

　이 책의 목적은 학교 현장 전문가들에게 ADHD 학생의 평가와 상담·중재에 관한 지침을 제시하는 것이다. 이를 위해 경험적·과학적으로 타당한 근거가 있으며 교육 현장에 적용될 수 있는 평가와 중재 기법을 확인하였다. 3판에서는 학생의 발달 연속선상의 학교 환경에 따라 효과적인 평가와 중재 기법이 적용될 수 있도록 새로운 내용을 추가하였으며, 다루는 범위도 확대하였다.

ADHD의 선별과 평가 모델은 2장에 제시되어 있다. ADHD 증상 행동을 가진 학생을 위한 평가에서는 가정과 학교 환경을 포괄하는 중다평가 기법이 사용되어야 한다. 평가의 목적은 진단만이 아니라, 효과적인 치료 계획을 개발할 수 있도록 하는 안내의 역할이 더 중요하다. 특히 기능적 행동 평가는 평가와 치료를 연결하는 데 도움을 줄 수 있다.

3장에서는 ADHD와 공존장애의 관계에 대해 자세하게 검토하고 있다. ADHD 자체는 학습장애가 아니지만, 주의력과 행동 통제에 어려움이 있는 학생 일부는 학업 기술에 결함을 갖고 있다. 또한 ADHD는 외현화 장애(예: 반항장애) 그리고 내재화 장애(예: 우울)와 관련이 있다. ADHD 학생의 특수교육 적격성 여부에 관한 의사결정에서 고려해야 할 제안도 소개하고 있다.

ADHD는 7세 이전에 발생되는 장애다. 따라서 4장에서는 ADHD 위험이 있는 어린 아동을 진단하는 방법과 방해행동에 관련된 심각한 증상(예: 공격과 반항행동)을 최소화하고 초기 학교 경험이 성공적으로 이루어질 수 있도록 촉진하는 전략에 대해 설명하고 있다. ADHD는 증상이 만성화될 수 있고 학교에서의 낮은 성취와 연관되기 때문에 ADHD 학생의 장기적인 성공을 위해서는 조기 판별과 중재가 필요하다.

ADHD에 대한 가장 효과적인 개입 방법 중 하나는 교실 환경에서 선행 사건과 후행 사건을 조작하는 것이다. 5장에서는 행동 통제, 학업 수행, 사회적 행동을 향상시키는 것으로 알려진 행동주의 중심의 방법을 설명하고 있다. 저자들은 특별히 초등학교에서 충실히 실행될 수 있는 학업과 사회적 중재 개발을 위한 문제해결 모델을 제시하고 있다. 이들 모델에 대한 논의에서 강조하는 것은 기능적 평가와 교육과정 중심 평가를 통해 얻은 자료가 중재 계획과 서로 연결되어야 한다는 점이다.

ADHD는 중·고등학교 교육 환경에 걸쳐 나타나는 만성장애다. 3판에서는 중학생, 고등학생, 대학생을 위한 중재와 지원 전략을 다루는 장을 추가하였다(6장). 구체적으로, 치료는 증상을 완화시키는 것뿐 아니라 일반 영역의 기능을 강화시키고 자기조절 및 조직화 기술을 향상시키는 것을 목표로 한다. 중·고등학교 수준의 학생들을 가르치면서 경험할 수 있는 구체적인 어려움 또한 소개한다.

ADHD 처치에서 가장 많이 연구되고 있고, 비용 면에서도 가장 효과적이라고 알려진 것은 리탈린(Ritalin)과 메틸페니데이트(methylphenidate)와 같은 각성제의 처방이다. 70~80%의 ADHD 아동은 약물치료를 통해 과제 집중 행동, 충동성, 사회적 행동, 순응성, 학업 성취 등이 향상될 수 있다. 7장에서는 구체적인 약물치료, 행동적 효과, 부작용, 복용량에 대한 처방을 제시하고 있다. 이 외에 학교 현장 전문가들이 약물 반응을 평가할 때 의사를 돕는 방법을 설명하고 있다.

ADHD 증상을 개선하기 위해서는 다양한 상황에 따른 중다적 중재가 필요하다. 따라서 학교 기반 중재 방법과 약물 처치 외에도 사회적 기술 훈련, 부모 훈련 또는 가족치료와 같은 방법이 추가로 이루어질 필요가 있다. 이들 처치 방법은 8장에서 설명하고 있다. 또한 ADHD 아동의 중재에서 경험적·과학적 근거가 약한 것으로 알려진 치료(예: 뇌파[EEG], 바이오피드백 훈련)를 고려해야만 하는 경우 부모에게 어떤 조언을 해 줄 것인가에 대한 제안도 설명하고 있다.

ADHD 아동 치료는 팀 접근이 필요하다. 9장에서는 전문가와 부모 간의 의사소통에 대해 자세히 논의하고 있다. 학교와 가정 또는 학교 현장 전문가와 지역사회 전문가(예: 의사) 사이의 의사소통이 잘못 이루어지면 서비스 전달의 효과성이 떨어진다. 이 장에서는 ADHD 치료 팀 구성원들 간의 적절한 의사소통 촉진 방법에 대해서도 설명하고 있으며, ADHD 평가와 치료를 위한 전문적 지침도 논의될 것이다.

10장에서는 학교 기반 프로그램에 대한 전망과 ADHD 연구의 향후 과제에 대한 논의가 다루어지고 있다. ADHD 아동 중심의 공부 방법과 조직화 기술을 향상시키기 위한 직접 교수와 직업/상담 프로그램에 대해 많은 관심이 필요하다. 이 책에서 제안하고 있는 내용은 ADHD 아동이 학교에서 성공적인 성과를 거두도록 하기 위해서는 학교 기반 중재 전략의 개발이 필요하다는 것을 보여 주는 출발점에 불과하다.

제2장

학교에서의 ADHD 평가

ADHD로 의심되는 아동을 가정과 학교 환경에서 종합적으로 평가할 때 주로 사용하는 방법은 중다평가 방법이다(American Academy of Pediatrics, 2011; Barkely, 2006; National Institutes of Health, 1998). ADHD 진단 준거들은 주로 의사들이 개발해서 발표해 왔지만(즉, American Psychiatric Association, 2013), 이제 학교심리 전문가들도 적절한 평가 절차에 대한 지식을 알고 있어야만 한다. 첫째, 일반학급 교사들은 아동과 청소년이 보이는 가장 흔한 문제행동 중에서 ADHD의 증상(예: 과제수행 시 보이는 산만함, 짧은 주의집중 시간, 부주의한 실수, 과도한 움직임, 서둘러 과제하기)을 평가한다(Harrison, Vannest, Davis, & Reynolds, 2012). 따라서 학교심리 전문가는 ADHD 자체를 평가할 수 있는 위치에 있어야 하고, 적어도 ADHD 아동을 적절하게 평가할 수 있는 전문가가 누구인지에 대한 정보 정도는 알고 있어야 한다. 둘째, 학교심리 전문가는 ADHD의 차별적 진단에 필요한 중요 자료와 정보의 출처(예: 교사들, 자연적인 상황에서 아동의 행동 관찰)에 직접적으로 접근해야 한다. 셋째, ADHD는 학교심리 전문가가 자주 접하는 학습장애와 같은 특정 집단에서 자주 발생한다(Barkley, 2006). 마지막으로, ADHD 아동은 「미국의 장애인교육향상법(Individuals with Disabilities Education Improvement Act: IDEIA)」의 '기타 건강장애'

범주에 해당되어 특수교육 서비스를 받을 수도 있다. 따라서 의뢰된 아동이 앞의 범주하에서 특수교육 서비스에 적합한지 아닌지를 결정할 때 학교심리 전문가들의 도움이 필요할 수도 있다.

이 장의 목적은 기존 문헌에서 경험적으로 지지받고 있는 ADHD 평가 방법들을 하나로 통합한 학교 기반 평가 접근을 설명하는 데 있다. 학교 기반 평가 방법을 적절히 사용한다는 것은, 전문적인 임상적 평가 기법뿐만 아니라 DSM-5(American Psychiatric Association, 2013) 분류 체계 사용법에 대해 적절한 훈련을 받았다는 것을 전제로 한다. 우선, ADHD에 관한 DSM-5 준거를 학교 기반 평가 패러다임의 맥락에서 살펴보고, 그 제한점에 대해서도 설명할 것이다. 둘째, ADHD 평가에 있어 학교와 가정에서 수집된 다양한 자료를 통합적으로 분석하는 행동주의 평가 방법에 대해서도 알아볼 것이다. 마지막으로, Salvia와 Ysseldyke(1998)가 제안한 모델을 적용한 교육적 의사결정 패러다임의 상황에서뿐만 아니라 중재 기반(RTI) 서비스 전달 체계의 상황에서도 평가 과정의 구체적인 단계가 무엇인지에 대해 자세하게 설명할 것이다. ADHD 평가 단계는 '선별, 중다평가, 진단적 의사결정을 내리는 데 필요한 결과 해석, 평가 자료에 따른 중재 계획의 개발, 중재 프로그램의 성공 여부에 대한 계속적인 평가'의 순서로 설명될 것이다.

 ## 학교 기반의 ADHD 평가에서 진단 준거의 사용

ADHD의 현 정의

지난 수십 년간 ADHD에 대한 정의와 개념화가 다양한 방법을 통해 이루어져서 전문가들조차도 적절한 진단과 평가 절차에 대하여 혼란스러워한다(Barkley, 2006). 최근 전문가들 사이에서 ADHD의 특성을 발달에 적합하지 않은 빈도의 부주의 또는 높은 과잉행동-충동성으로 설명하려는 방향으로 합의가 이루어지고 있다(American Psychiatric Association, 2000). ADHD 아동은 환경에 대한 반응 지체, 자기조절 문제 그리고 일정 시간이 요구되는 과제를 수행하는 데 어려움을 보인다는 점에서 주의력결핍과 과잉행동–충동성의 양(兩) 차원의 문제행동이 기능상의 장애로 발달하게 된다(American Psychiatric Association, 2013; Barkely, 2006).

　DSM-5 준거(American Psychiatric Association, 2013)에 제시된 ADHD의 행동 또는 증상은 부주의(예: 과제 또는 활동 시 주의를 지속하는 데 어려움을 겪음)와 과잉행동–충동성(예: 차례를 지키는 데 어려움을 겪음)을 포함하고 있다. ADHD 증상을 고려해 볼 때, 몇몇 행동은 아동 초기(즉, 12세 이전)에 나타나고, 둘 또는 그 이상의 환경에서 만성적으로 나타난다(American Psychiatric Association, 2013). 어떤 아동이 9개의 부주의 증상 중 적어도 6개, 또는 9개의 과잉행동–충동성 행동 중 적어도 6개를 보일 때 ADHD로 진단될 것이다. 보통 ADHD 진단은 발달에 적합하지 않은 행동을 보이고 그러한 증상이 지속될 때 결정된다. 반면에 아동의 부주의, 충동성 그리고 산만성에 대한 대안적인 원인이 있으면 ADHD로 진단되지 않는다. 이들 원인으로는 잘못된 교육과 자기관리 훈련, 신경 · 감각 · 운동 · 언어장애, 지적장애 또는 중증 정서장애가 포함될 수 있다(Barkley, 2006).

　1장에서도 소개했듯이 ADHD의 하위 유형으로는 세 가지가 있다. 복합형 ADHD는 최소 6개월 이상 적어도 6개의 부주의 증상과 6개의 과잉행동–충동성 증상을 보인다. 복합형은 ADHD의 전통적인 형태로 문헌상으로도 가장 많이 연구되어 왔고, 가장 심각한 유형이다. 주의력결핍 우세형 ADHD(이전 용어는 '비차별적인 주의력결핍장애' 그리고 '과잉행동성이 수반되지 않는 주의력결핍장애')는 한 아동이 9개의 부주의 증상에서 적어도 6개의 증상을 나타내고 동시에 과잉행동–충동성 행동에서는 5개 이하의 증상을 보일 때 진단되는 유형이다. 마지막으로, 과잉행동–충동 우세형 ADHD는 9개의 과잉행동–충동성 행동에서 적어도 6개의 행동을 보이고, 동시에 9개의 부주의 증상에서 6개 이하의 증상을 보일 때 진단되는 유형이다.

DSM 체계의 장점

　ADHD 진단 준거가 ADHD 아동의 문제행동을 해결하기 위한 의학적 모델에 따라 개발되었음에도 다음의 이유에서 이 준거들이 교육적 상황에서도 유용하게 사용될 수 있다. 첫째, DSM 목록을 사용하여 어떤 아동들에게 일관성 있게 공변(covary)하는 여러 가지 문제행동이 무엇인지 기술할 수 있다. 진단 준거(즉, 공변하는 행동을 묶은 것)는 적용해 볼 수 있는 중재들이 상대적으로 얼마나 성공 가능한지 예측할 수 있도록 하며, 현재 혹은 미래의 문제행동에 대한 위험성을 예측하고 통제 가능한 변인이 무엇인지 제안하는 데 활용될 수 있다(Barlow, 1981). 둘째, DSM 준거를 사용하면 표준화된 방식으로 평가를 구조화할 수 있으므로, ADHD 진단에 대한 전문가들 간의 합의를 도출하기 쉽다. 셋째, DSM 준거를 사용하여 잠재적인 ADHD의 명확한 증상을 설명해 주는 다른 장애나 어려움과 같은 가설들을 선택할 수 있다. 이와 같은 차별적 진단은 교실에서 성공할 수 있는 중재 프로그램을 계획하고 적용할 수 있도록 해 준다. 예를 들어, 한 아동의 주의력 문제가 ADHD 증상보다 불안장애와 관련이 된다면, 초기 처치 전략은 아주 다를 것이다. 넷째, DSM 준거를 사용하여 진단하게 되면, 증상 목록에 관한 토론을 통해 중재의 목적이 되는 문제행동을 제시할 수 있다. 예컨대, 부모나 교사가 가장 중요하다고 자주 이야기하는 증상이 처치의 초점이 될 수 있다. 다섯째, 평가 시 합의된 진단 준거를 사용하면(즉, 일반적인 용어 사용) 아동의 심리 상태에 관심이 있는 기타 정신건강 전문가(예: 임상 아동심리학자) 또는 의학 전문가들과의 의사소통이 증진되며, 결과적으로 팀 접근이 촉진될 수 있다.

DSM 접근의 제한점

ADHD 아동의 평가 과정에 DSM 진단 준거가 중요한 요소로 작용할 수는 있지만, 다음과 같은 몇 가지 제한점을 고려해야 한다. 첫째, ADHD 진단 준거는 의학적 모델에 의해 개발되었기 때문에 '문제'가 아동의 내부에 있다고 가정한다. 따라서 ADHD로 의심되는 아동을 장애아동으로 규정함으로써 문제행동을 야기하고 유지시키는 역할을 하는 환경 변인에 대한 평가를 소홀히 할 수 있다. 둘째, DSM은 정신의학적 분류 체계를 사용한 것이기 때문에, 특정 상황에서 발생하는 병리를 탐색하도록 조장함으로써 행동장애를 가진 아동이 과잉 진단될 수 있다(즉, '거짓 긍정'의 진단). 이러한 상황에 따라, DSM을 사용한 주관적인 진단 면접과 같은 평가 방법은 객관적인 측정 방법(예: 행동 관찰)으로 보완되어야 한다는 점에서 중다접근 평가가 필요하다(Achenbach & McConaughy, 1996). 셋째, DSM과 같은 정신병리적 분류 체계를 통해 ADHD로 의심되는 아동에게 ADHD라는 진단명이 부여되면, 다른 사람들이 그 아동을 '장애아'로 보게 되어 아동의 자존감을 손상시킬 수도 있다. 이와 같은 문제에 대해 전문가들이 논의하고 있으나, 아직까지 ADHD 진단의 의원성(의사의 진단으로 생기는, iatrogenic) 효과에 대해서는 경험적으로 알려진 바가 없다. 넷째, DSM의 중요한 제한점은 다양하게 제시되어 있는 진단적 준거에 대한 측정학적 타당성(예: 신뢰도, 타당도)이 보고되지 않았다는 점이다(Gresham & Gansle, 1992). 마지막으로, 아동의 감정과 행동에 대한 문제를 장애 유무와 같은 진단 범주로 개념화하는 것 또는 모든 개인의 행동을 연속선상에서 해석하는 차원의 문제로 개념화하는 것에 대한 논쟁이 있다. 대부분의 경험적 증거는 ADHD가 차원적 구조임을 강력히 주장하고 있다(Coghill & Sonuga-Barke, 2012).

DSM 분류 패러다임을 적절하게 사용하기 위해서는 숙련된 기술이 필요하다(Barlow, 1981에서 인용). 첫째, 학교심리 전문가는 어떤 문제행동이 공변하는지(예: 부주의, 충동성, 과잉행동성)를 알 수 있도록 정신병리학에 대해 잘 알고 있어야 한다. 둘째, 학교심리 전문가는 ADHD만이 아니라 대부분의 아동기 장애와 관련된 최근의 DSM 준거에 관한 지식을 가지고 있어야 한다. 이것은 증상 목록에 익숙해지는 것뿐만 아니라 출현하는 연령에 대한 준거와 문제행동의 최소 지속 기간에 대한 준거에 대해서도 잘 알아야 한다는 것을 요구한다. 마지막으로, 학교심리 전문가는 아동의 특정 행동 목록(repertoire)에서 현재 어떤 증상이 문제되고 있는지를 결정하는 데 필요한 종합적 평가 지침을 잘 적용할 수 있도록 훈련받아야 한다.

ADHD는 생물학적 유전(endowment), 교실에서의 환경적 조건(prevailing contingencies) 그리고 아동의 특성이 상호 영향을 주어서 '부적응(poor fit)'이 생겼다고 보는 것이 가장 적절하다. DSM 진단 준거는 이런 상황에서 일반적으로 ADHD로 알려진 문제행동의 공변성(covariation), 통제 변인 그리고 효과적인 중재법이 무엇인지 알 수 있게 해 준다(Barlow, 1981). DSM 진단 준거의 사용에 따른 한 계점은 특정 문제행동, 통제 변인 그리고 학생 개인에게 적용 가능한 중재 전략을 결정할 수 있도록 다양한 환경에서 진단 정보를 얻는 중다접근 평가에 의해 보완 될 수 있다. DSM을 사용한 ADHD 진단은 학급에서 성공을 촉진하도록 중재를 계 획하고 평가하는 과정 중 한 단계에 불과하다.

 ## 평가 방법에 대한 개관

    중다평가 방법으로 다양한 정보와 환경으로부터 진단 관련 자료를 수집하는 경 우, 주로 행동주의 평가 방법이 사용된다(Anastopoulos & Shelton, 2001; Barkley, 2006; Pelham, Fabiano, & Massetti, 2005). 특히 학생의 수행을 직접 관찰하는 것뿐만 아니라 부모나 교사로부터 아동의 행동에 대해 신뢰도 있는 정보를 얻는 것이 중요하다. 그러므로 아동의 부모와 교사와의 면접, 부모와 교사가 완성한 질문지, 다양한 상 황과 과업 상황에서 아동의 행동에 관한 관찰이 평가의 주 요소가 된다. 이와 같은 절차가 청소년 ADHD를 평가할 때 사용되지만, 평가 자료의 신뢰도와 타당도를 유 지하기 위해서 자기보고 검사를 수정하여 사용할 필요가 있다(뒤의 'ADHD 평가에서 의 발달적 고려사항' 절 참조).

    다음에서는 평가 과정의 각 단계별로 구체적으로 적용할 수 있는 평가 방법에 대해 자세히 다룰 것이다. 아동, 교사 그리고 부모와의 면접을 통해 문제행동을 계 속 유지시키는 것으로 파악되는 과거와 현재의 요인들을 확인할 수 있을 뿐만 아 니라 DSM 증상의 존재 여부를 결정할 수 있다. 부모와 교사가 작성한 학생의 행동 평정척도는 준거집단과 비교하여 ADHD 관련 행동의 심각성 여부를 결정하는 자 료가 된다. 부모와 교사의 보고를 보완하는 방법에는 직접적으로 학생의 행동을 측정하는 방법이 있다. 여러 목표행동의 지속 기간과 빈도를 결정하기 위해서 교 실, 운동장 등의 상황에서 발생하는 아동의 행동을 직접 관찰한다. 대개 의뢰된 아동 행동의 심각성 여부를 결정하기 위해서 문제행동의 빈도를 급우들의 행동과 비교한다. 마지막으로, 학업 생산성과 정확성, 과제 조직의 질과 같은 아동 행동의 생산성에 대한 정보를 수집하거나 조사할 수 있다. 각각의 평가 방법은 몇 가지 점에서 제한점이 있을 수 있으나, 다양한 측정 방법을 사용하여 '견제와 균형'이 유지될 수 있도록 개발된 중다평가 체계는 단일 측정의 한계를 보완할 수 있다(Anastopoulos & Shelton, 2001; Barkley, 2006).

학교심리 전문가가 주로 실시하는 평가 방법은 ADHD 진단 평가 시 한계점이 있을 수 있다. 대개 인지, 신경심리 그리고 교육검사 결과는 한 아동이 ADHD인지 아닌지를 결정하는 데 도움이 되지 못한다. 이제까지 개인검사나 집단검사는 진단과정에 도움이 될 수 있는 생태학적 타당도를 수용하지 못했다(Barkley, 1991, 2006). 예를 들어, ADHD 아동의 전체 IQ 점수가 전형적인 발달을 보이는 또래 아동보다 0.61 표준편차 낮을지라도(Frazier, Demaree, & Youngstrom, 2004), 학교심리 전문가들이 주로 사용하는 검사(예: 아동용 웩슬러 지능검사-4판[Wechsler Intelligence Scale for Children-IV: WISC-IV]; Wechsler, 2003)는 학습장애 아동 또는 일반 아동 중에서 ADHD 아동을 신뢰롭게 진단하지 못하는 것으로 밝혀졌다(Barkley, DuPaul, & McMurray, 1990). 뿐만 아니라 작업기억 검사(이전 용어는 '산만성') 점수는 ADHD의 진단 지표로서 적합하지 않다(Anastopoulos, Spisto, & Maher, 1994). 그 이유는 이들 요인에서의 낮은 수행은 시험불안 등 다양한 원인에 의해서도 발생할 수 있기 때문이다. 게다가 ADHD 아동은 대부분의 전형적인 시험 환경과 같이 고도로 구조화되어 있고 새로운 성인과 일대일로 상호작용하는 경우, 적절한 주의집중 및 행동 조절 수준을 보인다(Barkley, 2006). 따라서 비록 개인지능검사가 아동의 지능과 교육적 상태를 판별하는 데 도움을 준다 할지라도 ADHD 진단 평가 시 꼭 필요한 것은 아니다.

주의집중과 충동 조절의 표준화 검사는 ADHD 진단 평가에 일상적으로 포함되었다(Anastopoulos & Shelton, 2001; Barkley, 2006). 이들 검사는 부모의 정신병리 등 부모나 교사의 편파적인 보고에 거의 영향을 받지 않는 객관적인 자료를 제공한다(Gordon, 1986). 가장 대중화된 표준화 검사로는 CPT(Continuous Performance Test; Rosvold, Mirsky, Sarason, Bransome, & Beck, 1956)와 이것과 유사한 형태인 고든 경계 과제(Gordon Vigilance Task; Gordon, 1983), 코너스 연속 수행 검사(Conners

Continuous Performance Test; Conners, 2000)가 있다.

CPT 점수가 집단 수준에서 ADHD 아동과 정상 아동 집단을 판별해 주기는 하지만, CPT 검사는 아동 개개인을 측정하는 데 다음 몇 가지 이유에서 한계를 지닌다. 첫째, 몇몇 연구에서 준거 측정(예: 교사 평정)과 CPTs 점수 간에 유의한 상관이 있음을 밝히지 못했다(Epstein et al., 2003). 둘째, 연령, 성별 그리고 수용 어휘 기능의 효과를 제외한 측정 점수만으로는 ADHD 아동, 품행장애 아동, 불안장애 아동을 정상 아동 집단(Werry, Elkind, & Reeves, 1987) 또는 읽기장애 집단(McGee, Clark, & Symons, 2000)과 구별할 수 없었다. CPT 점수와 준거 측정 사이에 유의미한 상관이 있을 때도, 임상 기반 과제 수행에 대한 결과가 준거 지수의 최소한의 변화밖에 설명하지 못한다는 주장에 따라 둘 사이의 상관점수가 아주 낮게 나온다(즉, .21~.50 절댓값 사이; Barkley, 1991, 2006). 게다가 하나 또는 복합된 CPT 점수는 부모 면접과 행동평정 척도 자료에 의한 ADHD 진단과 일치하지 않는 것으로 밝혀졌다(DuPaul, Anastopoulos, Shelton, Guevremont, & Metevia, 1992). 마지막으로, CPT 점수가 임상적으로 의미가 있다 하더라도 이 점수가 ADHD의 특정적인 정도와 차별적 진단에 도움이 되는지는 의문이다(예: McGee et al., 2000). 따라서 현재 가장 신중하게 내릴 수 있는 결론은 ADHD 검사도구의 생태학적 타당성이 의심되면 사용을 제한할 수 있다는 것이다(Anastopoulos & Shelton, 2001; Pelham et al., 2005; Rapport, Chung, Shore, Denney, & Isaacs, 2000).

학교심리 전문가가 학생의 정서 기능을 평가하기 위해 주로 사용하는 측정 방법은 아동이 ADHD인지를 평가할 때는 도움이 되지 않는다. 주제통각검사(Thematic Apperception Test; Murray, 1943)와 같은 투사검사는 문제행동이 정서적인 어려움 때문에 발생한다는 이론적 가정에 따라 제작된 것이다. 이러한 가정은 ADHD를 구성하는 문제행동과 관련하여 아직 경험적으로 지지를 얻지 못하고 있다. 게다가 투사법은 신뢰도와 타당도가 의문시되고 있다(Gregory, 1996).

아동과 청소년이 자기보고 질문지에 답하는 방법은 최근 들어 자주 사용되고 있다(예: Conners, 2008). 심리 측정상 타당한 것으로, YSR(Youth Self-Report; Achenbach & Rescorla, 2001), Youth Inventory-4(Gadow et al., 2002), BASC-2 자기

보고형(Self-Report of Personality for the Bebavior Assessment System for Children-2[BASC-2]; Reynolds & Kamphaus, 2004) 등이 있다. 방해행동을 보이는 아동은 자신의 행동을 성실하게 보고하지 않고(Landau, Milich, & Widiger, 1991) 자신의 학업적 · 사회적 능력을 과대평가할 수 있다(긍정 편향; Ohan & Johnston, 2011)는 우려에 따라 방해행동, 학업 기능, 사회적 기술에서의 자기보고식 평정척도는 주의 깊은 해석을 요한다. 대안적으로, 행동장애 청소년도 진단(Conners, 2008)과 처치(Smith, Pelham, Gnagy, Molina, & Evans, 2000), 의사결정 모두에 도움이 될 수 있는 정보를 제공할 수 있다는 증거가 늘고 있다. 또한 자기보고 자료는 ADHD로 진단될 수 있는 청소년을 평가할 때 숨겨진 영역의 증상(예: 우울 증상)을 평가할 수 있도록 해 주며, 평가와 중재 과정(뒤의 'ADHD 평가에서의 발달적 고려사항' 절 참조)을 연계시킬 수 있기 때문에 의미가 있다.

ADHD 평가의 단계

최근 학생의 학업적 및 행동적 어려움에 대한 서비스는 3단계의 중재반응모형(RTI) 상황에서 제공된다(Burns, Deno, & Jimerson, 2007). 1단계에서는 모든 학생을 위한 일반적 교수와 서비스가 제공되며, 2단계에서는 학업적 · 행동적 어려움에 대한 위험성을 가진 학생들을 대상으로 소집단 또는 개별적으로 교수와 서비스가 제공된다. 마지막으로, 3단계에서는 2단계에서 충분히 반응하지 않은 학생들을 대상으로 개별화된 강도 높은 교수와 지원을 제공한다. ADHD로 의심되는 아동을 평가하기 위한 모델은 2단계에서 충분히 긍정적인 반응을 보이지 않는 위험 학생(3단계 중재의 대상으로 고려되는 학생들)을 대상으로 실행되어야 한다. 이러한 관점에서 ADHD의 평가는 정확한 진단을 내리는 것뿐만 아니라 3단계에서 효과적으로 제공될 수 있는 중재를 찾는 것에도 초점을 맞추고 있다고 할 수 있다.

2단계의 중재와 지원이 실행되었음에도 교사가 학생의 주의력과 행동 통제의 문제를 의뢰하게 되면, 다섯 단계의 ADHD 학교 기반 평가가 실행된다(DuPaul,

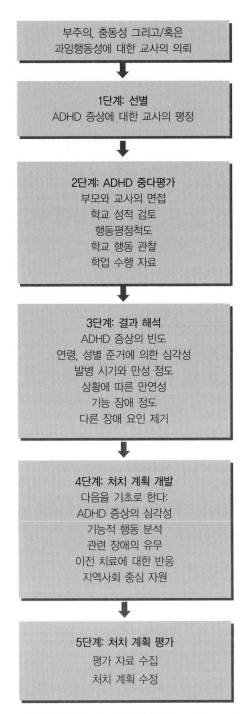

부주의, 충동성 그리고/혹은
과잉행동성에 대한 교사의 의뢰

1단계: 선별
ADHD 증상에 대한 교사의 평정

2단계: ADHD 중다평가
부모와 교사의 면접
학교 성적 검토
행동평정척도
학교 행동 관찰
학업 수행 자료

3단계: 결과 해석
ADHD 증상의 빈도
연령, 성별 준거에 의한 심각성
발병 시기와 만성 정도
상황에 따른 만연성
기능 장애 정도
다른 장애 요인 제거

4단계: 처치 계획 개발
다음을 기초로 한다:
ADHD 증상의 심각성
기능적 행동 분석
관련 장애의 유무
이전 치료에 대한 반응
지역사회 중심 자원

5단계: 처치 계획 평가
평가 자료 수집
처치 계획 수정

[그림 2-1] 부주의/과잉행동—충동성 장애를 위한 학교 기반 ADHD 평가의 5단계

1992; [그림 2-1] 참조). 5단계의 ADHD 학교 중심 평가는 Salvia와 Ysseldyke(1998)가 제안한 교육적 의사결정 모델에 근거한 것이다. 첫째, 교사 평정 후 학생에 대한 간단한 면접을 실시하여 ADHD 증상의 빈도와 심각성을 선별한다. 둘째, 선별 과정에서 아동의 증상이 심각하다고 생각되면, 아동의 증상을 자료화할 수 있도록 다양한 영역에 걸쳐 여러 사람과 환경에 따른 중다평가를 실시한다. 셋째, 분류와 진단에 대한 의사결정이 이루어질 수 있도록 평가 결과를 해석한다. 넷째, 수집된 평가 자료를 바탕으로 중재 계획을 개발한다. 다섯째, 중재 프로그램의 성공 여부와 변화의 필요성을 결정할 수 있도록 계속적으로 아동의 학교 관련 행동과 학업 수행을 평가한다.

5개의 평가 단계는 다음에서 상세하게 설명하고 있다. 처음에는 각 평가에 대해 일련의 질문이 제시된다. 이 질문들은 Barrios와 Hartmann(1986)이 행동 평가 지침으로 제안한 내용 중 일부를 발췌한 것이다. 그다음으로, 각 평가 단계의 과정에 대해 기술한다. 마지막으로, 각 평가 단계에서 제시된 질문에 답이 될 수 있도록 구체적인 평가 방법을 검토한다.

1단계: 선별

▶ 질문할 내용
다음 질문에 답할 수 있도록 선별(screening) 과정이 고안되었다.

1. 의뢰된 학생이 ADHD로 진단될 수 있는 문제행동을 가지고 있는가?
2. 심화된 ADHD 평가가 필요한가?

▶ 선별 과정
학생이 수업 중 집중하는 데 어려움을 보이거나, 혼자서 과제를 지속적으로 완수하지 못하거나, 적절한 시간 동안 좌석에 앉아 있지 못하거나 또는 충동적이고 방해적인 행동을 해서 교사가 2단계 중재에 대한 아동의 반응이 낮음을 보고했을 때는 ADHD 여부를 알아보기 위한 선별검사를 실시한다. 문제행동을 구체화하고 아동의 문제행동을 유지하거나 원인이 될 수 있는 환경적 요인을 확인하기 위해 교사는 학생과 간단한 면접을 실시한다. 그런 다음 교사는 ADHD 증상의 빈도를 평정한다.

▶ 선별 방법

교사가 학생을 대상으로 초기 면접을 실시할 때에는 구체적인 문제행동의 빈도, 심각성 그리고/또는 지속 기간에 대해 질문한다. 그리고 문제행동과 관련된 선행 사건, 후속 결과를 확인하기 위해 다양한 환경적 요인(예: 해야 할 과제의 특성, 교수 방법, 급우들의 행동)의 역할에 대해서도 탐색적인 질문을 한다. 문제행동이 ADHD와 관련되어 있는지 여부를 알아보기 위하여 명확한 ADHD 관련 행동이 만성화되었는지를 결정할 수 있도록 18개의 DSM-IV 증상의 존재 여부를 결정한다. 만약 부주의 증상과 과잉행동-충동성 증상의 빈도가 6개 혹은 그보다 많은 것으로 보고되면 다음 단계의 ADHD 평가를 실시해야 한다. DSM-IV의 각 차원에서 8개 이하가 보고된 경우에도 특별히 이차적인 수준에서의 ADHD 평가가 실시될 수 있다.

가장 효과적인 선별평가 방법은 학교생활 동안 아동의 전형적인 행동에 대해 교사가 직접 DSM 기반 척도(예: ADHD 평정척도-IV[ADHD Rating Scale-IV]; DuPaul, Power, Anastopoulos, & Reid, 1998)를 실시하는 것이다. 교사는 DSM-5를 적용한 18개의 ADHD 행동적 증상의 빈도를 리커트 4점 척도로 직접 표시한다(American Psychiatric Association, 1994). 교사와의 면접과 마찬가지로, 부주의나 과잉행동-충동성에서 8개 이상의 항목에 대해 '상당히 많이' 혹은 '매우 많이'로 표시된 경우에는 다음 단계의 ADHD 평가가 이루어질 수 있다. 만약 8개 미만의 항목이 표기된 경우라면, 이것은 다음 단계의 ADHD 평가를 받을 필요가 없음을 의미하는 것이 아니라 교사가 의뢰한 부분에 대해 다른 진단(예: 학습장애)이 필요함을 뜻한다.

2단계: ADHD 중다평가

▶ 질문할 내용

다음 질문에 답할 수 있도록 중다평가 방법을 이용한 자료 수집이 실시된다.

1. ADHD 증상의 특성과 심각성은 어떠한가?
2. 이러한 문제행동을 유지시키는 환경적 요인은 무엇인가?
3. 문제행동의 빈도, 지속 기간, 정도는 어떠한가?
4. 어떤 상황에서 ADHD 관련 행동이 발생하고 얼마나 오랫동안 나타나는가?

▶ 평가 과정

초기에 실시되는 선별평가에서 ADHD 가능성이 있다고 해석되면, 그다음 단계는 아동의 전체 기능을 보다 종합적으로 평가하는 것이다. 처음에는 문제행동을 구체화한 다음, 문제행동의 선행 사건과 후속 사건을 확인하고, 다양한 개인 발달사 특성과의 인과관계를 탐색하기 위해 아동의 부모 및 교사와의 면접을 실시한다. 추가로 학생의 발달사에 대한 자료를 수집하기 위해 학교에서 기록·보관하고 있는 관련 자료(예: 학교 성적)를 검토한다. 따라서 초기 평가 과정을 설계할 때는 다음 단계의 평가가 필요한지를 결정하기 위해 구체적인 문제행동, 환경적 요인 그리고 과거 변인을 확인해야 한다.

부모와 교사는 아동의 문제행동의 빈도와 심각성에 대해 보다 구체적인 자료를 제공하기 위해 몇 가지 질문지를 작성한다. 이 평정척도는 규준 집단의 자료를 비교하여 의뢰된 아동의 ADHD 관련 행동에 발달적 이상성이 존재하는지 살펴볼 수 있게 하고, ADHD 관련 행동이 여러 상황과 보호자들에게 명확하게 나타나는 것인지 결정할 수 있게 한다. 또한 부모와 교사 평정척도는 다양한 환경에 걸친 아동의 행동에 관해 진단 면접 정보 이상의 특별한 데이터를 제공하기도 한다(Vaughn & Hoza, 2013). 구체적인 질문지들은 다음에서 논의되는 것과 같이 평가가 필요한 목표행동의 기능 및 아동의 연령에 따라 다양하게 활용될 수 있다.

ADHD 형식적 평가의 마지막 단계는 상황에 따라 아동의 행동을 직접 관찰하고 학업과 사회적 수행에 관련된 자료를 수집하는 것이다. 이 방법은 목표행동의 빈도와 지속 기간, 구체적인 선행 사건과 후속 사건이 문제행동을 유발하고 유지하게 하는지의 여부, ADHD 관련 행동이 아동의 사회적 · 학업적 기능을 어느 정도 훼손하고 있는지에 대한 결정적인 정보를 제공해 준다. 중재를 설계하는 관점에서 볼 때, 가장 중요한 활동은 기능적 행동 평가와 관련 데이터를 수집하는 것이다 (DuPaul & Ervin, 1996).

▶ 평가 방법

• **교사 면접**: 교사에게는 Bergan과 Kratochwill(1990)이 설명한 문제-확인-면접 상황과 같이 학생의 문제를 구체적인 행동 용어로 설명할 수 있도록 질문해야 한다. 그리고 교사가 다양하게 나타나고 있는 아동의 문제행동을 최근 DSM 진단 준거를 통해 검토하도록 한다. 또한 ADHD 외에 반항장애, 품행장애, 범불안장애, 분리불안장애 그리고 우울과 관련된 행동 증상이 있는지의 여부도 확인해야 한다. 교사에게 이와 같은 문제를 확인하도록 하는 데는 두 가지 중요한 이유가 있다. 첫째, 명확한 ADHD 증상이 실제로는 다른 장애에서도 나타날 수 있기 때문이다. 예를 들어, 기분장애를 가지고 있는 아동은 주의집중 문제를 보일 수 있다. 따라서 ADHD 진단은 문제행동과 관련된 다른 경쟁 가설들(다른 진단명)을 제외함으로써 이루어지게 된다. 둘째, 이러한 진단적 준거를 검토해야 하는 또 다른 이유는 많은 ADHD 아동이 다른 장애의 증상도 함께 갖고 있기 때문이다. 연관된 진단으로 가장 많은 빈도를 보이는 것은 반항장애다. 대략 40~65%의 ADHD 아동이 반항장애 증상을 보인다(Barkley, 2006). 따라서 ADHD와 다른 행동 및 정서 장애의 혼합형의 경우 다음에서 논의되는 것과 같이 중다중재가 필요하다.

교사에게 여러 가지 행동 증상이 있는지에 대한 확실한 답변을 하도록 하면서, 증상에 대한 구체적인 예와 빈도를 추정할 수 있도록 질문해야 한다. 문제행동을 둘러싸고 있는 특정 선행 사건(예: 교수 형태)과 후속 사건(예: 아동의 잘못된 행동에 대한 교사의 반응) 또한 확인되어야 한다. 왜냐하면 이들 사건이 문제행동을 지속시키거나 악화시킬 수 있기 때문이다. 현재 이루어지고 있는 관리 방법과 이와 관련된 성공 정도에 대해서도 논의가 되어야 한다.

아동의 학업 수행과 또래 관계에 대한 질적 정보를 수집하는 일도 필수적이다. 어떤 ADHD 아동은 과제를 완성하는 것에서의 어려움 외에 학업 기술에서 심각한 결함을 갖고 있을 수 있다. 물론, 그런 상황에서는 학업 기술(예: 교육과정 중심 평가)을 평가하는 것이 당연시될 수 있다. 교사가 아동의 사회적 상호작용 유형과 또래들의 수용 정도를 관찰하는 것은 사회성 관련 중재가 필요한지를 결정하는 데 도움이 된다. 많은 ADHD 아동은 다른 사람들과의 관계에서 지배적이고 공격적인 상호작용을 하여 학급 동료들에게 잘 수용되지 않거나 거절당하게 된다(Stormont, 2001). 교사와의 면접을 통해 얻은 자료는 다음 단계의 평가와 중재가 필요한 표적 행동으로서의 사회적 기술 결함을 확인할 뿐 아니라, 사회적 관계의 어려움이 예상되는 과업 및 시간과 상황을 설명하는 데 사용될 수 있다.

• 성적 확인: 교실에서 벌어질 수 있는 ADHD 관련 장애의 출현(onset)과 진행 과정을 정확하게 파악하는 데 도움이 되는 자료를 얻기 위해서는 학생의 학교 성적을 검토할 필요가 있다. 예를 들어, 교사들은 아동의 학업 습관에 대해 점수를 매기고 성적표를 만든다. 대부분의 ADHD 아동이 전 학년에 걸친 학업 영역에서 평균 이하의 점수를 받는 것은 놀라운 일이 아니다. 교사들은 이와 같은 평균 이하의 등급에다 과제 완성 능력의 부족, 높은 산만성, 또는 허락 없이 또래들과 자주 이야기하는 것과 같은 코멘트를 덧붙인다. 평균 이하의 낮은 성적과 교사의 부정적 평가가 처음으로 나타나게 되는 시기에 대한 학년 정보는 학부모가 보고한 ADHD 발병 시기와 서로 비교 · 참조할 수 있다는 점에서 중요하다.

학교성적기록조사(School Archival Records Search: SARS)를 사용하여 보다 구조화된 방법으로 학교 성적을 검토할 수 있다(Walker, Block-Pedego, Todis, & Severson, 1998). SARS는 행동장애, 학교 중퇴를 예측할 수 있는 11개의 변인에 대한 정보를 수집할 수 있는 표준화된 형태다. 11개의 변인에는 다른 학교에의 출석, 사고 결석, 낮은 성취, 유급, 학업/행동 의뢰, 현 개별화교육계획, 일반교실 외의 배치, 보충교

육 참여 여부, 교외 봉사활동 의뢰, 부정적으로 진술된 평가 내용 그리고 학교 징계
여부가 포함된다. 이들 개별적 변인은 산만성, 지원 요구 그리고 낮은 성취의 3개
요인으로 묶인다. Walker와 동료들(1998)은 학교생활의 어려움을 예측할 수 있도
록 개별적인 변인과 요인 점수에 대한 절단 점수를 만들었다. 예상한 대로, ADHD
를 포함한 행동장애가 있는 아동은 산만성과 낮은 성취 변인에서 ADHD 진단을
결정하는 점수(즉, 절단 점수 아래의 점수)를 받을 것이다. SARS의 장점은 표준화된
방법을 통해 핵심 예언 변인을 찾아 학생의 과거의 학업과 행동에 대해 신뢰로운
설명을 할 수 있다는 것이다.

• 부모 면접: 아동의 학부모와 개별적으로나 전화상으로 간단한 면접(즉, 30~45분)
을 실시한다. 병력과 같은 다양한 영역에서 아동의 현재와 과거의 기능에 대한 논의
가 가능하지만, 가장 중요한 질문 내용은 다음과 같다.

첫째, 집에서 통제가 되지 않는 행동이 무엇이고, 얼마나 자주 그런 행동을 하는지
확인해야 한다. 이를 위해서는 ADHD와 관련된 파괴적 행동장애들(반항장애, 품행장
애)에 대한 현행 DSM 진단 준거를 부모와 함께 검토해야 한다. 또한 아동의 부주
의와 과잉행동성과 인과적으로 관련될 수 있는 내면화된 장애(예: 불안장애) 관련
증상이 존재하는지 확인해야 한다. 교사와의 면접과 마찬가지로, DSM 준거 검토
는 ADHD 증상과 인과적인 관계가 있는 다른 장애들을 제외할 때 도움이 된다.

둘째, 부모 면접을 위한 두 번째 논의의 영역은 아동의 초기 아동기 발달에 관한
정보다. ADHD 관련 행동의 발병 시기뿐만 아니라 시간의 흐름에 따른 만성화 정
도에 대한 정확한 정보를 알아내는 것이 중요하다. 초기 아동기의 ADHD 아동이
보이는 전형적인 행동 특성은 과잉행동과 행동 통제의 어려움이다(DuPaul,
McGoey, Eckert, & VanBrakle, 2001). 그러나 몇몇 사례의 경우, 독립적인 과제 수행
의 요구가 커지는 학교에 들어가기 전까지 ADHD 아동의 행동은 문제로 간주되지
않는다. 이와 같은 사례는 부모가 아동에 대한 이전 경험이 거의 없거나(외아들이거
나 첫째 아이인 경우), 아동의 행동에 대해 비현실적인 기대를 갖고 있는 경우에 특
히 그렇다.

세 번째 조사 영역은 아동의 행동적·정서적·학습 문제와 관련된 가계사다. 전문가와 학부모가 함께 이런 주제를 가지고 이야기한다는 것이 편한 일은 아니지만, 이는 두 가지 이유에서 중요하다. ① ADHD는 유전적 혹은 가계적 소인이 있을 수 있으며(Nigg, 2006), 가계 내에서 유전되는 경향이 있다. 가족 내에 ADHD가 존재할 경우, ADHD가 의심되는 아동 역시 ADHD일 가능성이 높다. ② ADHD 사례의 1/3가량에서 ADHD 아동의 어머니가 우울증이 있거나 우울증 병력이 있었다(Barkley, 2006). 이와 같이 ADHD 아동의 가정 내에 존재하는 어려움은 직접적으로 중재와 밀접한 관계가 있다. 부모의 정신병리와 가족의 기능과 관련된 문제들을 개선한 이후 중재가 이루어질 때, 가정 기반의 ADHD 중재는 성공할 가능성이 높다. 우울증을 보이는 어머니를 둔 ADHD 아동은 그렇지 않은 어머니를 둔 ADHD 아동에 비해 행동수정 전략 훈련에 대한 반응에서 실패율이 더 높다(Patterson & Chamberlain, 1994).

• 부모 평정: ADHD 관련 행동의 발달적 이상성이나 문제를 지속하게 만든 상황 등을 묻는 질문지를 부모에게 실시할 수도 있다. 적절한 규준적 데이터와 심리학적 구인을 갖춘 몇 가지 일반적인, 즉 '광범위한(broadband)' 행동척도(Barkley, 2006; Pelham et al., 2005 참조)가 이러한 목적으로 적합하게 사용될 수 있다. 주로 사용되는 질문지로는 아동행동 체크리스트(Child Behavior Checklist: CBCL; Achenbach & Rescorla, 2001), BASC-2, 코너스-3(Conners 3rd Edition; Conners, 2008) 등이 있다.

각각의 행동평정척도 질문지들은 각기 다른 이점을 지니고 있어서 척도를 선택할 때에는 이러한 점을 고려해야 한다. 특별히 CBCL과 BASC-2는 문항이 많기 때문에 내재화 장애뿐만 아니라 외현화 장애에 대해서도 다양한 정보를 제공한다. 이러한 척도들은 ADHD와 유사한 형태를 띠는 다른 장애와 ADHD를 구별할 수 있게 해 주기 때문에 차별적 진단에 도움이 된다. 또한 교사용과 부모용은 문항과 요인 구조가 매우 유사해 교사와 부모 간의 평정 일치도를 검증할 수 있는 장점이 있다. ADHD 진단에 있어, 여러 상황에서 나타나는 아동의 증상이 교사와 부모 모두에게서 보고되어야 하기 때문에 교사와 부모 간의 일치도는 중요한 정보가 된다. 코너스-3는 상대적으로는 간략하게 구성되어 있지만, 외현화 장애에 대한 다양한 정보를 제공해 준다. 그리고 질문지를 작성하는 데 시간이 많이 걸리지 않기 때문에 부모의 도움을 받기가 쉽다.

부모가 광범위한 척도와 더불어 ADHD 관련 행동 문항으로서 '세부적인 (narrowband)' 질문으로 된 DSM 기반 척도(예: ADHD 평정척도-IV)와 가정 상황 질문지(Home Situations Questionnaire: HSQ; Barkley, 1990)에도 답하도록 한다. ADHD 평정척도-IV(ADHD Rating Scale-IV)는 가정에서의 아동의 ADHD와 관련된 18개 증상의 발생과 빈도에 대한 정보를 제공해 준다. 문항 평정은 '상당히 많이' 혹은 '매우 많이'로 표기된 항목 수에 따라 이루어진다. 또한 부주의와 과잉행동-충동성 요인 점수를 준거 자료와 비교하여 ADHD 증상과 관련된 발달적 문제를 가지고 있는지를 평가할 수 있다(DuPaul, Power, et al., 1998). 부모용 HSQ는 아동이 행동 문제를 보이는 가정에서의 상황이 얼마나 되는지 평가하게 한다. 또한 각 상황에서 아동이 드러내는 문제행동의 심각성을 9점 리커트 척도로 평정하도록 한다. 가정 상황 질문지-개정판(Home Situations Questionnaire-Revised: HSQ-R; DuPaul & Barkley, 1992)은 가정 내에서 주의력 문제가 얼마나 오랫동안 지속되었는지에 대한 정보도 함께 제공한다. 따라서 HSQ는 문제행동이 발생하는 구체적인 상황과 심각성에 대한 평가에 용이하고, HSQ-R은 주의력 문제 관련 변인들에 관한 정보를 얻는 데 용이하다. 이러한 주의력 관련 변인들은 특히 아동이 주의력결핍 우세형인지 아닌지를 아는 데 도움이 된다. 예를 들어, 아동이 한두 상황에서만 주의력 문제를 보이는 것으로 나타날 경우, 여러 상황에서 주의력 문제를 보여야 진단되는 주의력결핍 우세형 ADHD로 진단되지 않는다.

ADHD 아동의 대부분은 숙제를 끝내는 것이나 학습 기술에서 심각한 곤란을 겪는다. 부모나 교사가 숙제 관련 문제를 보고하면 추가 평가를 통해 숙제 관련 행동을 다루어야 하는지 알아보아야 한다. 이와 관련된 사항을 평가하기 위해서 숙제 관련 문제 체크리스트(Homework Problem Checklist; Anesko, Shoiock, Ramirez, & Levine, 1987) 또는 숙제 관련 수행 질문지(Homework Performance Questionnaire; Power, Karustis, &

Habboushe, 2001)를 활용할 수 있다. 이들 검사도구는 숙제와 관련된 여러 문제(예: 아동의 숙제 거부 행동, 숙제를 끝내지 못함)의 빈도와 심각성에 대한 정보를 제공하고, 이를 작성한 부모와 구체적인 면담을 할 수 있게 해 준다.

손상 평정척도(Impairment Rating Scale: IRS; Fabiano et al., 1999)는 부모가 인식하고 있는 ADHD 아동의 기능 손상 정도를 측정하는 데 도움이 된다. IRS는 ADHD로 인해 나타날 수 있는 다양한 기능 손상의 영역(예: 형제자매와의 관계)을 7문항으로 측정하고 있다.

• 교사 평정: 부모 질문지와 마찬가지로 표준화된 광범위한 교사용 평정척도가 많다. 가장 많이 쓰이는 세 가지 질문지로는 TRF(Achenbach & Rescorla, 2001), BASC-2, 코너스-3가 있다. 이러한 광범위한 측정도구는 ADHD 이외의 여러 문제에 대한 정보를 제공함과 동시에 연령별 · 성별 준거 자료로서 광범위한 표준화 표본을 포함하여 많은 이점을 지니고 있다.

이러한 단일의 광범위한 척도와 함께 2개의 척도를 통합하여 사용하거나 추가 척도를 활용할 필요도 있다(이러한 질문지와 함께 ADHD에만 초점이 맞추어진 다른 질문지도 추가로 활용할 수 있다). 첫째, 선별 과정 중 교사가 실시한 바 없다면 교사의 관점에서 ADHD 관련 행동의 빈도를 측정하기 위해 ADHD 평정척도-IV(ADHD Rating Scale-IV; DuPaul et al., 1998)와 같은 세부적인 측정도구를 사용하도록 한다. 둘째, 학교 상황 질문지(School Situations Questionnaire: SSQ; Barkley, 1990)와 학교 상황 질문지-개정판(School Situations Questionnaire-Revised: SSQ-R; DuPaul & Barkley, 1992)을 실시한다. SSQ와 SSQ-R은 주의와 행동 문제의 심각성과 상황에 따른 지속성 각각에 대한 정보를 제공한다.

ADHD 진단 평가에 의뢰된 대부분의 아동은 사회적 관계와 학업 수행에서도 어려움을 나타내므로 이에 대한 교사 평정이 필요할 수 있다. 심리 측정 면에서 타당하게 제작된 사회 기술 질문지가 몇 가지 있는데 가장 널리 쓰이고 연구가 많이 된 도구는 사회성 기술 향상 시스템(Social Skills Improvement System: SSIS; Gresham & Elliott, 2008)이다. 바람직한 방법은 사회적 능력에 대한 교사 평정에 또래 지명 및 평정을 추가 사용하는 것이다. 이는 아동의 사회적 능력을 측정하는 데 교사 평정 이상의 정보를 제공해 주기 때문에 중요하다(Kwon, Kim, & Sheridan, 2012). 학업 성취에 관한 교사 평정척도로는 학업 성취 평정척도(Academic Performance Rating Scale: APRS; DuPaul, Rapport, & Perriello, 1991), 학업 능력 평가척도(Academic Competency Evaluation Scale: ACES; DiPerna & Elliott, 2000) 등이 활용될 수 있다. 이 질문지 척도들은 학업적 기술 결함에 대한 추가적인 평가의 필요성을 보여 준다. 마지막으로, 교사용 IRS(Fabiano et al., 1999)는 6개의 문항을 통해 ADHD 증상이 학교 관련 기능 수행을 방해하는 정도에 대한 정보를 제공한다.

• 실행 기능 평가: 일반적으로 ADHD는 특히 계획, 조직화, 충동 조절 영역에서의 실행 기능에 방해를 받는다. 대규모 메타분석을 실시한 Frazier와 동료들(2004)은 실행 기능(예: 정지 신호 과제[Stop Signal Task; Verbruggen, Logan, & Steven, 2008], 위스콘신 카드 분류 테스트[Wisconsin Card Sorting Test; Heaton, Chelune, Talley, Kay, & Curtiss, 1993])을 측정하는 다수의 일반적인 신경심리학적 테스트에서 ADHD 아동 집단과 통제 집단 사이에 작게는 0.15에서 크게는 1.00의 효과크기 차이를 보인다는 것을 밝혀냈다. 실행 기능의 측정을 통해 ADHD 집단과 일반적인 발달을 보이는 집단을 구별할 수 있다. 또한 아동기에 측정한 실행 기능은 장기 학업 및 행동 결과를 예측해 주기도 했다(Miller, Nevado-Montenegro, & Hinshaw, 2012). 그러나 앞서 논의한 대로 이러한 측정은 부정적 결과를 잘못 보고할 수 있어서 개인 수준에서 확실한 진단적 위치를 정립하기 위해 사용될 수는 없을 것이다(Lambek et al., 2011). 또한 어느 정도의 실행 기능 수준이 ADHD 아동과 다른 정신병리학적 장애를 가진 아동을 구별해 줄 수 있을지는 아직 밝혀지지 않았다. 하지만 시간과 자원이 가능하다면 직접평가(예: 지속적인 수행평가)와 간접적인 관찰(예: 실행 기능의 행동 평정검사[Behavioral Rating Inventory of Executive Function; Gioia, Isquith, Guy, & Kenworthy, 2000]에 관한 교사 평정)을 전체 평가 프로토콜에 포함할 수 있을 것이다.

• 직접적 행동 관찰: 면접과 평정척도를 통해 수집된 자료는 면접자와 평정자의

편견이 작용할 수 있기 때문에 한계점을 지닌다(Barley, 1988b). 여러 가지 환경과 상황에서 아동 행동을 직접 관찰하는 것은 이러한 한계를 최소화하여 목표를 달성하기 위한 가장 좋은 방법이다. 대부분의 경우, 아동이 독립적으로 자습하는 상황 동안 이루어지는 직접 관찰은 가장 유용한 정보를 제공할 것이다. 보통은 하루에 10~30분 정도로 정해진 시간에 관찰하고 빈도의 일관성을 얻기 위해 일주일 정도 지속적으로 관찰한다. 관찰은 수학 문제를 푸는 시간이나 국어 시간과 같은 교실 상황에서뿐만 아니라 운동장과 구내 식당과 같은 다른 학교 환경에서도 이루어질 수 있다. 후자는 의뢰된 아동과 또래들 사이의 상호작용을 관찰하는 기회를 제공한다.

교실의 과제를 수행하는 동안 ADHD와 관련된 다양한 행동의 빈도를 측정하기 위한 관찰행동 코딩 체계는 많이 개발되어 있다(Barkley, 2006; Platzman et al., 1992 참조). ADHD 행동 코딩 체계(ADHD Behavior Coding System; Barkley, 1998; Barkley, Fischer, Newby, & Breen, 1988), 과잉행동 코드(Hyperactive Behavior Code; Jacob, O'Leary, & Rosenblad, 1978), 학급 관찰 코드(Classroom Observation Code; Abikoff, Gittelman-Klein, & Klein, 1977), BOSS(Behavior Observation of Students in Schools; Shapiro, 1996), ADHD SOC(ADHD School Observation Code; Gadow, Sprafkin, & Nolan, 1996) 등이 그 대표적인 예다. 이 평가도구들은 관찰자들이 다양한 범주의 행동(예: 과제이탈행동, 산만한 행동)을 특정 시간 간격으로 기록하도록 되어 있다. 사용되는 코딩 체계와 관계없이 이 부분의 사정 과정(assessment process)에 대한 두 가지 목표는 ① 또래와 비교하여 부주의하고, 충동적이고, 가만히 있지 못하는 행동 빈도를 정하는 것과, ② 같은 교실 환경의 몇몇 상황에서 행동을 관찰할 때 안정되고 편향되지 않은 빈도 추정값을 얻는 것이다.

Platzman과 동료들(1992)은 ADHD 평가를 위해 고안된 관찰 방법을 개관하고 의미 있는 결론을 내렸다. 첫째, 교실 상황 관찰은 모의 실험 관찰보다 ADHD 변별에 더 효과적이다. 결국 ADHD 평가를 위해서는 학교 기반 전문가들(school-based practitioners)이 적극적인 역할을 해야 한다는 것이다. 둘째, 과제이탈행동, 과잉 대근육운동 활동(excessive gross motor activity), 부정적인 언어행동(예: 지시 또는 명령

불복종)은 ADHD 아동과 일반 아동을 구분하는 중요한 세 가지 행동이다. 따라서 이와 같은 범주의 행동을 포함한 관찰 체계를 활용할 경우, 보다 정확하고 정밀한 진단이 가능해진다. 셋째, 여아를 대상으로 하는 연구가 드물었다. ADHD 여아들은 반항적이고 공격적인 행동 특성을 잘 드러내지 않기 때문에(Barkley, 2006), 부정적인 언어행동과 같은 특정 관찰행동은 여자 ADHD 아동을 변별하는 데 도움이 되지 않을 수 있다. 그래서 여아를 평가할 때는 과제이탈행동에 더욱 주목해야 한다.

행동 관찰은 표준적인 규준 자료가 없기 때문에, 교사는 관찰의 대상이 된 학생의 행동과 학급 내의 '평범한' 또는 '평균적인' 한두 명의 학생의 행동을 비교하는 수밖에 없다. 이런 식으로, 각 아동은 교실 기반의 행동 기준에 따라 평가받을 수 있다. ADHD를 가진 학생과 비교 학생 간의 통계적으로 유의미한 차이는 한두 개의 비교적 간단한(즉, 20분 정도) 관찰에 따라 발견된다. 집단 차이는 활동적인 시간(예: 작성된 과제 작업; Vile Junod et al., 2006)보다는 특히 수동적인 시간의 참여행동의 빈도(예: 교사의 지시 경청)와 과제이탈행동의 다양한 형태(즉, 소리 높이기, 몸 쓰기, 수동적인 형태)에 따라 명백하게 드러난다.

때때로 과제를 수행하는 동안에 아동의 행동을 코딩하는 것 외에 보충적인 관찰 자료를 수집하는 것이 도움이 된다. 예컨대, 교사의 행동(예: 격려, 질책, 피드백)을 아동의 행동에 대한 선행 사건이나 후속 결과로 코딩할 수 있다. 이러한 자료는 아동의 문제행동에 대한 결정적인 정보를 제공해 줄 수 있고, 중재 계획을 수립하는 데도 중요한 역할을 할 수 있다. 관찰되어야 할 구체적인 교사 또는 급우 행동은 앞에서 논의된 교사 면접 과정을 통해 확인할 수 있다. 예를 들어, BOSS는 매 다섯 번째 간격으로 시작하는 순간 시간 표집(momentary time sampling)으로 코딩하는 교사 주도 수업(teacher-directed instruction, 전체 그룹, 소그룹 혹은 개별 학생들을 직접 가르치는 교사의 경우)을 포함한다. 또 다른 옵션은 아동의 행동을 관찰함과 동시에 간격기록법을 기반으로 하여 교사의 긍정적 관심, 부정적 질책과 같은 행동을 코딩하는 것이다. 예컨대, 아동이 과제에 집중하는 동안에는 교사의 긍정적인 관심이 매우 낮은 비율로 나타나는 반면, 아동이 과제이탈행동을 하는 동안에는 교사의 부정적인 관심(질책)이 높은 비율로 나타나고 있음이 발견될 수 있다. 이 경우, 교사의 관심이 과제집중행동보다는 과제이탈행동을 강화한다는 가설을 세울 수 있다. 그리고 이러한 형태의 관찰로부터 교사의 행동을 수정해야 한다는 제안(예: 과제집중행동에 대해 긍정적인 관심을 증가시키는 것)이 도출될 수 있다.

• 학업 수행에 대한 평가: ADHD를 가진 학생의 평균적인 점수는 표준화된 성취검사에서 그들의 일반적인 발달 또래보다 대략 0.71 표준편차 아래다(Frazier et al., 2007). 더구나, 교사 평정은 유의미하게 낮은 학업 수행, 일상적인 학급 과제 수행의 방해 그리고 학급 또래와 비교하여 완성도나 질이 고르지 않은 숙제를 나타낸다(Barkley, 2006; McConaughy, Volpe, Antshel, Gordon, & Eiraldi, 2011). 학업 관련 행동은 사회적으로 바람직하게 여겨지는 행동이기 때문에 중재를 하기 이전에 학업 관련 행동을 먼저 측정해 놓고 그 변화를 평가하는 것이 도움이 되기도 한다. 평가에 포함될 만한 행동으로는 교실 내에서 독립적으로 과제를 완수하는 정도 및 정확성, 가정에서 숙제를 완수하는 정도 및 정확성, 수업 내용의 습득 정도, 조직화 능력 등이 있다.

학업 과제를 얼마나 완수했고, 그것이 얼마나 정확한지에 대한 계산은 반드시 필요하다. 첫째, 완수율은 부과된 과제의 양(Rapport, DuPaul, Stoner, & Jones, 1986)이나 또래 평균이 수행하는 정도를 기준으로, 대상 학생이 수행한 과제의 양을 백분율로 계산한다. 둘째, 과제 정확도는 완수율 계산에 포함된 문항 중에 정확하게 수행된 문항의 비율(즉, 학업효능점수; Rapport et al., 1986)을 백분율로 계산할 수 있다. ADHD 학생은 주의집중 결여 및 부주의로 인해 과제를 조금밖에 하지 못하거나 정확하게 하지 못하는 특성을 보인다. 그래서 이러한 자료는 앞에서 논의된 바 있는 학생의 교실행동에 대한 관찰을 통해서도 비교적 쉽게 수집될 수 있다. 교사는 ADHD 평가와 더불어 학생의 숙제 완성도와 정확도에 대해 비교적 짧은 기간(예: 2~3주)에 자료를 수집해야 한다. 부모 역시 같은 시간에 여러 단계에 걸친 숙제 과정의 완료도의 빈도를 기록하기 위한 요청을 받을 수 있다. 숙제 관련 문제 체크리스트(Homework Problem Checklist)를 통해 문제가 있는 것으로 드러나는 항목을 중재 대상 행동으로 삼을 수도 있다.

교육과정 중심 평가(Curriculum-Based Measurement: CBM; Shinn, 1998)는 최소한 두 가지 점에서 큰 도움이 될 수 있다. 첫째, 각 교과별로 아동에게 적합한 교수 수준(instructional level)을 파악할 수 있다. ADHD 아동의 주의와 행동 문제는 자신의 능력 이상의 학업 과제를 수행해야 하는 상황에서 나타날 수도 있다. 다시 말해서, 아동은 교육적인 수준보다는 좌절감을 주는 수준의 교육을 받고 있을 가능성이 있다. 이는 흥미를 느낄 수 없을 만큼 지나치게 쉬운 과제를 수행해야 하는 상황에서도 나타날 수 있기 때문에 아동에게 적합한 교수 수준을 파악하는 것은 유용할 수 있다. 둘째, 교육과정 중심 평가는 측정에 걸리는 시간이 2~3분에 불과하기 때문에 주기적으로 자료를 수집할 수 있고, 중재 효과와 관련된 정보도 얻을 수 있는 장점이 있다.

마지막으로, 아동이 책상을 정리하는 정도(즉, 깔끔함, 준비성)도 정기적으로(예: 2~3주 간격) 조사하여 또래와 비교해 볼 수 있다(Atkins, Pelham, & Licht, 1985). 교사들의 잦은 불만은 ADHD 아동이 책상 정돈을 잘 하지 못해 늘 지저분하고, 교과서나 학습 자료를 잃어버리는 경우가 많다는 점이다. 이러한 정보 또한 학생들의 학업적 어려움의 원인을 파악하고 교육적인 지원을 위해 필요한 주안점을 밝히는 데 도움이 된다.

• 사회적 기능에 대한 평가: 1장에서 논의한 것처럼 ADHD를 가진 아동과 청소년은 공격성과 또래 거부로 특징지어지는 또래들과의 악화된 관계를 빈번하게 경험한다. 또래들에게 거부되는 것은 비행, 불안과 범불안장애와 같은 장기적인 문제를 현저하게 증가시킬 수 있다(Mrug et al., 2012). 그러므로 ADHD를 가진 학생이 사회적인 또래 관계의 어려움을 경험하고 있지 않은지를 결정하고 이러한 어려움의 분명한 특성을 파악하여 그들이 중재를 위한 대상이 될 수 있도록 하는 것은 중요하다.

일반적으로 사회적 기능은 SSIS와 같은 표준화된 설문지를 사용하여 부모와 교사 평점에 의해 평가된다. 이러한 평점은 ① 나이와 성의 표준점수에서 벗어난 사회적 행동의 정도와 ② 가정과 학교 환경에 걸쳐 나타내는 명백한 문제행동의 정도에 관한 중요한 정보를 제공할 수 있다. 이런 방식으로 심각한 손상(impairment)을 부모 및 교사 평점에 따라 구체적인 표준점수(예: 점수＞65)나 퍼센트(예: 점수＞93백분위수)의 임계치를 기반으로 정의할 수 있다. 항상 그럴듯하고 받아들일 수 있는 것은 아니지만, 또래 지명(예: "누구와 가장 놀고 싶니?")과 평점은 학생의 사회적 행동과 또래 지위에 관한 부가적이고 중요한 정보를 제공한다. 예를 들어, Kwon과 동료들(2012)은 또래 지명과 평점은 사회적 행동에 대한 교사의 평점보다도 학생의 사회적 지위와 긍정적인 학교 기능(예: 학업적 능력)을 예측하는 중요한 변수로 작용한다는 점을 발견했다. 더불어 Kwon과 동료들은 상황에 적절한 사회적 행동(예: '친구들이 필요할 때 도움을 제공하는 것' '다른 아이들과 함께 있을 때 리더가 되는 것')과 관련된 교사와 또래 평점을 수집하는 것이 사회적 능력에 대한 일반적인 평점보다 중요하다는 것을 보여 주었다. 상황에 적절한 사회적 행동 평가는 또래 관계 중재를 위한 구체적인 행동 목표로 직접 연결되는 자료를 제공할 수 있다.

만약 또래 관계의 어려움을 확인했다면, 우려되는 환경 안에서 아동의 대인관계 행동에 대한 관찰이 이루어져야 한다. 식당, 운동장과 같은 환경에서 발생하는 사회적 행동에 대한 자료를 수집하는 것에 유용하다고 밝혀진 관찰 시스템이 ADHD SOC다. 일반적으로 ADHD가 있는 아이는 공격적이고 부정적인 행동이 평균보다 더 높게 나타난다(Barkley, 2006). 대부분의 경우, 그들의 긍정적인 사회적 행동 비율은 일반 아동 집단과 크게 다르지 않다(Stormont, 2001). 이러한 유형의 관찰 결과는 또래 관계 어려움의 유형과 심각성을 기록할 뿐 아니라 구체적인 중재 행동을 정하는 데 사용될 수 있다.

3단계: 결과 해석(진단/분류)

▶ 핵심적인 질문

중다 방법 평가를 통해 얻은 자료를 기초로 다음과 같은 질문에 답을 해 봄으로써 의뢰된 아동의 진단적 위치를 결정할 수 있다.

1. 부모 및 교사의 보고에 근거할 때, 아동은 유의미하게 많은 ADHD 행동 특징을 보이는가?
2. 동일한 성별 및 연령의 아동과 비교할 때, 아동은 유의미하게 높은 빈도로 ADHD 행동 특징을 나타내는가?
3. 아동이 주요 ADHD 관련 행동을 보이기 시작한 연령은 언제이고, 이러한 행동은 여러 상황에서 지속적으로 나타나는가?
4. 학교, 가정, 또래 관계에서의 기능이 유의미하게 손상되었는가?
5. 보고된 ADHD 증상을 설명할 수 있는 다른 문제(예: 학습장애)나 요인(예: 적극적이고 활발한 행동에 대한 교사의 인내 부족)은 없는가?

▶ 해석 과정 및 절차

이러한 질문에 대한 답은 앞에서 설명한 기법을 동원해 수집한 자료에 근거해야 한다. 물론 각각의 평가 기법이 제한점을 지니긴 하지만, 중다 방법적 접근을 사용한다면 전체 측정 목록에서 각 측정법의 강점과 약점을 고려할 수 있을 것이다. 우선, 보호자의 특성과 상황에 따라 나타나는 ADHD 관련 행동의 빈도와 정도에 관해 정확한 정보를 얻고, 동시에 그러한 행동의 원인을 파악해야 한다. 이러한 목표가 어느 정도 달성되면, 평가 결과에 따라 도출된 결론에 나름의 확신이 이루어질 수 있다. 이후에는 각각의 핵심적인 평가 질문과 관련해 평가 자료를 어떻게 해석해야 하는지에 대해 논의할 것이다.

• ADHD 증상의 수: ADHD 증상의 수는 ADHD 평정척도-IV(ADHD Rating Scale-IV)의 결과와 함께 부모 및 교사와의 면접 자료에 기초하여 결정된다. 양육자와 교사가 6개 이상의 부주의 증상 또는 6개 이상의 과잉행동-충동성 증상을 보고하는 경우에는 DSM-5 지침(American Psychiatric Association, 1994)에 따라 세 가지 ADHD 하위 범주 중 하나로 진단할 수 있다. ADHD 복합형은 9개 부주의 행동 중 최소 6개 이상 해당하고, 9개 과잉행동-충동성 행동 중 최소 6개 이상에 해당해야 한다. ADHD 주의력결핍 우세형 진단을 받으려면, 9개 부주의 행동 중 6개 이상에

해당하고 과잉행동-충동성 행동은 5개 이하로 보고되어야 한다. 반대로 과잉행동-충동 우세형은 6개 이상의 과잉행동-충동성 행동과 5개 이하의 부주의 증상을 보여야 한다.

• ADHD 관련 행동의 빈도: 앞에서 논의된 부모 및 교사용 질문지는 모두 최소한 한 가지 이상의 ADHD 요인(예: '과잉행동성' '주의력결핍' '과잉활동성-산만함 [restless]'으로 명명됨)을 포함하고 있다. 만약 이러한 요인에 대한 아동의 점수가 같은 성별과 연령의 평균에 비해 2 표준편차보다 크다면 ADHD로 진단하는 게 타당하다(Barkley, 2006). 이 같은 요인들의 점수가 1.5~2.0 표준편차 사이라면 경계선급 ADHD(경증)로 진단할 수 있다. 다른 경우, 성별 및 연령 규준에서 상위 2~7%의 점수를 받은 경우 ADHD로 판별될 수 있다.

점수를 해석할 때는 아동의 인종 특성도 고려해야 한다. 인종에 따라 부모 및 교사의 ADHD 행동 평정은 달라지며, 특히 아프리카계 미국인 아동은 백인 아동이나 히스패닉 아동에 비해 높은 점수를 받는 경향이 있기 때문이다(DuPaul, Power, et al., 1998; Reid et al., 1998). 인종 간 차이는 부분적으로 사회경제적 지위에 의해 설명될 수도 있지만, 그 영향을 제거하더라도 인종에 따른 집단 차는 여전히 나타난다. 사실, 아프리카계 미국인 아이들에 대한 ADHD 증상 보고는 평균 0.45 표준편차로 백인 아이들의 평점보다 높다(Miller et al., 2009). 이러한 그룹 차이는 잠재적으로 아프리카계 미국인 아이들 사이에서 ADHD가 더 많이 발견되는 결과를 내포하지만, 자료는 소수민족(ethnic-minority) 아이들이 백인 아이들보다 이러한 장애를 상당히 덜 진단받을지도 모른다는 점을 보여 준다. 사실 아프리카계 미국인 아이들과 히스패닉 아이들은 백인 아이들과 비교할 때 각각 69% 그리고 50% 덜 ADHD로 진단받는다(Morgan, Staff, Hillemeier, Farkas, & Maczuga, 2013). 따라서 현장 전문가들은 문화적 배경이 다른 아동을 평가할 때 특히 유의해야 하고, ADHD 증상을 평가할 때 여러 가지 측정치를 활용해야 한다. 뿐만 아니라 인종적 다양성을 고려해 규준 자료를 제시하는 평정척도를 활용하는 것이 바람직하다.

의뢰된 아동이 또래에 비해 얼마나 많이 ADHD 관련 행동을 나타내는지를 측정하기 위해 행동 관찰 자료를 활용하는데, 만약 충분히 많은 표집을 가지고 있다면, 의뢰된 아동과 그렇지 않은 아동 간의 행동 빈도 차를 t-검증 등의 통계적 방법으로 검증할 수 있다. ADHD 아동은 또래보다 부주의하고, 충동적이고, 산만한 행동의 빈도가 더 높게 나타날 것이다. 만약 의뢰된 학생과 의뢰되지 않은 학생 간의 행동 빈도 차가 크지 않다면, 다른 것(예: 부적절한 행동 관리 방법)도 조사해 볼 필요가 있다.

• 문제행동의 최초 발생 시기 및 지속성: ADHD 증상의 최초 발생 시기는 부모와의 면접을 통해 알 수 있다. 일반적으로 아동은 형식 교육(즉, 유치원 혹은 초등학교 1학년)을 받기 시작하면서부터나 그 이전부터 문제를 드러내기 시작한다. 시간이나 학년에 따른 ADHD 관련 행동의 지속성은 아동의 학교생활기록부를 통해 알 수 있다. ADHD 증상의 최초 발생 시기는 12세 이전으로 보고되어야 하며, 최소 6개월 동안 일상적으로 발생해야만 한다(American Psychiatric Association, 2013).

• 문제행동이 여러 상황에서 발생하는지의 여부: 부모와 교사 모두 가정과 학교에서 ADHD 관련 행동이 유의미하게 나타난다고 보고하면 이 기준은 충족된다. ADHD 행동이 얼마나 광범위하게 나타나는지 알기 위해서는 HSQ와 SSQ 등을 활용할 수 있다. 만약 문제행동이 50% 이상의 상황에서 보고되면 이것은 유의미 수준이 된다(Barkley, 1990). 또한 규준 평균보다 1.5~2.0 표준편차 높은 점수라면(Barkley, 1990) 더욱 설득력을 갖게 된다.

가정과 학교 모두에서 ADHD 관련 행동이 유의미하게 나타날수록 아동의 문제행동은 ADHD에 의한 것이라고 쉽게 결론을 내릴 수 있다. 하지만 부모의 보고와 교사의 보고가 일치하지 않는 경우에는 어느 것이 일반적인 것인지 확인이 필요하며(Wolraich et al., 2004), 그만큼 진단의 신뢰도가 떨어질 수밖에 없다. 일반적으로 교사 평정을 부모 평정보다 더 신뢰할 수 있는데, 이는 ADHD 행동이 학교에서는 쉽게 드러나고, 교사는 의뢰된 아동과 비슷한 연령의 아동을 더욱 많이 접하고 관찰하여 훨씬 객관적일 수 있기 때문이다.

• 기능적 손상 여부: 아동의 학업적 · 사회적 · 정서적 기능이 손상된 정도는 앞에서 언급한 모든 평가 방법의 결과를 조사하여 알 수 있다. ADHD 아동은 자신의 능력 이하의 학업 성취를 보이고 또래들로부터 심한 거부를 경험한다(American Psychiatric Association, 2013; Barkley, 2006). 따라서 관찰 결과나 교사 평정에서 다른 아이들보다 과제 완수율과 정확성이 떨어지고, 대인관계 능력 및 또래 관계를 측정하는 척도에서 평균보다 낮은 점수를 얻는다. 더불어 사회적 능력과 또래 관계 척도에 대한 아동의 평점은 그 아동의 나이와 성별의 평균보다 낮을 것이다. 사회성이 낮은 것은 운동장에서의 공격적 행동, 놀이 시간에 또래들로부터의 무시 등의 관찰 결과로도 확인할 수 있다.

• ADHD와 유사한 행동을 설명할 수 있는 다른 요인의 존재 여부: 앞 질문에 답하는 과정을 통해 아동의 발달이 얼마나 결손되어 있고 심각한지를 확인하여 ADHD로 진단할 수 있다. 동시에 아동의 부주의와 충동성, 산만한 행동을 설명할 수 있는 다른 원인이 있는지 검토하는 것도 중요하다. 앞서 논의되었듯이 이러한 행동은 아동의 학업 곤란으로 인한 2차적 문제일 수 있다. 예를 들어, 아동이 몇 년간 지속적으로 학업 곤란을 경험한 후에 ADHD 증상을 보이기 시작했거나, 혹은 싫어하거나 어려운 과목을 공부할 때만 문제행동을 보인다면, 학업 곤란으로 인한 2차적 문제일 가능성이 높다. 하지만 ADHD 증상이 아동기 초기부터 시작되었고 여러 상황에서 나타나고 있다면, ADHD와 학업 기술 부족의 문제를 모두 가지고 있을 가능성이 크다(자세한 것은 3장 참조).

두 번째 가능성은 아동이 부주의하고 산만한 행동을 보일 수밖에 없는 정서적 문제나 적응상의 문제를 겪고 있는 것이다. 만약 이런 경우라면, 면접과 질문지 자료에서 ADHD 증상과 더불어 대안적인 장애(예: 불안장애, 품행장애)의 증상 또는 문제 상황(예: 최근의 부모의 이혼)이 유의미하게 나타날 것이다. 또한 정서장애의 증상이 ADHD 관련 행동의 출현 이전에 나타날 것이다. 그리고 ADHD 관련 행동은 상대적으로 최근에 나타났고, 여러 상황에서 지속적으로 나타나지는 않을 것이다. 적응 문제는 아동이나 가족에게 일어난 중대한 사건과 관련되는 것이 일반적이므로, 현장 전문가들은 DSM-5에서와 같은 차별적 진단 지침에 유의해야 한다 (American Psychiatric Association, 2013).

교사의 학업 지도와 행동 관리가 부적절하고 일관성이 없는 경우에도 아동이 ADHD 증상을 나타낼 수 있다. ADHD 증상의 빈도와 심각성에 대한 부모와 교사 간의 평가가 불일치하는 경우처럼 평정자나 상황에 따라 평가 결과가 달라지는 경우에는 이런 가능성을 고려해야 한다. 특히 교사 간 불일치가 나타날 때는 더욱 그러하다. 만약 다른 자료는 ADHD임을 지지하고 있으나 한 교사만이 ADHD 관련 문제가 없다고 보고한다면, 교사의 학습 지도와 관리행동을 면밀히 조사할 필요가 있다. 왜냐하면 이런 경우 문제행동이 ADHD 때문이기보다는 잘못된 교수법의 결과인 경우가 많기 때문이다.

일단 진단이 내려지면, 그 결과와 중재 권고사항을 교사와 부모뿐 아니라 지역 내 다른 전문가들(예: 소아과 의사)과 공유해야 한다. 문서 형태로 보고서를 작성하고, 검사 결과와 권고사항은 관련 학교 인사와 부모에게 구두로 설명하는 것이 일반적이다. 평가 결과 전달 및 의사소통과 관련된 문제와 절차는 9장에서 상세히 논의할 것이다.

4단계: 처치 계획 수립

▶ 핵심적인 질문

ADHD 학생을 위한 중재 프로그램을 고안할 때는 반드시 다음과 같은 질문을 해야 한다.

1. 학생의 강점과 약점은 무엇인가?(예: 동기와 기술)
2. 중재의 행동적 목표는 무엇인가?
3. 아동의 ADHD 관련 행동이 가진 기능은 무엇인가?
4. 최적의 중재 전략은 무엇인가?
5. 아동의 ADHD 관련 문제 해결을 위해 추가로 이용할 수 있는 자원은 무엇인가?

▶ 중재 계획 수립 과정 및 절차

진단은 가장 성공할 수 있는 중재 전략을 선정하기 위한 과정 중 한 단계다. 그러므로 진단으로 모든 평가 과정이 종결되는 것은 아니다. 평가 자료는 적절한 처치 계획을 만들기 위해 사용된다. ADHD 처치에서 많은 연구의 지지를 받고 있는 중재 전략으로는 약물(예: 리탈린) 처방과 행동수정이 있다(Barkley, 2006; Fabiano et al., 2009; MTA Cooperative Group, 1999; Pelham & Fabiano, 2008). 이 중재의 구체적인 내용은 4~7장에서 상세히 다룰 것이다. 또한 이러한 중재법에 대한 보다 자세한 정보는 최근의 몇 가지 개관 논문(예: Barkley, 2006; Pelham & Fabiano, 2008)을 통해서도 얻을 수 있다.

ADHD에 대한 중재는 일반적으로 학업과 대인관계 영역에 걸친 표적행동에 초점이 맞추어진다. ADHD 증상은 여러 상황에서 나타나기 때문에 치료 전략은 교사와 부모가 다양한 상황에서 사용할 수 있도록 수립된다. 중재 프로그램의 명시적인 목표는 다양한 ADHD 관련 행동(예: 과제에 대한 부주의)의 빈도를 줄이는 것이지만, 궁극적으로는 여러 영역의 능력을 향상시키고 행동적 · 학업적 · 사회적 적응을 높이는 것에 초점을 둔다. 그래서 중재의 목표는 독립적인 과제 완수, 교사의 지시사항에 대한 순응, 학업 수행의 정확성, 긍정적인 또래 관계와 같은 행동을 증가시키는 것이다. 행동적 목표는 학급행동의 직접적인 관찰뿐 아니라 부모, 교사의 평정 결과를 통해 얻은 자료에 근거하여 아동 개인에 맞추어 고안되어야 한다. 평가 결과는 아동의 부족한 부분을 개선하는 데 도움을 줄 수 있는 수행 능력(예: 적절한 또래 관계)을 찾아내는 데도 활용될 수 있다. 빈도가 낮거나 교사의 학급 운영에 결정적 역할을 하는 행동이 초기의 중재 목표(행동)가 되는 경우가 많다.

ADHD 아동 개개인을 위한 적절한 중재를 선택하기 위해서는 여러 요인을 고려해야 한다. 첫째, DSM-IV의 ADHD 평정척도에 근거해 보고된 증상의 정도와 기능적 손상의 정도에 기초하여 ADHD 증상의 심각성을 네 가지 수준(경계선급, 경도, 중등도, 중도)으로 범주화한다(American Psychiatric Association, 2013). ADHD 증상이 심각할수록 약물치료의 효과를 평가하기 위해 내과 의사에게 의뢰해야 할 필요성이 커진다.

일반적으로 가장 먼저 시도될 수 있는 치료 방법은 행동에 초점을 맞추는 것인데, 이 방법은 선행 조건이나 후속 결과를 변화시켜 과제 완수나 과제 관련 주의력을 증가시키기 위해 고안된 것이다(American Academy of Pediatrics, 2011; DuPaul & Stoner, 2010). 관찰 결과는 기초선 자료를 제공해 줄 뿐만 아니라, 중재의 한 부분으로 조작될 수 있는 선행 조건과 후속 결과를 확인할 수 있게 해 주므로 행동 중재 과정에 도움을 준다.

둘째, 아동의 ADHD 관련 행동이 어떤 부정적 영향(기능)을 주는지 평가해야 한다(DuPaul & Ervin, 1996; 보다 상세한 내용은 4, 5장 참조). ADHD 관련 행동의 가장 큰 기능은 혼자서 해야 하는 자습이나 숙제 같은 힘든 과제를 회피하는 것이다. 이를 통해 성인이나 동료의 관심을 끌 수도 있다. ADHD 관련 행동을 했을 때 교사의 꾸중이나 또래 학생의 비언어적(예: 미소) 및 언어적(예: 웃음) 반응은 정적 강화가 될 수 있다. 또 주의를 집중해야 할 자극보다 강화력이 있는 다른 물체나 활동에 접근하도록 하는 기능도 있다. 예컨대, 수학 문제를 풀어야 하는 상황에서 책상에 넣어 두었던 장난감을 가지고 노는 것이다. 마지막으로, ADHD 관련 행동은 황당한 생각(예: 백일몽)이 떠오르는 것과 같은 감각적 자극제 역할을 할 수도 있다.

교실 상황에서 아동의 행동이 구체적으로 어떤 기능(부정적 영향)을 하는지는 기술적 평가, 실험적 분석 등을 통해 알아낼 수 있다(Gresham, Watson, & Skinner, 2001; Watson & Steege, 2003). 일반적으로, 교사의 면접과 행동 관찰 자료를 활용하여 아동의 특정 행동이 어떤 기능(부정적 영향)을 하는지에 관한 연구 가설을 설정한다. 완벽한 실험에 근거한 분석이 교실 상황에서 실시되기는 어렵다(Ervin, Ehrhardt, & Poling, 2001). 따라서 교실 상황에는 선행 사건 및 후속 결과를 조작하여 양립할 수 없는 다른 행동을 형성하도록 계획을 수립한다(5장 참조).

중재를 시작할 구체적 상황을 결정할 때도 관찰 자료나 산포도가 활용된다(Touchette, MacDonald, & Langer, 1985). 예컨대, 어떤 ADHD 학생은 운동장에서보다는 교실에서 문제행동을 더 많이 보일 수 있다. 과제 관련 주의집중력과 과제 완수율 역시 과목에 따라 달라진다. 이런 경우 초기 중재는 아동이 ADHD 관련 어려움을 가장 많이 나타내는 과목의 수업 시간으로 한정될 것이다. 여기서 긍정적 변화가 나타나면 이를 다른 장면으로 일반화시킬 수 있다.

중재 전략을 개발할 때 고려해야 할 세 번째 요인은 2차적 행동 혹은 학습장애 유무다. 예를 들어, ADHD 아동의 대부분은 권위적 인물의 명령에 대해 반항적이다(American Psychiatric Association, 2013). 이러한 반항적 행동과 공격적 행동은 교실 중재 프로그램의 또 다른 표적행동이 될 수 있다. 또는 지역사회의 현장 전문가(예: 아동 임상심리학자)에게 의뢰하여 부모에게 행동 관리 전략을 교육시킬 수도 있다.

지금까지의 중재에 대한 아동의 반응, 즉 효과 역시 고려해야 한다. 예컨대, 만약 학급에서 이미 2단계(Tier 2) 행동수정 프로그램이 수행되었으나 아동이 여전히 높은 ADHD 관련 행동을 나타낸다면 다른 개입 방식(예: 약물 처방 또는 3단계[Tier 3]의 특수교육 서비스 제공)을 고려해야 한다. 대부분의 특수교육 대상 아동에게 특수학급 배치를 최소화하는 중재 방안을 고려해야 한다. 실제로 대부분의 ADHD 아동은 일반학급에 배치되어 있다(Pastor & Reuben, 2002; Pfiffner et al., 2006). 따라서 중재반응모형(RTI) 체계 안에서 1단계(Tier 1) 및 2단계(Tier 2)에 대한 반응은 아동의 문제가 특수교육을 받아야 할 정도로 심각함을 의미하는 것은 아닌지 고려해야 한다(이 문제에 대한 보다 상세한 논의는 3장 참조).

마지막으로, 지역 내 자원의 활용 가능 정도에 대해 고려해야 한다. 예를 들어, 임상심리학자와 같은 지역사회 현장 전문가가 있어 협조가 가능하다면, 학교심리 전문가가 직접 부모 교육을 할 필요가 없어진다. 부모와 교사 둘 다 중재 과정에 적극적으로 참여할 경우(예: 행동수정 전략을 사용하여), 중재 효과가 높아지므로 부모에게 행동 관리 전략 훈련 등을 받도록 하는 것이 좋다. 다른 선택사항은 학교 기반 전문가들이 협력하여 학생의 보호자와 교사들이 내담자의 문제와 요구를 확인하고, 문제행동을 야기하고 강화시키는 환경적 상황을 알아본 후, 가정과 학교 환경에서 시행하기 위한 중재를 개발하여 평가 자료 과정과 결과를 기반으로 한 중재 전략을 조정하는 행동 상담 서비스를 제공하는 것이다(Sheridan & Kratochwill, 2008).

5단계: 프로그램/중재 평가

▶ 핵심적인 질문

일단 중재 프로그램이 고안되고 시행된 후에는 다음과 같은 질문에 답하면서 지속적인 평가를 실시한다.

1. 표적행동 및 그와 관련된 행동에 변화가 일어나고 있는가?
2. 중재 절차는 처방된 대로 실행되었는가?
3. 처치를 변화시키는 것이 사회적으로 타당하고 임상적으로 유의미한가?
4. 표적행동이 정상화되었는가?

▶ 중재 평가 절차

ADHD 아동의 평가는 진단만으로 끝나지 않으며, 중재 과정 동안 지속된다. 그래서 초기의 평가 자료는 진단적 의사결정뿐만 아니라, 중재 이전의 기초선으로도 활용된다. 하지만 중재 이후에 평가가 이루어지지 않는다면 중재의 성공 여부를 가늠할 수 없다. 중재 효과는 단일사례연구법으로 검증된다(DuPaul & Stoner, 2010). 단일사례연구법의 적용에 대한 자세한 내용은 이에 관련된 몇몇 저서를 참고하면 된다(예: Kazdin, 1992; Kratochwill & Levin, 1992; Riley-Tillman & Burns, 2009).

중재 과정에서 학생은 그 자신이 '통제 집단'이 되고, 기초선이나 중재되기 이전 상태를 기준으로 행동 변화가 평가된다. 이를 위해서는 중재 프로그램이 진행되는 여러 상황에서 다양한 보고자에 의해 평가 자료를 반복적으로 수집해야 한다. 이와 함께 처방된 중재를 정확하게 적용했는지(예: 처치 순응도)를 확인하기 위해서 중재의 충실도가 평가된다. 만일 중재가 계획대로 실행되고 행동 변화가 신뢰롭게 나타난다면, 그 처치는 계획대로 작용하고 있다고 가정된다. 만일 그렇지 않다면, 중재 프로그램이나 실시 방법을 변화시켜야 한다. 이와 같은 지속적인 평가는 중재 과정에서 매우 중요하며, 평가와 중재는 불가분의 관계에 놓인다.

▶ 중재 평가 기법

대부분 지금까지 설명한 직접적인 행동 관찰 및 학업 수행 자료는 처치 관련 변화를 평가하기 위해 사용한다. 그러한 자료는 중재 이후에 계획대로 행동 변화가 일어나고 있는지를 판단하는 데 도움이 된다. 예컨대, 반전(즉, ABA 설계)이나 상황을 달리한 중다 기초선 방법을 사용하는 경우, 직접 관찰과 수행 자료는 매일 혹은 매주 단위로 수집된다(Kazdin, 2011). 평균, 절편(시작점), 진전도 등의 변화는 중재가 과제 관련 관심, 학급 내 규칙 준수 그리고 학업 산출 성과 정확성을 증가시켰는지 여부를 결정하는 데 사용된다(구체적인 교실 중재 프로그램 평가의 예는 5장 참조). 분석은 통계적으로 믿을 수 있는 변화를 알아내고, 중재로 인한 변화의 정도를 결정하는 효과크기를 계산하기 위하여 비모수 통계 분석을 포함할 수도 있다(Levin, Ferron, & Kratochwill, 2012). 때로는 보조교사, 교사 혹은 다른 관찰자 등과의 합치도를 구하기도 한다. 신뢰로운 관찰 자료를 얻으려면 여러 관찰자가 합치도 높은 관찰을 해야 할 것이다.

중재 결과 신뢰로운 행동 변화가 일어났는지를 알기 위해 몇 가지 부가적인 평가 기법이 사용되기도 한다. 첫째, 중재 이전, 중재의 여러 단계, 기초선 복귀 후, 중재 후 한 달 정도의 시점에서 CBCL, BASC-2, 코너스-3 등을 사용하여 교사 평정 자료를 수집한다. 이러한 전반적인 행동 평정을 각 처치 단계에서 적어도 한 번씩은 실시해야 한다. 첫 평가에서 평정 자료가 수집되었더라도, 측정에 대한 '연습' 효과가 발생할 수 있기 때문에 처치에 앞서 매번 별도의 자료 수집을 하는 것이 중요하다(Barkley, 2006). 기초선 구간에 교사 평정을 한 번 더 실시할 경우에는 평균으로의 회귀로 인한 변화를 중재 효과로 잘못 귀인하는 오류를 줄일 수 있다. ADHD 평정척도-IV(ADHD Rating Scale-IV)와 같이 문항 수가 적은 교사 평정척도는 모든 중재 단계에서 매주 수집될 수 있다. 일반적으로, 중재로 인한 행동과 수행의 향상 여부는 다양한 교사 평정 자료의 평균치 비교를 통해 이루어진다.

교사 평정척도를 반복적으로 시행하기 위한 한 가지 방법은 중재 목표를 위한 구체적인 행동(예: 지정된 과제에 대한 집중력)을 측정하는 몇몇 항목을 포함하는 일일 행동 기록표(DBRCs)를 사용하는 것이다(Cafouleas, Riley-Tillman, & Sugai, 2007;

Volpe & Fabiano, 2013). DBRCs는 효과적인 가정-학교 연결 체계(중재 방법으로 DBRCs의 구체적인 사용에 대해서는 5장 참조)가 될 뿐 아니라 진전도 점검을 위한 소중한 자료를 제공할 수 있다. 구체적으로, DBRCs는 중재 이전과 이후에 처치가 목표행동의 변화를 이끄는지를 결정하기 위한 지속적인 근거로 사용될 수 있을 것이다. DBRCs는 또한 교사들에게 최근의 표준화된 척도보다 더 시간적으로 효율적이고 완성하기 쉬울 것이다.

둘째, 중재가 계획대로 실행되었는지를 평가해야 한다(Gresham, Gansle, Noell, Cohen, & Rosenblum, 1993; Noell et al., 2005; Perepletchikova, Treat, & Kazdin, 2007). 만일 약물치료가 이루어지고 있다면, 약물을 제대로 복용하고 있는지를 점검해야 한다. 교사 및 부모가 직접 중재를 하고 있는 경우(예: 토큰 강화 프로그램)에는 중재의 충실도를 판단하는 것이 쉽지 않다. 이상적으로는 각 중재 단계마다 교사 및 부모의 행동을 직접 관찰하는 것이 바람직하지만, 관찰자를 확보하지 못하는 경우도 많다. 이런 경우, 대안적으로 체크리스트를 활용할 수 있다. 교사 혹은 중재자가 처방된 중재를 충실히 따르도록 하기 위하여 중재가 실행될 때마다 체크리스트를 작성하도록 하는 것이다. 체크리스트는 중재자 이외의 다른 사람(예: 보조교사)이 정기적으로 작성할 수도 있다. 또한 매 중재 회기를 녹음 또는 녹화해서 나중에 검토할 수도 있다(Power, DuPaul, Shapiro, & Kazak, 2003). 자주는 못하더라도 가끔은 중재 충실도를 체크해야만 중재가 제대로 실행되고 있는지 확신할 수 있다.

중재를 통해 학생의 행동과 수행이 신뢰롭게 변화하였는지를 증명하는 것뿐만 아니라 그러한 변화가 사회적으로 타당하고 임상적으로 유의미한지를 결정하는 것도 중요하다. 예를 들어, 자습 시간 동안의 과제집중행동이 50%에서 65%로 증가하는 것은 통계적으로는 유의미할 수 있지만, 실제로는 여전히 많은 시간을 과제 이외의 행동에 허비하고, 학업 수행을 적절히 못하는 것일 수도 있다. 교사는 학생의 학업 수행에 의미 있는 영향을 주지 못하는 중재를 쉽게 포기하는 경향이 있다.

행동 변화의 임상적 유의미성과 사회적 타당도는 다양한 방법으로 평가될 수 있다(Kazdin, 2000; Schwartz & Baer, 1991). 첫째, 중재가 종결되는 시점이나 진행되는 과정의 다양한 시점에 학생, 교사, 부모들로부터 만족도를 평정하도록 할 수 있다.

이러한 방식을 통해 특정 중재 요소에 대한 각 참여자의 견해를 얻을 수 있다. 둘째, 교사에게 각 중재 전략의 수용 정도를 평정하도록 할 수 있다(Finn & Sladeczek, 2001). 중재의 수용 정도는 실제적 자문이나 처치 설계 과정에 도움이 될 수 있기 때문에 중재에 앞서 평가될 수도 있다(Sheridan & Kratochwill, 2008).

중재의 임상적 유의미성을 결정하는 세 번째 방법은 변화가 정상 수준에 이르렀는지를 평가하는 것이다. 즉, 중재를 통해 주의집중 시간, 학습 능률, 또래와의 사회적 관계 등이 평균 수준으로 향상되었는지를 보는 것이다. 이러한 방법은 한두 명의 또래에 대한 자료를 함께 수집해서 비교해 봄으로써 가능하다. 하지만 윤리적 문제나 현실적 이유로 인해 또래 일반에 대한 자료를 구할 수 없다면, 통계치를 활용할 수 있다. 만일 규준 자료가 있다면, 변화 지수를 산출해서 그 변화가 정상 수준에 도달했는지를 계산할 수 있다(Jacobsen & Truax, 1991). 또한 Jacobsen과 Truax(1991)는 수행의 정상화(normalization)를 가능하게 한 중재를 결정하기 위한 몇 가지 공식을 제안하기도 했다. 예를 들어, 6주간 메틸페니데이트(리탈린)를 복용한 ADHD 아동의 상당수가 과제 관련 주의력 및 과제 완성도에서 '정상 수준'으로 향상되었음이 밝혀졌다(DuPaul & Rapport, 1993; 세부사항은 7장 참조). 교실 정상화는 항상 가능한 것은 아니지만 중재 효과의 가치를 가늠하기 위해서 중요하게 고려되어야 하는 요소 중 하나다.

 # ADHD 평가에서의 발달적 고려사항

발달적 요인은 특히 의뢰된 학생이 취학 전 아동이거나 청소년인 경우 중요하게 다루어져야 한다(Anastopoulos & Shelton, 2001). 미취학 ADHD 아동의 진단에 대한 내용은 4장에서 다룰 것이다. ADHD 청소년에 대한 평가가 ADHD 아동에 대한 평가와 약간의 차이를 보이는 것은 다음의 이유 때문이다. 첫째, 적어도 17세의 청소년은 증상 기준점이 6개보다는 5개의 증상 목록(즉, 부주의와 과잉 충동성)으로 나타난다(American Psychiatric Association, 2013). 더 낮은 증상 기준점은 발달에 걸쳐 나타날 수 있는 감소된 징후를 반영한다.

둘째, 십 대 ADHD는 품행장애나 반사회적 행동(Barkley et al., 2008), 학업부진 (Barkley et al., 2008; Frazier et al., 2007) 등으로 인해 기능상의 손상이 아동기에 비해 더 클 수 있다. 또한 반사회적 문제행동(예: 도둑질, 파괴행위)이 있는 ADHD 청소년은 약물남용 빈도(예: Sihvoia et al., 2011)도 높게 보고된다. 이처럼 십 대 ADHD는 ADHD로 인한 직접적인 문제뿐 아니라 다양한 행동 및 정서상의 문제를 보고할 수 있으므로, 이러한 문제를 판별하는 것이 ADHD 청소년 평가에 포함되어야 한다.

ADHD 청소년을 평가할 때는 문제행동의 역사에 대한 신뢰할 만한 자료를 수집해야 한다. ADHD의 진단 준거에서도 ADHD 증상이 12세 이전부터 뚜렷하게 나타나야 하기 때문이다. 자녀에 대한 부모의 보고는 신뢰도가 낮기 때문에 ADHD 청소년의 어린 시절에 대한 부모의 언어적 보고는 성적표, 심리평가, 과거 처벌 경험을 포함한 학생생활기록부 등을 통해 신뢰도가 확보되어야 한다(Cantwell, 1986).

셋째, 청소년의 자기보고를 고려해야 한다. 어린 아동과 달리 청소년은 부모와 교사의 보고뿐만 아니라 본인 스스로의 보고도 포함되어야 한다. 자기보고와 부모와 교사의 평점 간 관계는 연구마다 약간 차이가 있긴 하지만(Barkley, Fischer, et al., 2002; Connors, Connolly, & Toplak, 2012; Sibley, Pelham, et al., 2012 참조), ADHD를 가진 청소년의 자기보고 증상은 임상가 평점과 상관이 있다고 보고되었다(Adler et al., 2012). 자기보고와 다른 측정치 간의 관계가 어떻든 자기보고 자료는 다른 방법으로는 얻을 수 없는 결정적인 정보를 제공해 줄 수 있다(예: 우울 증상). 게다가 청소년은 자신의 의견이 중요하게 고려될 경우, 평가 결과에 대한 수용도가 높고, 중재 프로그램에 더욱 자발적으로 참여하는 경향이 있다(DuPaul, Guevremont, & Barkley, 1991). 따라서 ADHD 청소년 평가에서 학생과의 진단적 면접이나 자기보고식 측정을 통한 행동 평가를 포함시킬 때 학생은 치료 계획 수립, 실행, 평가에서 더 적극적인 역할을 할 수 있다. 중재 평가 단계에서도 학생으로부터의 자기보고와 중재에 대한 만족도는 확보해 두는 것이 좋다.

평가의 내용 역시 차이가 있다. 첫째, 앞서 언급하였듯이, 학생과의 진단적 면접에서도 부모나 교사 면접에서와 마찬가지로 DSM 준거를 포함해야 한다. 둘째, 청소년용 자기보고형 코너스-3 자기보고(Conners, 2008), CBCL의 YSR 버전, BASC-2의 성격 자기보고 그리고 Youth Inventory-4 등을 작성하도록 할 수 있다. 이들 검사는 모두 규준 자료를 가지고 있기 때문에 ADHD 청소년이 평균보다 높은 정서장애를 드러낼 경우, Reynolds Adolescent Depression Scale-2nd Edition(Reynolds, 2002)과 같은 질문지를 활용하는 것도 필요하다.

마지막으로, 여러 교사 평정을 포함하는 것이 필요하다. 교사는 학생 행동의 일부밖에 관찰하지 못하기 때문에 평정 결과의 해석은 제한될 수밖에 없다. 해당 청소년과 접촉을 많이 하지 않는 교사(예: 생활지도상담가)를 포함하는 것도 유용하다. 교사 한 명에게만 의존하는 것보다는 여러 교사에게 자료를 모아 일관성(예: ADHD 관련 요인의 점수가 높음) 있는 프로파일을 얻을 경우, 문제의 광범위성이나 상황에 따른 문제의 정도를 파악할 수 있다. ADHD 청소년 평가와 관련된 보다 구체적인 내용은 최근에 출판된 서적들을 참고하기를 권한다(Anastopoulos & Shelton, 2001; Barkley, 2006; Sibley, Pelham, et al., 2012).

평가 모델의 실행

이 장에서 제안된 평가 모델은 가장 최근에 이루어진 평가 과정으로, ADHD 학생을 판별하고 교실 내 중재 계획을 수립하는 데 도움이 된다. 그만큼 이 모델은 이상적이기 때문에, 현장에서 실제로 적용하기 위해서는 조정이 필요하다. 일부 평가 요소나 절차(예: 부모 면접)는 학교에서 불가능할 수도 있다. 따라서 평가 모델을 수정해야 할 수도 있다. 그러나 대부분의 학교심리 전문가가 우리 모델에서 설명된 ADHD 평가에 대한 다양한 정보원, 장면, 방법을 사용한다는 보고는 긍정적이다(Demaray, Schaefer, & DeLong, 2003).

캐럴 카운티(메릴랜드) 공립학교연합이 교사 및 학교심리 전문가들을 위해 개발한 ADHD 진단 절차 지침은 이 모델을 반영한 것이다(Carroll County Public Schools,

1997). 이 지침은 ADHD 진단 및 중재 과정을 4단계(선별, 다양한 방식의 ADHD 평가, 결과의 해석, 중재)로 변형해서 제시하고 있다. 선별 단계는 본질적으로 이 장에서 기술한 내용 및 과정과 동일하지만, 중다 방법에 의한 평가 절차는 약간 수정되었다. 예컨대, 부모와의 면담을 통해 현 행동상의 문제와 발달적·의학적·가족사적 문제에 대한 정보를 얻기보다는 질문지를 작성하도록 하고 있다. 하지만 두 번째 단계에서는 이 장에서 언급된 부모 및 교사의 행동 질문지, 직접 관찰, 학교생활기록부 검토 등의 중다 방법적 평가 절차의 핵심 요소들이 포함되어 있다.

이 책에서 제시하고 있는 평가 모델이 실제 학교 현장에 적용하는 데 적합하지 않은 요소를 일부 포함하고 있을 수도 있지만, 이러한 요소들은 학교 현장의 요구와 한계를 고려해 조정될 수 있다. 단, 이 모델의 핵심적인 특징을 훼손하면 안 된다. 첫째, 평가 절차는 자료에 입각한 문제해결 모델을 활용해야 하며, 이를 위해 심리측정학적으로 적절한 측정치를 사용한다. 둘째, 특별히 단계 3에서 보다 집중적인 평가와 중재를 요구하는 학생을 선별하는 중재반응모형(RTI) 체계의 3단계 시스템을 사용해야 한다. 셋째, 아동의 가정과 학교에서의 기능을 종합적으로 파악하기 위하여 한 가지 형태가 아닌 여러 측정치를 다양한 응답자로부터 얻어 낸다. 학습장애를 평가할 때와 마찬가지로, 현장 전문가들은 ADHD 진단 의사결정을 할 때 결코 하나의 검사도구나 질문지에만 의존하지는 않는다. 유사한 방식으로, 다양한 교육 및 의학 분야의 전문가들이 평가 자료를 수집하고 해석하는 데 관여해야 한다. 따라서 평가와 중재 개발 및 평가 과정에서 팀 접근은 최적의 방법이다(Dang, Warrington, Tung, Baker, & Pan, 2007). 넷째, 중재 계획을 수립하는 데 유용한 평가 자료(예: 기능적 행동 평가 그리고/또는 교육과정 중심 평가)가 주기적으로 수집된다. 마지막으로, 평가는 중재 계획의 성공 여부와 변화의 지속성을 파악하기 위해 주기적으로 이루어져야 한다.

 **사 례**

사례 1

아서는 혼자 책상 앞에 앉아 공부하지 못하고, 잡담을 많이 하며, 학교 규칙을 준수하지 못하는 문제로 담임교사로부터 학교심리 전문가에게 의뢰된 일곱 살짜리 2학년 학생이었다. 아서는 교사와 함께 개별적으로 공부할 때는 또래와 비슷한 수준의 학업 수행을 보이지만, 검사를 수행하는 동안 끝내야 할 과제를 마무리하지 못하고, 집중하지 못해 실제 잠재력보다 낮은 수행을 보고하였다. 이러한 어려움을 고려해 몇 가지 2단계(Tier 2) 중재(일일 보고서, 학급행동계약 관리 체계)를 실행하였다. 몇 가지 초기 중재가 성공했음에도 아서의 행동적 어려움은 지속되었다.

이 사례에 관해 간단히 토의한 후, 학교심리 전문가는 담임교사에게 평정검사도구인 ADHD 평정척도-IV(ADHD Rating Scale-IV)를 작성하라고 요청했다. 아서의 평정 점수는 부주의 및 과잉행동-충동성에 해당하였을 뿐만 아니라, 백분위 점수 93 이상을 보고하였다. 또한 ADHD의 6개 부주의 증상 및 6개 과잉행동-충동성 증상(DSM-5 준거 사용; American Psychiatric Association, 2013)이 '자주' 혹은 '매우 자주' 나타나는 것으로 보고되었다. 이와 같은 선별검사에서 얻은 정보, 의뢰 당시의 특성, 2단계 중재에 대한 아서의 매우 적은 반응을 살펴볼 때, 중다 방법적 ADHD 평가가 필요한 것으로 판단되었다.

평가 과정의 첫 단계에서 아서는 전반적인 학교생활에서 집중력이 떨어지고, 충동적이며, 과잉행동을 하고, 순응도가 낮은 것으로 보고되었다. 이러한 문제들은 자습을 해야 하거나 교사가 수업을 할 때 매우 뚜렷이 나타났다. 이러한 행동은 모든 교과에서 보고되었다. 아서는 9개의 부주의 증상 중 6개와, 9개의 과잉행동-충동성 증상 중 7개에 해당하였으며, 이러한 증상은 학기 초부터 계속해서 지난 6개월간 거의 매일 나타났다. 뿐만 아니라 반항장애 증상의 수(즉, 9개 중에서 5개)가 유의미한 경우도 자주 있었다고 보고되었다. 여기에는 교사의 요구에 순응하지 않는 것과 자주 화를 내는 것 그리고 의도적으로 다른 사람들을 괴롭히는 것이 포함된다. 품행장애, 우울증과 같은 다른 장애와 관련한 문제는 자주 나타나지 않았다고 보고되었다.

주의집중 및 행동상의 문제로 인해 아서는 수학과 읽기 모두에서 평균 이하의 성취를 보였다. 하지만 교사는 아서가 학습장애라고 판단하지는 않았다. 왜냐하면 교사가 개별 지도를 할 때는 아서가 그 두 과목을 잘 수행하는 것이 관찰되었기 때문이다(예: 그는 자신이 매우 흥미로워하는 자료는 읽을 수 있다). 하지만 독립적으로 수행해야 하면서 동시에 흥미롭지 못한 과제를 해야 하는 상황에서는 과제를 끝내지 못해서 높은 성취를 보일 수 없었다.

아서는 학급 내에 친구가 많지 않고, 오히려 많은 친구에게서 따돌림을 당하고 있었다. 아서는 놀이의 규칙을 따르지 않았고, 운동장과 같은 곳에서는 욕을 하거나 다른 친구를 때리는 행동을 보였다. 담임교사는 아서가 파괴적인 행동(예: 학급에서 큰 소리로 떠드는 것)을 하는 것은 친구들에게 주목을 받기 위한 것이라고 생각하고 있었다. 하지만 친구를 사귀기 위한 아서의 이러한 행동은 오히려 그를 고립시키는 결과를 가져왔다.

담임교사는 아서의 행동을 관리하기 위해 노력했지만, 그다지 성공적이지 못하였다고 했다. 교사는 아서의 방해행동을 무시하고, 과제에 집중하도록 공개적으로 야단을 쳤고, 부모에게 아서의 버릇없는 행동에 대해 쪽지를 써 보내고, 일주일 동안 적절한 행동을 하면 그에게 보상(예: 학급 컴퓨터를 쓸 수 있게 해 주는 것)을 해 주고, 그가 완수해야 할 문제지 문항 수를 줄여 주는 방식으로 중재하였다. 그러나 이러한 전략들에도 불구하고, 아서의 행동은 일관되게 향상되지 못했다.

아서의 이전 학년 학교생활기록부도 검토하였다. 유치원 교사와 1학년 담임교사는 지금처럼 심하지는 않지만 아서에게 주의력 문제가 있다고 기록하였다. 이로써 주의력과 행동상의 문제가 아주 어렸을 때부터 시작되었고, 그것이 학교 입학 후에도 계속되었다는 것을 알 수 있었다.

아서의 어머니를 전화로 간단히 면접하였다. 어머니도 담임교사가 보고한 부주의, 충동성, 과잉행동의 문제를 인정하였다. 실제로 집에서도 ADHD의 거의 모든 증상이 자주 일어나는 것으로 보고되었다. 그리고 이러한 문제들은 그가 3세 때 어린이집 프로그램에 참석했을 때부터 확실히 드러났다고 하였다. 그녀는 아서가 가정에서 매우 반항적이고, 비협조적이며, 특히 어머니의 요구에 더 그러하다고 보고했다. 아서는 자신의 흥미를 끌지 못하는 대부분의 집안일에 주의를 기울이지 않았고, 반항적인 행동도 많이 보였다. 다른 DSM-5(American Psychiatric Association, 2013) 증상은 보고되지 않았고, 심각한 발달지체나 질병은 가지고 있지 않았다. 아서의 아버지 역시 어린 시절에는 아서와 비슷한 주의력 문제와 문제행동을 가지고 있었지만, 지금은 성공한 사업가가 되었다. 가족 구성원 중에 다른 심각한 문제가 있는 사람은 없었다. 어머니는 아서의 부적절한 행동으로 스트레스를 많이 받고 있었기 때문에 아서의 행동 관리와 관련된 도움을 필요로 하고 있었다. 가족치료를 포함한 이전의 중재 시도는 실패했다.

CBCL에 대한 어머니의 반응에서는 세 가지 하위검사, 즉 주의력 문제, 공격성, 비행검사에서 유의미하게 높은 것으로 나타났다. 이들 하위검사에서의 T점수는 67 이상이고, 백분위는 95 이상이었다. 다른 모든 하위검사에서는 백분위 93 이하(즉, 정상 범위)였다. ADHD 평정척도-IV(ADHD Rating Scale-IV)에서의 평정 결과는 총점과 두 가지 하위 영역 모두에서 2 표준편차 이상으로 나타났다. HSQ-R 결과, 아서의 주의력 문제는 가정 내 거의 모든 상황에서 나타나는 것으로 보고되었고, 평균보다 2 표준편차 이상 높은 심각한 수준이었다.

교사의 평정 결과 역시 어머니의 평정 결과와 일치하였다. 교사용 CBCL의 주의력 문제와 공격성 분야의 하위검사에서 유의미하게 높은 점수가 나타났다. 두 영역 모두에서 T점수가 70 이상이거나 백분위 점수 98 이상이었다. 나머지 하위검사 점수는 평균 범위였다. SSQ-R 검사 결과에서 아서는 모든 학교 환경에서 심각한 수준의 주의력 문제를 보이는 것으로 보고되었고, 평균보다 2 표준편차 높게 나타났다. 사회성 기술에 대한 SSIS 교사 평정 결과는 평균 이하의 점수(T점수 85)를 나타내었다. 마지막으로, APRS 결과에서는 학업적 능력(academic productivity) 요인만 평균보다 1.5 표준편차 아래로 나타나 임상적으로 유의미하였다.

아서의 행동을 교실과 운동장에서 서너 차례 관찰하였다. 교실행동은 (BOSS를 이용하여) 20분간 세 번(수학 시간에 한 번, 국어 발음 교과 시간에 두 번) 관찰하였다. 아서는 언어적으로나 행동적으로 높은 과제 이탈률을 나타내었다. 특히 관찰 시간의 평균 20%는 언어적 과제 이탈을 나타내었고, 약 15%는 행동적 과제 이탈을 나타내었다. 반면, 무선 선택된 같은 학급 학생의 경우 4%의 언어적 과제 이탈과 8% 이하의 행동적 과제 이탈을 나타내었다. ADHD SOC를 이용하여 운동장에서의 아서의 행동을 두 번 관찰하였다. 그는 무선 선택된 급우들보다 언어적·신체적으로 더 공격적이었다. 따라서 직접 관찰 결과는 부모와 교사의 보고와 일치하였다.

학업 수행과 관련된 데이터를 위해 독립적으로 자리에 앉아 수행해야 하는 상황에서의 행동 관찰을 하였다. 아서는 세 번의 관찰에서 주어진 과제의 60% 정도를 완성하였다. 반면, 같은 반 학생들은 평균 95%의 완성률을 나타내었다. 긍정적으로 주목할 만한 것은 아서의 과제 수행 정확도가 평균 93% 정도라는 것이다. 이것은 아서의 능력이 또래들에 비해 낮지 않으며, 주어진 과제를 끝마치지 못하는 것이 문제라는 교사의 주장을 뒷받침해 준다.

다음 과정으로 넘어가 결과를 해석하였다. 아서의 담임교사와 어머니는 모두 적어도 6개의 부주의 증상과 6개의 과잉행동-충동성 증상이 매우 뚜렷하게 나타난다고 보고하였다. 어머니에 의하면, 그는 3세 이후 계속해서 심각한 ADHD 관련 장애를 나타내었다. 따라서 이러한 증상은 어릴 때부터 분명하게 나타났으며, 만성적인 것이었다. 어머니와 교사의 평정 결과는 대다수의 또래보다 아서의 부주의, 충동성, 과잉행동 문제가 훨씬 빈번하고 심각하다는 점을 보여 준다. 이것은 그의 교실행동을 직접 관찰하여도 알 수 있다. 게다가 주의력 문제는 학교와 가정의 여러 상황에서 전반적으로 나타나는 것으로 보고되었다. 그 결과, 아서의 ADHD 관련 행동은 그의 또래 관계와 학업 수행 기능을 심각하게 손상시켰다.

또한 아서는 몇 가지 반항장애 증상도 나타내었지만, 이것이 주의력 문제를 완전히 설명하지는 못했다. 복종에 대한 거부와 반항을 드러내기 시작한 시기가 ADHD 증상이 나타나기 시작한 시기보다 늦다는 것도 주목할 만하다. ADHD 증상은 3세부터 시작되었다고 보고되는 반면, 반항장애 증상은 6세 이후에 나타나기 시작하였다. 또한 ADHD 증상을 설명할 수 있는 정서장애나 학습장애의 모습이 나타나지 않았다. 따라서 아서는 ADHD 복합형, 반항장애를 모두 가지고 있는 것으로 진단되었다.

교사 면담을 통해 교실에서의 과제 이탈 및 방해 행동과 관련된 선행 사건과 후속 결과에 대해 질문하였다. 그리고 학교심리 전문가는 여러 교실 상황에서의 선행 사건(예: 과제 발표)과 후속 결과(예: 또래 비웃음)의 빈도를 기록하였다. 면담 및 관찰 결과에서 아서는 혼자 자리에 앉아 수행해야 하는 과제를 해야 할 때 방해행동을 가장 많이 보였으며, 이에 대해 교사가 집중하도록 지시하는 행동의 빈도가 높았다. 결국 아서의 과제이탈행동은 교실 과제의 회피와 탈출의 기능을 하고 있었다.

이러한 평가 결과에 기초하여 몇 가지 3단계 중재를 실행하였다. 먼저, 학교심리 전문가와 교사는 과제 난이도의 수정, 토큰 강화, 반응 대가, 가정-학교 의사소통 프로그램을 포함하는 학급 중재 프로그램을 계획하였다(학급 프로그램 계획 세우기의 세부사항은 5장 참조). 이러한 중재 방법은 동기 수준을 높여 주어진 과제를 완성하도록 하며, 긍정적인 측면을 강화하여 과제 회피 요구를 감소시키고자 계획되었다. 둘째, 부모 교육의 제공과 약물 평가를 각각 아동 임상심리학자와 아서의 소아과 의사에게 의뢰하였다. 부모 교육은 가정에서 아서의 반항과 부주의 수준이 높기 때문에 꼭 필요했다. 약물 평가는 아서의 ADHD 심각성과 몇몇 핵심 영역에서 지속적인 기능 손상이 높을 수 있다는 가능성 때문에 의뢰한 것이다. 그는 문제행동의 만성적인 면과 심각성 때문에 향후 특수교육 프로그램이 필요할 수도 있는데, 아서의 가족은 가능한 한 그것을 피하고 싶어 했다. 특수교육 배치의 가능성은 약물치료에 대한 반응 정도에 따라 달라질 수 있었다. 마지막으로, 아서의 운동장에서의 행동을 다루기 위해 또래 관계 중재를 계획하였다. 구체적으로 또래 중재 방법이 사용되었는데, 학급 친구 몇 명을 교육시켜 아서가 사회적으로 적절한 행동을 할 때 그것을 촉진하고 강화하도록 하였다. 아서의 문제는 오래 지속되었고 심각한 수준이었기 때문에 이러한 중재가 오랜 기간 이루어져야 할 것으로 판단되었다.

학교심리 전문가는 아서의 진전도를 평가하고 중재 프로그램의 효과를 검증하기 위해 교실 수행에 대한 평가를 지속적으로 실시하였다. 중재 프로그램의 실행 초기 단계에서는 적어도 매주 교사 평정과 교실 관찰이 이루어졌고, 그에 따라 강화의 시간과 빈도를 조정하였다. 같은 측정 방법을 이용하여 수 주에 걸쳐 매일 세 가지 메틸페니데이트 복용량(즉, 5mg, 10mg, 15mg)을 평가하였다. 행동 절차 또는 약물 복용량의 수정이 필요한지 확인하기 위해 일 년 내내 정기적으로 이러한 측정 방법을 반복 실행하였다.

사례 2

키샤는 대도시 지역에 소재한 초등학교의 5학년 일반학급에 다니고 있는 열 살 짜리 아프리카계 미국인 소녀였다. 키샤는 한 번도 특수교육 서비스에 의뢰된 적은 없지만, 모든 학년에 걸쳐 읽기와 수학에서 약간의 어려움을 경험해 왔다. 키샤의 현재 담임교사는 키샤가 ADHD일지도 모른다고 걱정하고 있었다. 키샤는 종종 자신의 과제에 집중하는 것을 어려워했고, 교재나 숙제를 잊어버렸고, 산만했기 때문이다. ADHD 평정척도-IV(ADHD Rating Scale-IV)의 부주의 하위검사의 교사 평정 결과는 백분위 점수 85 이상이었고, 이는 ADHD 가능성에 대한 후속 평가가 필요함을 보여 주었다.

BASC-2의 부모 및 교사 평정 결과, 과잉행동-충동성과 수행 문제 영역에서는 경계선급으로 나타났지만, 부주의와 불안 영역에서 임상적으로 유의미한 점수를 나타내었다. 어머니 및 교사와의 진단적인 면담 결과, 키샤는 9개의 ADHD 부주의 증상 가운데 7개를 나타내는 반면, 과잉행동-충동성 증상은 오직 3개만 나타났다. 부주의 문제는 상대적으로 최근에 나타나기 시작했으며(즉, 5학년이 시작될 때부터 나타났다), 학년이 올라갈수록 범불안장애(예: 자신의 사회성 및 학업 수행의 질에 대한 과도한 걱정)가 높게 나타나고 있다. 키샤의 어머니와 교사는 키샤에 대하여 반항장애나 품행장애의 심각한 증상을 보고하지 않았다.

학교심리 전문가는 읽기와 수학 수업 시간(예: 교사 주도 교수, 독립적으로 앉아서 하는 과제, 소집단 활동)에 키샤의 행동을 관찰하였다. 키샤는 관찰 기간의 약 15%

동안 과제이탈행동(예: 과제나 활동 외에 다른 곳 쳐다보기, 급우와 떠들기)을 나타낸 반면, 같은 반 또래들은 6%가 과제이탈행동을 나타냈다. 키샤는 또한 쓰기 과제 완성도에서 또래보다 훨씬 뒤떨어지는 것으로 나타났다.

키샤는 면담 과정에서 자신이 또래와 같은 속도로 교재를 읽을 수 없을 때 느끼는 무력감을 '바보같이 느껴졌다.'고 보고하였고, 좌절감도 자주 느꼈다고 했다. 키샤는 자신이 과제를 잘 끝마칠 수 없음을 종종 느꼈고, 5학년을 마칠 수 없을까 봐 걱정이 되었다고 했다. 또한 5학년이 된 이후에 어머니가 자주 아팠던 것에 대해서도 걱정하고 있었다. 마지막으로, 키샤는 자신이 친구가 별로 없고 친구들 앞에서 말할 때 창피함을 느낀다고도 하였다. 불안 증상에 대한 자기 보고식 평정 결과 역시 높게 나타났다.

키샤의 주의력 문제가 상대적으로 최근에 나타났다는 점, 과잉행동–충동성 증상과 관련이 없다는 점, 심각한 불안장애 증상과 관련이 있다는 점 등을 이유로, 학교 평가 팀은 키샤가 ADHD가 아닐 것이라고 결론지었다. 학교심리 전문가는 키샤에게 불안 완화를 위한 학교 개인상담을 받고, 이후에 임상심리학자에게 후속 평가를 받도록 하였다. 이와 함께 키샤의 만성적인 학업 문제와 1, 2단계에서의 교육적 중재 반응이 부족한 것이 학습장애 때문인지를 평가하도록 하였다.

 ## 평가 과정에의 학교심리 전문가 참여

수년간 ADHD의 진단적 평가 과정에서 학교심리 전문가들의 역할이 논의되었다. 예컨대, 몇몇 주(州)에서는 학교에서의 평가를 약물 처치를 의뢰하는 수준으로 제한하는 법을 만들었다. 학교에서 진단 과정에 참여하지 못하도록 하는 근거는 ADHD가 DSM-5(American Psychiatric Association, 2013)의 '의학적 진단' 대상이기 때문에 ADHD의 진단은 의학 전문가에 의해 이루어져야 한다는 것이다. 그러나 경험적으로 ADHD 판별에 적합한 것으로 지지되고 있는 측정도구의 사용에 있어 학교심리 전문가를 비롯한 여타의 교육 전문가들은 ADHD 판별에 필요한 훈련을 받았으며, 전문성을 가지고 있다. 사실상 설문조사 결과에 의하면 학교심리 전문가 역시 임상심리 전문가 못지않은 전문적 평가 방법을 사용하고 있었다(Handler & DuPaul, 2002). 또한 학교심리 전문가는 다른 전문가보다 교실이나 운동장 등에서 관찰하는 것이 용이하다. 또한 적어도 평정이나 행동 관찰 등을 실제로 수행하는 데 학교심리 전문가만큼의 경력, 전문성, 용이성 등을 가지고 있는 의학 전문가는 거의 없다. 지적장애나 학습장애 같은 장애 역시 진단 기준이 DSM에 포함되어 있지만, 일반적으로 평가는 학교심리 전문가에 의해 이루어지고 있다. 때문에 DSM-5(American Psychiatric Association, 2013)에 ADHD가 포함되었으니 의학 전문가에 의해서만 진단이 이루어져야 한다는 논리는 설득력을 잃는다. 결론적으로, ADHD 아동은 거의 모두 학교 장면에서 가장 큰 어려움을 겪고 있기 때문에 학교심리 전문가들이 판별에 관여해야만 한다.

우리는 학교심리 전문가와 여타의 교육자만이 ADHD 판별에 관여해야 한다고 주장하는 것은 아니다. 오히려 우리는 부모, 학교 전문가, 의사, 기타 지역사회 전문가(예: 임상심리학자) 등이 협력하여 진단과 중재에 관여해야 한다고 본다. ADHD를 폭넓게 평가하기 위해서는 여러 환경에서의 아동의 기능에 대한 자료를 신뢰롭고 타당하게 수집해야 한다. 지역사회에서 ADHD를 진단하는 경우에는 학교와 관련된 구체적 정보를 통합하지 못하는 경우가 많고, 학교에서 ADHD를 진단할 때는 부모의 정보를 무시하는 경우가 많다. 따라서 학교심리 전문가들은 학교 관련 자료가 의사 및 임상심리학자와 체계적으로 의사소통되고 정보에 근거한 진단이 내려질 수 있도록 다른 전문가들과 협력하는 방법을 모색해야 한다(9장 참조).

요 약

학교 중심 평가는 다양한 환경과 자료를 활용하는 여러 평가 방법을 포함한다. ADHD로 간주되기 전에 1, 2단계에서의 중재에 대한 반응이 평가되는 3단계의 중재반응모형(RTI) 체계에서 평가가 고려되어야 한다. ADHD 가능성이 있는 학생이 교사에게 의뢰되고, 2단계 중재에서 반응이 없었다면 ① ADHD 중상의 선별, ② 중다평가, ③ 판별 결정을 위한 결과 해석, ④ 치료 계획의 개발, ⑤ 중재 프로그램의 지속적 평가 등의 5단계가 수행된다. 평가의 목표는 ADHD 진단뿐만 아니라 수집된 정보를 바탕으로 2, 3단계에서의 성공 가능한 중재 계획을 세우는 것까지 포함한다. 이를 위해서는 부모 및 교사 면접, 부모 및 교사 평정척도, 직접 관찰, 학업 수행 자료 등을 두루 활용해야 한다. 중재 프로그램의 효과와 제한점을 알기 위해서는 중재 과정 전반에 걸쳐 지속적으로 평가가 이루어져야 한다.

현장 전문가를 위한 실무 지침

ADHD 아동과 청소년은 개인 내 및 개인 간 어려움뿐만 아니라 학업 저성취, 품행 문제, 불안 증상 그리고 우울증을 포함하는 심각한 공존장애를 빈번하게 나타낸다. 공존장애(comorbidity)는 정신의학과 심리학에서 두 개 이상의 장애가 함께 발생하는 현상을 기술하기 위해 사용되는 전문용어다. 공존장애, 즉 다수의 장애 및 문제는 동시에 혹은 점차적으로(예: 시간이 지남에 따라 한 문제 뒤에 다른 문제가 따름) 발생할 수 있다. 또한 공존장애라는 용어는 가족의 공존장애를 기술하기 위해, 예를 들어 부모와 아동이 모두 ADHD로 진단되는 현상을 기술하기 위해 사용될 수 있다(Pliszka, 2011).

ADHD와 정신장애의 공존장애에 대한 보고서에서 Spencer, Biederman과 Mick(2007)은 ADHD로 진단된 아동과 청소년의 약 30~50%가 반항장애 혹은 품행장애를 동반한다고 보고했다. 나아가 그들은 ADHD를 지닌 개인의 29~45%가 평생 공존장애로서 우울증을 나타낸다고 보고했다. Jarrett과 Ollendick(2008)은 ADHD 사례의 약 25%에서 불안장애가 발생한다고 보고했다. Spencer와 동료들(2007)이 우려한 또 다른 두 가지 쟁점은 ADHD 사례의 약 25%에서 학습장애가 발생하고, ADHD 청소년은 비장애 또래에 비해 약물(예: 담배, 술, 마약)을 사용 및 남용할 위험이 현저하게 높다는 것이다.

이상에서 언급한 바와 같은 ADHD와 공존하는 문제들은 교육 및 정신건강 전문가들에게 다양한 어려움, 특히 진단 및 평가 그리고 중재 및 지원과 관련된 어려움을 야기한다. 예를 들어, 선별진단의 과정은 공존장애로 인해 복잡하고, '공존장애 중 하나의 장애(예: ADHD)가 다른 장애(예: 학습장애)를 유발하는 것인가 혹은 그 반대인가, 그리고 만약 그렇다면 현존하는 공존장애는 한두 개의 장애의 결과인가?'와 같은 의문을 낳는다. 치료적 관점에서 현장 전문가들은 어떻게 중재들을 배열할 것인지 혹은 어떻게 다수의 문제를 동시에 치료할 것인지에 대한 결정에 직면한다. 공존장애에 대한 치료가 더 복잡해지는 또 다른 이유는 기능적 손상은 일반적으로 공존장애와 함께 증가한다는 것이다(예: Crawfold, Kaplan, & Dewey, 2006; Connor & Doerfler, 2008 참조).

이 장에서는 ADHD와 공존장애에 대해 개관하고, 공존장애의 결과로 나타난 학교에서의 전문적인 실제와 관련된 쟁점을 논의한다. ADHD와 학습 문제의 관계를 살펴본 뒤, ADHD와 다른 외현화 문제, ADHD와 내재화 문제 그리고 ADHD와 적응 문제를 살펴본다. 다음으로 수많은 평가 및 치료와 관련된 쟁점에 대해 자세히 설명하고, 마지막으로 학교에서의 ADHD 및 특수교육에 대해 논의한다.

이미 언급했듯 ADHD 아동은 심각한 공존장애를 자주 보인다. 예를 들어, ADHD 아동은 학업 성취 수준이 낮다(Barkley, 2006; Forness & Kavale, 2001). ADHD 아동은 수업 중이나 자습 시간에 과제 집중률이 심각하게 낮다(Abikoff et al., 1977). 그래서 ADHD 아동은 수업 시간에 반응할 기회가 적고, 혼자 해야 하는 과제에서도 완성도가 낮다(Pfiffner & DuPaul, 출판 예정). ADHD와 학업부진의 연관성은 ADHD 아동 중 80% 정도가 학습이나 학업 성취와 관련된 문제를 가지고 있다는 연구를 통해서도 부분적으로 설명이 된다(예: Cantwell & Baker, 1991; Frick et al., 1991; Pastor & Reuben, 2002). 나아가 ADHD 아동에서 청소년까지 추적 연구한 결과(Barkley et al., 2008)는 이들에게 가장 큰 위험 요소가 만성적 학업 저성취와 높은 학교 중퇴율이라는 것을 보여 준다.

결국 학교심리 전문가를 비롯한 여타의 교육 관련 전문가는 ADHD로 진단되거나 ADHD가 의심되는 아동에게 잠재적인 학습 문제가 있을 수 있음을 인식하고 있어야 한다. 더불어 필요한 경우 이러한 전문가들은 학업 기능을 향상시키기 위한 효과적인 예방 및 중재 전략을 고안하고 실행해야 한다.

 ## ADHD와 학업부진의 관계

ADHD 아동이 가장 많이 드러내는 문제의 하나가 만성적 학업부진이다(Barkley, 출판 예정). 대다수의 ADHD 학생은 하나 이상의 과목에서 낙제 점수를 받고, 표준화된 성취검사에서도 또래보다 심각하게 낮은 점수를 받는다(Barkley, Dupaul, & McMurray, 1990; Cantwell & Satterfield, 1978). 학업 문제는 여타 심리장애와는 다른 형태로 ADHD와 관련되어 있다. 예컨대, ADHD 아동은 임상적으로 의뢰된 아동 집단 가운데 CBCL(Achenbach & Rescorla, 2001)의 학업 숙달도 면에서 가장 낮은 교사 평정을 받는다(McConaughy, Achenbach, & Gent, 1988). 다소 논란의 여지가 있지만, ADHD의 학업부진은 교실 환경에서 나타나는 ADHD의 핵심 증상(즉, 부주의, 충동성, 산만함) 때문인 것으로 가정될 수 있다.

ADHD의 상당수가 경험하는 만성적인 학업 곤란은 낮은 성취를 보일 가능성을 증가시킨다. ADHD 아동의 약 40% 이상이 학습장애나 행동장애 학생을 위한 특수교육 프로그램에 배치된다(Barkley, 2006). 또한 연구에 참여했던 ADHD 아동의 약 1/3이 고등학교 진학 전에 적어도 1년 이상 유급하였다(Barkley et al., 2008). ADHD가 품행장애를 동반하는 것도 부분적인 이유가 될 수 있지만, ADHD 학생은 정학 및 퇴학도 평균보다 높게 나타난다(Barkley, Fischer, et al., 1990). 또한 ADHD의 고등학교 중퇴율(약 10%)도 일반 모집단에 비해 높다(Barkley et al., 2008). ADHD의 학업 수행 곤란은 성인기까지 지속될 수 있는데, 일반 집단에서는 21세까지 학업을 계속하고 있는 성인의 비율이 약 50%인 반면, 아동기에 ADHD로 진단되었던 성인 집단은 약 20%만이 이에 해당하였다(Weiss & Hechtman, 1986, 1993). 결국 ADHD가 경험하는 교육 문제와 그로 인한 결과는 성인기에 직업 및 사회적인 어려움을 증가시킬 수 있다(Barkley, Fischer, et al., 1990; Weiss & Hechtman, 1986, 1993; Whalen, Jamner, Henker, Delfino, & Lozano, 2002).

ADHD와 학업 문제의 관계: 경험과학적 연구 결과

ADHD와 학업 문제의 연관성에 대한 연구 결과가 일치하지 않는 이유는 학업 기술 결손(즉, 학습장애)과 학업 수행 결손이 혼동되어 있기 때문이기도 하다. 전자는 특정 교과에서 최소한 현재 배우는 자료를 학습할 수 있는 능력조차 결손되어 있음을 가정하고 있다. 따라서 이러한 학생은 개별 학습 상황에서조차 자신이 배우는 실제적인 기술에서 결손을 드러낼 수 있다. 한편, 학업 수행에서의 결손은 학생이 필요한 기술은 있지만 그 지식을 일반적인 교실 상황에서 일관성 있게 활용(예: 독립적인 과제를 정확하게 수행함)하지 못하는 경우로 정의할 수 있다. ADHD 아동의 경우 과제를 정확하게 완성하는 데 필수적인 기술을 가지고 있음에도 학업 자료에 대한 주의력 부족으로 인해 주어진 과제에서 낮은 수행을 보일 수 있다. 나아가, 부주의와 행동 조절의 어려움은 학생의 학습 준비도와 참여를 떨어뜨려(예: 부주의로 인해 중요한 교사의 강의 초점을 놓치는 것) 상당한 학업부진을 초래한다(Silver, 1990). 또한 ADHD 아동은 비효율적이고 일관성 없는 문제해결 능력 때문에 결손이 생길 수도 있다(Douglas, 1980). 그러나 ADHD와 학업 문제의 관계에 관한 수많은 연구에도 불구하고, 학업 기술과 학업 수행은 명확히 구분되지 못하고 있다.

ADHD와 학업 문제의 관련성에 관한 경험과학적 연구들은 주로 상관관계를 보여 주고 있다. 앞서 제시한 가설의 인과적인 관계를 세부적으로 검증한 연구 설계는 찾아보기 힘들다. 반면, 많은 연구가 ADHD 아동의 집단에서 학업 문제의 출현 빈도를 조사하는 데 치중되어 있다. 이러한 연구들의 대부분은 학업 문제를 학습장애로 정의하고 있으나, 앞서 논의한 바와 같이 이 개념에 대한 정의는 연구마다 천차만별이다. 그러나 우리가 살펴본 연구의 저자들이 이 명칭을 선호하고 있으므로 해당 문헌을 인용할 때는 학습장애라는 용어를 사용할 것이다. ADHD 아동이 정상 집단에 비해 더 많은 학습장애를 나타내는 것으로 밝혀졌지만, 그 출현율은 연구마다 다르게 제시하고 있다. 또한 두 장애 간의 관계를 완벽하게 설명하고 있는 연구도 없다.

▶ ADHD와 학습장애의 인과관계에 관한 연구

최근 뉴질랜드의 700명이 넘는 아동을 대상으로 실시한 일련의 종단연구에서 (Fergusson & Horwood, 1995; Fergusson, Horwood, & Lynskey, 1993; Fergusson, Lynskey, & Horwood, 1997) 초등학생과 중학생의 ADHD 행동과 학업 성취 수준 간의 명백한 관련성을 밝혀냈다. 측정은 어머니와 교사의 평정에 근거하였으며, 특히 초기에 ADHD 행동 수준이 높을수록 학업 성취 수준이 낮은 것으로 나타났다.

Rapport, Scanlan과 Denney(1999)는 다민족 출신인 325명의 하와이 취학 아동을 대상으로 Fergusson과 동료들(1993)이 수행한 ADHD와 학업 성취 간의 관계를 반복 연구하였다. 연구 결과, 초기 ADHD 증상(교사 평가에 의한)과 후기 학업 성취(집단 성취도 평가에 근거한) 간의 관계가 확인되었다. 추가 분석에 의해 ADHD 행동이 학업 성적에 미치는 영향은 기억과 같은 인지적 변수와 교실행동과 같은 행동적 변수에 의해 중재됨이 밝혀졌다.

구조방정식 모형은 인과성을 직접 검증하지는 않지만 변인 간의 상대적 영향력을 측정해 준다. 앞에서 살펴본 두 연구를 통해 ADHD 관련 행동(예: 부주의와 충동성)은 학업 성취도에 직접적으로 부정적인 영향을 미치며, ADHD 증상 수준이 높을수록 학업 수행이 떨어지는 것을 알 수 있다. Rowe와 Rowe(1992)의 연구는 특히 부주의가 다른 요인들(예: 가족의 사회경제적 지위)에 비해 읽기 성취에 더 큰 영향을 미친다는 것을 밝혔다. 비록 Fergusson과 Horwood(1993)의 연구에서는 지지되지 않았지만, 학업 성취와 ADHD 간의 관계가 상호작용적이라는 점 역시 주목해야 할 것이다.

ADHD와 학습 문제 간의 관련성에 대한 최근의 견해

연구자들은 주의력결핍과 학습 곤란 간의 관계에 대한 조사, 연구, 저술 활동을 계속해 오고 있다. 이 절에서는 그중 일부를 논의하고, 일관성 있게 꾸준히 제시되고 있는 사실을 소개할 것이다. ADHD 및 학습장애의 출현율과 두 장애를 동시에 지니는 공존장애에 대한 연구가 최근에 출판되었다(Pastor & Reuben, 2002). 국립보건통계센터(National Center for Health Statistics)의 연구자들은 1997~1998년에 실시된 National Health Interview Survey 자료 중 관련된 사항을 보고하였다. 자료는 전형적인 미국 가정 7만 8,000세대의 6~11세 사이 아동 약 8,600명을 대상으로 수집된 것이다. 수집된 자료로부터 연구자들은 ADHD와 학습장애 각각을 가진 아동과 이 두 장애를 모두 가진 아동의 출현율을 산출하였다. 조사 결과, 1997~1998년 사이에 6~11세의 아동 중 260만 명 이상이 ADHD나 학습장애로 진단된 적이 있다. 6~11세 아동의 3%는 ADHD, 4%는 학습장애, 4%는 두 가지 모두로 진단되었다. 동일한 연구자들은 2004~2006년에 연구 대상이었던 2만 3,000명의 ADHD 아동에 대해 매우 유사한 통계치를 보고했다(Pastor & Reuben, 2008).

이러한 예상치는 이전에 보고되었던 미국 아동의 ADHD 출현율(Barkely, 1990, 1998, 2006) 및 남아 대 여아의 3:1 비율과도 일치한다(Pastor & Reuben, 2002, 2008). 흥미로운 것은 학습장애로만 진단된 아동은 ADHD로만 진단된 아동보다 특수교육에 의뢰되는 비율이 5배 높다는 것이다. ADHD 아동 역시 학습과 관련된 심각한 곤란을 겪을 수 있으므로 특수교육 서비스를 받을 근거가 생긴다. ADHD로만 진단된 아동, 학습장애로만 진단된 아동, 두 장애 모두 가지고 있는 것으로 진단된 아동을 비교할 때, 약물이나 정신과 치료를 받은 비율이 지난해 ADHD와 학습장애 모두 가지고 있는 것으로 진단된 아동의 경우에 가장 높았고(Pastor & Reuben, 2008), ADHD로만 진단된 아동의 경우에 다음으로 높았고, 학습장애로만 진단된 아동의 경우에 가장 낮았다.

출현율뿐만 아니라 교육적인 서비스 제공에 관심을 가졌던 Forness와 동료들(Forness & Kavale, 2001; Forness, Kavale, Sweeney, & Crenshaw, 1999)은 ADHD 중 정

서장애로서 특수교육 서비스를 받는 아동이 40%에 달한다고 보고했다. 또한 ADHD 중 학습장애로서 특수교육 서비스를 받는 아동도 대략 25% 정도 된다고 보고했다. 나아가 연구자들은 학습장애나 품행장애와 같은 공존장애의 유무에 대한 신중한 진단이 적절한 서비스 전달 체계와 학교 기반 중재를 결정하는 중요한 요소임을 제안한다.

다른 연구자들(Barkley, 출판 예정; Shaywitz, Fletcher, & Shaywitz, 1995; Shaywitz & Shaywitz, 1991)도 ADHD와 학습장애는 근본적인 차이를 가지고 있으므로 진단 시 신중을 기해야 함을 강조하고 있다. ADHD가 신경심리학에 근거한 탈억제와 자기 통제의 장애라고 가정할 때, Barkely(1997a)는 ADHD는 학습장애 아동에게는 발견되지 않는 억제와 실행 기능의 결함을 보여 준다고 주장했다. Shaywitz와 동료들(1995)은 학습장애가 인지적 요인에 근거하는 반면, ADHD는 행동적 요인에 근거한다는 견해를 제시하였다. 이들 또한 학습이나 주의의 문제로 교실에서 어려움을 겪고 있는 아동의 공존장애 유무를 결정하는 것이 중요함을 인식하고 강조한다.

요약

이러한 제한점에도 경험적 연구들은 ADHD와 학습장애 사이의 일관된 관계를 입증하고 있다. 약 3~4명의 ADHD 아동 중 한 명은 학습장애를 가지고 있는 것으로 보인다(DuPaul, Gormley, & Laracy, 2013 참조). 더불어 대부분의 ADHD 아동은 아마도 과제의 일관성 없는 완성 및 자습 과제와 시험에서의 낮은 정확성 때문에 학업 성취가 낮은 것처럼 보일 것이다. 학습장애의 경우 대략 40% 정도가 ADHD인 것으로 추정된다. 따라서 두 장애는 공통 부분이 많다. 그러나 ADHD와 학습장애가 완전히 동일한 장애가 아니라는 사실을 유념해야 한다. 대부분의 ADHD 아동은 학습장애를 가지고 있지 않고, 대부분의 학습장애 아동도 ADHD 진단 준거에 부합하지 않는다. 하지만 각 장애 집단 중 극소수 아동만이 두 장애를 모두 가지고 있는 것으로 진단된다는 사실은 학교 기반 평가와 개입 절차를 계획할 때 고려되어야 한다.

ADHD가 학습장애의 원인인지, 아니면 학습장애가 ADHD의 원인인지는 명확히 밝혀지지 않았다. 이를 명확하게 규명한 연구는 없지만, 구조방정식 모형을 이용한 연구는 이 문제에 대한 부분적인 답을 제공하고 있다. ADHD 관련 행동, 특히 부주의나 과잉행동-충동성은 학업에 부정적 영향을 미친다. 이 관계가 상호적일 수 있지만(즉, 읽기 성취 수준이 부주의에 영향을 미칠 수 있지만), ADHD가 성취도에 미치는 영향이 더 명백해 보인다. 다른 연구(Rowe & Rowe, 1992)에서도 부주의가 읽기 성취도를 결정하는 가장 두드러진 요인임이 밝혀졌다.

인과관계의 방향은 밝혀지지 않고 있지만, 많은 ADHD 아동이 학업 기술 결손을 가지고 있다. 특정 유형의 ADHD는 학업 곤란을 겪을 가능성이 높을 것이라는 추측도 있었다. 예를 들면, 몇몇 연구에서 주의력결핍 우세형 ADHD 아동이 복합형 ADHD 아동에 비해 학습장애의 위험이 높은지를 검토하였다. 하지만 이러한 연구들은 아직 ADHD 하위 유형 간 학습장애 출현율의 차이를 밝히지 못하고 있다(Lahey & Carlson, 1992). 반대로 학습장애 하위 유형 가운데 ADHD를 포함한 행동 통제의 문제를 지닐 가능성이 더 높은 유형이 있을 수 있다. Rourke(1988)는 비언어적 학업 결손을 갖는 아동이 ADHD의 위험이 높다는 것을 밝혔다. ADHD와 학습장애 사이의 연관성에 관한 후속 연구는 ADHD와 학습장애 아동 전체를 대상으로 하기보다는 각 장애의 하위 유형으로 대상을 세분화할 필요가 있다. 이를 통해 학업 결손의 가능성이 가장 높은 ADHD 아동과 ADHD 가능성이 가장 높은 학업 결손 아동을 판별할 수 있을 것이다.

 ## 평가 지침: ADHD와 학업 수행 결손

앞서 살펴보았듯이 ADHD 아동이 겪는 학업 성취의 곤란은 학업 수행 결손과 학업 기술 결손으로 구분될 수 있다. 따라서 주의력 문제로 의뢰된 아동을 학교에서 평가할 때는 반드시 잠재적 수행 결손과 기술 결손을 측정할 수 있는 학업 성취 검사를 포함해야 한다. ADHD의 평가에 관해서는 2장에서 기술하였기 때문에 다음에서는 의뢰된 아동들의 학업 기능을 측정하는 평가 과정에 대해서 서술하고자 한다. 먼저, ADHD로 의뢰된 아동 가운데 학업 기술 결손을 선별하는 방법에 대해서 살펴보고자 한다. 또한 학습장애 학생을 ADHD로 선별하는 절차도 다루고 있다. 다음으로, ADHD 아동에게 가장 흔히 드러나는 문제가 일관성 없는 학업 수행(예: 과제 완성)이기 때문에, 수행 결손을 평가하는 방법을 자세히 설명하고자 한다. 마지막으로, 아동의 주의력 문제가 학업 기술의 결손에서 기인한 것인지, ADHD에 기인한 것인지, 아니면 둘 다에 기인한 것인지를 판가름할 수 있는 방법에 대해서 설명할 것이다. 사례 제시를 통해 보다 분명한 이해를 도울 것이다.

선별 절차

아동이 ADHD로 의심되는 주의 및 행동 통제 문제로 의뢰되는 경우, 학업 기술 결손을 선별하기 위한 평가에는 몇 가지 절차가 포함되어야 한다. 첫째, 부모 및 교사와의 면접에서 학업부진과 관련된 질문을 한다(2장 참조; Barkley, 1990, 1998, 2006, 출판 예정). 특히 담임교사에게 각 교과에서 아동이 나타내는 어려움에 관한 정보를 얻을 수 있다. 둘째, 교사는 APRS(DuPaul, Rapport, & Perriello, 1991)나 ACES(DiPerna & Elliott, 2000)를 사용하여 아동의 학업 성취 곤란 정도를 평정한다. APRS 총점과 학업 성취 하위척도(Academic Success subscale)에서의 해당 아동의 점수가 연령별, 성별 규준 집단보다 1.5 표준편차 이상 떨어질 경우 학업 기술 결손으로 분류될 수 있다. 학업 곤란의 특성을 명확하게 파악하기 위해서 각 APRS 항목에 대한 반응을 고려해야 한다.

대부분의 ADHD 아동은 학업 기능 결손 유무에 상관없이 평균 수준의 학업 성취를 보인다. APRS의 학업 성취 하위척도(Academic Success subscale)에서는 평균 집단의 1.5 표준편차 이내에 속하지만, APRS 총점과 학업 성과 하위척도(Academic Productivity subscale)에서는 평균 이하의 점수를 보이는 학업 수행의 문제(예: 독립적인 착석 과제에서의 낮은 완성도 및 정확도)가 나타난다. 따라서 학업 수행 곤란에 대한 보다 심층적인 후속 평가가 이루어져야 한다.

면접과 평정 결과 잠재적인 학업 기술 결손이 예상된다면, 학업 능력에 대한 심도 있는 평가가 요구된다. IQ와 성취검사 등을 통해서도 통합적인 심리교육적 평가가 이루어질 수 있지만, 몇 가지 이유(예: 교수 전략에 보다 적합, 생태학적 타당도가 보다 높음)에서 행동 측정이 더 적합하다. 일반적으로, 행동 평가에는 교육과정 중심 평가가 포함되는데(Shinn, 1989, 1998, 2010), 과제 관련 행동의 직접 관찰, 작문 과제에 대한 검토, 교사와 함께 하는 문제 중심의 면접 등이 있다(Shapiro, 1996; Shapiro & Kratochwill, 2000 참조). 2장에서 논의한 바와 같이 RTI 틀의 맥락에서 학업 기능에 대한 평가는 ADHD에 대한 후속 평가와 동시에 이루어져야 한다.

학습장애 아동은 일반 아동보다 ADHD 발생률이 높기 때문에 학습장애로 의뢰된 아동 역시 ADHD의 잠재성이 평가되어야 한다. 평가 의뢰자가 주의력이나 문제행동을 구체적으로 언급하지 않는다 하더라도 이러한 평가 작업은 이루어져야 한다. ADHD 선별 절차는 2장에 상세히 논의되어 있다. 교사들에게 ADHD 평정척도-IV(ADHD Rating Scale-IV; DuPaul, Power, et al., 1998)를 작성하게 하여 ADHD 관련 행동을 평가하도록 할 수 있다. DSM-IV의 부주의나 과잉행동-충동성 영역에서 6개 이상의 항목에 '상당히 많이'나 '매우 많이'로 응답한 경우에는 추가 평가가 이루어져야 한다. 6개 이하로 응답한 경우에는 이후의 다른 평가나 다른 평정자가 ADHD의 가능성을 보고하는 경우에 한해서 추가 평가가 이루어진다.

학업 수행 결손 측정

ADHD 아동은 특정 학업 기능상의 문제가 없더라도 주어진 시간 동안 자습하기, 학교의 여러 시험에서 높은 점수 얻기, 시험 공부하기, 노트 필기하기, 방과 후 숙제하기 등에서 낮은 성취를 보일 수 있다. 실제로 학업 수행과 관련된 행동은 ADHD 중재 프로그램의 가장 중요한 목표가 된다. 따라서 학업행동에 대한 평가는 ADHD를 평가하는 표준 구성 요소가 된다.

학업 행동 중에서도 자율학습 시간에의 학습지 완성도 및 정확성, 방과 후 과제의 완성도 및 정확성, 정리정돈 활동(예: 책상 정리나 수업에 대한 노트 필기의 정확성)

등은 특히 중요하다. 이러한 자료를 모으기 위한 방법에는 교실 내 행동에 대한 직접 관찰, 교사 평정, 수행된 결과물의 수집(숙제, 자습 결과물) 등이 있다. 이에 대해서는 2장에 상세히 설명되어 있다. ADHD 아동은 또래 아동보다 훨씬 더 수행 수준이 낮고 과제 완성도와 정확도가 떨어진다.

ADHD와 학업 기술 결손 변별하기

앞서 살펴본 바와 같이 ADHD나 학업 기술 결손 또는 학습장애 사이에는 공통 부분이 많다. 따라서 ADHD 평가에 의뢰된 상당수의 아동은 ADHD와 학업 기술 결손을 모두 나타낸다. 하지만 대다수의 ADHD 아동은 소위 학업 기술에 문제를 가지고 있지 않다. 부주의와 충동성은 지시를 따르고, 일관되고 정확하게 과제를 완성하며, 그들의 지식을 정확하게 나타내는 시험 점수를 받는 데 어려움을 초래한다. 따라서 ADHD 평가의 중요한 목표 중 하나는 아동의 학업 문제가 ADHD에서 기인한 것인지, 학습장애에서 기인한 것인지, 아니면 두 가지 모두에서 기인한 것인지를 밝혀내는 것이다. 학습장애에 대한 개념 정의가 모호하고 학교에 따라 학습장애 정의가 일치하지 않기 때문에 이러한 구분은 어려울 수 있다. 학습장애 준거를 무엇으로 했든지, ADHD 평가는 두 가지 목표를 달성해야 한다. 하나는 아동이 ADHD인지를 평가하는 것이고, 다른 하나는 아동의 부주의나 충동성, 과잉행동 등이 학업 수행과 어느 정도 관련되는지를 평가하는 것이다.

아동의 주의집중 및 충동 문제, 행동 수준 등이 ADHD와 관련된 것인지, 아니면 학업 기능 결손에 의한 2차적 결과인지를 판단하기 위해서는 몇 가지 요소를 고려해야 한다. 이 요소들은 다음 세 가지 맥락에서 파악된다.

1. 2장에서 설명한 것과 같이 ADHD의 행동 특성이 만성적이며 여러 장면에서 임상적으로 의미 있게 높은 수준을 보인다면, 아동의 학습 문제는 ADHD에 의한 2차적 문제일 가능성이 높다. 부모 및 교사 면접 자료, 부모 및 교사 평정 그리고 직접 관찰의 결과에서 일관되게 규준보다 높은 수준의 ADHD 행동 특

성이 보고되어야 한다. 한 과목 이상에서 평균 이하의 성취를 보일 경우에 한해서 학습장애 평가를 요청할 수 있다.

2. 이와는 달리, ADHD 증상이 비교적 드물게 나타나고 수업 상황과 같은 한정된 상황에서만 나타난다면, 부모 및 교사 면접 자료, 부모 및 교사 평정 그리고 직접 관찰의 결과에서 정상 범위 내 ADHD와 유사한 행동 특성이 보고될 것이다. 학업 문제가 있는 경우에는 ADHD보다 학업 기술 결손 등의 다른 가설들을 탐색해야 한다.

3. 이상의 두 가지 상황은 비교적 간단하게 결론에 이를 수 있다. ADHD 증상의 빈도, 심각성, 만연 정도에 대한 평가 결과가 일관성 없이 나타날 경우에는 복합적이고 전문적인 판단이 요구된다. 예를 들어, 교사는 주의력과 행동 통제와 같은 ADHD 증상을 보고하지만 부모는 보고하지 않을 수 있다. 평가 자료가 일치되지 않는 경우에는 2장에서 이미 논의되었지만, ADHD와 학업 기술 결손을 구별하기 위해 다음 사항을 고려하는 것이 도움이 된다.

① 일반적으로 ADHD 아동은 ADHD 행동 특징뿐만 아니라 심각하고 파괴적인 문제행동(예: CBCL의 공격성 하위척도)을 보이기도 한다. 하지만 학습장애 아동은 그렇지 않다(Barkley, DuPaul, & McMurray, 1990). 또한 학습장애 아동은 ADHD 아동처럼 충동적이거나 공격적이지 않다(Barkley, 출판 예정).

② 학습장애 아동은 행동의 지속 수준(예: HSQ, Barkley, 1990; SSQ, Barkley, 1990)이나 주의력 수준(예: HSQ-R, DuPaul & Barkley, 1992; SSQ-R, DuPaul & Barkley, 1992)에서 평균 정도의 점수를 얻는 반면에, ADHD 아동은 평균보다 높은 점수를 얻는다(Barkley, DuPaul, & McMurray, 1990).

③ ADHD는 아니지만 학습장애 아동의 자율학습 상황을 관찰해 보면, 이들의 과제수행행동이나 과제 완성도는 일반 아동과 차이를 보이지 않는다.

④ 학습장애 아동은 ADHD 증상이 나타나고 심화되는 상황에서 ADHD 아동과 구별된다. 일반적으로 ADHD 아동은 어린 시절부터 과잉행동이나 문제행동을 보이지만, 학습장애 아동의 주의력 문제는 3학년이나 4학년 이후에 시작되고, 특수한 상황에서만 드러난다. 학습장애의 주의력 문제는

보통 수업을 받거나 특정 교과 영역 공부를 할 때 나타나지만, ADHD 아동의 경우 학교와 가정 등 전반적인 상황에서 두루 나타난다.

⑤ 학습장애 아동은 학업 성취검사에서 평균 이하의 점수를 받지만, ADHD 아동은 평균 수준의 점수를 받기도 한다.

대체로 학업 기술 결손 아동은 ADHD 증상의 시작 시점, 심각성, 지속성 등의 측면에서 ADHD 아동과 구별된다. 특히 주의력 문제와 문제행동이 학업 상황 및 과제와 연관되어 나타날수록, 이는 ADHD보다는 학업 기술 결손에 의해 발생했을 가능성이 높아진다.

 **사 례**

데이비드는 부주의와 학업 문제로 담임교사로부터 의뢰된 여덟 살짜리 2학년 남학생이다. 담임교사는 데이비드가 과제를 시간 내에 끝내지 못하고 수업 시간에 백일몽에 빠지는 경우가 잦지만, 항상 그런 것은 아니라고 하였다. 데이비드는 특히 읽기 능력이 매우 뒤떨어져서 방금 읽은 내용도 제대로 이해하지 못하였다.

어머니와의 면접에서 데이비드의 출생이나 초기 발달, 병력 등에 관한 특이사항은 발견되지 않았다. 유아기와 아동기의 활동 수준은 '남자아이라면 일반적인' 것으로 설명되었다. 아버지가 학령기에 학습 문제와 ADHD 행동 특성을 보였다고 하지만, 다른 가족은 별다른 문제가 없었다. 어머니는 집에서 데이비드의 행동을 다루는 것이 그다지 힘든 정도는 아니라고 하며, 친구관계도 아주 좋다고 보고하였다. 최근에 어머니는 데이비드의 행동을 변화시키고자 식단을 조금 바꾸긴 했지만, 그 외의 특수교육 서비스나 전문적 치료를 받지는 않았다. 행동수정 전략도 가정이나 학교 모두에서 실시된 바 없다.

초기에 학교 교육팀(school team)은 일반학급에서 실행할 수 있도록 여러 교수적 수정을 제안하였다. 어느 정도의 향상이 있었지만 중재에 대한 데이비드의 반응은 팀이 설정한 목표에 미치지 못했다. 다음으로, 학교심리 전문가는 지능검사와 몇 가지 개별 성취검사를 포함한 심리교육적인 평가를 실시하였다. 이러한 검사에서 데이비드는 상대적으로 언어 능력이 취약하지만 정상적인 지능을 가진 것으로 나타났다. 성취검사에서는 언어와 읽기 기능에서 몇 가지 결손이 나타났다. 이러한 결과에 근거해 학교는 데이비드에게 일주일에 몇 차례 특수교사에게 읽기 및 언어 관련 특수교육을 받도록 권했다.

데이비드가 ADHD를 가지고 있는지 알아보기 위해 몇 가지 검사가 실시되었다. 데이비드의 어머니와 진단적 면접을 실시한 결과 DSM-5(American Psychiatric Association, 2013)의 18개 ADHD 증상 가운데 단지 6개만이 나타나는 것으로 파악되었다. 6개 증상에는 산만함과 활동을 끝내지 않은 채 다른 활동을 시작하는 행동이 포함되어 있다. 데이비드는 읽기와 같이 학교 학습 관련 과제를 할 때는 부주의했지만, 가정 내에서 수행해야 하는 일상적인 일은 정확하게 수행하였다. 충동이나 과잉행동 등의 문제점은 보고되지 않았고, 품행장애, 좌절, 불안장애 등도 없는 것으로 나타났다.

어머니는 자녀 문제의 심각성을 평가하는 몇 가지 척도를 작성하였는데, CBCL 결과에서 ADHD는 물론, 다른 장애 평가 척도에서도 T점수가 65 미만으로 나타나 정상 수준을 보였다. ADHD 평정척도-IV(ADHD Rating Scale-IV)에서는 ADHD의 증상 18개 중에 5개만이 자주 나타나는 것으로 보고되었다. HSQ-R에서는 숙제를 끝내야 하는 등의 특정 상황에서 경미한 주의집중 문제가 보고되었다. SSIS(Gresham & Elliott, 2008) 점수는 정상 범위에 속했다. 부모의 평정을 종합한 결과 ADHD 증상이 유의미한 수준이 아니며, 여러 장면에서 지속적으로 나타나는 것이 아니었다.

데이비드의 담임교사 역시 유사한 평정척도에 응답했다. TRF-CBCL(Teacher Report Form of Child Behavior Checklist)은 주의력 영역에서 T점수 16, 백분위점수 93 이상으로 나와 유의 수준의 경계 영역에 속하였다. 다른 파괴적 행동장애 관련 하위척도에서는 정상 영역에 속하는 것으로 나타났다. SSIS 점수는 임상적으로 유의미한 수준의 또래 관계 문제가 보고되지 않았으며, ADHD 평정척도-IV(ADHD Rating Scale-IV) 18개 증상 중에는 5개 증상이 자주 나타나는 것으로 보고되었다.

SSQ-R에서는 구조화된 수업 상황에서 경미한 주의집중 문제를 보였고, 집중력과 과제 수행 면에서 문제가 보고되었지만 과잉행동이나 충동 조절의 문제는 없었다. 따라서 담임교사가 보고한 증상은 주의력결핍 우세형 ADHD와 더 일치했다.

데이비드는 그의 교실에서 BOSS(Shapiro, 2011b)를 이용하여 몇 차례 관찰되었다. 20분씩 세 차례에 걸쳐 데이비드를 관찰한 결과, 최저 53%에서 최대 95%까지 변화의 폭은 컸지만 대략 80%의 적극적 또는 수동적 과제집중력을 보였다. 따라서 과제 관련 주의력은 시간에 따라 매우 크게 달라짐을 알 수 있었다. 과제 외 운동 행동(예: 가만히 있지 못함)은 평균 28% 정도에 지나지 않았다. 과제의 완수율은 평균 80%였고, 정확도는 74%에 이르렀다. 데이비드의 주요 문제는 ADHD라기보다는 제시된 과제에 대한 이해와 수행의 정확도의 문제로 판단되었다.

결론적으로, 데이비드는 ADHD가 아니었다. CBCL에서의 교사 평가만이 임상적으로 유의한 수준의 ADHD 증상을 보고하였을 뿐, 나머지 부모 면접 자료, ADHD 평정척도-IV(ADHD Rating Scale-IV)의 부모 및 교사 평가, CBCL의 부모 평가 그리고 행동 관찰 자료 등의 나머지 검사 결과는 데이비드가 정상적인 영역에 속함을 보여 주었다. 데이비드는 학업 수행 과정에서 주의집중 문제를 가지고 있었다. 그러나 가정에서의 여러 일상적인 일과 학업과 관련 없는 일을 할 때는 주의를 잘 기울였다. 따라서 부주의와 관련된 데이비드의 문제는 ADHD이기 때문에 나타나는 것이 아니라 매우 어려운 과제를 시도하면서 느끼는 좌절의 한 표현으로 해석된다. 학업 기능 결손에 대한 심도 있는 평가 후, 데이비드의 학업 능력 증진에 필요한 목표와 절차를 수립할 것이 권고되었다. 학업 기술을 증진시키면 과제 관련 행동 역시 향상될 것으로 기대되었지만, 따로 과제 관련 행동을 개별 목표로 상정하고 알림장 등을 활용한 교실 기반 행동 관리 프로그램을 실시하도록 하였다(5장 참조).

확실하게, 학습과 성취의 문제는 ADHD 학생을 지원하기 위한 학교관계자에게 높은 우선순위가 될 것이다. 추가로, 이러한 역할에서 학교 현장 전문가들은 품행장애나 반항장애와 같은 외현화 문제(externalizing problem)가 함께 나타난다는 것을 인지하고 있어야 한다.

ADHD와 외현화 장애

이 장 서두에서 언급한 바와 같이 약 30~50%의 ADHD 아동과 청소년은 반항 장애와 품행장애가 함께 발생한다(Spencer et al., 2007). 품행장애는 보통 공격적이고 파괴성을 가진 심각한 비행과 관련 있고 공격적·파괴적·위협적·신체적으로 괴롭히고, 기만하고, 반항적이며, 정직하지 않은 특성은 사람, 동물, 물건으로 향한다(American Psychiatric Association, 2013). 종종 품행장애와 관련된 행동은 위법(예: 절도)이다. 반대로 반항장애는 아동 및 청소년이 부모와 다른 권위자를 향해 일정한 패턴의 짜증내기, 언쟁하기, 분노나 분열성 행동을 보일 때 진단된다(American Psychiatric Association, 2013).

Connor와 Doerfler(2008)의 연구에서는 임상 및 기능적 손상의 차이 정도를 검사하기 위해 ADHD로 진단받고 임상에 의뢰된 200명의 아동과 청소년을 ADHD 단일집단, ADHD와 반항장애 공존집단, ADHD와 품행장애 공존집단의 세 가지 집단으로 구분하였다. 부모 평점에서 얻은 것을 기반으로 한 그들의 결과에서 ADHD와 품행장애가 결합된 집단이 가장 높은 공격성과 비행을 보여 주었고, ADHD와 반항장애 공존집단이 중간 정도였으며, ADHD 단일집단이 가장 낮은 공격성과 비행을 보여 주었다. 또한 ADHD와 품행장애 공존집단은 기능적 손상 측정에서 다른 두 집단보다 유의하게 높은 점수가 나타났다. Conner와 Doerfler는 아동 정신 진단을 개별적으로 할 필요가 있다고 제안하고 세 집단에 대해서 차등적 치료를 제공해야 한다고 설명하였다. 예를 들어, ADHD와 결합된 집단은 더 적극적인 치료, 더 많은 중재, 더 세심한 모니터링 방법을 제공받을 수 있다.

유사하게, Booster와 동료들(2012)은 416명의 ADHD 아동을 대상으로 한 연구에서 ADHD만 가지고 있는 아동에 비해 ADHD와 공존장애를 함께 가지고 있는 아동에서 더 심각한 기능적 손상을 밝혔다. 특히 연구자들은 공존장애로서 (내재화 장애의 수반 여부에 관계없이) 외현화 장애를 동반한 ADHD 아동이 ADHD만 가지고 있는 아동보다 더 낮은 사회적 기술을 보임을 밝혔다. 또한 그들은 ADHD에 수반

되는 문제와 외현적 및 내재적 공존장애를 경험하는 아동이 두 종류 미만의 공존
장애를 지닌 ADHD 또래보다 더 큰 숙제 문제를 보임을 밝혔다. 마지막으로 그들
은 고학년 아동이 저학년 아동에 비해 심각하게 낮은 사회적 기술과 더 큰 숙제 문
제를 보임을 보고했다. 이러한 결과를 토대로 현장 전문가는 ADHD 및 공존행동
장애 아동에 있어 사회적 기술과 숙제 문제 모두를 다루는 데 세심한 주의를 기울
일 필요가 있다고 결론을 내렸다.

 ## ADHD와 내재화 장애

유년기의 내재화 장애는 우울증과 불안장애를 포함한다. 앞서 언급한 바와 같이
Spencer와 동료들(2007)은 우울증이 ADHD 아동의 2~3명 중 1명꼴로 발생한다고 하
였다(29~45%). 불안장애는 ADHD 사례 중 약 25%에서 나타난다(Jarrett & Ollendick,
2008).

ADHD와 우울증 공존장애를 자세히 설명하기 위해 Blackman, Ostrander와
Herman(2005)은 ADHD 아동, 일반 아동과 비교하여 ADHD와 우울증을 함께 지닌
아동의 임상적·사회적·학업적 기능을 비교한 연구를 실시하였다. 이 연구에는
130명의 일반 아동과 130명의 ADHD 아동, ADHD와 우울증을 함께 진단받은 26명
의 아동이 참여하였다. 많은 선행연구와 같이 두 집단의 ADHD 아동은 일반 아동
에 비해 상당히 손상되어 있었다. 또한 ADHD와 우울증을 함께 지닌 아동은
ADHD 아동에 비해 사회적 능력이 더 손상되어 있었지만 학업 수행에서는 비슷하
게 낮은 수행을 하였다. 이런 발견은 교사가 ADHD와 우울증을 동반하는 아동과
청소년에게는 사회적 기능 영역에서 더 높은 지원의 필요성을 인식할 필요가 있음
을 보여 준다.

또한 Ostrander와 Herman(2006)이 명시했듯 ADHD와 우울증의 교차 영역에 대
해 이해하기 위해서는 양육에 대해 자세히 살펴볼 필요가 있다. 이들은 ADHD와
우울증 간의 관계를 매개하는 데 부모 행동 관리와 아동 통재소의 역할을 조사하

였다. 이 연구는 232명의 ADHD 아동과 130명의 지역사회 통제집단(community controls) 표본을 포함하였다.

결과는 (10세 이상의) 고연령 아동의 경우 인지적 통제소가 ADHD, 부모 관리, 우울증 간의 관계를 부분적으로 매개함을 보여 준다. 또한 연구 결과는 부모 관리가 ADHD와 통제소 및 우울증 간의 관계를 부분적으로 매개함을 보여 준다. 그러나 8세 미만의 아동의 경우 통제소는 부모 관리와 ADHD가 우울증에 미치는 효과를 매개하지 않았다. 오히려 저연령 집단에서는 환경적 변수인 부모 관리만이 ADHD와 우울증 간의 관계를 설명했다. 마지막으로 결과는 8~9세 아동의 경우 통제소와 부모 관리 모두는 ADHD와 우울증의 관계에 부분적으로 책임이 있음을 보여 주나, 저연령 아동과 유사하게 통제소는 부모 관리와 우울증의 관계를 매개하지 않았다.

이러한 발견을 기초로 Ostrander와 Herman(2006)은 ADHD 아동의 우울을 예방하고 치료하는 효과적인 중재가 아동의 나이에 따라 달라질 수 있다고 하였다. 예를 들면, 어린 아동의 공존 우울증을 다루는 중재는 문제가 있는 부모 양육 태도를 바꾸는 데 중점을 두어야 한다. 이는 그들이 비일관적인 기대와 예측되지 않은 결과가 ADHD 아동의 우울 증상과 관련된다는 것을 발견했기 때문이다. 연구자들은 "아동에 대한 인지적인 중재와 통합하든 단독으로 실시하든 간에 일관성, 구조, 지속적 관리를 장려하는 부모관리 훈련은 ADHD를 지닌 어린 아동의 내재화된 증상을 완화시키는 데 도움이 될 수도 있다. 연령이 높은 우울 공존의 ADHD 아동에 대한 중재는 양육 실제를 넘어 확장될 필요가 있으며 인식된 통제의 부족에 대한 부정적 인지를 바꾸는 것을 포함해야 한다."라고 말했다(Ostrander & Herman, 2006, p. 96).

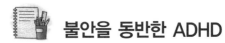

불안을 동반한 ADHD

아동 및 청소년의 불안장애는 여러 가지 형태로 나타날 수 있다. 불안장애는 일반적으로 가족 문제, 학교 성취, 또래 수용 및 관계와 같은 문제를 심각하게 고민하는 아동에게 나타난다. 분리불안장애는 부모에게서 떨어지거나 분리되는 것에 상당한 어려움을 포함하고 있는 상태를 말한다. 아동은 불안을 낮추기 위해 원하지 않은 또는 갑작스러운 사고뿐만 아니라 반복적으로 의식 또는 틀을 만들어야 한다는 느낌으로 특징지어지는 강박장애를 경험하고 있다.

최근의 두 문헌 연구는 ADHD와 불안장애를 함께 지닌 아동과 활동하는 데 필요한 개념적 또는 실제적인 문제에 대해 이해하도록 돕는다. Schatz와 Rostain(2006)은 다양한 인지적이고 신경학적인 설명 모델에 근거하여 특정 공존장애에 대한 1998년부터 2005년까지의 연구를 분석하였다. 이 연구의 보다 실제적인 결과를 간단히 요약하면 다음과 같다. 첫째, ADHD가 지닌 불안은 부분적으로 반응 억제 부족과 충동성을 완화시킨다(예: 불안 증상은 보호 역할을 한다). 그 대신에 ADHD 아동이 지닌 불안은 작업 기억의 결손을 더 심화시킨다. Schatz와 Rostain은 불안이 전형적인 억제 메커니즘의 결손 때문에 생긴 ADHD의 충동행동을 조절하도록 돕는다고 생각한다. 분명히 불안 증상이 ADHD의 충동성을 감소시키는 정도에 대해서는 더 많은 연구가 필요하다.

Jarrett과 Ollendick(2008)은 추후 연구와 실제를 보여 주고 이런 특정 공존장애에 대한 이해를 높이기 위한 목적으로 ADHD와 불안의 공존성에 관한 문헌을 분석하였다. 그들은 연구물에서 ADHD와 불안장애의 관계를 설명하는 맥락을 만들었다. 이 맥락에는 유전, 기질, 신경학적 기능, 가족 영향, 둘 사이의 일시적 관계(예: 상대적 시작 시기)가 포함된다. 이 연구의 결과는 다음과 같다. 첫째, ADHD와 불안장애는 독립적인 유전적 전달 물질을 가지고 있다. 둘째, ADHD-불안 공존장애에 관한 잠재적인 구조는 신경학적 요인(뇌의 피질과 피질하 영역의 역기능적 상호작용)과 가족 영향(고도의 부모 불안과 양육에 대한 과보호적인 접근)에서 나타난다. 셋째, 두 가지 영역의 기능(발달기 동안 처음으로 나타나는 불안에 대한 증거와 ADHD가 처음 나타나는 증거)과 관련된 다양한 경로에 대한 증거가 있다. 마지막으로, Jarrett과 Ollendick이 처음이자 분명하게 이끌어 낸 결론은 ADHD와 불안장애의 공존이 현재 문헌으로는 분명하게 이해되지 않으나, 가장 안전한 결론은 관계에 관한 실행 가능하고 다양한 설명이 존재한다는 사실이다.

실제적인 관점에서 Jarrett과 Ollendick(2008)은 ADHD와 불안의 공존장애를 다루는 인지행동치료의 가능성을 논의하였다. 여기에서 저자들은 Nigg, Goldsmith 와 Sachek(2004)가 제시한 ADHD와 불안의 관계에 대한 두 가지 가능성 있는 경로를 언급했다. 첫 번째는 불안을 관리하는 문제를 만드는 초기 규제의 어려움을 포함하는 것이며, 다른 하나는 보다 높은 불안이 인지적 또는 규제적 기능 장애를 일으키는 경로다. 후자의 경우 높은 수준의 불안에 위협받는 완전한 실행적 기능을 포함한다(Jarrett & Ollendick, 2008). 그들은 행동적인 그리고 인지행동적인 중재에 관한 추후 연구에 대해 이들 두 가지 방법에 근거하여 구별하는 데(하위 유형) 중점을 둘 것이며 후자의 방법이 보다 성공적이라고 제안했다.

이들은 ADHD와 불안 공존장애에 대한 중재 전략을 개발하기 시작했다. Jarrett 과 Ollendick(2012)은 불안을 동반한 ADHD를 위한 통합 치료 계획서라고 불리는 것을 개발하고 평가했다. 중재는 행동 관리에 관한 부모 훈련과 ADHD와 불안을 개별적으로 목표로 하는 가족 인지행동치료를 포함하여 10주간의 프로그램으로 구성되어 있다. ADHD와 불안 공존장애로 진단받은 8~12세의 아동 8명이 참여한 연구에서 연구자들은 사전과 사후에 측정된 증상에서 ADHD와 불안 모두 상당한 치료 효과가 있음을 밝혔다. 이 연구는 두 가지 다른 문제에 대하여 중재 전략을 전달함과 동시에 효과적으로 기록하였다는 점에서 흥미롭다.

Jarrett과 Ollendick(2012)은 ADHD와 불안 증상에 동시에 초점을 두었다면, ADHD-불안 공존성에서 불안의 부분에만 중점을 둔 최근의 또 다른 치료 연구가 있다. Houghton, Alsalmi, Tan, Tayler와 Durkin(출판 예정)은 ADHD-불안 공존장애를 지닌 13~16세의 청소년 9명의 불안을 다루기 위해 인지행동 접근을 활용하였다. 주간 치료계획서에는 각각의 청소년이 매일의 삶에서 네 가지 개별화된 불안을 유발하는 사건 및 시간에 중점을 두고 그들의 불안을 완화시키기 위한 전략 사용을 배우는 것으로 되어 있다. 결과는 불안 증상에 대한 자기평가와 불안에 대한 자기보고로 측정하였다. 결과는 인지행동치료적 접근은 참여자의 불안을 상당히 낮추는 데 효과가 있었음을 보여 준다.

ADHD와 적응 문제

학습장애와 정신질환의 공존과 동시에, ADHD 아동과 청소년은 다양한 적응 문제와 일상생활 문제를 보인다. 연구에 따르면, 이들 문제는 나이와 성별에 따라 다양하며 적응과 기분의 문제에서부터 교육 문제, 물건 사용, 식이장애에 이르기까지 다양하다.

Barkley, Fischer, Smallish와 Fletcher(2006)는 최소 13년 전에 보았던 19~25세의 참여자들에 대하여 추수연구를 실시하였다. 참여자는 '과잉행동' 집단과 통제집단으로 분류되었다. 저자는 과잉행동 집단의 32%가 고교과정을 마치는 데 실패했다고 하였다. 또한 그들은 고용주가 평가하는 업무 능력 평가에서 통제집단보다 점수가 낮을 뿐만 아니라 많은 직장에서 쫓겨나기도 하였다. 통제집단과 비교하여 그들은 가까운 친구들이 더 적었으며 보다 많은 사회적 문제를 가지고 있었다. 또 하나 흥미로운 점은 과잉행동 집단의 참여자가 더 어릴 때 많이 부모가 되었으며(38% vs. 4%), 성전염성 질환을 더 많이 가지고 있었다(16% vs. 4%). 이러한 결과는 어린 시절의 적절한 기능에 관한 문제에 대해서는 이전의 연구와 비슷한 결과이지만 여기에 조숙한 성 활동과 조기에 부모가 되는 문제를 추가하였다고 볼 수 있다.

또 다른 기술연구는 ADHD 정도를 적게, 중간으로, 많이 지닌 청소년의 경험을 연구했다(Whalen et al., 2002). 연구자들은 '경험 표집'이라고 말하는 독특한 조사방법을 활용했다. 150명 이상의 참여자는 시간당 2번 다양한 행동, 기분, 사회적 상황을 기록했는데, 이는 4일간 이루어졌으며, 별도의 4일간 같은 작업이 한 번 더 이루어졌다. ADHD가 심한 청소년은 분노, 불안, 스트레스, 슬픔을 포함한 보다 부정적인 정서 및 기분과 적은 행복감을 느낀다고 보고했다. ADHD 정도가 중간인 참여자들은 ADHD 증상을 적게 보인 집단과 비슷한 정도의 기분 및 정서를 보였다. 또한 ADHD가 중간 또는 심한 집단의 남성 참여자들은 낮은 ADHD 집단의 남성보다 심한 불안을 보였지만 낮은 ADHD를 지닌 여성 참여자들은 다른 집단에 비해 더 심한 불안을 나타냈다. 마지막으로, 연구자들은 ADHD 청소년이 가족 구성원과 적게 접촉하고 또래와 더 많이 접촉하면서 알코올 및 담배 사용과 비학문적인 관심사가 높게 나타난다고 하였다. 이런 발견은 ADHD 십 대의 발달 궤적, 적응, 건강 및 결과적 위험 요소에 관심을 기울일 필요가 있으며 이들 위험 요소에 성별 차이가 있다는 것을 보여 주는 증거를 제시하였다.

다른 연구자들도 ADHD 아동과 청소년의 발달에서 성별과 관련된 문제를 설명했다. 예를 들면, Hinshaw, Owens, Sami와 Fargeon(2006)은 어린 시절에 ADHD로 진단받은 11~18세 여아에 대한 5년간의 추적 조사 결과를 보고했다. 이 연구는 ADHD가 없는 비교 집단을 포함하였다. ADHD를 지닌 여아는 내재화된 증상과 외현화된 증상 모두 높은 비율을 나타내거나 그렇게 발전될 위험을 지니고 있었다. ADHD 여아는 식이장애에 관해서도 상당히 높은 점수를 보이고 사회적 기술이나 학업 수행에서는 낮은 점수를 보였다. 이러한 결과는 ADHD를 지닌 여자 청소년의 식이 문제 및 장애와 학업적·사회적 기술을 포함하여 다양한 적응 문제에 관해 지속적으로 모니터링할 필요가 있음을 보여 준다.

ADHD 아동과 청소년은 사회적·학문적·고용·일상생활 영역에 걸쳐 다양한 행동과 적응 문제를 보일 위험이 있다는 것은 분명한 사실이다. 이러한 문제에 관한 중재와 지원은 이 장의 마지막 부분에서 다룬다.

 ## 공존장애의 평가, 모니터링, 중재에 관한 함의

ADHD 아동과 청소년이 학업적·적응적·사회적 문제를 함께 지닌 비율이 높다는 것은 학교 및 정신건강센터에서 이러한 문제가 함께 나타날 수 있는 것에 대해 인식하고 숙고 수준을 높여야 할 필요가 있음을 보여 준다. 예를 들면, 이 책의 평가에 대한 장에서도 자세히 설명했듯이 진단평가는 함께 나타나는 문제를 선별하는 데 도움이 되는 광범위한 평정척도와 넓은 범위의 정보 제공자의 인터뷰를 포함해야 한다. ADHD로 진단된 아동과 청소년은 특히 청소년기에 적응 문제를 평가받고 모니터링 받아야 한다. 이러한 평가에 대한 강조는 적응, 기준, 물건 사용, 성 활동, 먹기, 신체상(특히 여성), 학업 분야에서 전반적인 기능을 포함하여야 한다. 가족 중 ADHD 공존장애가 있는 경우, 초기 평가와 지도 계획은 ADHD와 가족과의 적응 문제를 위한 간단한 인터뷰에 기반을 둔 선별검사를 포함해야 한다.

 ## 공존장애의 치료에 관한 함의

ADHD와 관련된 문제를 동시에 치료하는 시대정신과 함께 치료를 위한 공존장애의 첫 번째 함의는 증거 기반 치료에 의존하는 것이다. Pelham과 Fabiano(2008), Evans, Owens와 Bunford(출판 예정)는 ADHD 치료에 관한 문헌 연구에서 행동 중재는 실행 가능하고 중요한 증거 기반의 심리적 치료법이며, 기능적 결과와 손상에 관한 초점을 보여 준다고 하였다. 2장에서 언급했듯이 기능 분석은 이러한 행동을 유지시키는 환경 요인(집안 내력과 결과)의 인지와 목표행동의 선택에서 중재를 만드는 데 사용되어야 한다.

기능적 손상 구조를 활용하면서, ADHD 아동과 청소년에 대한 지원은 다음의 기능 영역의 치료를 목표로 하고, 다양하게 측정 및 모니터링할 필요가 있다. 첫째, 충동 행동 및 의사결정과 같은 ADHD와 관련된 행동, 둘째, 업무 완수와 정확성, 학업적 조직화를 가능하게 하는 학업 성취와 행동, 셋째, 정서, 기분, 감정 조절을 포함한 개인 내 적응, 넷째, 또래 및 어른들과의 대인관계, 다섯째, ADHD 아동과 함께 지내고 그들을 양육하는 데 있어서의 가족 적응이 그것이다. 나아가, 현재 나타나는 문제의 심각성, 만성, 순위화를 더 많이 고려하는 것은 치료를 개발하는 데 유용할 수 있다. 교사들이 하나로 모든 것을 맞추려 하는 ADHD 치료에 관한 접근에 내재된 문제를 피하기 위해 이러한 요인에 관심을 가지는 것은 도움이 된다.

아동의 학업적·행동적·적응적 문제가 ADHD에서 기인한 것인지, 학업 기술 결손에서 기인한 것인지, 또 다른 장애와 적응 문제에 기인한 것인지 혹은 둘 모두에서 기인한 것인지의 결정은 학급에서 중재를 하는 데 직접적인 시사점을 제공한다(Cantwell & Baker, 1991). 변화시킬 목표행동, 치료 장소, 활용할 특정 중재 방법은 평가 의사결정의 기능에 따라 달라질 수 있다. 5장에서 논의할 것이지만, 일반적으로 ADHD 아동의 중재 목표는 수업에 집중하는 것, 자리에 앉아 있는 것, 교실의 규칙에 따르는 것과 같은 교실 내의 태도와 행동이다. 학업 문제가 있는 경우에는 주어진 시간 내에 과제 완성하기나 필기를 정확히 하기 등의 특정한 학업행동이 목표로 정해질 수 있다. 학업 성취 관련 행동과 학업 기술 발달은 학업 기술 결손 아동에게 중요한 중재 목표다. 독립적인 과제 수행 행동뿐만 아니라, 읽기를 제대로 하는 것, 수업 시간에 정확하게 필기하는 것, 시험지에 정확하게 답을 쓰는 것과 같은 기술도 포함한다. 학업 기술 결손 ADHD 아동의 중재 목표 역시 이와 크게 다르지 않다. 학업 수행이 향상되면 교실행동 역시 향상될 수 있기 때문이다(DuPaul & Eckert, 1997; Hinshaw, 1992; McGee & Share, 1988). 하지만 일관적이고 지속적인 효과를 얻기 위해서는 변화시킬 학습과 행동 모두를 목표로 해야 한다. 또한 ADHD와 학습 결손을 함께 보이는 학생들의 경우 변화시킬 특정 행동에 관계없이 학습 중재와 함께 외적인 동기부여 프로그램도 포함하여야 한다(Hinshaw, 1992a).

이러한 장애의 증상은 다양한 상황에서 나타나므로 중재 프로그램 역시 다양한 상황에 걸쳐 적용할 수 있어야 한다(Barkley, 출판 예정). 예를 들어, 주어진 일에 주의를 기울이며 규칙을 따르도록 하기 위해 토큰 강화를 실시할 경우, 운동장, 교실, 식당과 같은 다양한 학교 및 가정 상황에서 적용할 수 있어야 한다. 학업 기술 결손 아동에 대한 중재는 주로 교실에서 이루어지고 교실 밖에서는 거의 이루어지지 않지만, 최근에는 가정에서도 중재 방법이 적용되고 있다(Kelley, 1990). 여러 전문가가 함께 ADHD와 학업 기술 결손을 동시에 가진 아동을 위한 프로그램을 고안할 수 있는데, 이러한 경우에는 전문가 간의 효율적인 의사소통과 협력이 요구된다(5장과 9장 참조).

ADHD에 대한 가장 효과적인 중재 방법으로는 약물치료(예: 메틸페니데이트)와 행동수정이 있는데, 이는 다음 장에서 자세히 다룰 것이다. 결론적으로는 선행 조건(예: 주의를 집중시키기 위한 자극)과 후속 결과(예: 과업 완수에 대한 긍정적 강화) 모두를 포함하고 있음에도, ADHD 치료 연구에서는 동기부여 프로그램이 강조되었다(DuPaul, Eckert, & Vilardo, 2012; Evans et al., 출판 예정; Pfiffner & DuPaul, 출판 예정). 교실에서 행동수정을 적용할 경우에는 대개 반응의 보상과 토큰 강화를 결합한 형태를 활용한다. 이 강화 체제는 아동이 주어진 과제와 학급 규칙에 주의를 집중하도록 동기화하기 위해 학교나 가정 모두에서 사용할 수 있다(5장 참조). 반면에 학업 기술 결손은 직접적인 약물 투약 처치로는 효과를 볼 수 없으며, 해당 학생이 가지고 있는 학습 문제의 근원이 되는 심리 과정의 결손을 개선하기 위해 심리교육적 프로그램을 실시하는 경우가 많다(Semrud-Clikeman et al., 1992; 각성제가 행동과 학업 성취 결과에 미치는 영향에 관한 메타분석은 Crenshaw, Kavale, Forness, & Reeve, 1999 참조). 중재 프로그램은 아직 효과성이 완전히 입증되지 않았음에도 널리 활용되고 있다(예: Kavale & Mattson, 1983). 학업 기술 결손을 위한 행동과 교수적 기반 중재는 선행 조건과 후속 결과 조건들의 수정을 포함한 실증적 지원을 받았다(Shinn & Walker, 2010). ADHD에 적용되는 것과 유사한 동기부여 프로그램은 학업 기술 결손에도 적용될 수 있으며, 학습 자료의 제공 비율을 바꾸는 일과 같이 선행 사건을 변화시키는 것이 효과적이다. ADHD와 학업 기술 결손 모두 행동적 접근이 가능하지만, 진단에서 드러난 기능 정도에 따라 중재 프로그램의 특정 부분은 변화시킬 수 있다.

ADHD 공존성과 내재화 장애가 아동과 청소년에게 나타날 때, 앞서 Jarrett과 Ollendick(2012)의 연구에서 논의된 바와 같이 행동과 인지행동치료 전략의 결합이 필요하다. 결합된 치료 전략은 원래 ADHD 또는 불안장애와 같이 현재 나타나는 장애 중 하나를 초점으로 만들어진 두 개의 증거 기반 치료를 동시에 적용하는 데 기반을 두고 있다. 예로, Kendall과 Hedtke(2006)가 고안한 아동과 청소년 불안 치료 프로그램인 Coping Cat, 그리고 Kaiser Permanente Center for Health Research(2013)에서 무료로 다운로드받을 수 있는 우울 치료 · 예방을 위한 청소년 우울 및 스트레스 예방(Adolescents Coping with Depression and Coping with Stress) 과정을 포함한 프로그램과 전략들은 공존 상태에서 활용하는 것이 유용할 수 있다. ADHD 공존과 다른 외현화 행동 문제에는 Incredible Years(Webster-Stratton & Reid, 2014 참조), Defiant Children/Defiant Teens Program(Barkey, 2013a; Barkley, Edwards, & Robin, 1999)과 같이 부모와 교사가 활용하는 행동 중재 프로그램이 도움이 될 것이다.

　중재 프로그램은 숙련된 전문가가 학교 환경에서 적절하게 활용하거나 지역사회 치료 환경에서 활용할 수 있는 것으로 언급되고 있다. 더불어 이러한 프로그램은 ADHD 학생의 개인 발달과 수정을 지원하기 위한 적절한 개별화된 학교 현장 상담 또한 지원할 수 있다(이 논의와 관련한 학교 현장 상담 적용의 세부적 치료에 대해서는 Plotts & Lasser, 2013 참조).

ADHD와 특수교육

　1991년 이전의 특수교육 분류 체계에는 ADHD가 포함되어 있지 않았기 때문에 ADHD 아동은 특수교육 서비스를 받을 수 없었다. 그래서 대부분의 ADHD 아동은 일반교육만을 받았으며, 때문에 최소한의 개입만이 이루어졌다. 하지만 다수의 전문가와 부모 집단의 강력한 의사 개진과 노력 덕분에 1991년에 법이 개정된 후로 ADHD 아동도 특수교육 서비스를 받을 수 있게 되었다(Hakola, 1992 참조). 이 절에서는 ADHD의 특수교육과 관련된 연방법 규정의 변화를 개관하고, 학교심리 전문가가 ADHD 아동에게 특수교육이 필요한지 여부를 어떻게 결정해야 하는가를 제안할 것이다.

　현재 ADHD로 진단된 아동이 특수교육 서비스를 받을 수 있는 방법은 크게 세 가지로 요약된다. 첫째, ADHD와 함께 학습장애와 같은 다른 장애를 가진 아동은 2004년에 제정된 「장애인교육법(Individuals with Disabilities Education Act: IDEA)」에 정의된 기존 장애 영역 가운데 한 가지의 특수교육 서비스를 받을 수 있는 자격이 있다.

　둘째, ADHD 아동이 '기타 건강장애(Other Health Impaired: OHI)'에 해당하더라도 특수교육 서비스를 받을 수 있다. 기타 건강장애는 만성적이고 심각한 건강 문제로 집중을 잘 하지 못하고 결과적으로 교육적 수행도 잘 하지 못하는 상태를 포함한다. 따라서 ADHD 아동은, ADHD가 학업 수행의 제한을 야기하는 만성적이거나 극심한 건강상의 문제로서 특수교육과 관련 서비스를 필요로 하기 때문에 기타 건강장애 범주의 서비스 적격성에 분류되어야 한다.

기타 건강장애에 ADHD를 포함시키는 것은 2004년에 개정된 IDEIA에서도 재확인되었다(이후 「IDEIA 2004」로 나타냄; Public Law 108-446). OHI 조항은 ADHD 학생이 특수교육 서비스를 받는 근거로 가장 많이 쓰이고 있으며, 지난 20년간 OHI로 진단받은 학생 수는 급속도로 증가하였다. 이 조항은 만성적인 ADHD로 주의력이 떨어지고 교육 수행이 제한된다면 특수교육 서비스를 받을 수 있음을 밝히고 있다. 앞 문장은 거의 대부분의 ADHD를 주의력과 학업 문제를 가진 만성적인 장애로 정의하고 있다. 따라서 실제로 아동이 특수교육이 필요한지(즉, 두 번째 특수교육 적격성 판정 기준, 일단 장애가 있는 상태에서), 아니면 일반학급에서의 중재로 충분한 것인지를 결정하기가 어려워진다.

마지막 기준은 1973년의 「재활법(Rehabilitation Act)」 504조에서는 ADHD 아동을 위한 교육과정 수정이 아동의 적격성을 결정하는 데 활용된다는 것이다. 이러한 수정은 특수교육 서비스 제공이 반드시 필요하지는 않다는 것이다. 「시민권법」은 학교가 일반 학생의 교육적 요구만큼이나 장애학생의 교육적 요구에도 관심을 쏟아야 함을 명시하고 있다. 504조에 부합하기 위해 학생은 학습, 집중, 사회성과 같은 주요 생활 활동에 상당한 제한을 받는 정신적·신체적 장애를 가지고 있어야 한다. 심각한 제한은 약물과 같은 완화된 측정의 효과 없이 일반 학생의 평균을 고려하여 평가된다. 따라서 「IDEIA 2004(Public Law 108-446)」에 따라 특수교육 서비스를 받지 못하는 ADHD 아동도 504조의 해석에 따라 개별화된 중재가 필요한 것으로 간주될 수 있다.

앞에서 열거한 규정을 허용적으로 해석할 경우, 모든 ADHD 아동은 어느 정도의 특수교육 서비스를 받을 자격을 갖는다. 하지만 이미 상당수의 아동이 특수교육 서비스를 받았으며, 특수교육의 전반적인 효과를 지지하는 연구가 제한되어 있음을 고려할 때, 이것은 그다지 신중한 조치가 아닐지도 모른다. 오히려 다른 행동장애 아동의 경우와 마찬가지로, 일반학급에서의 중재 프로그램에 대한 반응에 따라 특수교육 서비스 여부를 결정하는 것이 더 나을 수 있다(Gresham, 1991). 일반학급에서의 중재 프로그램이 아동 행동의 변화를 이끌 수 있다면, ADHD라고 해서 무조건 특수교육 서비스를 받을 필요는 없다(Jimerson, Burns, & VanDerHeyden, 2007; National Association of School Psychologists, 2011).

실제로는 학습이나 학업 성취 문제를 경험하고 있는 ADHD 아동 대부분이 일반 교육 환경에서 제공되는 중재 프로그램에 반응을 잘 보이지 않기 때문에 특수교육 진단평가에 의뢰되는 경우가 많다(Telzrow & Tankersley, 2000). 만약 ADHD 아동에게 특수교육 서비스가 필요하다고 평가되면, 전문가들은 개별화 교육 프로그램을 설계, 실시, 평가할 것이다. 만약 ADHD 아동에게 특수교육 서비스를 제공하기가 적합하지 않다면, 학교 당국은 일반학급 수업 상황에서의 '학습을 위한 장애물 제거'를 해야 할 책임을 진다. 장애물 제거에 대한 언급은 '504 수정조항'에 공통적으로 나타나고 있다(Zirkel & Aleman, 2000 참조).

조정을 설계할 때는 잠재적 조정 그 자체와 학습에의 '장애물' 둘 다를 고려해야 한다. 예를 들어, 교수 조정을 통해 과제를 선택할 수 있게 하면, 하나만 놓고 한 가지 과제만을 해야 하는 학습에서의 곤란이 제거될 수 있다. 이와 비슷하게, 개별 학습 과제를 다소 적게 주는 것(또래와는 비슷한 수준의 정확성을 기대하지만)도 ADHD 와 관련된 문제를 악화시키는 반복 작업을 제거할 수 있다. 그러나 교육적 수정의 활용에 대한 지지는 경험적 증거가 부족함을 명시해야 한다(Harrison, Bunford, Evans, & Owens, 2013 참조). 따라서 일반적으로 추천된 부분이 안면 타당도가 있음 에도, 임상가들은 일반적으로 증거에 근거하지 않음을 알아야 한다.

Zirkel(2013)은 특수교육 서비스를 위한 법적 적합성 판정에 도움을 주기 위해 앞 에서 열거한 규정에 근거해 점검표를 만들었다([부록 3-1] 참조). 안내서로 점검표를 활용하여 특정 아동이 ADHD 특수교육 서비스가 요구될지 여부를 결정하기 위해 다음 단계들을 따라야 한다.

1. 2장에서 논의한 바와 같이 ADHD와 그와 관련된 장애에 대해 평가하라. 아동 이 ADHD 진단 준거를 충족시킨다면, 이는 정의상 만성적으로 현격한 주의력 부족을 보인다는 것을 의미하므로 '기타 건강상의 장애'의 범주에서 요구하

는 두 가지 요소를 충족하여 특수교육 서비스를 받을 수 있다.

2. 학습장애와 같은 IDEIA 2004(Public Law 108-446)의 기존 분류 범주에 속하는 행동이 아동에게서 나타난다면, 특수교육 서비스를 받을 수 있다.

3. 만약 아동이 기존의 범주로 특수교육 서비스를 받을 수 없다면, 추가로 두 가지 결정이 더 이루어져야 한다. 먼저, 아동이 교실에서 행하는 ADHD 관련 행동이 자신의 교육적 수행을 충분히 방해하고 있는가? 이것은 2장에서 논의한 바와 같이 학업 수행 자료를 근거로 결정할 수 있다. 일반적으로 ADHD 관련 행동은 일부 학업 성취에 부정적 영향을 미칠 수 있다. 504조는 실제 일상생활의 주요 활동(예: 교육 활동)을 방해하는 경우로 장애의 정의를 제한하고 있으므로, 몇 가지 형태의 중재가 필요하다. 일반적으로 초기 단계에는 일반학급에서의 중재 프로그램을 설계하고 실행한다(5장 참조). 프로그램은 행동 원리를 바탕으로 아동의 교수 프로그램을 수정하는 것을 포함한다. 둘째, 7장에서 논의하지만, 소아정신과 의사에게 의뢰하여 각성제 투약을 고려할 수도 있다.

4. 특수교육 적격성 준거의 가장 마지막이자 결정적 기준은 ADHD 아동에게 과연 특수교육 서비스가 필요한가의 여부다. 이 기준은 여러 가지 모호한 방식으로 해석될 수 있다. 그러므로 이 기준에 대한 결정을 내리기 위한 가장 객관적인 방법은 일반학급 중재 프로그램의 효용성을 평가하는 것이다(Gresham, 1991; Jimerson et al., 2007). 투약을 포함하여 특정 중재 방법을 실시하기 이전에 기초선 자료로 여러 목표행동에 대한 자료를 조사한다. 중재를 실시한 후에는 행동 변화를 평가하기 위해 같은 행동에 대한 자료를 다시 수집한다. 일반학급에서 이루어진 중재에 유의한 변화를 보이지 않는다면, 다음 중 한 가지 방법을 택할 수 있다. 첫째, 일반학급에서의 중재 프로그램을 변화시킨다. 둘째, 특정 형태의 특수교육 프로그램을 제공한다. 셋째, 일반학급에서의 중재 프로그램도 변화시키고 특수교육도 제공한다.

5. 특수교육 서비스 여부를 떠나서 ADHD에 대한 중재 프로그램은 필요하다. 일반학급에서의 중재 프로그램과 특수교육 중재 프로그램의 효과는 프로그램 및 배치상의 변화가 언제 필요한지를 결정하기 위해 지속적으로 평가되어야 한다.

요 약

대부분의 ADHD 아동은 과제 수행의 지연 또는 미완성, 혼자 학습하거나 가정에서 학습하는 상황에서 일관되게 나타나지 않는 부정확성, 빈약한 학습 기능 등 학업 수행과 관련된 심각한 문제를 보이고 있다. 또한 ADHD 아동의 25~40%는 평균 이하의 학업 기능을 나타내어 학습장애로 진단되고 있다. 학업 문제가 ADHD와 일관성 있는 관련성이 있기 때문에 ADHD 아동에 대한 평가와 처치 필요성도 주장될 수 있는 것이다. ADHD의 평가에는 행동 중재의 어려움에 대한 것뿐만 아니라 학업 수행에 대한 것도 포함되어야 한다. 필요한 경우 학업 기능을 평가하여 정기적으로 학업 기능 결손을 파악해야 한다. ADHD 중재 프로그램 역시 학업 수행과 관련된 목표를 포함하고 있어야 한다. ADHD와 학업 기술 결손을 모두 가지고 있는 아동에게는 양쪽 모두를 동시에 개선하기 위한 중재가 이루어져야 한다.

많은 ADHD 학생은 학습 결함, 불안, 우울, 다른 행동장애를 포함한 공존 문제와 대인관계 적응에 어려움을 나타낼 것이다. 이러한 공존성은 동시에 또는 발달적으로 나타날 수도 있다. 일반적으로 기능적 장애는 공존성을 높일 것이며(Crawford et al., 2006), 아동기에서 청소년기로 발달하는 과정에서 더 잘 나타날 수도 있다 (Harrison, Vannest, & Reynolds, 2011). ADHD 학생들의 성공적 학교생활을 극대화하기 위해 학교 현장 관계자들은 이러한 쟁점과 문제에 대해 알고 있어야 하며, 적절한 정보와 판별, 관찰 그리고 지원을 제공하기 위해 가족과 지역사회 전문가들과 함께 협업할 필요가 있다.

마지막으로, 미국 정부는 ADHD 아동이 학습장애, 정서장애 혹은 교육 수행을 제한하는 기타 건강상의 장애에 해당할 때 특수교육 서비스를 받을 수 있도록 규정하고 있다. ADHD 평가 방법의 신뢰도와 ADHD로 인해 나타나는 학업 기술 및 사회적 기능의 손상 정도에 따라, 그리고 ADHD 관련 학업 문제 및 문제행동을 개선하기 위해 마련된 일반학급에서의 중재 프로그램 성공 여부에 따라 특수교육의 적격성이 결정되어야 한다.

부록 3-1

Zirkel의 특수교육 서비스를 위한 수행 적격성 체크리스트

IDEA	예	아니요
A. 아동 변별 1. C1과 C2에 의심되는 이유는? 2. 만약 A1이 맞다면, 타당한 시간에 평가를 시작한다.		
B. 평가 1. 적절성? • 표준화 검사, 등급, 행동 분석 자료, 부모 정보, 개별 교육평가(IEEs)를 포함한 다양한 정보 • 의심된 모든 장애 영역		

C. 적격성
 1. IDEA 분류 준거에 적합한 타당한 증거
  a. 기타 건강장애(OHI)
  • 한정된 만성적 또는 심각한 건강 문제 결과(즉, ADHD 진단)
  • 만약 주의 법이나 교육구의 정책이 이 진단을 위해 임상가를 요구한다면, 책무는 부모가 아닌 교육구에 있다.
  • 어떤 경우라도 교육구는 학생의 약물에 대해서는 평가하거나 서비스를 할 자격이 없을 수 있다.
 	
– 또는 –
 	
  b. 특정학습장애(SLD)
  • 기본적으로 심리 과정 장애(즉, ADHD 진단)
  • 심각한 불일치나 중재 반응(RTI)
 	
– 또는 –
 	
  c. 다른 IDEA 분류(정서장애)
 	
 2. 만약 C1a, C1b, C1c 중 해당되는 것이 있다면, 이것이 특수교육이 필요한 수준까지 아동의 학업 수행에 부정적인 영향을 미치는가?		

504조	예	아니요
A. 아동 변별 1. C1, C2, C3에 의심되는 이유는?		
B. 평가		

C. 적격성
  1. 다음 세 가지 준거에 적합한 타당한 준거
    a. 정신 또는 신체 장애(즉, 확실한 ADHD)
 	
        - 그리고 -
 	
    b. 주요 일상생활-2008 미국장애인법(ADAAA)하에 확대됨
      • 예: 학습
      • 예: 집중
      • 다른 상호작용, 행동 통제?
 	
        - 그리고 -
 	
    c. 대체로-유사하게 미국장애인법하에 완화됨
      • 여전히 일반 아동의 평균과 비교됨
      • 그러나 약물과 같은 중재 효과 제거		

출처: Zirkel, P. A. (2013). ADHD checklist for identification under the IDEA and Section 504/ADA. *West's Education Law Reporter, 293*, 13-27. 허락을 받고 인용함. 기록을 위해서는 원문을 참고할 것.

제4장

조기 선별, 판별 및 중재

ADHD는 행동 증상과 함께 12세 이전에 발생하는 장애다(American Psychiatric Association, 2013). 대개의 아동은 공식적 학교교육(즉, 유치원 및 초등학교 1학년)이 시작될 때까지는 ADHD로 진단되지 않는다. 하지만 최근에는 어린 나이부터 보육 시설에서 양육되는 아동의 수가 증가하고 있다. 학교에 비해 유치원의 교육 프로그램은 보다 놀이 중심적이고 자유 선택 활동도 더 많이 제공하고 있지만, 여전히 기본적인 학업 과제, 또래 활동, 미술 작업 등에 필요한 지속적인 주의와 규칙 준수가 요청되고 있다. 따라서 ADHD 관련 행동을 보이는 아동은 구조화된 활동을 하거나, 한 활동에서 다른 활동으로 전환할 때 그리고 집단 작업을 할 때(예: 소집단 활동 시간) 문제를 일으킬 수 있다. 또한 또래들에 비해 과잉행동적이고 충동적인 유아는 자유놀이와 같이 덜 구조화된 활동을 하는 동안에도 역할 분담, 차례 지키기, 좌절 견디기 등을 하지 못한다. 따라서 ADHD 증상을 일찍부터 발견할 수 있는 상황의 교사, 특히 저학년 담임교사의 경우 다음 사항을 숙지하고 있어야 한다. ① ADHD는 유아기에 어떻게 나타나는가? ② ADHD 위험이 높은 유아는 어떻게 판별하는가? ③ 증상을 감소시키고 학업, 사회, 가족 내 기능을 향상시키기 위한 중재 프로그램은 어떻게 계획할 것인가?

유아기의 ADHD

ADHD 유아가 겪게 되는 수많은 어려움에도 불구하고 ADHD에 대한 연구의 대부분은 초등학교 연령대의 아동을 대상으로 하고 있다(Barkley, 2006 참조). 2세부터 6세 사이 유아의 급격한 발달적 변화와 같은 문제들은 학령기 전 아동의 진단을 애매하게 만들었으나(Lahey et al., 1998), 연구는 ADHD 증상이 매우 이른 연령에 나타나며(Egger, Kondo, & Angold, 2006; Spira & Fischel, 2005; Sterba, Egger, & Angold, 2007; Strickland et al., 2011; Wolraich, 2006), 뇌 구조의 상당한 차이와 관련이 있다는 증거를 제공한다(Mahone et al., 2011). 또한 유아기 아동이 보이는 ADHD 관련 특성은 고연령 아동의 유병률, 하위 유형 그리고 성차를 반영하면서 정확한 질병 분류(nosology)를 돕는다.

유아기 ADHD의 예상 유병률은 매우 다양하다. Lavigne, LeBailly, Hopkins, Gouze와 Binns(2009)는 약 8.8%가 ADHD의 진단 준거에 부합한다고 주장한 반면, Keenan, Shaw, Walsh, Deliquadri와 Giovanelli(1997)는 저소득층의 5세 유아 표집의 5.7%가 ADHD의 진단 준거에 부합함을 확인하였다. 4세 유아의 대형 지역사회 기반 표본으로 한 인구통계학 연구에서 Lavigne과 동료들은 장애 심각 정도에 따라 6.8~15.1%의 ADHD를 발견하였다. 각 연구에서 보고하는 유병률의 차이와 상관없이 ADHD는 아동기에 가장 흔하게 출현하는 장애로 다수의 학령기 전 아동에게 영향을 미친다.

유아기의 ADHD는 행동적·사회적·학령 전 기능 영역 모두에서 일반 아동에 비해 2 표준편차 낮은 유의한 손상을 보이는 것과 관련이 있다(DuPaul et al., 2001). 학령기 전 ADHD 치료 프로그램(Preschool ADHD Treatment Program Study: PATS; Greenhill et al., 2006)에 참여한 유아를 대상으로 연구한 결과(N=303), 어린 유아일수록 심각한 수준의 증상을 보였다. 전반적으로 PATS 표본의 상당수(69.6%)는 하나 또는 그 이상의 공존장애를 가지고 있었으며, 공존장애의 유형으로는 반항장애, 의사소통장애, 불안장애가 가장 많았다. 마지막으로, Lahey와 동료들(1998)은 그들의 종단연구를 통해 학령기 전 ADHD로 진단된 유아들이 3년 이후에도 지속적인 기능적 손상을 보였으며, 증상의 심각 정도는 아동기 중반까지의 지속성을 예측하는 가장 유의한 지표였음을 밝혔다. 종합적으로, 이 연구는 ADHD의 조기에 발견되는 그 증상 특성은 학령기 전 아동에게는 이례적인 행동인 동시에 유의하고 만성적인 손상과 관련이 있음을 강력하게 지지한다.

ADHD가 만성적이라는 것을 고려했을 때, ADHD로 진단된 학령기 전 아동의 최소 70~80%는 초등학교 때까지 증상을 지속한다(Lahey et al., 2004; Riddle et al., 2013). 높은 수준의 과잉 및 충동 행동을 보이는 아동(즉: ADHD 복합형 또는 과잉행동–충동성 혼합 또는 우세형)은 학업적·사회적 손상과 더불어 다른 파괴적 행동장애를 발달시킬 가능성이 평균보다 높다(Campbell & Ewing, 1990). 게다가 초등학교 입학 당시 문제행동을 이미 보인 ADHD 아동의 59~67%는 아동 중기 및 초기 청소년기 동안에도 계속 문제를 드러내고(Pierce, Ewing, & Campbell, 1999), 90%에 가까운 아동이 청소년기에도 적응하지 못한다(Lee, Lahey, Owens, & Hinshaw, 2008). ADHD로 진단된 유아기 아동 중 반항장애 및 행동장애 증상을 동시에 보이는 아동은 아동기 중반까지 그 증상을 지속할 수 있는 위험이 매우 높으며, 이러한 위험성은 각성제를 사용한 조기 약물치료로 감소되지 않는다(Riddle et al., 2013).

파괴적이고 공격적인 사회적 행동뿐만 아니라 힘든 모자 관계도 아동기 ADHD와 관련되어 있다. ADHD 아동의 어머니는 일반 아동의 어머니에 비해 명령, 비판, 처벌 등을 훨씬 많이 한다(Barkley, 1988). 또한 나이 어린 ADHD 아동을 키우는 어머니는 같은 연령대의 일반 아동의 어머니나 보다 나이가 많은 ADHD 자녀를 키우는 어머니에 비해 더 심한 양육 스트레스를 겪는다. 결론적으로, ADHD 아동의 부모는 일반 아동의 부모에 비해 아동의 문제행동을 대처하는 것에 어려움을 겪는다(DuPaul et al., 2001; Keown & Woodward, 2002). 유치원이나 보육시설 등에서 ADHD 아동은 파괴적이고 비순응적이며, 신체적 공격도 서슴지 않는 모습을 보인다(Campbell, Endman, & Bernfield, 1977; DuPaul et al., 2001). 이러한 아동의 행동은 양육자와의 관계뿐만 아니라 또래 관계에도 부정적인 영향을 미친다. 실제로 초등학교 저학년 아동들 사이에서 발생하는 또래로부터의 거부는 아동의 공격성과 많은 관련이 있다(Milich, Landau, Kilby, & Whitten, 1982). 공격적인 성향을 함께 지닌 ADHD 아동은 다른 아동들의 놀이 활동을 방해하고, 과도한 요구를 하고, 또래들과 상호작용하는 동안에도 시끄럽게 군다(Campbell et al., 1977; Campbell, Schliefer, & Weiss, 1978). 심한 경우 이러한 문제로 유치원이나 탁아소에서 쫓겨나기도 하며, 적절한 사회적 상호작용과 예비학습 기술을 형성하지 못할 수도 있다(Blackman, Westervelt, Stevenson, & Welch, 1991).

　ADHD 아동은 일반 아동에 비해 병원을 더 자주 찾게 되는데, 그 이유는 다음과 같다. 첫째, ADHD로 진단된 아동의 상당수(57%)는 사고 빈발성 소질(accident-prone)을 가졌다고 그들의 부모가 보고하며, 이 중 15%는 4회 또는 그 이상의 심각한 사고를 경험했다고 보고하였다(Barkley, 2001). 일부 연구는 유아기 ADHD 아동(특히 남아)이 통제집단에 비해 골절, 열상(lacerations), 뇌손상 그리고 다른 외상 위험이 높다고 보고하였다(예: Lee, Harrington, Chang, & Conners, 2008). 더 나아가, 유아기 ADHD 아동은 충동성 및 과잉행동으로 인해 우연한 중독에 노출될 가능성이 평균보다 훨씬 높은 경향이 있다(예: Lahey et al., 1998). 실제로 Lahey와 동료들(2004)은 4년간의 종단연구를 통해 유아기 ADHD 아동이 일반 또래에 비해 우연적 사고를 경험할 확률이 7배나 높으며, 그 비율이 유지됨을 발견하였다. 또한 ADHD 아동의 상해는 일반 아동의 상해에 비해 의식을 잃을 정도로 심각한 경우가 많다(예: Mangus, Bergma, Zieger, & Coleman, 2004). 마지막으로, 유아기 ADHD 아동은 일반 유아에 비해 생애 전반에 걸쳐 상해를 경험할 확률이 더 높다(Schwebel, Speltz, Jones, & Bardina, 2002). 연령, 성별, 사회경제적 지위, IQ 등과 같은 다른 요인을 고려하더라도 심각한 상해에 대한 높은 위험성은 유지된다.

　유아기 ADHD 아동이 평균보다 높은 의학 활용 비율을 가지고 있는 두 번째 이유는 점차 증상 감소를 위해 향정신성 약물치료(예: 메틸페니데이트)를 받는 학령기전 아동이 늘어나고 있기 때문이다. 실제로, 2세에서 4세 사이 아동의 약 1.2~2%가 ADHD를 치료하기 위해서 약물치료를 받고 있다(Zito et al., 2000). 또한 하나의 주의 약 67%의 보육시설이 유아에게 ADHD 약물을 제공한다고 보고하였다(Sinkovits, Kelly, & Ernst, 2003). 마지막으로, Lahey와 동료들(2004)의 표본 중 4~7세

ADHD 아동의 17%가 1차 사정에서 각성제를 처방받았으나, 3년 후 그 비율이 48.4%로 증가하였다. 즉, 상당 비율의 유아기 ADHD 아동이 의학적 관리(medical oversight)에 따라 각성제를 처방받고 있다고 추측할 수 있다.

문해와 수 개념에 대한 아동의 조기 경험은 이후 아동의 학업 기술 능력에 유의한 영향을 미친다. 예를 들어, 선행연구는 음운 인식 능력 향상을 위한 초기 문해 활동(Snow, Burns, & Griffin, 1998)과 초기 수개념 활동(Gersten, Jordan, & Flojo, 2005)에 대한 아동의 경험이 향후 아동의 언어 및 문해 기술과 수학 성취에 유의한 차이를 야기함을 입증하였다. 불행하게도, 유아기 ADHD 아동 또는 ADHD 위험 아동은 초기 문해와 수개념 기술에서 현저한 어려움을 경험한다. 예를 들어, DuPaul과 동료들(2001)은 ADHD 진단 기준에 부합하는 유아가 인지, 발달, 학업 기능에서 일반 집단에 비해 현저하게 낮은 점수를 획득함을 발견하였다. 평균적으로 ADHD 아동은 해당 연령에서 기대되는 평균점수와 통제집단의 평균점수보다 1 표준편차 낮은 성적을 받았다. 이와 같은 학업 격차는 고연령 아동과 ADHD 청소년이 보이는 것과 비슷하며(Frazier et al., 2007), 이는 학업적 불일치가 학교 입학 이전에 발생함을 의미한다. 당연하게도, 3~4세 ADHD 아동은 일반 아동보다 특수교육을 받을 확률이 유의하게 높다(Marks et al., 2009). Marks와 동료들(2009)은 그들의 표본 중 통제집단 아동의 약 5%가 특수교육을 받을 때 ADHD 아동의 약 25%가 특수교육을 받음을 발견하였다.

결국 ADHD와 관련된 행동적·의학적·사회적·학업적 문제는 대부분 어린 나이에 발생하며, 이후에도 지속되는 경향을 보인다(DuPaul & Kern, 2011). 따라서 심각한 행동, 학업 및 사회적 결손을 예방하고, 의학적 치료 요구를 감소시키며, 학령 초기(즉, 유치원 및 1학년)의 학업 기능을 향상시키기 위해서는 학령전기에 이루어지는 조기 판별과 집중적인 중재가 필요하다.

선별 및 진단 절차

ADHD로 진단될 가능성이 높은 아동을 조기에 선별하기 위해서는 ① 보다 심층적인 평가가 요구되는 아동을 선별하여, ② 신뢰할 수 있고 타당한 절차를 거쳐 ADHD 관련 행동은 물론 공존장애 유무도 판별하여야 한다. 심리측정학적으로 타당한 평가 방법을 활용할 수 없는 것은 아니지만, 어린 아동을 대상으로 ADHD를 판별하는 것은 쉬운 일이 아니다. 가장 어려운 문제는 그 연령대 아동의 대부분이 부주의, 충동성, 과잉행동 등을 자주 보인다는 점이다. 즉, 아동이 어리기 때문에 이런 문제행동을 보인다고 생각해 문제시하지 않는다는 것이다. 또한 아동의 문제행동은 일회적 속성을 지닌다. ADHD 증상을 보이는 아동의 약 50%가 만성적 ADHD로 발달하는 것이 사실이긴 하지만, 역으로 나머지 50%는 ADHD로 발달하지 않는다(Campbell & Ewing, 1990). 더구나 아동들의 행동은 시간과 상황에 따라 매우 다르게 나타난다. 결론적으로, 아동기의 기술과 능력은 다양한 양상으로 발달하기 때문에 다른 장애(예: 자폐증)에 비해 ADHD를 판별하기가 더욱 어렵다. 따라서 어린 아동을 대상으로 ADHD를 선별하고 진단하기 위해서는 발달적 관점을 견지하고 신중한 태도를 취해야 한다.

선 별

위험성 높은 ADHD 아동(ADHD 위험 아동)을 선별(screening)하는 방법은 크게 교실 기반 선별과 개별적 선별로 나눌 수 있다. 교실 기반 선별은 교사나 부모가 의뢰하기 이전에 ADHD 및 관련 행동장애 가능성이 높은 아동을 판별할 수 있는 적극적인 절차다. 즉, 일반적으로 받아들여지는 ADHD 출현율을 고려할 경우, 한 교실당 한두 명의 ADHD가 있을 것이라고 가정되는데, 이러한 아동이 문제를 드러내기 전에 가능한 한 빨리 판별을 시도하는 것이다. 예를 들어, Early Screening Project (Feil, Walker, & Severson, 1995)는 여러 단계를 거쳐 어린 아동의 행동장애를 판별한다. 가장 먼저, 유치원 교사에게 모든 아동이 구체적으로 드러내는 문제행동의 심각성과 빈도를 평정하도록 한다. 이 평정에서 가장 높은 점수를 받은 세 명의 학생을 뽑아 심리측정학적으로 신뢰할 만한 검사를 통해 행동 평정을 한다. 이 평정에서 규준치보다 많이 이탈한 점수(예: 평균보다 1.5 표준편차 이상)를 받는 경우에는 다음 단계로 넘어가서 체계적인 행동 관찰과 부모 평정을 실시한다. 여기서도 평균 집단과의 차이가 뚜렷이 확인된다면, 교실에서의 중재를 계획, 실행함과 동시에 보다 포괄적인 평가를 받도록 한다.

이와는 달리 개별적 선별은 교사나 부모의 의뢰가 있은 후에 평가 절차를 시작하게 된다. 이 절차는 우리가 제시한 평가 모델의 1단계와 매우 유사하다(2장 참조). 따라서 유치원 교사나 부모가 아동의 주의력, 충동 통제, 활동 수준 또는 행동 통제 등을 우려할 경우, ADHD 가능성에 대한 선별이 이어지게 된다. 또한 ADHD와 초기 읽기 및 수학 기술 습득 곤란 간의 연관성을 고려하여, 교사 또는 부모가 아동의 글자나 숫자 학습에 관해 우려를 나타내는 경우에도 ADHD에 대한 선별이 이루어져야 한다.

학령기 아동의 경우와 마찬가지로, 여기서 사용되는 일차적인 평가 방법은 ADHD 행동에 대한 교사나 부모의 평정 그리고 부모나 교사에 대한 간단한 면접 등이다. 이 과정을 돕기 위해서 McGoey, DuPaul, Haley와 Shelton(2007)은 유치원판 ADHD 평정척도-IV(ADHD Rating Scale-IV)를 개발하였다. 이 도구는 학령기 이전 아동에게서 나타날 수 있는 DSM-IV-TR의 ADHD 증상을 18개 항목으로 제시하고 있다. 특히 각 항목은 증상이 유아에게 어떻게 나타나는지를 예와 함께 제시하고 있다(예: 교수에 따른 어려움은 한 활동에서 다른 활동으로 전환시키는 과정에서 문제로 나타난다).

ADHD 진단 기준이 DSM-5(American Psychiatric Association, 2013)에서도 동일하게 유지됨에 따라 이 도구는 선별 목적의 유용성을 유지하게 되었다. 따라서 만약 많은 증상이 매우 자주 나타나는 것으로 보고된다면 ADHD에 대한 보다 자세한 평가가 필요하다. 선별을 위한 또 다른 방법은 DSM-IV-TR의 18개 증상을 포함한 ADHD 지표가 있는 코너스 평정척도(Conners Rating Scale; Conners, 2008)를 사용하는 것이다. 이 지표는 연령과 성별에 따른 정상 규준을 가지고 있으며, 이는 특정 아동이 보이는 ADHD 관련 증상의 빈도가 동일한 연령과 성별에 비해 얼마나 벗어난 것인지를 결정할 수 있게 한다. 선별을 위한 ADHD 추가 사정 여부를 결정하기 위해서는 비교적 자유로운 임계점(90 퍼센타일)이 제안된다.

선별 과정에서는 다음 질문을 반드시 고려해야 한다.

1. 아동의 문제행동은 어느 정도 '미성숙'한가? 아동은 주의집중 시간 및 산만함 이외의 많은 발달 영역에서도 미성숙한가? 아동의 행동이 시간이 지남에 따라 향상되고 있으며, 이러한 변화에 세심한 주의가 기울여지고 있는가? 만약 그렇지 않다면 ADHD 평가를 의뢰하여야 한다.

2. 아동에게 기대하는 교실행동은 연령에 적절한가? 예를 들면, 아동에게 자리에 매우 오래 앉아 있기를 기대하고 있는 것은 아닌가? 교육과정이 너무 학업적인 내용에 초점이 맞춰져 있거나 아동 발달 수준 이상의 기술을 요구하는가? 문제행동이 좌절과 인과관계에 있는가?

3. 교실에서의 규칙이 분명한가? 이러한 규칙을 아동에게 잘 주지시켰는가? 교사의 훈육 방식이 분명하며 일관성이 있는가? 아동이 교실 내 규칙에 대해 적대적이고 반항적인가?

4. 부모와 전문가들은 어린 아동에게 장애라는 '이름'을 붙이는 것을 불편해할 수 있다. 그래서 아동이 성장하면서 그 문제에서 벗어나는지(즉, 행동이 다루기 쉬워지는지)를 유치원 또는 1학년까지 지켜보면서 기다리고 싶어 하기도 한다. 하지만 ADHD 관련 행동을 나타내는 아동이 유치원 기간 동안 아무런 중재도 받지 못할 경우 이후 학교 활동에서의 좌절감 증가, 빈약한 또래 관계, 학교에서의 성공과 관련된 낮은 자존감 등으로 이어질 수 있다. 따라서 이 연령대에서의 판별과 중재를 통한 이익과 비용 중 어떤 것이 더 큰지를 반드시 따져 봐야 한다.

선별 결과, 보다 심층적인 평가가 요구된다면 평가 모델 2단계에 제시된 바와 같은 다양한 절차가 사용되어야 한다(2장 참조). 이 절차의 기본 전제와 과정은 학령기 아동과 같지만, 몇 가지 중요한 차이도 존재한다. 첫째, 유치원생에게는 학령기 아동과는 다른 평가 방법을 사용하여야 한다. 특히 유치원생을 위해 개발된 평정 척도 및 기타 도구들을 사용해야 한다. 평가 방법에는 최소한 3~5세 사이의 적절하고 대표성이 있는 규준 표집이 포함되어 있어야 한다. 이러한 준거를 만족시키는 측정도구들은 다음에 소개되어 있다. 둘째, 유치원생의 행동은 변화 폭이 넓기 때문에 학령기 아동보다 많은 시간과 다양한 상황에서 관찰과 평정을 하여야 한다. 예를 들어, 교사에게는 한 학년 전반에 걸친 행동에 대해 질문해야 하며, 부모들은 6개월 동안의 행동을 평정해야 한다. 관찰은 구조화된 활동(예: 소집단 활동 시간)과 비구조화된 활동(예: 놀이) 모두를 대상으로 할 필요가 있다. 끝으로, 부모 보고에 더 주목해야 하는데, 그것은 부모가 일반적으로 아동과 보내는 시간이 가장 많기 때문이다. 만약 아동과 많은 시간을 보내는 다른 성인(예: 보육원 교사)이 있다면, 이들을 면접하고 평정 자료를 수집해야 한다.

어린 아동의 문제행동을 평가하기 위해 수많은 면접 및 행동 평정척도들이 개발되어 왔다. 현재 사용할 수 있는 유치원생용의 구조화된 진단 면접 도구로는 Diagnostic Interview for Children and Adolescents(DICA; Reich, 2000), Diagnostic Interview Schedule for Children(DISC; Columbia University DISC Development Group, 2000) 등이 있다. 이러한 면접도구는 긴 시간(30~60분)이 필요하지만, 이를 통해 유치원생에게 나타나는 다양한 장애로 인한 행동을 포괄적으로 평가하는 믿을 수 있는 자료를 얻을 수 있다. 특히 이러한 척도는 어린 아동의 행동에 관한 항목을 담고 있기 때문에 유치원 교사뿐만 아니라 부모(또는 다른 보호자)가 아동을 더 잘 이해할 수 있게 도울 수 있다. 부모 평정척도로는 유아 행동 척도-2(Preschool and Kindergarten Behavior Scale: PKBS-2; Merrell, 2003), 코너스 부모 평정척도(Conners Parent Rating Scale; Conners, 1997), 영유아 검사-4R(Early Childhood Inventory-4R: ECI-4R; Gadow & Sprafkin, 2010), 유아용 아동행동 체크리스트(CBCL; Achenbach & Rescorla, 2001), BASC-2(Reynolds & Kamphaus, 2004) 등이 있다. 교사들이 이용할 수 있는 유사한 평정척도로는 PKBS-2, 코너스 교사 평정척도(Conners Teacher Rating Scale), ECI-

4R, CBCL 교사용 평가척도, BASC-2 등이 있다. ADHD 증상에 대한 정보를 얻을 수 있는 협의형 척도로는 유아 ADHD 평정척도-IV(Preschool ADHD Rating Scale-IV; McGoey et al., 2007), ADHD 증상 평정척도(ADHD Symptoms Rating Scale: ADHD-SRS; Philips, Greenson, Collett, & Gimpel, 2002), 유아용 코너스 교사 평정척도-개정판 (Conners Teacher Rating Scale-Revised; Purpura & Lonigan, 2009)이 있다.

ADHD 유아에 대한 중다평가 방법에서 중요한 또 다른 하나는 교실이나 가정에서의 행동을 직접 관찰하는 것이다. 예를 들어, DuPaul과 동료들(2001)은 ADHD의 위험성이 있는 유아를 대상으로 유치원 교실에서의 구조화된 상황(예: 교사가 책 읽어 주는 것 듣기) 및 비구조화된 상황(예: 자유놀이)에서의 행동 관찰을 위해 Early Screening Project social behavior coding system(Feil et al., 1995)을 개정하였다. 이 관찰 방식은 부정적 행동에 대해서는 부분 간격(15초)체계, 긍정적 행동에 대해서는 총 간격체계, 그리고 활동의 변화를 기록하기 위해서는 순간 간격체계를 조합해서 사용하고 있다. 부정적 사회행동의 유목에는 부정적 사회적 개입, 정해진 규칙에 대한 불복종, 과제이탈행동, 분노 폭발 등이 포함된다. 긍정적 사회행동에는 긍정적 사회적 개입, 공평한 놀이, 정해진 규칙 따르기 등이 포함된다. 행동 변화는 긍정적 사회적 행동과 부정적 사회적 행동을 독립적으로 측정하여 이루어지며, 이전 관찰 간격 이전에 시작된 활동보다는 아동이 현재 활동에 참여하고 있는 것으로 정의되었다. DuPaul과 동료들은 ADHD 아동이 일반 아동에 비해 구조화된 상황에서 부정적 사회행동을 훨씬 더 많이 나타낸다는 것을 발견하였다.

다양한 상황에서의 부모와 자녀의 상호작용을 관찰하는 것은 아동의 발달상의 문제를 판단하는 데 도움이 될 뿐만 아니라, 가정에서의 행동 중재를 설계하는 데 도움이 되는 정보도 얻게 해 준다. DuPaul과 동료들(2001)은 병원 놀이방에서의 부모와 자녀의 상호작용을 네 가지 통제된 상황에 걸쳐 관찰했는데, 각 상황은 10분 동안 지속되었으며, 다음과 같은 순서로 설정되었다. 첫 번째, 부모가 자녀에게 장난감을 가지고 자유롭게 노는 것을 허용하는 상황(free play situation: FPS), 두 번째, 부모가 자녀에게 최소한의 주의만 기울이는 상황(low adult attention situation: LAAS), 세 번째, 부모가 자녀의 활동(예: 퍼즐 맞추기 및 그림 그리기)을 감독하는 상황

(parent-supervised situation: PSS), 마지막으로, 부모의 지시에 따라 과제(예: 놀이방 치우기)를 완수하도록 요구하는 상황(parent-directed task situation: PDTS)이다. 부모의 행동은 직접적인 명령, 간접적이고 모호한 명령, 긍정적 행동, 부정적 행동, 질문 그리고 자녀의 순응에 대한 강화 등으로 코딩되었다. 자녀의 행동에는 활동, 순응, 불응, 부적절한 행동, 그리고 과제집중행동 등이 포함되었다. 활동을 제외한 다른 범주들에 대해서는 관찰 간격의 백분율이 계산되었다. 활동 점수는 활동의 변화가 있을 때마다의 간격의 수로 계산하였다.

이와 같은 부모-자녀 상호작용 코딩 시스템은 ADHD 유아와 정상적인 유아를 분별하는 데 사용되었다(DuPaul et al., 2001). 부모에게 활동과 과제를 완수하라는 요구를 받았을 때 ADHD 아동의 불응 수준은 통제집단 아동의 두 배 이상이었으며, 부적절한 행동 수준은 다섯 배 이상이었다. 더 나아가서, ADHD 아동의 부모는 특히 활동과 과제를 완수하라는 요구를 할 때, 통제집단의 부모에 비해 세 배 이상 자주 자녀에게 부정적 행동을 보였다. 흥미롭게도, 낮은 주의 상황(LAAS)에서 두 집단 간의 차이가 최소로 나타났다. 이는 많은 ADHD 아동이 부모의 주목을 받기 위해 부정적 행동을 보이는 것과는 반대로, 부모의 지시에 따르는 과제에서 벗어나는 것이 불응행동의 일차적 동기임을 시사하는 것이다. 따라서 이 관찰 시스템은 기능 평가의 방향을 설정하는 데 도움이 될 수 있다.

이와 같은 과정을 통해서 기능 평가 자료를 수집하는 것은 매우 중요한 일이다. 유아를 대상으로 하는 기능행동 평가의 요소들은 아동을 대상으로 하는 경우와 차이가 없으며(2장 참조), 행동 관찰뿐만 아니라 부모와 교사 면접을 포함하고 있다. 대부분의 평가 자료는 서술형으로, 마치 선행 사건과 후속 결과들이 가정이나 학교 환경에서 자연스럽게 일어나듯 서술될 것이다. 가능하다면 Boyajian, DuPaul, Wartel Handler, Eckert와 McGoey(2001)가 소개한 것과 같은 실험적 분석 절차를 이용하여 특정 목표행동의 기능(후속 결과에 미치는 영향)을 보다 분명히 밝힐 수 있을 것이다. 유아를 대상으로 한 기능 평가에 관한 자세한 내용은 이 장의 뒷부분에 제시될 것이다(뒤의 '중다요인적 조기 중재 모델' 참조).

정의에 따르면, ADHD의 진단은 아동이 보이는 학업적 또는 사회적 행동 증상에 대한 기능의 손상을 필요로 한다(American Psychiatric Association, 2013). 아동은 부주의 혹은 과잉행동-충동성 증상의 수를 만족시켜야 할 뿐만 아니라, 증상과 관련된 기능상의 결함을 반드시 나타내야 한다. 기능적 손상을 평가하기 위한 최소 세 가지 방법이 있다(Healey, Miller, Castelli, Marks, & Halperin, 2008). 첫째, 부모와 교사는 진단 면접의 한 부분으로 아동의 문제행동 증상에 대해 질문을 받을 수 있다. 예를 들어, 많은 구조화된 면접에서는 그들이 관찰해 온 아동의 증상이 학업적·사회적 기능상의 문제를 일으켰는가에 대한 질문 문항을 포함하고 있다. 물론 이는 기능적 손상에 대한 매우 일반적인 지표이기 때문에 정확한 데이터를 제공하지 못하며 신뢰성과 타당성에 제한을 갖는다.

기능적 손상을 기록하기 위한 좀 더 정확한 방법으로 부모와 교사 평정이 있다. 임상가는 응답자에게 IRS(Fabiano et al., 2006), Children's Problem Checklist(CPC; Healey et al., 2008)와 같이 광범위한 영역에서의 손상에 대한 평가나 SSIS Rating Scales(Gresham & Elliott, 2008), Preschool Learning Behaviors Scales(McDermott, Leigh, & Perry, 2002)와 같이 특정한 영역에서의 구체화된 평가를 완성하도록 한다. 이러한 평가에서 얻은 정보를 통해 해당 영역에서 아동이 보이는 손상이 일반 규준 집단에 비해 상대적으로 어느 정도인지를 기술할 수 있다.

아동의 학업적·사회적 기능상의 손상을 평가할 수 있는 가장 정확한 마지막 방법은 각 해당 영역을 직접적으로 측정하는 것이다. Bracken Basic Concepts Scale-Revised(Bracken, 1998)와 같은 초기 언어, 수학, 읽기 능력에 대한 규준참조검사는 연령에 적합한 초기 학업 기술에 대한 정보를 제공한다. 반면, 초기 학업 기술 측정에 초점을 둔 준거참조검사의 경우 이를 통해 얻은 정보가 중재 전략에 좀 더 직접적으로 활용될 수 있다는 점에서 훨씬 가치롭다. 읽기와 언어 능력 평가를 위한 Phonological Awareness Literacy Screening(Invernizzi, Sullivan, & Meier, 2001), Dynamic Indicators of Basic Early Literacy Skills(DIBELS; Kaminski & Good, 1996)는 아동 집단을 대상으로 하여 우수한 심리측정학적 특성을 가지고 있다. 반면, Early Numeracy Skills Assessment(ENSA; Sokol, 2002), Preschool Numeracy Indicators(Floyd, Hojnoski, & Key, 2006; Hojnoski, Silberglitt, & Floyd, 2009)를 포함한

초기 수학 기술을 측정하기 위한 검사도구는 거의 없는 실정이다.

사회적 기술과 또래 지위를 직접적으로 측정하기 위해 활용할 수 있는 방법과 검사도구 또한 거의 없다. 비구조화된 환경과 놀이 환경에서 아동의 행동을 관찰하는 방법은 또래와 관련된 긍정적 · 부정적 행동의 빈도를 기록하기 위해 사용될 수 있다(앞의 행동의 직접 관찰에 관한 논의 참조). 비록 이러한 방법은 객관적으로 보일지라도 행동 관찰을 통해 얻은 정보는 짧은 기간 동안의 단적인 정보만을 포함하고 있기 때문에 한계가 있다. 이는 특히 공격행동과 같은 저빈도의 발생 비율을 가진 행동을 평가할 때 더욱 문제시되는 부분이기도 하다. 또래에 대한 사회적 지위 평가는 아동에게 좋아하는 사람과 싫어하는 사람을 보고하게 하여 사회 관계에 대한 정보를 수집하는 전형적인 방법이다. 이러한 정보는 아동이 또래에 의해 수용되는지 또는 거부되는지를 알아보는 데 도움이 될 수 있다. 그러나 교육자와 부모가 아동에게 다른 사람과의 관계를 판단하도록 물어보는 것은 적절하지 않다고 여긴다는 점에서 사회 관계에 대한 정보는 얻기 어려운 민감한 정보이며, 따라서 연구 조사 이외에는 거의 사용되지 않는다.

일단 평가 자료가 수집되면, 그 결과는 평가 모델의 3단계에 제시된 해석 단계와 유사한 방식으로 해석되어야 한다(2장 참조). 진단적 판단은 반드시 평가 결과들이 DSM-5(American Psychiatric Association, 2013)의 세 가지 하위 유형 중 하나의 준거와 어느 정도 일치하는가의 맥락에서 이루어져야 한다. 주의사항이 몇 가지 있다. 첫째, 유아에 대한 ADHD 진단은 너무 단정적이지 않아야 한다. 그것은 시간이 지나면서 증상이 사라질 가능성이 있을 뿐만 아니라 이 연령대가 원래 행동 편차가 크기 때문이다. 실제로 유치원생을 대상으로 연구를 하는 경우, 우리는 ADHD에 관한 DSM-5의 준거들을 만족시키는 유아에 대해 'ADHD의 위험이 있는(at-risk)'이라는 용어를 사용한다. 이 용어는 증상의 심각성과 동시에 이러한 증상이 단순히 ADHD의 전조일 뿐이며, 성숙하면 완화될 가능성이 있다는 점도 인정하는 것이다. 또한 우리는 '위험이 있는'이라는 용어를 진단 시 사용하는 것이 어린 나이에 갖게 된 진단명으로 인한 장기간의 낙인 가능성을 우려하는 부모와 교사에게 보다 쉽게 받아들여진다는 점을 발견하였다.

해석 단계에서 또 한 가지 고려해야 할 점은 명백한 ADHD 증상이 다른 원인 때문일 수도 있다는 점이다. 2장에서 아동을 대상으로 열거한 모든 가설이 유아에게도 해당되는 것은 사실이지만, 이 연령대에서는 무엇보다도 ADHD와 자폐증 및 다른 발달장애를 구분할 필요가 있다. 자폐증 및 관련된 전반적 발달장애는 유치원 시기에 판별될 가능성이 가장 높다(American Psychiatric Association, 2013). 더 나아가서, 부주의, 충동성 그리고 높은 수준의 전반적 신체 활동 등은 발달장애를 가진 아동에게서도 나타날 수 있다. 특히 부모와 교사들이 아동의 언어와 사회 기술에 관한 우려를 나타날 때는 자폐증 증상 선별을 위한 평가를 실시해야만 한다. 예를 들어, Autism Diagnostic Interview-Revised(Lord, Rutter, & LeCouteur, 1994)는 부모나 교사가 구조화된 진단 면접의 맥락에서 자폐증 증상을 보고할 수 있도록 사용된다. 또 Childhood Autism Rating Scale(Schopler, Reichler, & Renner, 1988)과 같은 아동 행동 관찰법은 자폐증과 관련된 행동을 선별하는 데 도움이 될 수 있다.

ADHD 아동의 경우에서와 같이 중재 전략은 반드시 평가 자료에 근거해서 계획되고, 평가되고, 수정되어야 한다(2장의 평가 모델 4, 5단계 참조). 상담 계획의 부분으로서, ADHD가 만성적인지를 엄밀히 확인하기 위해서 아동의 ADHD 진단 상태를 주기적으로 재평가하기를 권하는 것은 매우 사려 깊은 처사다. 예를 들어, 초등학교 저학년 시기에는 1년에 한 번 정도 재평가를 실시해야 한다. 몇몇 저연령 아동의 경우 시간이 지남에 따라 장애의 증상이 완화될 수 있다는 점을 고려할 때, 장단기 치료 계획을 돕기 위해서는 ADHD 관련 행동의 궤도를 추적해야 한다.

 ## 조기 중재 및 예방 전략

ADHD에 관한 가장 효과적인 중재 방법은 약물치료(예: 메틸페니데이트)와 교실 및 가정 환경에서 활용되는 행동수정 방법이다(MTA Cooperative Group, 1999; Pelham & Fabiano, 2008). 비록 대부분의 효과 연구가 초등학교 연령대의 아동(즉, 6~10세)을 대상으로 수행되어 왔지만, ADHD 유아를 대상으로 하는 경험적 연구 역시 이러한 방법을 지지해 오고 있다(Charach et al., 2010; Ghuman, Arnold, & Anthony, 2008 참조). 구체적으로 살펴보면, 각성제와 부모 훈련 방법을 사용하는 것이 통제 조건에 비해 행동 변화에 상대적으로 긍정적인 효과를 가져온다. 부모 행동 훈련 프로그램은 품행 문제가 있는 유아에게 효과적인 전략인 것으로 나타 났다. 그것은 이 방법이 문제행동의 잦은 원인이 되는 부모-자녀 사이의 강압적 인 상호작용을 중단시킬 수 있기 때문이다(Wierson & Forehand, 1994). 특히 주목 할 만한 것으로 Webster-Stratton(1996)이 개발한 부모 훈련 프로그램이 있다. 이 프로그램은 전통적인 설교 방식의 부모 훈련 대신 비디오테이프 중심의 토론 방 식으로 구성되어 있다. 이 프로그램이 품행 문제가 있는 유아의 중재에 효과가 있 음을 뒷받침하는 경험적 증거는 많다(예: Webster-Stratton, Reid, & Hammond, 2001). 또한 경험적으로 입증된 품행장애 치료법 중(두 가지 중) 하나로 인정받아 왔다(Eyberg, Nelson, & Boggs, 2008).

ADHD 위험 유아를 대상으로 한 지금까지의 연구를 종합적으로 살펴보면, 약물 치료, 부모 교육 프로그램, 학교 기반 중재가 포함되어 왔다(Charach et al., 2011; Ghuman et al., 2008; McGoey et al., 2002). 그러나 이러한 연구에서 부모 교육과 유치 원 기반 중재의 결합과 같이 두 개 이상의 중재를 결합한 경우는 거의 찾아볼 수 없 었다. 현존하는 경험적 연구는 유아의 ADHD 증상 및 관련 행동을 개선하기 위해 다음과 같은 중재 기법(치료법)을 사용하는 것에 대한 근거를 제시하고 있다. ADHD 유아의 중재(치료)에 관한 정보를 설명하기 위해 다음에 각 중재의 예와 이 를 뒷받침하는 증거를 제시한다.

약물치료

유치원생의 ADHD 치료와 관련하여 가장 널리 연구된 것은 향정신성 약물, 특 히 각성 복합제다. 덱스트로암페타민과 리튬 카보네이트도 연구되긴 했지만, 연구 의 거의 대부분은 메틸페니데이트(리탈린)의 효과에 관한 것이다. 대부분의 연구는 약물치료가 ADHD 증상 및 관련된 문제행동을 얼마나 감소시키는가에 초점을 맞취 왔다. Ghuman과 동료들(2008)은 ADHD 유아를 대상으로 한 약물에 관한 체계적 문헌 고찰을 실시하였으며, 여기에는 1967년부터 2007년까지 총 24편의 게재된 연구가 포함되었다. 연구의 대부분은 각성제에 대한 것이었다. 비록 각 연구에서 제시한 결과는 조금씩 달랐지만, 각성제에 대한 대부분의 플래시보 통제 실험에서 ADHD 관련 행동의 관찰과 평가가 유의미한 수준으로 감소하였으며 대략 실험 집단 아동의 80%가 긍정적인 반응을 보인 것으로 나타났다(Ghuman et al., 2008).

ADHD 유아를 위한 각성제(메틸페니데이트)에 관한 대부분의 연구 중 가장 종합적인 연구는 PATS다(Kollins et al., 2006). ADHD에 대한 DSM-IV-TR 기준을 만족하는 303명의 3~5.5세 표본 집단 아동(76%가 남아)이 실험에 처음으로 등록되었다. 실험에 참여하는 아동은 선별, 부모 교육 그리고 공개실험연구(open-label safety lead-in)를 포함하는 통제된 약물치료 단계에 앞서 몇 단계를 거쳤다. 결과적으로 10주간의 부모 교육 단계(Community Parent Education[COPE] 프로그램; Cunningham, Bremner, & Secord, 1998)를 마친 가정의 아동 261명 중 37명(14%)의 아동이 그들의 부모가 더 이상 약물치료를 찾지 않을 만큼 충분한 성과를 보였다(Greenhill et al., 2006). 또한 45명(17%)의 아동은 부모가 중재를 원하지 않거나, 아동이 더 이상 포함 기준에 부합하지 않거나, 또는 가족이 이사를 가게 되어 더 이상 추적 조사를 하기 어려워 부모 교육을 포기하였다. 16명 아동은 공개실험연구가 시작되거나 진행 중일 때 포기하였다. 결국 처음 플래시보 통제 실험과 약물치료 실험에 등록된 아동 중 165명이 실험에서 제외되었다(147명은 실험을 완수함).

9주간의 통제된 약물 실험 단계에 참여한 아동들에게 일주일에 하나의 복용량을 사용하여 총 5주간 각 복용량(플래시보, 메틸페니데이트 1.25mg, 2.5mg, 5mg, 7.5mg)에 대한 평가를 실시하였다. 그 결과 플래시보를 복용한 경우에 비해 1.25mg을 제외한 나머지 3개의 가장 높은 복용량 수준에서 ADHD 증상에 대한 부모와 교사의 보고가 유의미한 수준으로 줄어들었다(Greenhill et al., 2006). 3개의 가장 높은 복용량 수준에서 증상에 대한 평가 또한 크게 다르지 않았다. 그러나 복용량이 증가할수록 ADHD 증상이 단계적으로 감소하는 것으로 나타나는 복용량과 반응 효과 사이에서의 중요한 일차원적 관계가 발견되었다. 또한 개인에 따라 약물에 반응하는 수준에 상당한 차이가 있다는 사실을 통해 메틸페니데이트에 대한 집단 간 차이에 대한 효과성을 확인할 수 있었다. 특히 상대적으로 같은 비율의 아동들(15~22%)이 4개의 메틸페니데이트 복용량에 대해 최적의 효과를 나타내는 것으로 밝혀졌다. 게다가 12%의 아동은 약물에 대해 아무런 반응이 없거나 4개의 메틸페니데이트를 복용했을 때보다 플래시보를 복용했을 때 최적의 효과를 나타내는 것으로 밝혀졌다. 대략 30%의 부모가 그들의 자녀가 하나 또는 그 이상의 약물치료 단계에 임하는 동안 중등도에서 중도의 심각한 부작용을 발견하였다고 보고하였다(Wigal et al., 2006). 고연령의 ADHD 아동에게서 발견되었듯이, 약물의 가장 흔한 세 가지 주요 부작용은 식욕 감소, 수면장애, 체중 감소다. 이러한 부작용은 플래시보를 복용했을 때보다 메틸페니데이트를 복용했을 때 더 심각하게 자주 발생했다. 또 한 가지 우려되는 점은 통제된 약물치료 단계에서 메틸페니데이트를 복용한 95명의 아동이 성장률과 체중에서 매년 기대되는 수준보다 각각 20%, 55.2% 낮은 비율을 나타냈다는 것이다(Swanson et al., 2006). 그러므로, 성장 감소에 대한 장기 연구가 부족할지라도, 이 연령대의 집단에서 각성제를 사용하는 것은 증상 감소가 가져오는 가능한의 이익과 성장 속도의 감소 사이의 균형을 맞추는 것을 통해 신중히 고려해야만 한다.

　ADHD 유아에 대한 약물치료 연구에서는 ① 약물치료 모형의 적합함을 평가하는 검사도구의 부재, ② 실제 유치원에서 행동 효과에 관한 연구의 부족, ③ 효과에 대한 단기간(예: 몇 주) 연구 등의 제한점을 제시하였다(DuPaul & Kern, 2011; McGoey et al., 2002). 더군다나 몇몇 조사자는 연구를 시행한 후에 부모가 아동에게 약물을 투여하지 않았다고 보고하였다. 이것은 아직 약물치료가 아동의 행동에 임상적으로 유의한 변화를 줄 수 있다는 점을 인식하지 못하고, 그 부작용을 우려한다는 것을 보여 준다. 그리하여 가장 신중한 결론은 메틸페니데이트와 다른 각성제가 유아의 ADHD 증상 및 관련된 문제행동을 줄이는 데 효과적이라는 것이다. 하지만 어린 아동 집단에게는 대안적인 중재 외에 약물치료가 얼마나 필요한지 정해지지 않았다. 사실상 미국소아과학회(American Academy of Pediatrics)에서 제시한 ADHD의 치료지침(2011)을 살펴보면 행동 중재를 위해 어릴 때부터 약물요법이 선행되어야 함을 권고하고 있다.

유치원 기반 행동 중재

약물치료에 비해 상대적으로 유치원의 행동 중재 및 교육 중재의 효과에 관한 연구는 거의 이루어지지 않았다. 이는 유치원과 초등학교 상황에서 방해행동이 장·단기간 지속된다고 볼 때 놀랍고도 심각한 일이다. 게다가 많은 '학급'에서의 중재연구가 유치원 상황에서보다 실험실에서 이루어졌기 때문에 얻어진 결과의 일반화에 한계점이 있다. 교실 기반 연구의 예로, McGoey와 DuPaul(2000)은 4명의 ADHD 유치원 아동의 방해행동에 대해 정적 강화와 반응에 대한 보상을 결합한 행동 중재의 효과를 평가하였다. 교사는 토큰 강화(예: 단추)로 적절한 행동을 강화하고 부적절한 행동은 제지하였다. 매일 아동들에게 보상(예: 단추)이 제공되었고, 아동들은 학교생활을 하는 동안 제공된 단추를 모았다. 그 결과, 기초선에 비해 중재 기간 동안 방해행동이 감소했다. 교사와 학생 모두 이 중재가 수용할 만하며, 효과적이라고 보고하였다.

일반적으로, ADHD 아동의 경우처럼 행동주의 원리에 기초한 학급 중재가 유치원 상황에서의 방해행동을 줄이는 데 효과적이다. 이러한 결론은 몇 가지 연구에서 제기되는 작은 표본, 처치 충실도의 부족, 장기간의 추수 지도와 자료의 일반화 등의 제한점을 감소시킬 수 있다(McGoey et al., 2002). 중재는 모든 ADHD 아동이 특정한 중재에 반응할 것이라는 가정에 의거해서 일반적으로('one-size-fits-all') 적용되어 왔다. 기능적 평가 자료를 이용해 유치원 중재를 설계한 Boyajian과 동료들(2001)을 잇는 후속연구가 필요하다. 다음에는 성과를 최적화하기 위한 시도로서, 개별화된 행동 중재에 대하여 설명할 것이다.

행동 중재 사용에 관한 부모 교육

많은 연구에서 부모가 참여한 행동 중재가 ADHD 아동과 이와 유사한 파괴적 행동장애를 지닌 아동의 순응적인 행동을 유도하고, 부적절한 행동을 줄일 수 있다는 증거를 제시하고 있다. 아동 행동에 관한 정적 효과는 부모가 아동에게 명령하는 방식의 변화와 아동이 협력할 때의 부모의 반응 방식에 의해 나타난다. ADHD 분야에서 부모 교육의 가장 대표적인 연구 중 하나는 ADHD 유아 98명의 부모를 대상으로 한 Strayhorn과 Weidman(1989)의 연구다. 이 연구에서 부모들은 무작위로 실험집단과 통제집단으로 나뉘었고, 실험집단은 부모-유아 간 상호작용을 교육하는 맥락에서 순종하는 행동에 대하여 정적 강화를 실행하는 법을 배웠다. 실험집단은 임상 상황에서 부모-아동 상호작용의 직접 관찰뿐 아니라, 아동 행동에 대한 부모의 평정에서도 통계적으로 유의하게 향상된 것으로 나타났다. 연구자들은 행동 변화가 지속됨을 증명하였는데, 변화된 것이 처치 후 일 년 동안 유지되었다고 보고하였다(Strayhorn & Weidman, 1991).

유치원 기반 행동 중재의 사례에서처럼 행동 관리에 대한 부모 교육이 ADHD 아동에게 효율적인 처치로 나타난다. 그렇지만 이러한 결론에는 처치 충실도의 결여, 간접적인 성과 측정(예: 부모의 행동 평정)에의 의존 그리고 일반화시킬 수 있는 자료의 부족이라는 한계가 있다(McGoey et al., 2002). 또한 대부분의 부모 교육에 관한 연구는 부모에게 다양한 행동 중재(예: 정적 강화, 반응 대가, 타임아웃 등)를 이행하는 법을 가르친다. 그러므로 특정한 중재 전략이 효과적이라고 하거나, 포괄적인 처치가 행동 변화를 이루기 위해서 필요한지에 대하여 인식하기가 어렵다. 마지막으로, 대부분의 연구는 근본적으로 중·상류층을 대상으로 하기 때문에 연구 결과가 다양한 모집단에 일반화될 수 있는지에 대한 한계를 지니고 있다. 부모 훈련 문헌은 일관되게 사회경제적 지위가 낮은 편모에게는 부모 교육의 효과가 높지 않았고(Nixon, 2002), 따라서 더 다양한 표본을 대상으로 한 후속연구가 매우 중요하다.

지역사회 기반 예방과 중재

심리사회적 중재가 가정과 학교에서의 ADHD 유아의 곤란을 줄일 수 있다는 경험과학적인 증거에도 불구하고, 이러한 중재가 지역사회나 실제 상황에서 자주 실행되지 못하고 있다. 간단히 말해, ADHD 아동의 요구를 해결하기 위한 연구에서 알려진 것과 실제로 제공되는 것 사이에는 차이가 있다. Eckert, DuPaul, McGoey와 Volpe(2002)는 ADHD 위험성이 있는 아동의 부모(N=101명), 지역사회 기반 서비스 제공자(예: 조기 교육자, 소아과 의사, 학교심리학자; N=137명) 그리고 ADHD 유아의 요구를 중시하는 ADHD 분야의 전문가와 연구자(N=25명)를 대상으로 연구하였다. 이 세 집단은 부모와 유치원 교사들이 행동 중재와 교수 중재에 적절한 정보와 지속적인 지원이 필요하다는 것에 일반적으로 동의하였다. 비록 부모들이 아동의 의사와 교사에게 유용한 정보를 얻을 수 있다고 인식할지라도, 부모들은 부모 지원 집단과 지역사회 자원이 만족스럽지 않다고 보고하였다. 서비스 제공자들은 조기 중재 서비스, 부모 교육 그리고 교육 상담이 지속적으로 필요하다고 하였다. 전문가들은 ADHD 유치원생을 대상으로 한 효과적인 중재 방법에 관해 좀 더 연구해야 할 뿐 아니라 연구한 내용과 실제가 다름을 보고하였다.

연구 결과와 실제 간의 차이는 부모와 유치원 교사의 측면에서 가능한 중재의 수용성이나 편리성이 부족하여 나타나는 것이 아니다. 이와 반대로, 부모들은 구조화된 양육 전략이 필요함을 인식할 뿐 아니라, 여러 연구가 보고하듯이 효과적인 행동 중재 전략을 찾아낸다. 특히 이들은 약물치료에 대해 보다 수용적이고, 호의적으로 정적 강화와 약물치료를 결합시킨 중재법을 발견할 수 있다(Wilson & Jennings, 1996). 이와 비슷하게 Stormont와 Stebbins(2001)는 유치원 교사들에게 ADHD 아동의 관리에서 중요한 다양한 행동 중재와 교육 중재를 평정하도록 요구하였다. 그 결과, 중재의 중요성이 교사가 인지한 전략의 편리성 수준과 높은 상관이 있음을 발견하였다. 중요도와 편리성 수준에 대한 교사의 평정은 경험과 교육 수준 또는 다른 인구통계학적 요인들과 상관이 없었다. 그러므로 부모와 유치원 교사에게는 ADHD 아동을 이해하고 치료할 때 필요한 정보와 지원이 절대적으로 필요하다. 비록 경험과학적 연구가 처치를 지지한다고 하더라도, 연구 결과와 지역사회에서의 실제 사이에는 명확한 차이가 있다. 다음 절에서 우리는 ADHD 아동에 대한 조기 교육에서 학교심리 전문가의 포괄적인 참여를 주장하고, 정신건강 전문가와 교육 전문가 그리고 건강 전문가에 의해 이행될 수 있는 예방 · 중재 모델을 설명하고자 한다.

ADHD와 관련된 문제의 예방

이 장 초반에 진술하였던 것처럼 초기에 발생하는 ADHD 증상은 수많은 핵심 영역에서 아동의 적응을 방해하는 많은 만성적 문제와 관련이 있다([그림 4-1] 참조). 그중 가장 중요한 문제는 반항장애와 품행장애의 증상과 학업부진의 지속이다. 50% 이상의 ADHD 아동 중 특히 남아의 경우, 아동기에 반항장애 또는 품행장애로 진단될 수 있다(Barkely, 2006). 사회성 발달은 ADHD와 같은 아동의 행동 성향과 부모의 행동 관리 기술의 상호작용에 영향을 받는다(Tremblay et al., 1992). 일반적으로 가장 많이 사용되고 있는 강화물은 아동과 가장 많이 접촉하는 사람(즉, 부모)이 제공한다. 그러므로 일차적인 보호자들의 긍정적인 변화는 아동의 사회적 발달에 중요한 영향을 미친다(Patterson, Reid, & Dishion, 1992). 반사회적 행동 발달에 대한 Patterson 이론의 핵심 원리(Patterson et al., 1992)는 유아(幼兒)기 · 유치원 시기에 집에서부터 시작된다는 것이다. 구체적으로 말하면, 아동은 부모의 혐오적 행동(예: 명령하기)에서 벗어나기 위해서 그들 자신의 혐오적 행동(예: 울기, 반항하기)을 학습한다.

오랜 시간 지나친 반복 연습을 통해 이루어진 강제적인 상호작용은 아동에게 불쾌하고 혼란스러운 상황 조절의 수단으로서 혐오적 행동을 하게 만든다(Dishion, Patterson, & Kavanagh, 1992). 아동들이 성장하는 것처럼 이러한 강제적 변화는 아동의 혐오적 행동을 모든 상황으로 일반화한다. 그리하여 혐오적 행동의 빈도와 정도를 심화시키고, 혐오적 행동을 오랫동안 지속시키며, 부모와 또래들이 아동을

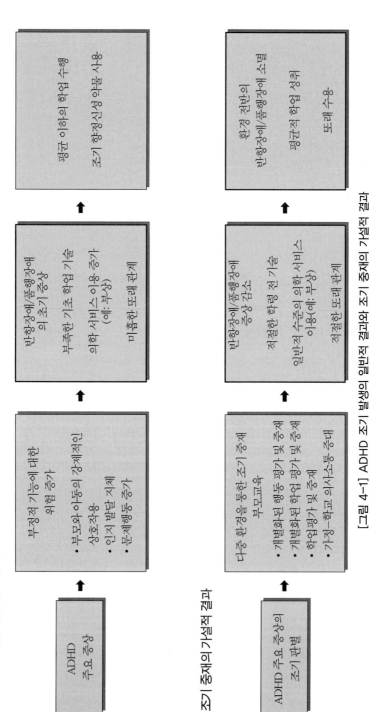

ADHD 조기 발생의 일반적 결과

ADHD
주요 증상

→

부정적 기능에 대한
위험 증가

• 부모와 아동의 강제적인
상호작용
• 인지 발달 지체
• 문제행동 증가

→

반항장애/품행장애
의 조기 증상

부족한 기초 학업 기술

의학 서비스 이용 증가
(예: 부상)

미흡한 또래 관계

→

평균 이하의 학업 수행

조기 향정신성 약물 사용

조기 중재의 가설적 결과

ADHD 주요 증상의
조기 판별

→

다중 환경을 통한 조기 중재

부모교육

• 개별화된 행동 평가 및 중재
• 개별화된 학업 평가 및 중재
• 학업 평가 및 중재
• 가정-학교 의사소통 중재

→

반항장애/품행장애
증상 감소

적절한 학업 전 기술

일반적 수준의 의학 서비스
이용(예: 부상)

적절한 또래 관계

→

환경 전반의
반항장애/품행장애에 소멸

평균적 학업 성취

또래 수용

[그림 4-1] ADHD 조기 발생의 일반적 결과와 조기 중재의 가설적 결과

거부하게 만드는 주원인이 된다(Reid & Eddy, 1997).

이러한 강압적인 과정을 만드는 주요 변인은 아동의 행동에 한계를 설정하고 점 검하는 부모의 양육 기술과 그 효과성이다(Dishion et al., 1992). ADHD 증상은 실제 로 붕괴된 가족 관계와 매우 관련이 높고, 강압적인 부모-자녀 상호작용 가능성을 증가시킬 수 있다(Dishion & Patterson, 1997). 변화의 핵심은 부모와 아동 간의 강압 적 상호작용의 빈도를 줄이고 긍정적 상호작용을 향상시키는 것을 포함하여, 부모 의 훈육 양식을 변화시키는 것이다. 나아가, 부모는 아동의 반사회적 행동(예: 신체 적 공격) 및 충동적 행동과 관련된 예기치 않은 부상을 예방하기 위해 아동을 지속 적으로 통제할 수 있어야 한다. 만약 Patterson이 '기본 훈련' 단계(즉, 유치원)라고 명명한 시기에 중재가 이루어진다면 성공적일 것이다. 반면, 강압적 상호작용 스 타일이 확립되고 반사회적 행동이 확실히 형성되며, 부모와 아동의 행동이 고착된 이후에는 상대적으로 실패할 확률이 높다(Patterson et al., 1992; Reid & Eddy, 1997). ADHD 유아가 일반 또래보다 유치원에서 더 공격적·반항적 행동을 보인다면 교 사-학생의 상호작용 유형을 수정해야 한다.

ADHD와 연관된 유아기의 두 번째 문제는 학업부진이다. 이 장의 서두에서 언 급하였듯이 학업 결손은 대부분 아동의 학령 초기에 시작해서 학령기 내내 지속된 다. 수많은 연구는 문해(literacy)와 수리(numeracy)에 대한 아동의 초기 경험이 이후 의 학업 기술에 중요한 영향을 미친다고 보고한다. 예를 들어, 한 연구는 아동의 초 기 문해 활동에 대한 경험(예: 음소의 인식)이 이후의 언어와 문자 인지 능력과 관련 이 높다고 하였다(예: Hart & Risley, 1995). 또한 몇몇 연구는 수 개념에 대한 조기 교 육이 초기 수학 능력의 실패율을 줄일 수 있다고 한다(예: Griffin, Case, & Siegler, 1994).

개인적 처치 요소에 대한 연구(예: 부모 교육, 각성제 처방)와는 달리, ADHD 아동 에 대한 포괄적인 예방·조기 중재에 대한 효과를 조사한 연구는 거의 없다. McGoey와 동료들(2002)은 ADHD 아동을 위한 지역사회 기반 중재 프로그램에 대 한 예비연구를 시행하였다. 지역사회 서비스 제공자(예: 소아과 의사), 유치원 교사 그리고 부모가 ADHD로 판별된 3~4세 아동 57명과 함께 이 연구에 참여하였다.

아동들은 무작위로 중다(combined) 중재집단과 통제집단에 배치되었다. 통제집단에 배치된 가족은 그냥 자신의 지역에서 심리학적·소아의학적·교육적·정신의학적 서비스를 받았다. 그 결과 57명의 아동 중 23명이 조기 중재에, 22명이 통제집단에 참여하게 되었다.

실험 조건인 중다중재 프로그램에는 다음과 같은 처치가 포함되어 있다. ① 3개월 동안 매주 Webster-Stratton(1996)이 개발한 부모 교육이 실시되고, 9개월 동안 매월 부모 교육이 진행된다. ② 3개월 동안 유치원 기반 행동 중재가 이루어진 후, 다음 6개월 동안 교사 자문이 이루어진다. ③ 심리사회적 중재에 반응하지 않는 아동을 위한 약물치료(메틸페니데이트 또는 덱스트로 암페타민)를 시작한다.

종속변인에 대한 측정 자료에는 15개월 이상 정기적으로 수집된 부모와 교사의 행동 평정, 부모-아동 상호작용과 유치원에서의 행동 관찰, 부상 정도와 약물 이용에 대한 기록, 스트레스와 가족의 역할(기능)에 대한 부모의 평정 그리고 아동의 인지 발달에 대한 간편 검사 등이 포함되었다. 또한 두 번의 시기에 걸쳐 중다중재 집단에서 아동의 부모와 교사는 몇 가지 참여자(consumer) 만족도 평가를 수행하였다.

연구 결과, 지역사회 처치 통제집단에 비해 중다중재를 받은 아동의 행동 통제가 가정과 학교에서 통계적으로 유의하게 향상되었고, 부모의 스트레스가 감소되었으며, 가족은 더 적응적으로 대처하였다. 중다중재의 근본적인 효과는 통제집단과 비교할 때 시간이 지남에 따라 아동 행동의 발달궤도(trajectory)가 변화되었다는 것이다. 예를 들어, 교사가 PKBS 척도(Merrell, 1994)로 평가한 반사회적/공격적 행동이 감소되는 기울기 정도가 지역사회 통제집단(기울기=-0.2)보다 중다중재 집단(기울기=-1.06)에서 더 컸다. 특히 교사 자문의 지속적인 제공은 중다중재 집단에서 아동의 반사회적 행동의 감소 경향을 유지시키는 데 효과가 있었다. 부모와 교사는 중다중재 절차가 훨씬 더 수용적이고 적절한 효과가 있다고 보고한다. 비록 조기 중재를 받는 아동 중에 매우 적은 수의 아동이 약물치료를 받고 있었지만, 이 연구에서는 약물치료의 이용과 인지 발달에서 통계적으로 유의한 변화가 발견되지 않았다.

개인 수준의 분석에서는, 기능적 평가 데이터를 기반으로 한 유치원 중재의 구

체적 효과를 지속적인 데이터 수집을 적용한 단일사례연구법으로 검토하였다
(Boyajian et al., 2001). 연구 결과는 공격적인 행동의 기능을 결정하는 요인(예: 동기
화된 회피 대 동기화된 주의)이 ADHD 공격행동의 평균과 비교했을 때, 3명의
ADHD 소년의 공격성을 현저하게 감소시킨 교실 기반 중재법 개발에 도움이 됨을
보여 준다([그림 4-2] 참조).

Shelton, Woods, Williford, Dobbins와 Neale(2002)은 ADHD 위험성을 지닌 184명
의 아동을 대상으로 한 포괄적인 조기 중재 모형을 통해 이와 비슷한 결과를 제시
하였다. 유치원생들은 헤드스타트(Head Start) 프로그램에 참여하였고, 다양한 인종
적 배경을 가지고 있었다. 행동 중재는 가정과 유치원에서 수행되었고, 개별화되
었다. 1년의 중재 기간이 지난 후, 조기 중재를 받은 아동은 통제집단의 아동보다
ADHD 증상과 공격적 행동의 감소가 두드러졌다. 비록 양육 방식, 양육 스트레스

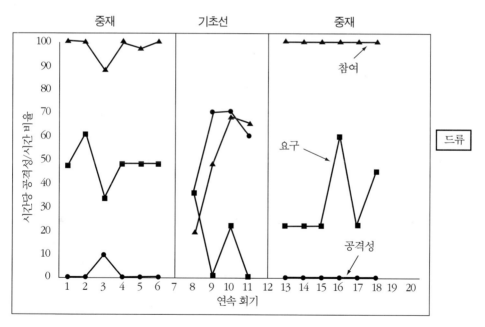

[그림 4-2] 드류에 대한 공격성 및 요구 수준, 행동 반전
(예: 중재)과 기초선(주의집중) 단계에서의 비율

출처: Boyajian, DuPaul, Wartel Handler, Eckert, & McGoey (2001). Copyright 2001 by the National Association of
School Psychologists. 허락을 받고 재인용함.

또는 가족 지원에서는 중요한 차이가 나타나지 않았지만, 부모와 교사들은 그들이 받은 서비스에 매우 만족했음을 보고하였다.

 Barkley와 동료들(2000)은 행동장애 아동들을 위한 중다요인적 예방 프로그램의 효과를 조사하였다. 이 프로그램이 구체적으로 ADHD를 지닌 유치원생을 대상으로 하진 않았으나, 그 결과는 ADHD 아동에 대한 조기 중재 접근의 가능성과 한계를 인식하는 데 도움이 된다. ADHD 및 반항장애와 관련된 행동 특성을 보이는 공립학교 유치원생 158명이 무작위로 부모 교육만 받는 집단, 전일제 특수학급에 있는 집단, 부모 교육과 특수학급이 결합된 집단, 무처치 통제집단의 4개 실험집단에 배치되었다. Barkley(1997b)가 개발한 부모 교육 프로그램은 주 단위로 10회기 진행하였고(일주일에 10번), 그 후 추가로 5개월 동안 부모 교육이 실시되었다. 행동 중재는 캘리포니아 어바인 대학교에서 개발된 모델을 이용하여 유치원 학급에서 실행되었다(Pfiffner et al., 2006 참조). 학급 전략으로는 토큰 강화, 반응 대가, 인지행동의 자기조절 훈련, 사회 기술과 분노 조절 교육 그리고 일지의 작성 등이 활용되었다.

 아동, 가족, 학급 기능에 관한 포괄적인 자료는 유치원에 입학할 때와 졸업할 때에 수집되었다. 학급 처치 프로그램을 받은 두 집단은 학급에서의 직접 관찰뿐만 아니라 부모와 교사의 보고에 의해서도 적응행동, 사회 기술 그리고 ADHD와 반항장애의 증상에서 많은 향상을 보였다. 하지만 많은 부모가 교육 기간에 잘 참여하지 않았기 때문에, 아쉽게도 부모 교육 요인에서는 어떤 의미 있는 효과도 찾을 수 없었다. 어떤 처치 요소도 학업 성취나 주의력과 인지 기술에 관한 임상 평가에서의 수행을 향상시키지 못하였다.

 이 세 가지 연구 결과는 행동 전략으로 구성된 심리사회적 중재가 짧은 시간, 특히 교실 상황에서 ADHD와 반항장애 증상을 줄일 수 있음을 보여 준다. 또한 또래 간 상호작용과 사회적 기술 역시 조기 중재 노력에 의해 향상될 수 있다. 반면, 가정에서의 예방 노력에 관해서는 모호한 결과가 제시되었다. 전형적인 부모 교육은 부모와 가족의 역할에 있어 단기간에 효과를 보기 어렵다. 오히려 부모 교육과 개별적인 행동 상담을 혼합한 집중적인 가족 지원 모형이 더 효과적이다. 중다요인 프로그램의 문제점은 학업 성취와 관련이 없다는 것이다. 더욱이 행동 변화에서도 단기간의 효과가 장기간 지속될 수 있는지에 대하여 알려진 바가 없다. 사실 Shelton과 동료들(2000)은 Barkley와 동료들(2000)에 의해 알려진 교실에서의 긍정적 행동이 2년 후까지 유지되지 않았다고 제시하였다.

중다요인적 조기 중재 모델

ADHD 위험성을 지닌 아동에 대한 예방과 조기 중재의 가능성과 한계를 고려하여, 동부 펜실베이니아에 있는 리하이 대학교와 리하이밸리 병원의 연구자들은 중다요인으로 구성된 포괄적인 지역사회 기반 조기 중재 프로그램을 개발하였다. 이 중재 모델은 구체적으로 초기 아동기에 ADHD 증상과 관련된 문제점을 줄이거나 예방하기 위해서 설계된 것이다([그림 4-1]의 아랫부분 참조). 몇 년 후, 지역사회 통제집단과 비교하여 학교와 가정 프로그램의 집중적인 실행에 대한 장·단기 성과를 확인하는 자료가 체계적으로 수집될 것이다. 비록 이 프로그램이 평가의 초기 단계에 있지만, 중재 요소들은 설명을 위해 간단하게 기술될 것이다. 우리는 학교심리 전문가와 다른 교육 관계자들이 지역 상황을 고려한 이러한 중다요인 프로토콜과 같은 조기 중재 프로그램의 설계와 실시에 핵심 참여자가 되어야 한다고 믿는다.

이 중재 요소들은 가정과 학교에서 세 가지 영역, 즉 행동 문제, 학습 준비도/기술, 아동의 안전에 초점을 두고 있다. 구체적 중재 요소에는 부모 교육, 가정과 학교에서의 평가 기반 행동 중재, 가정과 학교에서의 기초 학습 지도 그리고 가정-학교 간 의사소통이 포함되어 있다.

▶ 부모 교육

부모 교육(parent training)은 행동 문제, 학업 준비도/기술, 아동의 안전에 초점을 두고 있다. 교육은 전형적으로 1년 이상 20회 참여하는 10개 집단의 부모에게 제공되며, 학교심리 전문가 또는 특수교사에 의해 이루어진다. 20회의 교육 기간 동안 12회는 Cunningham과 동료들(1998)이 COPE(Community Parent Education) 프로그램을 사용하여 설계한 기본 절차로 이루어진다. 이 프로그램은 경계선 아동들의 비순종적이고 공격적인 성향을 줄이는 데 효과적이라고 알려져 왔다(Cunningham, 2006 참조). 나머지 8회기는 도입 회기 2회(예: ADHD와 관련 장애에 관한 기본 정보를 제공하기), 다음에서 설명할 5회의 기능적 평가와 학업 준비도 기술의 향상을 설명하는 시간 그리고 부상 예방과 가정 안전을 위한 시간이 한 회 포함되어 있다. 각 부모 교육의 시간은 약 90~120분간 지속된다.

12회의 COPE 프로그램은 순응을 위한 정적 강화와 문제행동을 해결하기 위한 문제해결법과 간단한 처벌 기법의 사용 등 효과적인 행동 절차에 관한 교육 내용을 포함하고 있다. 핵심적인 행동 개념은 집단 논의에 이은 부모-아동 간 상호작용의 비디오테이프 예시로 설명된다. 부모는 COPE 프로그램과 더불어 몇 가지 개념과 절차에 대한 정보와 지원을 제공받는다. 기능적 행동 접근(functional behavioral approach)의 철학적 요소들은 부모 교육의 핵심 내용이다. 부모는 행동의 기능에 관해 기본 개념을 교육받는다. 예를 들어, 문제행동을 유지시키는 회피 경향에 대해서 타임아웃 중재 상황을 논의한다. 상담을 통한 문제해결 과정을 이용하여(Sheridan & Kratochwill, 2008), 부모는 가정에서 문제행동의 기능을 찾을 수 있는 전략과 그 행동 기능을 조절할 수 있도록 하는 중재를 배운다. 교육 내용은 행동을 강화하기 위한 선행 중재 개발(즉, 문제행동이 발생할 가능성을 줄이기 위한 환경의 변화)과 기술 형성(아동이 자신의 요구에 부합할 수 있도록 대안적인 방법을 아동에게 가르치는 것) 그리고 문제행동 강화를 최소화하는 후속 결과 제공하기로 구성된다.

중다요인 조기 중재 모델의 주요 초점은 학업과 학교생활 준비도의 향상에 있기 때문에 부모 교육의 과정 중 2회는 이 영역의 발달에 초점을 둔다. 이 회기들에는 4개의 주요한 주제가 포함되어 있다. 첫 번째는 아동의 초기 문해 기술을 개발하는 것이다(Notari-Syverson, O'Connor, & Vadasy, 1998). 두 번째 주제는 '아동의 교육과정을 이해하는 것'으로, 아동이 초등학교에 입학했을 때 자주 접하게 되는 어휘의 이해를 도와주는 것이다(예: 파닉스, 준비도). 세 번째 주제는 '아동에게 읽어 주는 것'이다. 비디오테이프는 적절한 질문과 기대를 포함하여 다양한 발달단계에 따른 읽기를 보여 주기 위하여 사용될 수 있다. 네 번째 주제는 '아동의 관심과 주의 시간을 이해하는 것'이다. 이 주제는 아동들이 읽고자 하는 동기를 북돋우는 읽기 자료를 선택하고 학습 기회를 제공하도록 부모를 도와줄 수 있다.

아동의 안전성 향상은 첫 번째 회기의 목적일 뿐만 아니라 부모 교육 전반에 걸쳐 설명되어야 할 부분이다. 안전성 문제를 해결하기 위한 근본적인 방법은 TIPP (The Injury Prevention Program; American Academy of Pediatrics, 1999)를 사용하는 것이다. 구체적으로 부모는 TIPP 자료를 제공받고, 이어서 안전 문제와 전략에 대한 집단 토의를 한다. 안전성 향상 전략의 실행은 부모 교육의 일부분으로 계획된 행동 중재 속에 내재되어 있다. 특히 안전과 관련된 행동은 중재의 목표로 제공된다.

▶ 가정에서의 평가 기반 중재

기능적 행동 평가와 중재는 협력적인 상담 모델(예: Sheridan & Kratochwill, 2008)을 통하여 촉진된다. 부모는 각 아동을 위한 개별화된 중재 계획의 개발과 실시를 촉진하기 위해서 필요하면 한 달에 한 번 학교심리 전문가 또는 특수교사와 함께 행동 상담 과정에 참여한다. 이 과정의 일부분인 기능적 행동 평가는 부모와 학교심리 전문가 모두가 아동의 문제행동을 둘러싸고 있는 선행 사건과 후속 결과에 관한 기술적(descriptive) 평가 자료를 수집한다는 점에서 협력적으로 실행된다. 행동의 기능에 관한 가설은 간단한 기능적 분석 절차를 통하여 가정에서 확인된다 (Northup et al., 1991). 이 평가 절차는 약 90분 정도가 소요된다. 문제행동에 대한 잠재적 기능에 관하여 하나의 가설을 세우고, 이 기능을 확인하기 위한 상황을 설정한다. 예를 들어, 만일 과제 수행에 대한 부모의 요구가 문제행동과 관련되어 있다면, 부모는 5~10분의 관찰 시간 동안 다양한 요구를 제시하여야 한다. 실험을 통제하기 위해서 요구가 있는 회기와 비요구 회기가 교대로 배치된다. 만일 요구 회기 동안 높은 비율의 문제행동이 관찰되거나 또는 비요구 회기에 낮은 비율의 문제행동이 관찰된다면, 문제행동과 관련된(기능적인) 회피는 실험적으로 지지된 것이다. 만약 특별한 차이가 날 정도로 문제행동이 관찰되지 않는다면 다른 가설이 제안되어야 한다.

기능적 행동 평가가 실행되고 행동 기능이 확인된 후에, 개별화된 중재가 각 아동 및 가족을 위해 이루어진다. 중재는 전형적으로 세 가지 요소인 선행 전략, 기술 형성, 후속 결과로 구성된다. 부모는 훈계, 시범 보이기, 실천, 피드백을 통한 구체적 중재를 이행하기 위한 교육을 받는다. 마지막으로, 표적행동에 대해 목표가 설정된다.

다음 달에 부모는 중재 목표가 달성되었는지에 대하여 논의하기 위해 정기적으로 만남을 갖는다. 실행하는 중재를 재검토하고, 중재의 문제점을 평가하고 수정한다. 중재의 결정은 부모와 양육 보고서를 통해 수집된 정보를 기초로 하여 부모와 학교심리 전문가가 협력하여 이루어진다. 표적행동이 목표에 도달하였다면, 유지하기 위한 프로그램이 개발되어야 한다. 만약 필요하다면, 새로운 표적행동을 선택하고 상담 과정을 다시 시작한다.

▶ 학교에서의 평가 기반 중재

가정에서처럼 기능적 행동 평가와 중재는 보육시설 환경에서도 협력적인 상담 모델을 통하여 촉진된다(〈표 4-1〉 참조). 교사는 부모와 함께 작업하는 학교심리 전문가와 특수교사로부터 행동에 관한 상담을 받는다. 우선, 기능적 행동 평가는 펜실베이니아 교육부가 개발한 지침사항과 일치하는 각 아동의 유치원에서 수행된다(Bambara & Knoster, 1995). 이 기능적 행동 평가 과정은 다음 다섯 단계를 포함하고 있다. ① 기능적 평가 실행하기, ② 가설 개발하기, ③ 효과적인 행동 지원 계획 설계하기, ④ 효과 평가하기, ⑤ 필요한 지원 계획 수정하기의 단계다. 유치원교사는 하나의 문제행동에 대한 선행 사건과 후속 결과에 관하여 2주간 자료를 수집하고, FAST(Functional Analysis Screening Tool)를 실시한다. 이 두 평가에서 나온 정보를 기초로 교사와 학교심리 전문가가 가설을 설정한다. 학교심리 전문가는 간단한 반전(reversal) 절차를 통하여 이 가설을 검증한다(Kern, Childs, Dunlap, Clarke, & Falk, 1994). 예를 들어, 만일 평가를 통해 아동의 문제행동의 기능이 아동이 어려워하는 작업을 회피하려는 것임을 확인한다면 작업의 난이도가 체계적으로 짧은 시간(예: 5~15분)으로 조정될 것이다. 만일 문제행동이 작업 난이도에 따라 체계적으

〈표 4-1〉 기능적 분석과 중재 평가의 단계

1. 학교심리 전문가는 문제행동과 행동을 유지시킬 가능성이 있는 환경적 사건(예: 교사로부터 주의 끌기)을 파악하기 위하여 교사와의 인터뷰를 통해 문제를 확인한다.
2. 학교심리 전문가는 유치원 교실에서 아동을 대상으로 간략한 행동의 기능적 분석을 실시한다. 이 단계는 다음과 같다.
   ① 문제행동에 뒤따르는 환경적 사건의 초기 자료를 획득하기 위한 유사 상황에 대한 평가
   ② 유사 상황에 대한 평가의 신뢰도 검증을 위해 문제행동의 최고 비율과 최저 비율을 산출하는 환경적 조건의 반복
   ③ 유사 상황 평가에서 문제행동 이후에 오는 동일한 환경적 사건(예: 주의집중)이 있을 때 문제 행동이 감소하고, 적절한 대체행동(예: 언어적 요구)이 증가하는지 알아보기 위한 행동 반전
3. 학교심리 전문가는 행동 반전의 결과에 근거한 중재를 실행한다. 각 아동들의 교사는 학교심리 전문가를 관찰한 이후에 중재 실행을 점차 넘겨받는다. 중재 효과는 기초선과 중재 조건을 통해 문제행동과 적절한 대체행동에 대한 변화를 관찰하는 것에 의해서 평가된다.

출처: Boyajian, DuPaul, Wartel Handler, Eckert, & McGoey (2001). Copyright 2001 by the National Association of School Psychologists. 허락을 받고 재인용함.

로 다양하게 나타날 경우 가설이 입증된 것이다. 그러면 중재는 평가 정보에 기초하여 개별적으로 개발될 것이다. 이러한 중재들은 전형적으로 선행사건의 조정, 기술 발달 그리고 후속 전략으로 구성된다. 부모 교육에서처럼 교사는 훈계, 시범 보이기, 실천, 피드백 등의 구체적 중재를 실시할 수 있도록 교육받는다. 치료 목표는 교사와 학교심리 전문가가 상의하여 정하고, 교사는 그 목표의 달성 과정을 점검하기 위하여 표적행동에 관한 자료를 수집하여야 한다.

이후 수개월간 교사들은 중재 목표를 향한 진전도를 확인한다. 기존의 중재들을 전체적으로 점검하고, 중재상의 문제들을 평가하고 교정한다. 표적행동이 목표에 도달했을 때, 유지(maintenance)할 수 있도록 프로그램화하고, 만약 필요하다면 새로운 표적행동을 설정한다.

ADHD 아동은 부주의로 인해서 학령 전 정보를 잃어버리고, 방해행동에 이어지는 벌로 놀이 시간에서 제외되기 때문에 일반적으로 유치원을 통해서 충분한 경험을 얻지 못한다. 게다가 교실 전체(classwide) 수준의 방해가 증가되기 때문에, 교실

환경(ecology)은 ADHD를 가진 아동이 있음으로 해서 변화된다. 유치원 교사들은 일상생활 스케줄과 그들의 교수 기술을 평가해야만 한다. 왜냐하면 ADHD 아동을 성공적으로 돕고, 전체 교실을 잘 이끌어야 하기 때문이다. 유치원 환경에서의 ADHD를 위한 교실 중재들은 오늘날까지 면밀하게 연구되지 않았다. 그래서 자문 (consultation) 과정의 한 부분으로서, 유치원 교사들은 환경적·교수적 조정 (accomodation)을 해 보도록 한다. 자세한 내용은 다음과 같다.

1. **물리적 공간을 재설계하라**: 학업 기술을 가르치기 위해서 학습 활동 공간인 책상을 다른 장난감, 놀이기구나 시설에서 멀리 떨어지게 해야 한다. 놀이 영역에 대한 경계선으로 선반 또는 가구를 사용하라. 환경 배치 형태는 아동이 한 번에 한 가지 활동에 초점을 맞출 수 있도록 돕는다.

2. **활동 완수(set up)를 위해서 단계별 접근을 채택하라**: 예를 들어, 책상 위에 종이, 크레용, 가위 그리고 풀을 모두 한꺼번에 꺼내 놓고 미술 활동을 실시하는 것보다 교사들이 첫 번째 단계에서 필요한 재료만(예: 색칠하기를 위한 종이와 크레용)을 제공한다. 아동이 활동의 각 단계를 마치면 재료는 계속 추가되고, 이후에 더 이상 필요하지 않은 재료들은 책상에서 치운다. 이것은 방해물을 감소시키고 잠재적인 방해 요인을 최소화하는 것이다. 활동을 지시하는 동안에 ADHD 아동은 교사의 설명하는 모습을 가리지 않는 범위 내에서 교사에게 최대한 가까이 앉아 있어야만 한다. 마지막으로, 아동들끼리 지나치게 가깝게 앉지 않도록 의자 사이에 여유 공간을 두어야 한다.

3. **일과와 활동의 전환을 평가하고 조정하라**: 교사가 정해진 활동의 내용과 시간을 비판적으로 검토하도록 권장해야 한다. 학급에 따라 특정한 조정이 이루어질 것이다. 이때 몇 가지 질문이 제기될 수 있다. 두 번의 짧은 수업과 한 번의 긴 수업 중 어떤 것이 더 바람직한가? 전자는 짧은 주의집중 범위를 가진 아동에게 적합할 수 있을 것이다. 아동은 하루 중 어떤 시간에 가장 잘 앉아 있을까? 아마도 시간표는 아동의 행동 관찰에 기초하여 적용될 수 있다. 모든 학생이 밖에 나갈 때 한 줄로 서서 가야 하는가? 이동 시간이 짧아져서 기다리는 시간

을 줄일 수 있는가(예: 밖에 나갈 때 모두 옷을 입혀 주어야 하는가? 모두에게 과자를 나누어 주어야만 하는가?)? 마지막으로, '이동 시기를 알려 주는 것'이 유익할 수 있다. 예를 들어, 다음 수업으로의 이동을 알릴 수 있고, 그렇게 하여 현재의 활동을 빨리 끝내도록 할 수 있다.

4. **교육과정을 다양화하라:** 흥미 수준을 극대화하기 위해서는 교사는 전체 학생을 위해 계획하기와 활동 참여하기(예: 꼭두각시 인형놀이)를 독창적으로 계획하고, ADHD 아동이 특별히 흥미를 끌 수 있는 부분을 포함시켜야만 한다.

5. **명확하게 개별 지시를 하라:** 교사는 아동이 집단에 제시된 동일한 지시를 따를 것이라고 가정해서는 안 된다. 교사는 지시를 할 때 시선을 맞추고, 아동이 주의 집중하는 것을 격려하기 위해서 부드럽게 쓰다듬어 주어야 한다. 지시는 질문(예:"조니, 이 장난감을 들어 주지 않을래?")보다는 우회적이지 않고 직접적인 방법(예: "조니, 장난감을 들어라.")으로 해야 한다. 다단계(multistep) 지시는 개별 세부 단계로 쪼개야만 한다. 마지막으로, 아동의 주의집중과 이해를 위해 지시문을 반복해서 읽도록 요구해야 한다.

6. **아동을 도와줄 수 있는 성인을 많이 확보하라:** 구조화된 활동, 모둠 활동 그리고 이동 시간에 ADHD 아동에게 보다 많은 개별화된 주의집중을 제공하기 위해서 자원봉사자들(예: 부모, 대학생)을 확보하여야 한다. 이들에게 받는 도움은 어떤 중재에 대해서든지 일관성과 지속성을 갖게 할 것이다.

▶ 가정에서의 학령 전 학업 기술의 평가와 훈련

『문해력을 위한 길잡이: 유치원 활동집(*Ladders to Literacy: A Preschool Activity Book*)』(Notari-Syverson et al., 1998)은 조기 문해 경험을 제공하기 위해 활용될 수 있다. 프로그램은 개별화되고, 선택할 수 있도록 하며, 연습을 위한 다양한 기회를 가질 수 있도록 구성되었다. 따라서 다양한 발달 수준의 아동에게 적절히 사용될 수 있다. 『문해력을 위한 길잡이』에 포함된 활동과 내용은 아이들의 문해력 발달에 영향을 주는 세 가지 영역인 출판물/도서 인식, 메타 언어 인식 그리고 구두 언어로 나눌 수 있다.

『문해력을 위한 길잡이』는 '바쁜 부모들'을 위해 다른 활동들을 하는 사이에(예: 설거지하는 동안, 운전하는 동안) 끝낼 수 있는 단순한 활동을 포함한다. 예를 들어, 한 가지 활동은 부모가 자녀에게 가족 이야기를 읽고 난 후 어떤 일이 일어날지 맞혀 보라고 제안하는 것이다. 부모들은 색인 카드를 활용하여 손쉽게 접근할 수 있도록 제공받는다. 그들은 적어도 한 가지 일일 활동을 완수하도록 교육받으며, 이는 대략 15~20분 정도가 소요된다.

부모는 또한 초기 수리력 기능을 자녀에게 지도하기 위해 몇 가지 활동을 배워야 한다. 이 활동들은 수 개념과 관계를 이해하도록 설계되어 있다. 예를 들어, 아동에게 크다/작다, 올라가다/내려가다의 초기 수리력 개념에 대한 시각적 설명을 제공하여 주는 수직선과 온도계를 제시한다.

▶ 학교에서의 학령 전 학업 기술의 평가와 훈련

아동의 유치원 교육과정에 기초한 평가는 월 단위로 정기적으로 실시된다. 추가로, 음운 분절(phonemic segmentation) 유창성, 문자 유창성, 그리고 그림이름대기 유창성(picture-naming fluency)은 DIBELS(Kaminski & Good, 1996)를 사용하여 평가한다. 산술력을 강조하는 DIBELS의 수정판이 학령 전 수학 능력의 역동적 평가에 사용된다. 평가되는 특정 기술은 숫자 명명화, 수 세기, 숫자-집합 짝짓기, 집합-집합 짝짓기 그리고 모양 짝짓기 등을 포함한다. 이 자료는 교사가 진행 중인 교수를 개별화하도록 도울 수 있다.

『문해력을 위한 길잡이』프로그램은 유아기 교사를 위한 광범위한 교육과정을 포함하기 때문에 교수적 중재로 사용된다. 각 활동은 특정한 기술 교수와 강화를 사용한다(예: 소리에 대한 인식). 활동은 과제 요구에 따라 '높은 요구/낮은 지원' '중간 요구/중간 지원' '낮은 요구/높은 지원'의 세 가지 수준으로 범주화된다. 이 범주화는 아동이 과제와 활동을 완수하기 위해 필요한 교사 지원의 수준과 일치한다. 이 범주화는 아동의 특성과 교사에 대한 지속적인 요구를 고려한 과제를 선택하고 스케줄을 작성하도록 촉진한다. 또한 과제는 장애(예: 청각장애, 운동장애 또는 시각장애)를 가진 아동의 적응에 대한 중다(multiple) 기술 또는 목표를 포함한다. 그러므로 이는 다양한 요구를 가진 아동에게 적합하다.

▶ 가정-학교 간 의사소통

유치원 교사들은 가정에 간략한 알림장을 보낸다. 따라서 부모는 매일 아동의 학업 문제와 문제행동에 대해 알 수 있다. 또한 교사는 알림장을 통해 부모에게 매일의 수업 계획에 대한 간략한 정보를 제공한다(예: "우리는 오늘 'C'로 시작하는 단어를 배웠습니다."). 만약 아동에게 학습상 어려움이 있다면, 교사들은 아동의 기술을 증진시키기 위해서 학부모들에게 간단한 연습 문제를 제공한다. 그리고 교사는 그날 아동에게서 나타난 문제행동을 보고하는 동시에 문제행동에 관한 긍정적 행동의 예시와 향상된 부분에 대해서도 보고한다. 부모들은 심리학자나 특수교육에 의해서 적절한 학교 행동과 수행에 긍정적 후속 결과(예: 칭찬 또는 보상)를 제공하도록 지도받는다.

가정-학교 간 의사소통 및 지속성을 높이는 데 사용 가능한 또 다른 전략은 합동 행동 협의(conjoint behavioral consultation: CBC; Sheridan & Kratochwill, 2008)다. 합동 행동 협의는 아동의 학업적 · 행동적 · 사회적 요구를 알아내고 중재하기 위해 자문가의 지원과 함께 이루어지는 부모와 교사의 협력을 말한다. 4단계 절차는 합동 요구 확인, 합동 요구 분석, 계획 실행, 합동 계획 평가로 구성되어 있다. 합동 요구 확인 단계에서 부모와 교사는 목표행동을 확인하고 목표행동에 대한 자료 수집 방법을 결정해야 한다. 합동 요구 분석 단계에서는 수집된 자료를 분석하고, 무엇이 행동을 유지시키는지에 대한 가설을 설정한다. 그리고 목표행동을 수정하기 위한 계획을 수립한다. 부모와 교사는 계획을 실행하고 일정 기간 이후(예: 4주)에 기존 계획을 지속, 수정 또는 철회할 것인지 논의할 수 있는 평가 회의를 계획한다. 합동 행동 협의는 ADHD 고연령 아동의 행동적 기능을 향상시키는 데 효과적인 서비스 제공 모델로 입증되어 왔다(구체적인 내용은 Sheridan & Kratochwill, 2008 참조).

결론적으로, 중다요인의 조기 중재 프로토콜의 목적은 ADHD 행동 증상을 나타내는 어린 아동에 관한 가장 큰 위험 영역에 대해 진술하는 것이다. 특히 목표는 문해력과 수리력을 증진시키는 것뿐 아니라 발달상에서 보다 심각한 반사회적 행동을 예방하는 것이다. 우리의 계속되는 연구 프로그램 자료는 추후 수정을 위한 조기 중재 프로토콜의 지속적인 사용을 위해 사용될 것이다.

 ## 중다요인적 조기 중재: 결과와 향후 방향

이 장에서 설명하고 있는 중다요인 조기 중재 모델은 임의의 임상 실험에 따라 평가된다(즉, Early Invention for ADHD[EIA] 프로젝트; DuPaul et al., 2013; Kern et al., 2007). 이 실험의 목적은 ADHD와 관련된 문제행동과 이로 인해 일반적으로 뒤따라오는 부정적인 결과를 줄이는 부모 교육에 관한 중다요인 조기 중재 프로토콜을 평가하기 위해서다. EIA 프로젝트의 참가자 포함 준거는 앞에서 논의한 PATS(Greenhill et al., 2006)의 준거와 매우 비슷하다. 다면적인 선별 과정은 ADHD 증후에 대한 부모와 교사 평정뿐 아니라 부모 진단 면접에 근거하여 ADHD의 세 가지 하위 유형 중 한 가지의 DSM-IV-TR 준거를 만족하는지 확인하는 작업을 수행한다. 낮은 인지 능력이나 행동장애를 가진 자폐성 아이들은 제외되었다. 대부분(76%)의 표본은 반항장애의 기준을 충족한다.

선별 검사 후, 137명의 아이들이 포함 기준을 충족하였다. 무선 설계를 사용하여 아이들은 중다요인 중재(MCI) 집단(N=73) 혹은 부모 교육(PE) 집단(N=64)에 배치되었다. 집단은 나이, 성별, 부모 직업, 부모 학력, ADHD 하위 유형, 반항장애 여부 혹은 정신과 약물 확인증에 대한 기초선이 비슷했다. 중다요인 중재 집단은 이 장에서 설명한 중재를 가정 그리고 유치원/보육 시설의 두 가지 환경에서 2년이 넘도록 받았다.

부모 교육 집단은 2년 동안 부모 교육만을 받았다. 효과적인 육아를 위한 유아기 체계적 훈련(Earley Childhood Systematic Training for Effective Parenting: STEP; Dinkmeyer, McKay, Dinkmeyer, Dinkmeyer, & McKay, 1997) 교육과정을 사용했고, 일반적인 아동 양육 과정을 적용했다(아동 행동에 대한 이해, 훈육, 사회 · 정서적 발달). 이 과정에는 ADHD에 대한 정보, 아동 건강과 영양, 인지 그리고 언어 발달, 안전,

부모 자기관리, 그리고 학교를 가기 위한 준비와 관련된 내용이 추가되었다.

부모와 유치원/보육 시설 교사가 직접 관찰하고 아이들의 학령 전 학업 기술을 평가하여 완성하는 설문지 형태의 표준화된 평가를 사용하여 처치 결과를 평가하였다. 1, 2년간의 결과는 위계적 선형 모형을 통해 분석하였다. 그 결과, 중재를 시작한 지 1년 후에는 두 그룹 간에 유의미한 차이가 발견되지 않았다(Kern et al., 2007). 중요한 것은 그 당시 측정한 거의 대부분의 종속변인(18개 중 16개)에서 통계적으로 유의미한 증가($p < .01$)를 보였다는 점이다. 즉, 공격적 행동, 비행행동 그리고 ADHD 증후, 반항장애, 행동장애와 같은 부정적인 징후가 발견되었다. 또한 초기 문해 기술과 마찬가지로 교사와 부모가 평정한 사회적 기술은 통계적으로 유의한 양적 곡선을 보였다.

2년간 6개월마다 측정한 46개의 종속변인에서도 이와 비슷한 결과가 나타났다. 특히 통계적으로 유의한($p < .05$) 선형 곡선은 30개의 변인(measure)에서 발견되었고, 대다수는 예상되는 방향이었다(즉, 부모와 교사의 행동 문제 평점의 부적 곡선, 불응과 과제이탈행동의 관찰, 사회적 기술에 대한 부모와 교사 평점 그리고 학업 기술에 대한 직접 평가의 정적 곡선). 유의미한 2차 곡선(quadratic slope, 기울기의 방향 변화를 나타내는)이 변인 중 14곳에서 나타났다. 일반적으로, 이것은 초기 기울기의 가파른 변화가 시간이 지날수록 점차 줄어드는 것을 보여 준다(예: [그림 4-3] 참조).

중다요인 중재 집단과 부모 교육 집단 사이의 선형적 및 이차적 기울기에 대한 유의미한 변화는 부모 스트레스와 가족 대처 평정, 저항행동에 대한 교사 평정, 과제 이탈에 대한 직접 관찰, 불순응 그리고 유치원과 가정 환경에 긍정적인 사회적 참여를 포함하는 총 9개 변수에서 나타났다. 2년간의 결과에서 나타나는 이러한 차이의 대부분은 중다요인 중재 집단에서 보이는데, 이는 가족 대응, 부모 어려움과 문제가 있는 부모-아동 상호작용 평점, 교실 내 과제이탈행동의 직접 관찰과 부모-아동 상호작용의 긍정적 행동 그리고 반항적 행동에 대한 교사 평정을 포함한다. 중재를 시작한 지 2년 후, ADHD와 반항장애의 DSM-IV-TR 준거를 만족시키는 아동의 퍼센트는 ADHD의 경우 100%에서 기준점 61.5%로, 반항장애의 경우 76%에서 46.2%로 줄었다. 더불어 2년간의 중재 이후에 단지 표집의 8.3%만이 연

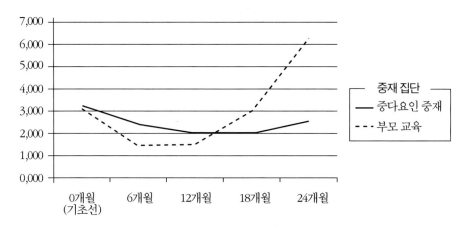

[그림 4-3] 구조화된 교실 활동에서 과제이탈행동을 보였을 때
중재 집단과 시간의 기능에 따른 관찰 간격에 따른 평균 비율

구에 참여하기 위한 초기 포함 준거를 만족시켰다(즉, DSM-IV-TR 준거에 부모와 교사의 극단적인 행동 평정을 더하여). 2년 이후에 행동장애 준거를 만족시키는 참여자는 없었으며, 29.1%만이 정신과 약물을 처방받았다. 비록 진단과 약물치료 결과에 있어 두 집단 간에 통계적으로 유의미한 차이는 나타나지 않았지만, 대부분의 경우 차이가 나는 방향은 중다요인 중재 집단에서 나타났다. 또한 정신과 치료를 받는 아이의 비율([그림 4-5] 참조)과 마찬가지로 진단과 장애에 대한 평정([그림 4-4] 참조)은 2년 동안 중재를 받지 않은 어린 ADHD 아동을 연구한 Lahey와 동료들(2004)보다 더 적었다.

이러한 결과는 조기 중재가 가정과 유치원의 행동 기능과 아마도 학령 전과 가정의 안전 기술에 상당한 영향을 끼치는 것을 보여 준다. 일반적으로, 두 집단의 아이들은 모집단에서 발견되는 점점 더 악화되는 행동 결과와 대조하여 상당한 향상을 나타냈다(예: Lahey et al., 2004 참조). 비록 두 조기 중재 집단 간에 큰 차이가 없었다고 해도, 중다요인 중재 접근은 유치원 혹은 초등학교 상황에 놓인 중재의 두 번째 해에 그러한 결과(예: 불순응, 과제 이탈, 약물 사용 감소)를 가져오는 데 더 강력한 접근이었을지 모른다. 이러한 결과는 더 강력한 중재에 따라 하위 그룹 간에 결과의 차이가 나타날 수 있음을 제시한다. 더불어 중다요인 중재 집단의 부

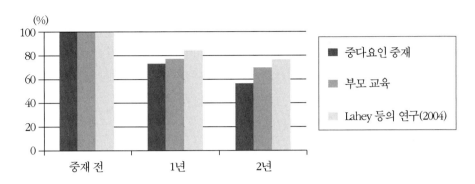

[그림 4-4] 조기 중재의 기능으로서 ADHD를 위한 진단과 손상 준거를
만족시키는 ADHD를 가진 어린 아동 비율

* 비교 자료는 체계화된 중재를 받지 않은 어린 ADHD 아동인 Lahey 등의 연구(2004) 참여자 자료다.

모는 6, 12개월의 평가 단계에서 부모 교육 집단의 부모보다 중재가 훨씬 더 만족
스러웠다고 평정했다. 18, 24개월에 집단 간 중재 수용성(treatment acceptability)의
유의미한 차이는 나타나지 않았다. 전반적으로 두 집단의 중재 수용성은 적당한
수준이었다. 교사들 역시 중다요인 중재 전략이 알맞게 만족스럽고, 효과적이었
다고 언급했다.

중재에 대한 개인의 반응은 두 집단에서 각각 상당히 다양했다. 우리는 반항행
동에 대한 교사와 부모의 평정(코너스 T점수)을 활용하여 6개월간의 중재 평정 결
과에 대한 개인의 효과크기를 계산했다. 중재에 사용된 행동이 주로 불순응 및 공
격 행동이었으므로 반항적 행동에 대한 평정이 사용되었다. 효과크기는 중재 전
평정-6개월간 중재 평정 집단 표준편차 공식을 사용하여 계산하였다. 긍정적인 중
재 반응은 0.5 표준편차 혹은 그 이상의 효과크기를 받은 참여자로, 부모 교육 집단
에서는 표집의 27%가 부모 평정에 근거해 긍정적인 반응을 보였고, 42%는 부모
평정에 따라 그리고 9.1%는 두 가지 환경 모두에서 긍정적으로 응답했다.

EIA 연구 결과는 장래성이 높을 뿐 아니라 미래의 연구를 위한 중요한 질문을 제
기한다(DuPaul & Kern, 2011). 첫째, 비교적 가벼운 정도의 부모 교육 형태의 중재를
받은 몇몇 아이가 상당한 향상을 나타냈다. 그 대신에 가정과 학교 두 가지 환경에

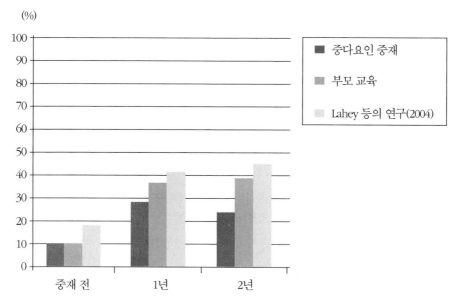

(%)

[그림 4-5] 조기 중재 연구 단계에 따라 정신과 치료를 받는 어린 ADHD 아동 비율

* 비교 자료는 체계화된 중재를 받지 않은 어린 ADHD 아동들인 Lahey 등의 연구(2004) 참여자 자료다.

서 개별화된 평가 기반 중재(assessment-based interventions)를 받는 중다요인 중재 집단을 포함하는 상당한 소수의 아이들은 중재에 반응을 나타내지 않았다. 따라서 더 나아가 중재의 다양한 강도에 따른 반응을 평가하는 것이 중요하다. 두 번째 중요한 질문은 강도가 낮은 부모 교육 프로그램이 부모들 사이에서 일정하지 않은 교육 횟수 참석을 고려할 때 동일하게 효과적인지에 관한 여부다. 특히 몇몇 아이는 상대적으로 저강도의 중재에 반응하기 때문에 여러 달에 걸친 20번의 두 시간의 중재가 필요하지 않다. 사실 3단계의 조기 중재 모형은 그 단계에서 남아 있는 부모와 교사 교육에만 충분히 반응을 보이는 아이에게 실행 가능한 반면에 부모와 교사 교육에 반응하지 않는 아이는 더 높은 강도의 중재 단계로 넘어가야 한다(조기 중재에 관한 단계적 접근의 상세한 내용은 DuPaul & Kern, 2011 참조). 이러한 단계적 접근은 지역사회의 조기 중재를 위해 제안된 자원이 주어졌을 때 더 나은 비용 효과성과 실행 가능성의 또 다른 잠재적 이점으로 작용한다.

요 약

ADHD는 대부분의 증상이 일반적으로 초등학교 이전에 드러나는 발달 초기의 장애다. 그러나 최근까지도 ADHD 아동을 판별하고 지원하는 과정에서 전문가들을 도울 수 있는 연구가 매우 적었다. 이 장에서는 다음과 같은 방법을 기술했다. ① 추가 평가와 중재가 요구되는 아동들을 묘사하기 위해 유치원 아동을 선별하기, ② 유아의 ADHD를 평가하기 위해 중다 방법 평가 모델 적용하기, ③ ADHD와 관련된 행동의 빈도와 강도를 초기에 감소시키는 중재뿐 아니라 ADHD와 관련된 일반적인 결과(예: 학업상 결손과 문제행동)의 출현을 예방하는 것이다. 많은 아동에게 ADHD가 만성화되기 때문에, 조기 판별(identification)과 중재는 인생 후반기에 보다 높은 비용의, 보다 집중적인 서비스가 필요하지 않도록 학교, 사회 그리고 가족 기능을 증진시킬 것으로 기대된다. 비록 이 가정이 임상적인 증명을 요구할지라도, 학교심리 전문가들이 예방자가 되어야 한다는 최근 요구를 볼 때(Power, 2002), 우리는 아동들과 그들의 부모 및 교사가 함께 중재에 참여해야 한다는 것을 굳게 믿는다.

제5장

초등학교에서의 중재와 지원

일반적으로, 아동은 일주일에 5일, 하루에 6~8시간을 학교에서 보낸다. 학교에서 규칙을 따르고, 다른 아동이나 교사와 상호작용을 하고, 교사가 지시하는 교육활동에 참여하고, 공부해야 하며, 다른 사람의 공부나 활동을 방해하지 않아야 한다. 교사는 교육과정을 비롯한 지식과 기술을 교육하고, 조직적·사회적·문화적으로 적절한 행동을 가르쳐야 한다. 교사의 역할은 학급에 ADHD로 진단받은 학생이 포함되어 있고 이들의 행동적 특성이 교실에서 학생들의 학습(ADHD 학생과 다른 학생들 모두의)을 방해할 수 있을 때 더 가중된다. 더욱이 ADHD 학생의 행동적 특성은 교육 환경에서 또래 및 교사와의 긍정적인 사회적 교류를 손상시킬 수 있다.

이 장은 ADHD 초등학생의 학습과 사회적 행동을 증진시키고, ADHD 아동이 속해 있는 교실에서의 교수 효과를 높이는 데 유용한 학교 기반 중재 및 지원 전략을 제시 및 논의하고자 한다(ADHD 중·고등학교 학생의 중재에 대해서는 6장 참조). 먼저, 중재에 필요한 기초적 개념을 제시한 후, 인지행동적 접근을 비롯하여 행동 중심(contingency) 관리(지원)와 학업 기술 교수에 근거한 중재(교수적 전략 기반 중재)에 대해 논의할 것이다. 마지막으로는 ADHD 담당교사 지원과 관련된 논의를 할 것이다.

학교 현장 ADHD 아동 상담의 개념적 토대

물론 ADHD 아동이 겪는 행동 문제는 만성적이고 손상되어 있어 이들이 학교 내에서 성공하기란 쉽지 않다. 앞서 기술했던 바대로 ADHD 아동은 기술 습득의 어려움, 과제 완성의 어려움, 학년을 따라가는 것의 어려움 등 다수의 학교 관련 문제에 취약하다(Lahey et al., 2004). ADHD 아동이 보이는 문제의 본질과 정도는 항상 그런 것은 아니지만 때때로 특수교육 적격성과 특별한 행동 및 학업 지원 프로그램에 대한 배치로 이어진다. ADHD 중ㆍ고등학교 학생은 낮은 학업 점수와 함께 학업 중도 탈락의 위험이 있다. 이러한 위험성은 ADHD 아동에 대한 진단과 효과적인 교육적ㆍ행동적 지원을 제공하는 것의 중요성을 보여 준다.

ADHD 문제의 심각성과 만성적 특성 때문에 우리는 여러 전문가와의 협력하에 예방과 중재 전략을 교실 기반으로 설계ㆍ실행ㆍ평가하는 체계적이고 지속적인 접근을 취하기를 권고했다. 이러한 접근법을 촉진하기 위해 미국 전국학교심리학자협회(National Association of School Psychologists[NASP], 2011)에서 발표한 주의력결핍 과잉행동장애 학생을 위한 성명서(Position Statement on Students with Attention Deficit Hyperactivity Disorder)와 교육학 및 심리학, 행동 지원 분야에서 이루어진 최근 연구에 기초하여 이 내용을 구성하였다. 또한 ADHD 아동을 위한 행동 및 교수 전략과 관련된 최근의 접근법을 개관할 것이다.

먼저 우리가 가지고 있는 가정을 검토하였다. 첫 번째 가정은 ADHD 진단에서는 오랫동안 지속될 수 있고 교실에서 다루기 어려운 행동 등 수반되는 문제에 많은 관심을 기울여야 한다는 것이다(Barkley, 2006). ADHD로 진단된 아동은 대부분의 학급 상황에서 학령기 내내 학업적ㆍ사회적 곤란을 경험한다(Mannuzza & Klein, 2000). ADHD를 위한 중재와 관련된 최근 연구의 대부분은 약물치료와 행동 관리를 중점으로 교실 내의 사회적 행동과 품행을 관리하는 것에 초점이 맞추어져 있다. 그럼에도 아동의 사회적 행동, 행동적 부적응 그리고 반사회적 행동 예방의 최적화만을 강조하는 것은 ADHD에 관한 '동전의 한쪽 면'만을 제시하는 것이다. 다른 면은 ADHD 아동의 학업적 성취와 수행을 최적화하는 것을 강조해야 한다.

사회적 · 학업적 문제는 서로 연관된 것으로 보일 수 있다. 이것은 두 번째 가정으로 이끈다. 특히 아동의 사회적 문제와 성취 문제 모두가 교육적인 문제로서 이해될 수 있음을 가정한다(Bambara & Kern, 2005; Skiba & Peterson, 2003). 즉, 교육자와 심리학자인 우리는 이 영역에서 문제를 예방하고 해결하는 등의 학업적 기술과 사회적 기술 발달 모두를 증진시키기 위한 교수법을 제공하는 데 결정적인 역할을 한다.

같은 맥락에서 세 번째 가정은, ADHD 아동과 관련된 전문가들이 문제행동에 대해서 교육적 접근을 해야 한다는 것이다(Sugai et al., 2000). 이런 측면에서 문제행동을 위한 중재는 문제행동을 수용할 수 있는 행동으로 바꾸는 데 필요한 기술과 지식을 ADHD 아동에게 가르치기 위한 명백한 목표를 가진다. 교육적 접근은 오직 아동에게만 초점을 맞추고, 일차적으로 문제행동의 제거 또는 감소와 관련된 중재의 대안이 된다.

문제행동에 대한 교육적 접근은 네 번째 가정을 이끌어 낸다. 문제행동을 교육적인 방법으로 효과적으로 처리하는 것은 프로그램화된 행동과 교사 지원 계획의 개발과 실행이 필요하다(Bambara & Kern, 2005). '긍정적 행동 지원' 프로그램으로 불리는 학교 기반 문제의 예방에 대한 최근 접근은 모든 학생의 학습과 행동을 촉진시키기 위해 학교 교실 수준의 접근법을 사용한다(이 주제에 관해서는 Sugai et al., 2000 참조). 그렇게 하여 프로그램은 '도약하도록 하는(jump-start)' 특징을 지니며, 개별화를 강조하는 중재/지원 전략들을 갖는다.

마지막 가정은, ADHD 아동의 행동 지원을 담당하는 이들이 적절한 전문적 훈련 과정을 완수하였다는 것이다(학교 기반 중재 영역에서 전문적 훈련의 요구에 대한 논의는 Power, Mautone, & Ginburg-Block, 2010 참조). 이와 같은 훈련은 중재 설계, 전달 그리고 결과 평가에 관한 개념적 · 실제적 준비를 포함해야 한다.

이런 가정에서 볼 때, ADHD를 위한 교실 기반 중재 전략들은 〈표 5-1〉에 제시된 중재에 관한 지침에 기초해야 한다. 첫째, ADHD에 관한 중재의 개발과 평가는 경험적인 것을 기본으로 삼는다. 처치 전략들은 부분적으로, 연구 문헌상에서 그

〈표 5-1〉 학습 문제와 문제행동 중재를 위한 설계, 실행, 평가 지침

1. 중재 개발, 평가 그리고 교정은 자료를 기반으로 한 활동이다.
2. 중재 개발, 평가 그리고 교정은 아동을 중심으로 다루어지며, 사회적으로 타당한 것으로 명확하게
   확인되는 성과 달성을 강조한다.
3. 중재 절차는 명확하게 책임을 지닌 사람에 의해서 통합적으로 실행되는 것인 만큼 철저하게 확인
   되고 정의되어야만 한다.
4. 효과적인 중재는 바람직하지 않은 방해행동을 단순히 감소시키는 것뿐만 아니라 적절한 행동과
   학습의 효율을 증가시키도록 만들고 이끄는 것이다.
5. 아동-교사의 행동과 교실에서의 중재에 대하여 비밀 유지를 한다.

들이 진술한 효과성을 기초로 하여 선택된다. 예를 들어, 교실에서의 환경적 여건
을 조정하는 중재가 가장 심각한 증상을 나타내는 ADHD 학생들의 행동을 크게
변화시켰다는 증거들이 있다(DuPaul, Eckert, & Vilardo, 2012의 메타분석 참조). 또한
중재 프로그램의 성공 정도는 적절하게 측정된다. 예를 들어, 아동의 학업적 기술
발달에 관한 교육과정 중심 평가 자료는 적절한 목표를 설정하고 학업 중재의 효
율성을 평가하는 데 사용될 수 있다(Shinn, 2010).

둘째, 아동의 요구를 고려하는 것은 중재 전략의 선택에서 가장 중요하다. 처치
목표는 ADHD 아동을 위해서 부모, 교사, 학생 자신의 판단과 더불어 사회적으로
타당한 성과를 지향해야 한다. 셋째, ADHD 학생의 중재에서 일반적으로 전문가
팀이 참여하게 될 때, 각 팀 구성원들에게는 책무가 정확히 주어지고 그에 따른 중
재 전략이 충실히 실행되도록 해야 한다. 넷째, 중재의 초점은 일차적으로 교실에
서의 방해행동을 감소시키는 것보다 일차적으로 적절한 행동(예: 학업적 생산성과
정확성)의 빈도 기간을 증가시키는 것이다. 마지막으로, 중재에 대한 각 아동의 반
응은 다양한 것으로 추정된다. 이런 이유로 특정한 처치의 효과와 부수적 효과는
잘 알려지지 않았다. 이는 모든 중재 전략에 대한 계속적이고 포괄적인 평가의 필
요성을 의미한다.

ADHD 아동에 관한 일반적인 가정과 널리 알려진 중재 지침을 통해 ADHD 관

련 문제를 보이는 아동에 관한 중재를 설계할 때에는 다양한 개념적·실제적인 근거를 활용한다. 첫째, 학교 전문가들은 흔히 충동적이고 부주의한 학생의 행동을 변화시키는 시도로 보상과 처벌에 의존한다. 그런 부정적 절차는 긍정적인 환경 맥락에서 조심스럽게 사용될 때 효과가 있다. 이에 비해 보다 성공적으로 보이는 접근은 순행(proactive) 전략과 반응(reactive) 전략 모두가 사용되는 균형 잡힌 접근이다. 특히 일반적으로 부주의행동과 방해행동의 선행 사건들은 문제가 있는 상호작용의 발생을 방지하기 위해 조정되어야 한다. 추가로, 반응 전략은 처벌적 접근으로 제한되어서는 안 된다. 오히려 주의집중행동과 적절한 행동이 발생했을 때 긍정적 강화를 제공하는 쪽을 강조해야 한다.

주의집중 문제를 가진 학생에 대한 효과적 중재 설계에 관한 또 다른 유용한 개념적 원칙은 수행(performance)의 관점에서 개입하는 것이다(Goldstein & Goldstein, 1998). 다양하게 진술된 전략은 최적의 효과를 위해 목표행동에 대한 근접성(proximity) 차원(즉, 시간 또는 장소)에서 실행되어야 한다. 예를 들어, 수학에 대한 주의집중과 과제 완성이 목표행동이라면, 가장 효과적인 중재 전략은 학생들이 수학 시간에 주어진 과제를 완성하도록 하는 것이다. 특정한 행동이 나타나는 시간과 장소가 배제된 중재는 보다 덜 효과적이다. 이 지침의 원리는 충동성이 주의집중 문제와 다른 ADHD 증상의 기저에 있는 주요 결함이라는 증거를 기반으로 한다(Barkley, 2006). 전형적으로 충동적 행동을 변화시키거나 방지하기 위해서는 충동성이 발생하는 혹은 대체행동이 일어나는 순간과 그 장소에서 즉시 실행되는 중재가 필요하다.

더욱이 수행을 강조하는 중재는 주의집중 문제를 가진 학생을 위해 개별화된 설계가 필요하다. 즉, ADHD 진단을 받았거나 ADHD 행동 프로파일을 지닌 모든 아동이 동일한 지원 요구를 가지고 있다는 개념에 기초한 '획일적인(one-size-fits-all)' 접근은 피해야 한다(DuPaul, Eckert, & McGoey, 1997). 개별화된 중재 계획 과정은 다음의 사항을 고려해야 한다. ① 아동의 현재 학업 기술, ② 아동의 부주의/문제행동의 형태(topography)와 기능성 여부, ③ 교사, 학부모, 학생과 가장 많이 관계된 목표행동 그리고/또는 결과, ④ 일부 중재의 효과성을 제한하는 교실행동 관리와 교수에 대한 교사의 접근 요소가 그것이다. 개별화된 중재들은 교사, 학부모 그리고 다른 학교 전문가들 간에 자문적(consultative) 문제해결 절차를 통해서 개발되어야 한다(DuPaul et al., 2006; Sheridan, Kratochwill, & Bergan, 1996).

   마지막으로, ADHD 학생을 위한 중재가 다수의 사람을 통해 실시되어야 한다는 재인식이 또 다른 중요한 쟁점이다. 특히 효과적인 전략은 교사, 부모, 또래 그리고 ADHD 학생 자신이 실행할 수 있다(Jitendra, DuPaul, Someki, & Tresco, 2008). 활용 가능하다면, 컴퓨터는 과제 참여와 학업 완수를 증진시키는 데, 특히 활동의 반복 연습과 실행과 함께 사용될 수 있다. 지침 원리는 ADHD 학생과 관련된 많은 문제가 언급될 때, 학급 교사가 모든 책임을 져야 한다고 기대해서는 안 된다는 것이다. 교실과 가정 환경에서의 다른 중요한 자원(예: 또래, 부모)이 중재를 지원하고 전달하는 데 사용될 수 있고, 보다 포괄적이고 비용 효과적인 중재 전략을 만들어야 한다. 〈표 5-2〉는 학업 환경(예: 초등교육기관 대 중등교육기관)과 매개관리자 모두의 맥락에서 가장 효과적인 중재 전략의 내용을 제시한 것이다. 이 특정한 전략에

〈표 5-2〉 학교 기반 중재 전략

중재 형태	초등학교	중등학교
교사	교수 전략 토큰 강화 체제	학습 기술 교수 행동 계약
부모	목표 설정 행동 계약 가정에서의 강화 계획 부모의 직접 교육	협상 전략 행동 계약 가정에서의 강화 계획
또래	또래 교수	또래 지도 또래 매개
컴퓨터	읽기와 수학 교수 반복 연습 및 실행	학습과 교수적 지원 과제 지원 워드프로세싱
학생 자신	자기점검	자기점검 자기평가

출처: DuPaul & Power (2000). Copyright 2000 by the American Psychiatric Association. 허락을 받고 재인용함.

대한 기술은 ADHD 학생을 위한 처치 전략에서 보다 자세히 기술된다.

 교실 기반 중재의 요소

앞서 기술했듯이 ADHD 아동으로 명명된 아동을 위한 교실 중재를 설계할 때 후속 결과의 조정을 강조하는 경향이 있다(개관은 DuPaul, Eckert, & Vilardo, 2012 참조). 여기에 중재연구는 정적 강화, 약한 수준의 벌과 결합된 정적 강화의 사용을 강조해 왔다(예: 반응 대가와 정적 강화로부터의 타임아웃). 일반적으로 응용 행동 분석의 영역 내에서 지난 세대의 연구는 선행 사건의 조정과 환경 배치를 통하여 행동과 학업상의 문제 예방과 관리를 강조해 왔다(Mayer, Sulzer-Azaroff, & Wallace, 2014; Sugai et al., 2000). 유사한 내용이 ADHD 아동의 교실 기반 관리 영역에서 강조되었다.

인간 행동의 원칙에 기초한 중재 절차들이 ADHD 아동을 포함하여 학교 환경에서 아동의 학습과 문제행동을 개선시킬 수 있다는 효과성이 오랫동안 입증되어 왔다(Mayer et al., 2014). 예를 들어, 행동 변화 전략은 ADHD 아동의 방해적이고 과제와 동떨어진 행동을 감소시키고, 그들의 학업적 성과를 증가시키는 데 성공적이다(Evans et al., 출판 예정; Pelham & Fabiano, 2008). ADHD 아동이 보이는 문제의 기저를 이루는 것으로 가정된 곤란(예: 충동성, 자기조절, 지연 반응의 문제)을 생각할 때, 이런 발견은 놀라운 것이 아니다. 행동 중재는 목표 학생을 위해서 자기 지시적 사고와 같이 '개별적으로' 작용하는 것을 보충하는 외적인 단서와 촉진 전략(예: 규칙, 지시, 행동 계약)을 제공하여 적절한 교실행동을 증가시킨다. ADHD와 관련된 교실 문제에 대한 행동 중심 중재를 설계하는 데에는 다음의 논쟁점이 고려되어야 한다.

1. 기능적 평가를 포함하여 특정한 문제의 전체적 평가는 중재 요소(예: 목표행동과 그것의 기능, 교수 전략, 동기화 프로그램)의 설계와 선택을 지도해야 한다.

2. ADHD로 진단된 아동은 다른 급우들에 비해 일반적으로 그들의 수행을 최적화하는 데 보다 빈번하고 특정한 피드백이 필요하다. ADHD 관련 문제에 초점을 둔 중재 초기에는 비교적 지속적인 형태로 제공될 수 있는 강화를 포함하도록 한다. 이후에는 점차 소거되는 형태의 강화 스케줄을 도입해야 한다. 강화 시간의 논쟁과 관련된 한 연구(Rapport, Tucker, DuPaul, Merlo, & Stoner, 1996)에서는 ADHD 아동이 학업 활동을 완수하는 과정에서 크고, 지연된 보상보다 더 작고, 직접적인 보상을 선택하는 경향이 있다는 것을 보여 준다. 이 결과는 효과적인 전략으로서 '수행의 관점'을 바탕으로 한 강화가 필요하다는 일반적인 개념 도입의 요구를 강조한다.

3. 정적 강화는 ADHD와 관련된 문제를 위한 중재 프로그램의 초석이다. 그러나 몇몇 연구에서 강화에만 의존하는 것은 인접한 과제에서 아동의 주의를 흩트릴 수 있음을 밝히고 있다. 대안적으로 정적 강화와 약간의 부적 강화를 함께 사용하여 이를 개선할 수 있으며(예: 조심스러운 질책; Abramowitz, O'Leary, & Rosen, 1987; Rosen, O'Leary, Joyce, Conway, & Pfiffner, 1984), 아동이 과제에 적절한 행동을 하도록 재지도할 수 있다. 언어적 질책과 재지시의 효과는 교사의 관심과 관련되는 의사소통의 전문성과 문제행동의 발생에 즉각적으로 뒤따르는 일관된 제지를 통해 신장될 수 있다(Pfiffner & O'Leary, 1993). 또한 아동을 존엄과 존중으로 다루기 위해 질책과 재지시를 할 때에는 간결하면서도 차분하며 조용한 방법으로 하여야 한다. 가능하다면, 질책은 아동과 눈을 맞추면서 개별적으로 전달하도록 한다.

4. 독립적인 과제 수행 기간에 학생의 행동이 변하는 것이 목표라면, 초기 과제 교수는 몇 단계만을 포함하여야 한다. 아동은 과제를 제대로 이해했는지 증명하기 위해 교사에게 다시 지시받은 내용을 말해야 한다. 이와 마찬가지로, 학생의 숙제와 그에 관련된 과제 또는 프로젝트는 한 번에 하나씩 제시해야 하며, 복잡한 과제는 작은 단위로 나누어야 한다. 어떤 경우 ADHD 아동에게는 할당된 과제의 전체 양을 감소시켜야 한다. 아동이 점점 더 큰 단위를 독립적으로 완수하는 성공 정도에 따라 과제량과 복잡성의 정도를 증가시킬 수 있

다. 반복적인 자료(예: 다시 해야 할 오류 투성이 시험지)는 피해야 한다. 집중 문제가 잠재적으로 악화되고 지루해지는 것을 피하기 위해 같은 기능이나 개념 영역에 초점을 맞춘 특정 과제로 대체될 수 있다.

5. 학업 성취와 수행(예: 과제 완수와 정확도)은 특정 과제 관련 행동(예: 과제 집중이나 착석)에 비해 여러 이유에서 중재의 대상으로 선정되기 쉽다. 첫째, 이러한 선호는 중요한 아동 성취에 대한 교사의 관심을 증가시킬 수 있다. 둘째, 이러한 선호는 독립적 학습과 과제 완수에 필요한 조직화 및 학업 기술(예: 과제 해결에 필요한 적정 자료로 학습, 초기 과제 수행에서의 형성적인 피드백의 요구)에 대한 주의집중을 증가시킨다. 셋째, 활동적 학업 반응에 초점을 맞추는 것이 Lindsley(1991)가 표현한 '죽은 사람의 행동(즉, 바람직한 행동) 평가'를 위반하는 것은 아니다. 여기서 '규칙'은 "만약 죽은 사람이 할 수 있다면 그것은 행동이 아니다."라고 진술된다(Lindsley, 1991, p. 457). 치료 목표의 사용이 '가만히 앉아 있기' 및 '말하지 않기'와 같은 것이라면 살아 있는 아동의 행동 평가로 적절하지 않다. 마지막으로, 중재 목표로서의 학업 반응에 대한 이러한 선호는 조심성 없고 방해행동 같은 바람직하지 않은 행동에 초점을 맞추는 대신, 방해행동을 전반적으로 감소시킬 수 있는 다양한 결과를 가져올 수 있다(Pfiffner & O'Leary, 1993).

6. 스티커와 소모품과 같은 물질적 강화물보다는 아동이 선호하는 활동(예: 자유선택시간, 학급 컴퓨터의 사용)이 가능하다면 자주 강화물로 사용되어야 한다. 이러한 강화 계약(contingencies)은 덜 선호되는 영역(예: 읽기 활동을 가능하게 하는 수학 시험지의 완수; Shimabukuro, Prater, Jenkins, & Edelin-Smith, 1999 참조)의 할당 과제 완수에 따라 보상(선호되는 교실 활동)에 접근할 수 있도록 해 준다. 또한 이러한 특정 보상이나 강화물은 아동이 무관심하지 않도록 하는 다양한 활동으로 선정하여 추가로 프로그램에 첨가할 수 있다(즉, 강화물 포함). 끝으로, 특정 활동이 아동을 동기화시킬 것이라 가정하기보다 아동이 원하는 것을 직접 물어보거나 선호하는 활동을 관찰하여 보상 '메뉴'를 개발해야 한다.

7. 보상 가치를 증가시키기 위하여 '기폭제(priming)' 과정을 아동에게 학습 과제 할당에 앞서서 실시한다. '기폭제'에는 교사와 학생이 가능한 교실 특권 목록을 살펴보고, 아동이 그중에서 하고 싶은 것을 선택하게 하는 것을 포함한다.

8. 중재 프로그램의 완전성이나 충실성은 점검·평가되어야 한다(Gresham, 1989, 2009). 이는 프로그램 구성 요소의 변화, 추가 자원 요구의 입증, 추가 훈련 자료의 개발과 제공 등 이러한 과정을 이루기 위한 지도의 기초로 사용할 수 있다. Gresham이 개발한 중재 충실성 체크리스트는 프로그램 충실도 모니터링 방법의 한 가지 예다. Gresham(1989)은 평정척도를 교실에서의 반응-대가 복권 체계(response-cost lottery)의 수행 성실성을 평가하기 위해 사용하였다. 독립적인 관찰자는 교실에서 교사가 매일의 상황에서 중재의 11단계를 완수하는지 평가할 수 있다. 따라서 중재 충실도는 매일의 수행에서 각 요소들을 평가할 수 있다. 이 정보는 추가 교사 훈련과 교실 중재 지원 등의 필요성을 결정하는 데 매우 중요하다. 물론 이러한 종류의 평정척도는 중재 과정의 특정 요소에 따라 변경될 수 있다.

강화 활동 관리 과정

적절한 학업 및 사회적 행동의 강화는 교실 기반의 행동 관리 전략의 기초로 볼 수 있다. 정의에 의하면, 정적 강화는 즉각적으로 뒤따르는 활동이나 행동의 발생을 증가시키는 사건, 조건, 자극을 뜻한다(Mayer et al., 2014). ADHD 아동에 대한 연구 보고서는 여러 다른 행동 관리 전략이 순조롭게 교실행동을 증가시키는 정적 강화의 기초가 된다는 것을 보여 주고 있다. 실제로, DuPaul, Eckert와 Vilardo (2012)가 수행한 메타분석 결과, 교실에서의 선행 및 후속 상황의 연관성을 다루는 것은 행동 변화에서 중간 이상의 효과가 있음이 보고되었다. 강화 활동 관리 중재는 이 연구의 전집에서 학업 성취에 대한 효과가 명확하지 않음을 보여 준다.

그러한 전략의 대표적인 범위는 문제행동에 대한 전환 혹은 불이익이 수반되는 정적 강화, 정적 강화로부터의 타임아웃, 학교에서의 행동에 영향을 미치는 일일 행동평정카드(DBRCs)의 사용을 포함한다.

토큰 강화 프로그램

사회적 칭찬 강화 활동과 주의집중은 많은 아동의 바람직한 행동 변화에 효과적인 방법이다. 그러나 대개 칭찬만 해 주는 것은 ADHD 아동의 교실 활동과 학업 수행을 일관되게 증가시키는 데 부족하다(Pfiffner & DuPaul, 출판 예정). 보조적인 일반 강화물을 포함한 행동 전략은 ADHD 아동에게 필요한 즉각적 보상, 특정화, 효력을 제공한다. 이러한 요인을 포함한 행동 관리 시스템은 부주의한 아동의 학습 산출물과 적절한 행동을 신장시키는 데 매우 성공적이라고 볼 수 있다(예: DuPaul, Guevremont, & Barkley, 1992).

학교 기반의 토큰 강화 시스템의 설계에는 다음의 단계가 포함된다.

1. 하나 이상의 문제가 있는 학급 상황이 중재의 목표가 된다. 이러한 상황은 교사 면접 또는 객관적 평정척도, 즉 SSQ-R(DuPaul & Barkley, 1992)을 통하여 결정된다. 학급의 직접 관찰은 이러한 문제 상황 및 행동 선정의 타당성을 보는 데 사용될 수 있다(2장 참조). 일반적으로, 과제의 독립적 해결이 필요한 학습을 할 때 ADHD 아동은 행동 통제에 많은 어려움을 보인다.
2. 목표행동이 선정된다. 이것은 일반적으로 학업 결과물(예: 주어진 시간 내에 푼 수학 문제 수) 또는 특정 행동(예: 쉬는 시간에 또래들과의 적절한 상호작용)을 포함한다. 일반적으로, 수합과 점검이 쉽기 때문에 학업 결과물이 선호된다. 또한 학업 성과는 일반적으로 부주의하거나 방해행동과는 상반된 행동을 포함한다.
3. 사용되는 부수적 강화물(즉, 토큰)의 형태를 정한다. 이것은 여러 가지 색상의 포커칩, 점검 표시, 카드 위의 스티커, 카드 스탠드의 점수 등이 포함된다. 어린 아동(예: 9세까지)은 일반적으로 실물(예: 포커칩)을 더 선호한다. 그러나 이

보다 나이가 많은 아동 및 청소년은 점수나 표시를 더 선호한다. 토큰 경제는 대표적으로 5세 이하의 아동에게는 너무 복잡하다. 학령 전 아동은 적절한 행동 유발에 대한 강화 활동으로 기초적 강화물(예: 부모나 교사의 칭찬, 안아 주기, 기타 사회적 호의)을 사용할 수 있다.

4. 목표행동의 가치를 결정해야 한다. 즉, 각 목표행동이나 하위 요소를 완수함으로써 얻는 토큰의 개수는 과제의 난이도에 따라 결정되는데, 더 어려운 과제나 시간이 걸리는 과제의 완수에 대해서는 덜 힘든 과제의 수행 때보다 많은 토큰을 주어야 한다. 더 복잡한 과제행동은 여러 구성 요소로 분할하여(예: '성공적 학습 완수'는 특정 시간 내에 몇 가지 문항 완수, 일정 수준의 정확성 도달, 교사의 피드백이 요구되기 전에 학습 점검 등으로 정의될 수 있다) 과제를 부분적으로 완수하거나, 어떤 수행 준거에 도달하는 때 등에 토큰을 줄 수 있다. 이러한 경우, 과제 분석에는 요구되는 행동의 하위 요소에 대한 명확한 서술이 필요하다.

5. 교사와 학생은 학교 상황에서 토큰과 바꿀 수 있는 특권이나 활동의 목록을 함께 개발하여야 한다. 이 목록에는 낮은, 중간의, 높은 '비용'의 물건이 포함된다. 부모의 협조를 구하여 이 목록을 함께 개발하는 것이 도움이 되며, 토큰과 교환될 수 있다. 가정에서의 특권도 개발한다. 토큰이나 점수의 양은 각 특권과 '거래'가 필요하다. 이것은 프로그램에 참가한 개별 학생과 함께 결정할 수 있다. 하루에 획득할 수 있는 토큰의 최대량을 계산하고, 이 합계를 사용 가능한 강화물에 균등 분할하는 단순한 지도 방법이라면, 각 항목의 비용으로 가감되는 토큰의 비용은 아동의 각 특권이나 활동의 '가치'와 상응하게 한다.

6. 참가한 아동에게 토큰의 가치를 가르치거나, 시범을 보여 준다. 그리고 초기에는 토큰을 획득할 수 있는 준거가 단기간에 성공할 수 있는 것이어야 한다. 예를 들면, 아동을 선정한 후, 주어진 수학 문제의 완수 비율을 목표행동으로 정하라. 아동은 보통 50~60%의 수학 문제를 완수하였다. 그렇다면 50%의 초기 완수 비율이 이 프로그램의 처음 며칠간의 준거로 선택될 수 있다.

7. 토큰은 적어도 당일 내에 교실에서의 특권과 교환되어야 한다. 하지만 일반적으로 기초 강화물인 토큰을 주는 것과 교환 사이의 짧은 지연은 더 효과적인 프로그램 결과를 가져온다. 비록 토큰이 임시로 즉각적 보상 역할을 한다 할지라도, 오랜 기간 '교환'이 지체되면 강화물로서의 기능을 상실할 수 있다.

8. 중재 프로그램의 효과성은 다중 결과를 측정하여 진행되어 온 방식으로 평가할 수 있다. 이 진행 평가의 결과에 바탕을 두고 새로운 행동 목표가 추가되며, 지나간 것은 삭제하거나 변경되고, 특권이 교체 또는 다양화된다. 토큰 전달과 토큰 교환의 시기도 변동될 수 있다. 그리고 반응 대가 과정(다음에서 논의함)은 적절한 행동의 진보가 성취되거나, 방해 또는 부적절한 행동이 문제를 야기하는 것에 따라 첨가될 수 있다.

9. 초기 방법과 행동이 향상됨에 따라 시간과 상황에 걸쳐 획득된 효과의 일반화를 보장하기 위해 다양한 추가 과정이 필요하다. 첫째, 모든 추가 문제 상황을 식별하고, 앞 전략(즉, 2~8단계)에 의한 변화를 목표로 삼아야 한다. 하나의 상황에서 획득한 행동이 자발적으로 다른 상황에도 일반화될 것이라고 추측한다면 이는 잘못된 것이다(중재의 일반화와 ADHD에 대한 논의는 Abikoff, 2009 참조). 둘째, 토큰과 강화물의 사용은 점진적으로 없애야 한다. 예를 들어, 학습 과제의 각 단계의 성공적 완수에 따라 토큰을 계속 제공하기보다는 여러 단계의 완수에 따른 행동 강화를 하다가, 점차 전체 과제의 완수에 따른 강화물을 제공하는 방식으로 이행해야 한다. 결국 이 체제는 다음에 논의되는, 처치에 의해 획득된 행동의 일반화 및 유지를 증진하려는 노력의 일환인 행동 계약으로 발전한다.

반응 대가

강화 활동 관리 전략은 정적 강화 과정이 단독으로 사용되면, ADHD 아동의 학업적 · 사회적 행동의 적절한 수준을 유지하는 데 좀처럼 효과적이지 않을 수 있다(Pififfner & O'Leary, 1993). 사실 여러 연구에서 보고된 바에 의하면, 부적절한(즉, 과제 이탈) 행동에 뒤따르는 가벼운 벌칙은 꾸준히 행동 변화를 촉진한다(Pfiffner & O'Leary, 1987; Pfiffner, O'Leary, Rosen, & Sanderson, 1985; Rosen et al., 1984). 예를 들어, 신중하게 질책하고 언어적으로 다시 지침을 주는 것에 더하여, 부적절한 방해 행동을 할 경우, 이에 대해 특권, 점수, 토큰 등의 강화물을 회수하는 처벌 활동을 강화와 결합하여 사용할 때 유용한 것으로 입증되었다.

현재 사용 중인 토큰 강화와 반응 대가는 ADHD 아동의 과제집중행동, 제자리 학습 활동, 학업 수행의 수준을 증진하는 것으로 입증되었다(Coles et al., 2005; DuPaul, Guevremon, & Barkley, 1992; Rapport, Murphy, & Bailey, 1980, 1982). 몇몇 사례에서, 교실에서의 향상은 각성제를 사용하여 얻어진 것과 동등하다(Rapport et al., 1982). 예를 들어, Rapport(1987a, 1987b)는 토큰 계약 체제가 반응 대가를 포함한다고 기술하고 있다. 학생과 교사는 아동이 얻은 점수 전체를 표시하기 위해 각각 카드 스탠드 또는 전자 기기(예: Attention Training System; Gordon, 1983)를 제공받는다. 점수는 자리에 앉아 있거나 수업과 관련된 행동을 보일 때 얻어지며, 이탈 행동을 보일 때는 차감된다. 따라서 교사는 학생들을 가르치거나 그들의 활동에 참여하면서 동시에 '토큰'을 전달하고 회수할 수 있게 된다. 다른 토큰 체제와 같이 학습 기간의 끝 무렵에 아동이 축적한 점수는 다양한 강화물(예: 선택 활동)과 교환될 수 있다.

반응 대가 과정을 사용할 때 유의할 사항이 있다. 예를 들어, 반응 대가가 벌칙 형태일 때, 이를 사용하는 것은 아동이 전체 토큰 체제를 부정적으로 보게 만드는 결과를 초래한다. 따라서 학생과 교사에게 프로그램과 구성 요소를 소개할 때, 강조점은 프로그램의 긍정적 관점(예: 학생에게 학습을 정확히 완수하는 것에 대한 점수와 보상을 획득할 수 있는 기회임을 강조하여야 한다)에 두어야 한다. 이와 함께 처음부터 계속 강화 활동을 조정하고 배치하기 위해 노력해야 하며, 아동이 점수를 잃게 하기보다는 얻도록 해야 한다. 교사는 '점수를 감소시키는 게임'에 초점이 맞춰지는 것을 막아야 하는데, 이는 과제이탈행동의 빈도가 어떠하든 1분에 한 번 이상의 점수를 차감하지 말라는 것을 의미한다. 또한 교사는 아동의 점수를 차감한 후에 시선을 돌리도록 해야 한다(Rapport, 1987b). 끝으로, 아동의 점수 총점은 0 이하로 떨어지게 해서는 안 된다. 총합 점수가 0이면, 모든 방해행동과 과제이탈행동은 무시되어야 한다. 만약 총합 점수가 0이면 강화 활동은 수정되어야 하고, 이에 따라 최소 위반의 경우에 점수가 차감되지 않아야 한다. 일반적으로 아동이 성공을 경험하고, 강화 계약 체제를 확실히 이해하게 되면, 점수 차감의 기준은 교실행동과 수행을 증진시키기 위해 더욱 엄격해져야 한다.

행동 계약

행동 계약이란 학생과 교사 사이에 합의된 행동과 그에 대한 보상을 포함하는 기법이다(Derisi & Butz, 1975). 일반적으로, 계약서에는 수행이 요구되는 교실행동과 유용한 강화 활동의 결과를 명시한다. 토큰 경제와 마찬가지로, 행동 계약에서는 특정한 학업적·행동적 목표가 아동에게 설정되고, 아동은 선호하는 활동 또는 기타 보상을 얻기 위해 준거를 만족시킨다. 일반적으로, 계약서에는 토큰과 같은 부수적 강화물의 사용보다는, 목표행동과 기본적 강화 활동 사이의 직접적 관계를 포함한다. 이렇게 해서 행동 완수와 보상 사이에 토큰 경제 프로그램보다 훨씬 긴 시간 동안 지연이 이루어질 수 있다. [그림 5-1]은 행동 계약의 예다.

비록 행동 계약이 다른 요인들에 비해 상대적으로 직접적 과정이라 할지라도, 많은 요인이 ADHD에 직접적인 영향을 줄 수 있다. 첫째, 아동의 나이를 고려해야 한다. 계약 과정은 6세 이하의 아동에게는 성공적이지 못한데, 이는 규칙에 대한 개념 발달이 더딘 어린 아동의 경우 오랜 기간의 강화 지연이 불가능할 수 있기 때문이다. 둘째, 원하는 행동과 강화 사이의 지연 길이를 고려하여야 한다. 예를 들어, 8세의 ADHD 아동에게 일주일 동안 매일 80% 정확히 수학 문제를 풀어야 보상이 주어진다면 이 강화 절차는 실패할 수밖에 없다. 적절한 강화 시기는 아동의 행동 관리 프로그램에 결정적인 요소다. 주어진 예에서 더 나은 성과를 올리려면, 선호되는 활동이 성공적 학습 기간의 결과 또는 일과 중에 주어져야 한다.

목표행동의 선정과 중재 프로그램의 협력 방법은 행동 계약의 성공에 중요한 결정 요인이다. 예를 들어, 계약 과정 관리의 초기 과정에서는 많은 수의 목표, 매우

나 (학생의 이름 기입)은/는 다음 내용에 대하여 동의한다.

1. 나의 모든 수학, 언어 수업의 과제를 적어도 80%의 정확도로 점심시간 전에 완성한다.

2. 나의 선생님이 수업 중 이야기할 때 주의집중을 하거나 나의 읽기 그룹으로 간다.

3. 조용히 있으며, 쉬는 시간, 점심시간 또는 음악 수업을 위해 줄을 설 때 지시를 따른다.

4. 쉬는 시간 동안에는 운동장/놀이 규칙(예: 차례 지키기, 싸우지 않기)을 준수한다.

매일 이러한 것들을 수행하였을 때, 다음의 것 중 하나를 선택할 수 있다.

1. 15분 동안 종례 후 급우와 게임할 수 있음

2. 15분 동안 놀이나 학업을 위해 교실 컴퓨터를 사용할 수 있음

3. 약간의 심부름(예: 출석부를 교무실에 가져다 놓기) 또는 교실에서의 일들(예: 학생들의 수학 과제 수합하기)을 함으로써 교사를 보조할 수 있음

만일 내가 한 주를 성공적으로 보낸다면 나는 공원으로 소풍 가기, 자전거 타기 또는 집에 친구 초대하기와 같은 특별한 주말 활동 가운데 하나를 부모님과 함께 할 수 있다. 만일 내가 이러한 교실에서의 책무를 다하지 못하였다면 나는 매일의 자유 활동에 참여할 기회를 잃어버리게 된다.

나는 책임감을 가지고 이 계약을 실행할 것에 동의한다.

서명:

_____   _____
(학생 서명)   (교사 서명)

_____
(날짜)

[그림 5-1] ADHD 학생을 위한 교실 행동 계약 예시

높은 질적 기준, 복잡한 과제 완수(많은 단계)를 피해야 한다. ADHD 아동에게는 이러한 형태의 복잡한 조건이 실패를 불러올 수 있다. 시작할 때 아동이 성취감을 느끼게 하는 것이 중요하다. 훨씬 어렵거나 복잡한 목표는 나중에 점진적으로 추가할 수 있다.

행동 계약 설계에서 마지막으로 중요하게 고려해야 할 점은 적절한 강화물을 확

정하는 것이다. 아동의 동기 유발에 효과적인 것으로 가정되는 활동이나 항목을 자주 강화물로 선정한다. 아동이 선호하는 강화물에 대한 가정을 계약 설계와 행동 계약 관리 과정의 좋은 출발점으로 삼을 수 있다. 그러나 이러한 강화물 선정은 매우 제한적일 수 있으므로, 개별화된 보상 메뉴가 필요하다. 두 가지 대안적인 방법을 시도해 볼 수 있다. 첫째, 특히 고학년 아동을 대상으로 학생과 직접 가능한 특권에 대한 계약을 체결하는 것이다. 직접 계약은 강력한 강화물을 확인시켜 줄 뿐만 아니라, 계약 과정에서 학생의 협조와 투자를 얻을 수 있다. 둘째, 자연적인 관찰을 통해 강화물로 사용할 수 있는 학생의 선호 활동을 확인하여 선정하는 것이다. 이러한 관찰에는 학생이 독립적으로 활동하도록 제시된 동안 몰두하면서 자주 일으키는 과제이탈행동(예: 그림 그리기, 앉아서 놀기)을 확인하는 것을 포함한다. 이러한 전략은 보상이 주어질 수 없을 때 특히 도움이 된다.

정적 강화로부터의 타임아웃

교실에서 활용할 수 있는 다른 형태의 약한 처벌 전략은 정적 강화로부터의 타임아웃이다. 이는 그 이름에서 느낄 수 있듯이 아동의 정적 강화(예: 교사와 동료의 배려)로의 접근을 금지하는 것이다. Barkley(2013a)의 타임아웃 절차는 가정에서 사용될 수 있게 설계되었으며 가장 대중적이다. 타임아웃이 효과적이기 위해서는 ① 강화물(강화 환경)이 존재하며, ② 아동의 방해행동이 교사나 아동의 관심을 얻고자 하는 것일 때, ③ 규칙 위반에 따라 즉각적으로, ④ 일관되게 적용되어야 하고, ⑤ 효과성이 입증된 최소 시간(예: 1~5분) 동안 적용되어야 한다.

실제 타임아웃의 시간이 아니라 유용한 강화물의 박탈이 이 방법의 효과성을 결정하는 데 가장 중요하다. 만약 아동이 타임아웃 장소로 간다면, 이 지역은 교실 내에서 상대적으로 외진 곳(분리된 장소, 벽장, 보관소, 복도 등이 아닌), 즉 아동의 활동을 감시할 수 있는 곳이어야 한다. 타임아웃 기간을 결정하는 준거로는 ① 효과적일 만큼 충분히 긴 기간(아동의 나이[5세]×2＝10분)이어야 하고, ② 타임아웃이 종료되기 전에 잠깐이라도 조용하고, 방해행동을 하지 않아야 하며, ③ 타임아웃을 유발한 부적절한 행동에 대한 교정, 수정, 보정 등의 의지를 아동이 표현할 수 있도록 해야 하고, ④ 끝으로, 허락 없이 타임아웃 장소를 벗어나는 아동의 경우 각 이탈행동에 대해 정해진 만큼 시간을 추가하거나, 만약 토큰 경제가 같이 쓰인다면 점수나 토큰을 차감하여야 한다.

정적 강화와 타임아웃의 세 가지 차이를 비교한 Fabiano와 동료들(2004)은 타임아웃의 사용에 도움이 되는 실제 예를 제공하였다. 이들 연구자는 여름 중재 프로그램에 참여하는 71명의 ADHD 아동의 문제행동에서 긴 시간(15분)의 타임아웃, 짧은 시간(5분)의 타임아웃, 증가하거나 점차 감소하는 타임아웃, 상대적으로 타임아웃이 없는 방식의 효과에 대해 연구하였다. 타임아웃 중재는 모든 수업에서 전반적인 중재 프로그램과 함께 시행되었고, 동일하게 긍정적인 효과를 보였다. 즉, 각각의 타임아웃 기법은 타임아웃 조건에 차이를 보이지 않았고, 타임아웃을 사용하지 않은 것과 비교하여 의도적인 공격, 불순응, 파괴행동을 감소시키는 데 효과적이었다.

요약하면, 타임아웃과 같은 제한을 두는 과정은 진행 중인 정적 강화 프로그램의 상황에서만 사용되어야 한다. 타임아웃은 긍정적이고 덜 제한적인 행동 관리 과정을 차례로 적용한 후, 이에 뒤따르는 마지막 수단의 중재로 사용해야 한다. 예를 들어, 부적절한 행동에 대해서는 처음에는 간단하고 단순하게 지적해야 하고, 그것이 지속될 경우 반응 대가, 머리를 책상에 숙이는 타임아웃, 교실 구석에서의 즉각적인 타임아웃, 학급이나 학교 규칙에 규정된 기타 벌칙 등의 순으로 점진적으로 적용하여야 한다. 좀 더 심각한 파괴적 행동(예: 신체적 공격)에 대하여는 더 제한적인 타임아웃 과정을 즉각 사용하거나 교실 또는 학교 규칙에 상응하는 다른 과정을 사용해야 한다. 타임아웃을 사용할 때는 그것이 계속할 만한 관리 전략이 아니기 때문에 신중하게 모니터링해야 하며, 단기적인 행동 감소 기술로 여겨야 한다.

일일행동평정카드(DBRCs)와 가정을 통한 행동 관리 프로그램

가정을 통한 행동 관리 프로그램은 아동의 행동이나 학교에서의 학업 수행 정보를 공유하면서 교실 기반 강화 활동의 효과적인 보조 활동으로 사용할 수 있다. 토큰이나 일일행동평정카드를 활용하는 이 방법은 여러 이점이 있다. 첫째, 아동은 날마다 교실 기능을 유지하는 여러 영역에서의 수행에 대해 담임교사에게 직접적 피드백을 받을 수 있다. 둘째, 부모는 학교에서의 아동 행동에 대한 정보를 받을 수 있으며, 교사와 부모 간의 계속적인 의사소통의 장을 열어 갈 수 있다. 아동이 교실에서 경험하는 곤란을 해결하도록 돕기 위해서 일일행동평정카드를 활용하는 방법이 부모와 교사 간의 협의나 학기 말 성적표를 기다리는 것에 비해 더욱 적합하다. 셋째, 모든 경우는 아니지만 많은 경우에서 일일행동평정카드 프로그램으로 행동의 증상이 줄어들면 학생은 학업 기능에서도 향상을 보인다(Owens, Johannes, & Karpenko, 2009). 넷째, 70% 이상의 ADHD 학생은 몇 달 동안의 중재 기간에서의 향상과 더불어 일일 보고 프로그램을 시작한 첫 달 안에 행동적인 향상이 일어난다(Owens et al., 2012). 끝으로, 이 체제는 교실 기반 강화 활동 관리 체제의 몇 가지 실제적인 한계(예: 제한된 강화 활동 범위)를 피할 수 있는데, 부모가 학교행동에 대해 강화를 제공하도록 할 수 있다.

ADHD 학생의 가정을 통한 행동 관리 프로그램의 예(DuPaul, Guevremont, & Barkley, 1991)는 [그림 5-2]에서 제시한 바와 같이 일일행동평정카드를 사용하는 것이다. 아동에게는 교실 활동에 주의 집중하기, 주어진 과제 완수하기, 과제 정확히 하기, 규칙 따르기 등의 여러 가지 행동 목표가 설정된다. 특정 목표는 개별 학생의 문제에 따라 다양하다(예: 만약 아동이 친구들과 싸우는 경향이 있다면 급우와 친하게 지내기가 목표가 된다). 일일행동평정카드의 기재사항은 다른 과목 또는 학기 동안의 정보를 전달하는 것으로 사용할 수 있다. 따라서 만약 아동에게 한 명 이상의 교사가 있다면 교사 모두가 참가해야 한다. 교사는 아동의 수행을 일일행동평정카드의 적당한 곳에 기록 평정하며('매우 잘함'부터 '매우 못함'까지의 5점 척도로), 일일행동평정카드에 서명하고 필요한 부분에 의견을 제시한다. 등급과 의견은 잉크로 작성하여 아동에 의한 위조나 변조를 방지한다. 아동은 이 일일행동평정카드를 각 교사에게 가져다주어야 하며, 매일매일 가정에 가져오는 책임을 진다.

양적 평정이 사용된다면 학교-가정 간 기록은 가정이 기초가 된 토큰 경제 내에

일일행동평정카드					

이름: _____   날짜: _____

학생이 오늘 학교에서 얼마나 잘 행동했는지 각각의 영역에 평가하시오.
다음 척도에 따라 1~5의 평정을 사용하시오.
1 = 아주 잘함, 2 = 잘함, 3 = 보통, 4 = 못함, 5 = 아주 못함 또는 안 함.

행동: _____	수업 시간 또는 과목: _____				
	1	2	3	4	5
참여					
수업 과제					
숙제 제출					
다른 학생과의 상호작용					
교사 확인					

피드백: _____

[그림 5-2] ADHD를 위한 가정 기반 강화 프로그램에서 사용할 수 있는 일일행동평정카드

출처: Barkley (1990), Copyright 1990 by The Guilford Press. 허락을 받고 재인용함.

서 사용할 수 있다. 예를 들면, 앞에서 제시한 것처럼 교사는 각 목표 영역에서의 수행의 양적 평정을 제공한다. 일일행동평정카드를 집으로 가지고 갔을 때, 부모는 아동과 정적·부적 평정에 대해 간단히 의논한다. 그리고 나서 특정한 점수가 일일행동평정카드에 숫자로 부여되고, 그날 얻은 점수의 실제 총합이 구해진다. 예를 들어, 교사가 부여한 숫자 '1'은 25점, '2'는 15점, '3'은 5점, '4'는 -15점, '5'는 -25점으로 변환할 수 있다. 정적 행동 변화를 가져오기 위해 이 점수가 강화물(예: 집안일 면제, TV 보기, 밤에 친구 집에서 보내기)과 서로 '교환'될 수 있어야 한다. 다른 토큰 프로그램과 같이 이 체제의 효과성은 동기 수준과 다양한 강화물의

활용 가능성에 달려 있다.

　Kelly(1990), Volpe와 Fabiano(2013)는 부모, 교사, 아동 간의 의사소통 수단으로 일일행동평정카드를 개발하고 사용하는 것에 초점을 맞추어 이러한 주제를 심도 있게 다룬 책을 저술했다. 그들의 책에 소개된 다양한 일일행동평정카드는 ADHD 관련 행동을 보이는 아동에게 수정하여 사용될 수 있다. 예를 들어, 중등학교 수준의 학생에게 사용되는 학교-가정 간 기록에서는 숙제 완료와 시험 점수 등을 강조할 수 있다. 또한 일일행동평정카드를 통해 교사는 정기적으로 부모에게 향후 과제를 알릴 수도 있다. 중등학교 수준에서 교사는 학교-가정 간 기록을 매일 작성하기보다는 매주 작성하는 것을 선호한다.

　몇 가지 요소가 가정을 통한 강화 프로그램의 효과를 제한할 수 있다(Rapport, 1987a). 이러한 체계의 한 가지 기본적인 문제는 강화의 제공을 지연시킨다는 점이다. 아동이 강화의 지연에 어려움을 보인다는 점을 고려할 때(Barkley, 2006), 가정에서의 강화물은 해당 행동과 더 직접적으로 관련된 학교에서의 강화에 비해 덜 강력하다. 이 문제는 6세 이하의 아동을 다룰 때 특히 중요하다. 둘째, 학교위원회는 부모들의 강화 절차 과정을 평가하는 데 한계를 보인다. 끝으로, 부모가 가정 기반 강화물을 사용할 때 오로지 물질적 보상에만 의존하는 것은 장기적으로 강화물의 효력을 떨어뜨릴 수 있으므로 이를 지양해야 한다. 대신 부모에게는 활동의 특성이나 사회적·물질적 특성을 가진 잠재적 강화물을 개발하는 데 필요한 도움을 제공해야 한다. 이러한 강화물은 아동의 눈에 띄어야 하고, 가정이나 지역에서 충분히 활용할 수 있으며, 비용이 비싸지 않아야 하고, '똑같이 진부한 보상'에서 오는 지겨움을 피하기 위해 정기적으로 교체되어야 한다. 고가의 '사치품'(예: 비싼 식당 가기, 놀이공원 가기)에 의존하기보다는 아동에게 '필수품'(예: TV 보기, 비디오게임 하기, 자전거 타기)으로 여겨질 수 있는 강화물을 사용하는 것이 특히 중요하다.

　앞서 열거한 가정-학교 의사소통 체제의 제한점을 고려할 때, 가정 기반의 강화에서 효율성을 증가시키는 요인들에 대해 설명할 필요가 있다. 이러한 요인은 〈표 5-3〉에 기술하였다. 첫째, 하루 및 한 주의 목표가 긍정적인 방식으로 구체화된다. 앞서 언급했듯 '죽은 사람 검사'를 통과하기 위한 표적행동은 부적절한 행동

〈표 5-3〉 효과적인 학교-가정 의사소통 및 강화 프로그램의 요소

1. 실행에 앞서 부모의 협조와 참여가 필요하다.
2. 특히 고연령 아동과 청소년의 경우, 목표와 강화에 대한 학생의 노력이 필요하다.
3. 하루 및 한 주의 목표가 긍정적인 방식으로 서술된다.
4. 학업 및 행동 목표가 모두 포함된다.
5. 한 번에 소수의 목표가 설정된다.
6. 교사는 학생의 수행에 대해 양적 피드백을 제공한다.
7. 피드백은 교과나 수업 시간 단위로 제공된다.
8. 학생의 수행에 대해 하루 혹은 한 주 단위의 정기적인 의사소통이 이루어진다.
9. 가정에서의 강화는 학교에서의 수행과 결부된다. 장단기 결과가 모두 고려된다.
10. 목표와 절차는 필요에 따라 수정된다.

의 부재보다는 과제 완수와 같은 학급에서 해야 하는 일의 적극적인 수행과 관련
된다. 둘째, 학업 및 행동 목표가 모두 포함된다. 초기 성공 확률을 높이기 위해서
는 아동이 목표 중 한두 개를 쉽게 성취할 수 있어야 한다. 이러한 노력이 수행의
준거나 기대치를 높이기 전에 아동을 협력적 입장으로 끌어들일 수 있을 것이다.
셋째, 교사와 학생이 압도되지 않도록 한 번에 소수의 목표만 설정하는 것이 중요
하다. 넷째, 아동의 수행에 대한 교사의 피드백은 양적인 것이어야 한다. 질적인 피
드백은 유익할 수도 있지만, 대개 모호하고 구체적이지 않다(예: "조니는 오늘 하루
를 잘 보냈다."). 다섯째, 피드백은 교과나 수업 시간 단위로 주어진다. 이는 학생의
수행에 대한 구체적인 정보를 제공하고, 더 자주 피드백을 주도록 하며, 아동이 오
전 수업에서 어려움을 겪은 경우에 동기를 잃는 것을 방지한다. 후자의 경우에 일
일행동평정카드의 평점이 하루 전체 수행에 근거한다면, 아동의 행동이 하루 일과
에 따라 향상되더라도 아동은 여전히 낮은 평점을 받을 수 있다. 여섯째, 강화의 제
공을 촉진하기 위해 가정-학교 간 의사소통은 하루 혹은 한 주 단위로 실시한다.
일곱째, 가정에서의 장단기 특권의 위계는 일일행동평정카드에 반영된 교사의 평
정과 직접 결부된다. 외적 강화물이 없는 상황에서 ADHD 아동이 향상을 나타낼
가능성은 희박하다. 여덟째, 강화 절차에 대한 이해와 협조를 확보하기 위해 처음

부터 부모가 가정-학교 의사소통 프로그램을 계획하는 데 참여해야 한다. 같은 이유로 고연령 아동과 청소년도 프로그램을 계획하는 데 참여해야 한다. 아홉째, 목표와 절차는 학생의 진전 유무에 따라 상시적으로 수정된다.

다른 부모 중재 방법은 부모가 아동의 학습을 보조해 주는 것이다. 예를 들어, Hook과 DuPaul(1999)은 읽기에 어려움을 지닌 2학년과 3학년의 ADHD 학생 4명의 부모-교수 중재의 효과를 평가하였다. 부모들은 교사로부터 제공된 문장을 사용하여 아동의 읽기 능력을 감독하는 방법을 훈련받았다. 대상자 간 중다기초선 실험 설계로 4주에서 8주 동안 교수를 실시했다. 읽기 성취도는 짧은 읽기 질문지를 사용해서 집과 학교에서 실험 기간에 일주일에 2번 평가되었다. 4명 모두 가정에서 실시한 읽기 질문지에서 더 높은 점수를 받았고, 학교에서 실시한 읽기 질문지에서는 더 큰 폭의 향상을 나타냈다. 연구 결과는 부모 교수가 ADHD 아동, 특히 자녀의 교육에 투자하는 부모를 둔 ADHD 아동의 읽기 성취도를 향상시키는 데 효과적인 중재가 될 수 있음을 시사한다.

요약하면, 부모 개입 전략, 특히 가정을 통한 강화 시스템은 학교에서의 수행을 증진시키는 데 효과적이며, 특히 학교의 행동 관리 강화 프로그램과 같이 사용될 때 효과적일 수 있다(예: 후자의 절차가 효과가 없을 때 학교에서의 기간을 보완). 경도의 ADHD 관련 행동을 나타내는 학생은 가정-학교 연계 프로그램에 특히 잘 반응한다. 다른 강화 관리 전략과 마찬가지로 표적행동과 강화물을 찾아내는 데 세심한 주의를 기울이고, 이 둘을 연결하며, 원칙을 지키도록 시스템을 관리하고 감독하는 것은 성공적인 결과를 산출하는 데 중요하다.

기능적 행동 평가

앞서 기술한 강화 관리 전략은 목표가 된 문제 및 적절한 행동의 발생에 뒤따르는 결과의 변화를 통하여 목표행동을 변화시키는 데 초점을 둔다. 기술적 관점에서, 이 과정은 행동이 개별 학생에게 기여하는 기능이 무엇인가보다 그것이 어떤 행동이며, 또는 그것의 형태가 무엇인가에 초점을 둔다. 그러나 최근의 교실 기반 행동 관리에 대한 연구에서는 처치와 행동 기능의 평가를 연결하는 개념이 두드러졌다.

기능 평가 전략은 해당 문제행동의 선행 사건 및 후속 결과 등의 환경적 변인을 밝히기 위한 면접, 관찰, 환경 조작(예: 좌석 재배치)을 포함한다. 선행 사건은 이러한 변인이 행동 분석의 공식화에서 문제행동의 발생을 유발하거나 촉진하는 것으로 가정된다. 후속 결과는 이러한 변인이 문제행동을 강화하거나 유지하는 것으로 가정된다(Bambara & Kern, 2005 참조).

문제행동을 유발하는 것으로 보이는 상황과 함께 문제행동을 유지시키는 요인을 이해하는 것은 성공적인 중재를 계획하는 데 필수적인 첫 단계다. 예를 들어, 교사가 전체 학급이 자리에 앉아서 수행하는 수학 과제를 제시할 때마다 해당 학생이 자리를 이탈하는 행동을 나타낸다고 가정해 보자. 이러한 경우에 중재는 그 학생이 지시를 이해하고, 필요한 모든 자료를 가지고 있으며, 독립적으로 과제를 끝낼 수 있다는 것을 확인하기 위해 교사가 과제 초기에 도움을 제공하는 것을 포함할 수 있다. 이는 예방적이거나 사전에 대책을 강구하는 전략일 것이다.

대신 같은 학생과 행동에 대해 문제행동의 기능이 다른 것으로 밝혀졌다고 가정해 보자. 이러한 경우에 자리를 이탈하는 학생의 행동이 교사의 관심을 얻는다고 가정해 보자(예: "라이언, 과제하는 데 도움이 필요하니? 내가 도와줄 수 있는지 과제를 함께 살펴보자."). 여기서 라이언의 자리이탈행동은 교사의 관심을 통해 강화되는 것으로 가정할 수 있다. 중재에 대한 기능적 접근의 적어도 하나의 요소는 같은 종류의 강화(이 경우는 교사의 관심)를 받을 수 있는 사회적으로 수용 가능한 대안행동을 강화하기 위한 행동 관리 전략을 포함할 것이다. 예를 들어, 교사는 라이언의 착석 및 독립적인 착석 과제 수행 여하에 따라 관심을 제공하고, 자리이탈행동이 발생할 때 관심을 주지 않는 것을 포함하는 전략을 사용할 수 있다. 대신 교사는 라이언이 쉽게 교사의 관심과 어려운 과제에 대한 도움을 받을 수 있는 얌전한 신호를 개발하도록 함께 노력할 수도 있다.

대표적인 연구에서 Stahr, Cushing, Lane과 Fox(2006)는 4학년 ADHD 학생을 위한 교실 기반 중재를 개발하기 위해 기능 평가 전략을 사용했다. 사용된 중재는 어려운 과제를 회피하고, 교사의 관심을 받는 기능을 수행하는 것으로 가정된 문제와 관련이 있었다. 연구 결과는 기능 평가 전략에 근거한 중재가 자기관리 전략과 함께 과제 수행과 적절한 관심 받기 행동을 향상시켰음을 시사한다.

 문제행동을 유발하거나 촉진하는 상황과 함께 문제행동을 유지시키는 요인을 이해하는 것은 개별화 중재에서 필수적인 첫 단계다(DuPaul et al., 1997). 예를 들어, ADHD 학생이 학급에 방해가 되는 행동(예: 언어적 방해, 순서를 지키지 않고 말하기)을 한다고 가정해 보자. 이러한 행동이 교사가 새로운 수학 자료를 제시할 때마다 발생한다고 해 보자. 이러한 상황에서는 아동의 방해행동이 수학 교수를 도피하거나 회피하기 위해 동기화되었을 가능성이 높다. 그렇다면 중재는 학생이 규칙과 기대를 이해하고, 교수에 참여하기 위해 필요한 모든 자료를 가지고 있으며, 교수를 명확하게 보고 들을 수 있다는 것을 확인하기 위해 교사가 과제 초기에 도움을 제공하는 것을 포함할 수 있다. 이는 예방적이거나 사전에 대책을 강구하는 전략일 것이다. Flood와 Wilder(2002)는 ADHD 학생이 높은 비율의 과제 외 행동을 보이는 조건을 확인하기 위해 이러한 전략을 사용했다. 이들은 어려운 학습 과제가 해당 행동을 유발한다는 가설에 근거해 도움이 필요할 때 학생이 이를 표현하도록 가르쳤고, 원하는 행동을 의미 있게 향상시켰다.

 하지만 이와는 달리 같은 문제를 지닌 동일한 학생에 대해 다른 문제의 정의를 내릴 경우를 생각해 보자. 예를 들어, 학생의 방해행동이 교사의 관심의 결과라고 가정해 보자(예: "제임스, 수업을 방해하지 마라. 교실 규칙도 모르니?"). 이러한 상황에서 제임스의 방해행동은 교사가 제시하는 사회적 태도를 통하여 강화된다고 가정해 볼 수 있다. 이 경우, 중재에 대한 기능적 접근은 같은 형태의 강화(이 경우는 교사의 관심)를 산출할 수 있는 바람직한 대안행동을 강화시키기 위한 행동 관리 전략을 포함하게 될 것이다. 예를 들어, 교사는 자신의 질문에 대해 제임스가 적절한 반응을 보이거나, 수업에 적절한 주의를 유지할 때 관심을 보일 수 있다. 또는 방해행동이 발생할 때 관심을 철회하는 방식으로 강화하는 전략을 사용할 수 있다.

 일단 아동 행동의 기능이 결정되면, 기능적으로 동등한 행동을 끌어낼 수 있도록 설계된 중재를 계획한다. 기능적으로 동등한 중재는 문제행동보다는 적절한 행동에 뒤따르는 바람직한 결과에 대한 접근 기회를 제공하는 것이다. 행동의 기능과 그에 따른 중재(개입) 사이의 연계는 [그림 5-3]에 제시되어 있다. 예를 들어, 아동이 교사의 관심을 얻기 위해 방해행동을 보인다면, 중재는 교사의 관심이 적절한 행동 후에 나타나도록 하고, 방해행동은 무시하도록 계획되어야 한다(즉, 상반행동에 대한 차별 강화). 더욱이 기능 중심 중재는 바람직한 결과를 경험하기 때문에 시간이 흐른 뒤에도 성과를 유지시키는 것으로 보인다.

이에 근거하여 Ervin, DuPaul, Kern과 Friman(1998)은 4명의 ADHD 청소년을 위

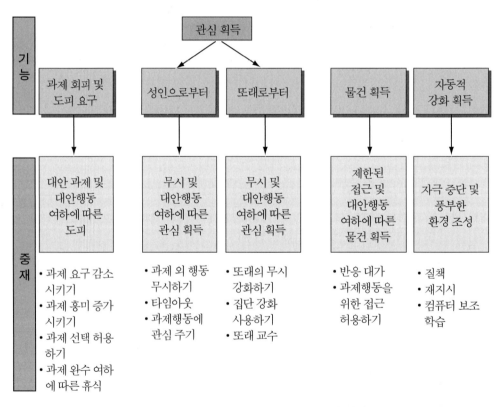

[그림 5-3] 아동 행동의 가능한 기능과 관련된 중재

출처: DuPaul & Ervin (1996). Copyright 1996 by the Association for Advancement of Behavior Therapy. 허락을 받고 재인용함.

한 교실 기반 중재를 개발하기 위해 기능 평가 전략을 사용했다. 이 중 2명의 학생에게 사용된 중재는 각각 필기 과제를 회피하고, 또래의 관심을 받는 기능을 가진 문제와 관련이 있었다. 전자의 학생에게는 쓰기를 손으로 하기보다는 컴퓨터로 하게 하였다. 이때 문제행동은 회피-동기화된 것으로 가정되었다. 후자의 학생에게는 과제 수행 행동 여하에 따라 또래의 관심이 제공되었다. 이때 문제행동은 또래의 관심에 의해 지속되는 것으로 가정하였다. 결과적으로, 기능 평가 전략에 중심을 둔 교실 중재는 두 학생의 과제 관련 행동을 향상시킨 것으로 나타났다.

 ## 인지행동 관리 전략

ADHD에 대한 중재의 주된 목표는 적절한 수준의 자기통제를 할 수 있게 하는 것이다. 자기통제는 아동이 독립적으로, 즉 환경에 대한 최소한의 조정으로 나이에 적절한 사회적·학업적 행동을 보이는 것을 의미한다. 비록 이것이 바람직한 처치 목표라 해도, 만성적이고 다면적인 ADHD의 본질을 고려할 때 실제 상황에서 성취하기는 매우 어렵다. ADHD를 위한 자기조절 전략은 자기점검, 자기강화, 자기교수가 조화된 전략을 포함한다(Barkley, 1989). 이러한 전략, 특히 자기교수를 포함한 경우 아동의 사고, 행동 그리고 이들 간의 상호작용을 변화시키는 데 강조점을 둔 인지행동 중재라고 불리기도 한다. 최근에 자기조절 중재는 ADHD를 포함하여 다양한 교실 문제를 다루는 데 일반적으로 사용되고 있다(Shapiro & Cole, 1994 참조). 일반적으로 ADHD 증상을 개선시킬 수 있는 가능성에도 불구하고, 이러한 전략, 특히 자기교수 훈련은 효과가 일관적이지 않다(Abikoff, 1985). 그럼에도 여기서는 현장 전문가를 위한 절차에 강조점을 두고, 앞에서 열거한 자기점검 및 자기강화 접근과 관련된 연구를 살펴볼 것이다(ADHD 청소년을 위한 자기조절 중재에 대한 설명은 6장 참조).

자기점검

아동은 자신의 행동을 관찰하거나 기록하도록 배울 수 있다. 예를 들어, ADHD 아동에게 공부 시간 중의 과제행동을 인식하고 기록하도록 가르칠 수 있다. 일반적으로 청각적 혹은 시각적 자극(예: 녹음기의 삐 소리, 교사로부터의 수신호)은 아동에게 자신의 현재 행동을 관찰하도록 신호를 주기 위해 특정한 시간 간격 동안 주기적으로 사용된다. 그러면 아동은 책상 위에 부착된 표에 과제행동 여부를 기록한다. 이러한 형태의 자기점검은 단독으로 혹은 일반적으로 다른 자기관리 절차와 함께 사용될 수 있다. 비록 이러한 중재가 ADHD 아동에 관련해서 널리 연구되지는 않았지만, 주의집중에 관련된 행동이 자기점검의 기능으로 증진됨이 밝혀졌는데, 특히 자기강화나 외적 강화물과 결합되었을 때 증진된다(예: Barkley, Copeland, & Sivage, 1980). 또한 몇몇 연구에서 언급된 것처럼 단지 주의집중 행동만 점검하기보다는 과제 완수와 정확성을 아동이 직접 점검하도록 하는 것이 훨씬 효과적이다(예: Lam, Cole, Shapiro, & Bambara, 1994).

특히 조직화하는 기술에 관심이 있을 때, 자기점검은 ADHD 청소년에게 실용적인 중재 방법이다. 예를 들어, Gureasko-Moore, DuPaul과 White(2007)는 3명의 ADHD 7학년 아동의 자기점검 전략을 평가하였다. 참여 아동 모두 교사로부터 수업을 준비하고 조직화하는 데 심각한 문제가 있는 것으로 평가되었다(예: 알맞은 교재, 연필, 노트를 가지고 수업에 오기). 준비행동 체크리스트가 각 학생별로 구성되었다. 이 체크리스트는 연구 기간 동안 준비 단계의 수준을 결정하기 위해 사용되었으며, 실험은 대상자 간 중다기초선 설계를 사용하였다. 기초선 기간에 이어 학교심리 전문가가 각 참가자에게 간략한 자기점검 훈련을 실시하였다. 자기점검 결과, 3명 모두 준비 단계의 수준이 상당히 증가했다. 실제로 그들은 몇 주 후 외적 촉구나 강화 없이도 거의 100% 요구된 준비된 행동을 보여 주었다.

자기강화

자기관리 기법이 ADHD 아동에게 최대의 효과를 내기 위해서는 학생 스스로 자신의 행동을 점검해야 할 뿐 아니라 자신의 수행에 대해 평가하고 강화하도록 하는 과정이 있어야 한다(Barkley, 1989). 사실, 자기점검과 자기강화를 함께 제공하는 것이 ADHD 학생의 과제행동, 학업의 정확성 그리고 또래와의 상호작용에 효과적인 것으로 나타났다(Barkley et al., 1980; Hinshaw, Henker, & Whalen, 1984). 이러한 효과는 자기점검과 자기강화의 절차와 더불어 각성제가 사용될 경우 더욱 향상되었다(Barkley, 1989).

자기강화 전략은 두 가지 상황에서 ADHD와 관련된 문제를 다루는 데 특히 유용하다. 첫째, 외적 강화 관리 프로그램의 사용을 점차 줄여 나가는 동안 학생 스스로 자신의 행동을 직접 점검하고 강화하도록 교육할 수 있다(Barkley, 1989). 이는 교사의 피드백이나 다른 형태의 강화가 감소되더라도 긍정적인 행동 변화는 지속될 것이라는 입장이다. 물론 교사의 점검이나 피드백을 줄일 때, 지원 강화물(예: 학급이나 가정에서의 특권)은 반드시 필요하다. 지원 강화도 시간의 경과에 따라 서서히 줄여 나가야 한다. 둘째, 교사와 학생이 강화 관리 절차를 채택하기 꺼리는 중등 과정의 경우다. 따라서 자기관리는 중등 과정에서 보다 적합한 중재 방법일 수 있으므로 더욱 일관되게 실행될 수 있다.

ADHD 증상을 감소시키는 데 유용한 자기점검과 자기강화 방법의 실례는 Rhode, Morgan과 Young(1983)의 연구를 바탕으로 한다. 이들은 통합 교육을 촉진하기 위하여 행동장애가 있는 6명의 초등학생을 대상으로 이 전략을 사용하였다. 프로그램의 초기 단계에서는 교실에서 특정 간격 동안 발생하는 학생의 행동에 대해 교사가 평정한 것을 바탕으로 교사가 토큰 강화 프로그램을 사용하거나 언어적 피드백을 사용하는 것을 포함하고 있다. 평정은 6단계의 위계적 준거를 사용하여 제시되었다. 5는 매우 좋음으로, 전체 간격 동안 모든 학급 규칙을 준수하고, 100%의 정확도로 과제를 수행했음을 의미한다. 4는 좋음으로, 잡담이나 자리 이탈 등 경미한 규칙을 위반했으나 나머지 간격 동안 규칙을 준수하고, 90% 이상의 정확도로 과제를 수행했음을 의미한다. 3은 보통으로, 전체 간격 동안 모든 규칙을 경미하게 위반하고, 80% 이상의 정확도로 과제를 수행했음을 의미한다. 2는 보통 이하로, 공격성, 소란, 잡담 등 하나 이상의 규칙을 중대하게 위반했으나 부분 간격 동안 규칙을 준수하고, 60~80%의 정확도로 과제를 수행했음을 의미한다. 1은 나쁨으로, 거의 전체 간격 동안 하나 이상의 규칙을 위반하거나 높은 수준의 부적절한 행동을 보이고, 0~60%의 정확도로 과제를 수행했음을 의미한다. 0은 매우 나쁨으로, 전체 간격 동안 하나 이상의 규칙을 위반하고, 0%의 정확도로 과제를 수행하거나 아예 과제를 수행하지 않았음을 의미한다. 이 체계에 따라 행동과 학업 수행을 각각 평가할 수 있다. 교사가 제시하는 평정 점수는 전형적인 토큰 경제에서와 마찬가지로 학교나 가정에서 지원 강화물과 교환된다.

　일단 행동 및 학업에서의 향상이 나타나면, 학생 스스로 앞서 제시한 준거를 사용하여 자신의 행동을 평가할 수 있도록 훈련시킨다. 이 단계에서는 교사의 평정 점수가 학생이 얼마의 점수를 획득하는지를 결정하는 데 계속해서 사용된다. 학생의 평정이 교사의 평정과 정확하게 일치할 경우 1점의 보너스 점수를 준다. 만약 학생의 평정이 교사의 평정과 1점 이상의 편차가 있다면, 학생은 그 간격 동안 점수를 얻지 못한다. 그러므로 강화는 행동을 향상시키는 것 그리고 교사와 유사한 방식으로 수행을 평정하는 것 모두와 관련된다.

　시간의 경과에 따라 교사의 평정은 점차 줄어들어 학생의 평정이 보상을 획득하는 결정 요인이 된다. 이것은 ① 정기적으로 이루어지는 교사와 학생 간의 평정 일치도 확인 작업을 무작위로 시행하거나, ② 이러한 확인 작업의 빈도를 점차 줄여 나감으로써 촉진될 수 있다. 예를 들어, 초기에는 평균 이틀에 한 번씩 평정 일치도 확인 작업을 한다. 그다음, 점차 평균 3일에 한 번, 일주일에 한 번, 2주일에 한 번 꼴로 줄여 나간다. 만약 어느 시점이라도 학생의 수행 정도가 나빠지거나 교사가 보기에 학생의 평정이 과대평가되었다고 의심될 경우에는 평정 일치도 확인 작업을 보다 자주 실시한다.

　Rhode와 동료들(1983)이 구성한 프로그램에서 학생은 결국 강화물 없이 자기평가만을 하게 된다. 이것은 특수학급이나 일반학급의 상황에서 유의미한 행동의 향상이 지속되는 결과를 가져왔다. 이 자기강화 시스템은 초등학교(Hoff & DuPaul, 1998), 중학교(Shapiro, DuPaul, & Bradley, 1998) 그리고 고등학교(Smith, Young, Nelson, & West, 1992) 환경에서 ADHD 아동과 행동장애 아동에게 확대되어 실시해 왔다. 이 프로그램을 조금씩 변형하면 다양한 연령에 걸친 ADHD 관련 행동을 수 정하는 데 적용할 수 있을 것이다. 그럼에도 이러한 절차의 성공에 영향을 미치는 핵심 변인은 학생의 평정과 관련하여 외적 강화를 지속적으로 사용하는 것임을 유 의해야 한다. 프로그램의 초기 단계에서 일찍 강화가 줄어들거나 제거될 경우, 이 러한 중재의 효과가 유지될 수 없을 것이다.

자기조절 중재를 기획하는 자는 ADHD 아동이 종종 자신의 행동을 정확하게 판 단하는 기술이 부족하다는 사실을 명심해야 한다. 이들은 자신의 긍정적인 행동만 을 기억하고, 자신의 평정에 영향을 미치는 문제행동에 대해서 인식하지 못하는 경향이 있기 때문에 낮게 평정해야 하는 문제행동이 무엇인지에 대해 간단하게 토 론하거나 일깨워 주는 것이 바람직하다(Hinshaw & Melnick, 1992).

최근의 여러 연구는 자기조절 중재를 개발하고 이행하기 위한 좋은 모델을 제공 한다. 예를 들어, 이전에 보여 준 것과 같이 Gureaske-Moore와 동료들(2007)은 자 기조절 전략을 활용하여 수업 준비와 숙제 완수 정도를 향상하기 위해 ADHD로 확진된 6명의 중학생을 대상으로 연구하였다. 연구자들은 학생들에게 자신의 행동 을 모니터링을 할 수 있는 체크리스트와 일지를 쓰는 방법을 가르쳤다. 추가로 학 교심리학자와 협력하여 확인된 목표에 관한 데이터를 평가하는 것을 안내해 주었 다. 자기조절 전략은 모든 학생 참여자에게 있어 수업 준비와 숙제 완료에서 유의 미하게 향상된 결과를 보여 주었다.

다른 연구에서 Evans와 동료들(2009)은 학교와 관련된 조직화행동(school-related organization behavior)의 향상을 목표로 하는 프로젝트를 28명의 ADHD 중학생과 함께하였다. 프로젝트는 확실하게 학생들의 학업 바인더(binder)에 집중하고 조직 화 평가지(organization assessment sheet: OAS)라고 불리는 모니터링 도구를 사용하 였다. 조직화 평가지는 과제 노트, 독립된 수업 폴더, 숙제 폴더, 그리고 바인더의 특별한 부분을 사용하는 구체적인 조직 전략을 포함하고 있다. 학생들은 조직화 기술을 기대한 만큼 잘 수행하는 방법, 그리고 관련된 행동을 점검 및 평가하는 방법을 배우고, 바인더를 사용하는 조직화 기술을 높은 빈도로 사용할 때 강화물이 주어진다. 28명 중에서 26명이 조직에서 유의미한 향상을 보여 주었고 연구자들은 조직화 평가지의 구체적인 항목들과 학생들의 수학 성적 사이의 유의미한 상관을 발견하였다.

또 다른 자기조절 중재연구에서 Plumer과 Stoner(2005)는 3~4학년 ADHD 학생 3명의 또래 관계 사회적 행동에서의 향상을 설명하였다. 이 프로젝트는 대상 학생과 같은 학급의 학생이 지도하는 또래 교수를 중심으로 이루어지는 자기점검과 자기평가라는 점에서 주목할 만하다. 중재의 주요한 구성 요소는 매일의 목표 설정, 점심시간과 쉬는 시간 동안의 행동 점검, 매일 목표와 관련 있는 행동 평가, 수행 기반의 점수를 부여하는 것에 학생과 그의 또래를 포함시키는 것이다. 부여된 점수는 강화 목록에 있는 항목과 교환할 수 있도록 하였다. 중재의 결과로 모든 참여자들의 긍정적 사회 행동이 유의하게 향상되었다.

ADHD 아동을 위해 학급에서 자기조절 시스템을 기획하는 일은 기대되는 행동에 대해 명확하게 기술하고, 학생이 갖고자 하는 보상 목록을 작성함으로써 아동에게 이 시스템을 사용할 수 있도록 교육시키는 것을 포함할 수 있다. 이러한 시스템의 궁극적인 목적은 아동이 교사의 지속적인 피드백 없이 학급에서 자신의 행동을 점검할 수 있도록 훈련시키는 데 있다.

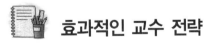 **효과적인 교수 전략**

행동 관리 전략의 입증된 효과 이외에도 ADHD 아동은 예방 지향 행동 관리나 학급 관리 전략으로도 효과를 얻을 수 있다. 또한 ADHD 아동은 기초 학습 기술, 학습, 공부 방법의 향상에 초점을 둔 교육 또는 보충 교육이 필요하다. 일반적으로, ADHD 아동이 경험하는 학급에서의 어려움을 경감시키기 위해서는 다음과 같은 복합적인 예방 및 중재 접근 방법을 포괄해야 한다. ① 학급 규칙, 학교생활과 바람

직한 교실행동에 대한 적극적이고 지속적인 교육, ② 규칙, 학교생활, 기대행동을 지원하는 점수 체계와 행동 관리, ③ 학습 향상을 위한 일상적 교수 방법과 교육과 정에서의 변화, ④ 기초 학업 기술(예: 읽기, 쓰기, 수학, 철자법)의 향상에 대한 지속 적인 점검, ⑤ 학업 자료를 잘 정리하고 학습하는 데 능숙해지기 위한 교육이 그것 이다.

　ADHD 아동의 교실에서의 학습과 수행을 고려할 때는 기초 학업 기술에서부터 아동의 학급 수행을 방해하고 있는 관찰 가능한 행동에 이르기까지 다양한 변인을 분석해야 한다. 이러한 변인의 대표적인 것들이 〈표 5-4〉에 제시되어 있다. 학급에 서 성취와 행동의 문제를 경험하는 많은 아동에게 문제해결을 위한 첫 단계 작업 은 적절한 중재를 계획하기 위해 문제가 학업 능력과 같은 기술의 문제인지, 교수 방법과 같은 상황의 문제인지를 확인하는 것이다. 그러나 ADHD 아동을 상대하는 전문가가 직면하는 어려움 중 하나는 학급에서의 어려움이 기술과 상황의 문제가 복합되어 있기 쉽다는 것이다. 이러한 두 가지 요소의 상호작용 가능성 때문에 복 합적인 중재 방법이 여러 환경과 중재 기관에서 전형적으로 사용되고 있다.

　이 절에서 논의된 전략들은 〈표 5-4〉에 열거된 어려움의 일부를 줄이는 데 있어 그 효과성이 경험적으로 지지된 것들이다. 그러나 알아야 할 것은 ADHD 아동의 학습이나 행동 효과에 관한 학교생활과 전략, 그리고 교수 활동에 대한 접근 방법 이 최근에서야 비로소 연구되기 시작했다는 것이다. 리하이 대학교의 연구자들은 ADHD 학생을 위한 학업 중재 방법을 기획하는 데 유용한 자문 모형(Promoting

〈표 5-4〉 ADHD와 관련된 평가와 중재에서 고려할 기술 및 조건

기 능	조 건
읽기 기술	ADHD 증상의 심각도
쓰기 기술	학급 관리 및 동기화 전략
철자법 기술	자습 시간 등 수업 시간 편성
수학 기술	교육과정
학습, 조직화(정리정돈), 자기관리 기술	가정과 학교 간 의사소통
사회적 · 대인관계 기술	지역사회 기반의 중재(예: 약물치료)

Academics Success for Students: PASS)을 개발하여 테스트하고 있다. 이 자료 기반의
의사결정 모형은 자문적인 문제해결(Bergan & Kratochwill, 1990), 교육과정 중심 평
가(Shinn, 1998), 그리고 학업 활동의 기능적 평가(Witt, Daly, & Noell, 2000)의 요소를
포함한다. 수집된 학술 결과 데이터(이 장의 뒷부분에서 보고됨)는 일반적으로 중재
설계에서 '시행착오' 접근법과 관련된 모델에 기반한 교수 중재의 비용효율성을
보여 주었다. 여기에서는 예방적인 교사의 행동(문제행동이 나타나기 전에 수행하는
예방적인 전략)에 초점을 맞추어 논의를 시작하겠다.

기초 학습 기술 교육

ADHD 아동을 포함하는 교실 기반의 연구는 이 장의 앞 절에서 기술한 바와 같
이 행동 관리에 대한 논쟁에 초점을 두는 경향이 있다. 이와는 대조적으로, ADHD
아동의 학업 수행과 학습을 향상시키기 위한 교수 방법, 교육과정, 교실 환경 구성
등에 관한 연구는 상대적으로 적다. 이러한 현상은 두 가지 요인에서 기인한다고
추측해 볼 수 있다. 첫째, 흔히 ADHD 아동이 파괴적 행동을 많이 보여, 이러한 경
향이 교사로 하여금 아동을 전문가에게 의뢰하게 한다. 둘째, 역사적으로 ADHD
와 ADHD 관련 문제에 관한 연구 지식과 실제는 교육 영역보다는 의학 및 임상 전
문가들의 영역에서 다루어졌다. 그러나 이제 교육연구가들이 ADHD 학생의 학습
과 성취 향상을 위한 또래 교수, 컴퓨터 보조 교수, 과제/교수 수정, 전략 훈련 등의
방법을 포함한 중재 접근을 연구하면서 그러한 현상은 변화하기 시작했다. 이러한
전략에 대해서는 먼저 읽기, 쓰기, 철자법과 같은 기초 기술 영역에서의 교수 전략
과 교수 활동에서의 기초적인 문제에 대해 간략히 논의한 후 기술하고자 한다.

교수 전략과 중재에 대한 주제를 온전히 다루는 것은 이 책의 범위를 벗어나는
것이며, 그 주제에 관해서는 많은 책이 출판되어 있다(학업 및 행동 문제를 위한 중재
범위는 Shinn & Walker, 2010 참조; 효과적인 교수의 범위는 Archer & Hughes, 2011 참
조). 그렇지만 우리는 이 글이 ADHD 학생들의 성취를 향상시키는 교수 전략과 연
결된 교실 기반의 연구와 실제의 지속적인 개발을 촉진할 수 있기를 바란다.

▶ 수업의 과정

Archer과 Hughes(2011)가 검토하고 논의하였듯이 효과적인 교수 방법은 개관, 자료 제시, 연습 지도(guided practice), 교정 및 피드백, 자율학습, 주/월 단위의 복습 활동의 6개 주요 교수 기능을 포함해야 한다. 예를 들면, 개관은 선수 학습이나 지식, 지난 시간에 학습한 내용이나 현재 학습하고 있는 내용과 관련된 정보에 대한 토의 과정 등을 포함한다. 다음으로, 새로운 정보나 학습 자료(즉, 사실, 변별 자료, 기본 개념, 관계)를 긍정적 예와 부정적 예를 활용하여 적절한 단계 또는 단위로 제시한다. 일단 새로운 학습 자료나 정보를 제공한 다음에는 성공 확률이 높은 연습의 기회를 많이 제공한다. 그다음 연습 과정 동안의 학생의 수행에 기초하여 교정과 피드백을 제공하고, 새로운 학습을 하는 데 필요한 학습 자료를 다시 가르친다. 새로운 학습 자료와 관련된 문제와 질문에 대한 정답 비율이 높아지면 이제 학생은 자율학습을 할 수 있다. 자율학습은 학생이 새로 학습한 내용을 다양한 문제에 적용하고 다양한 맥락에서 이해하기 위하여 새롭게 학습한 내용에 대한 유창성과 자동화를 형성하기 위해 필요하다. 마지막으로, 학습한 자료를 능숙하게 그리고 혼자 힘으로 적용할 수 있도록 주/월 단위의 복습 활동이 필요하다.

이러한 교수적 기능은 두 가지 중요한 이유로 학생들의 학습을 촉진시킨다. 첫째, 학생들이 배워야 할 것을 학습할 기회를 확실하게 제공한다. 둘째, 일련의 검토, 연습, 피드백, 교정, 재연습의 과정을 통해 교수 활동이 진행되기 때문에 교사는 학생들이 정교하게 수행하고 능숙하도록 할 수 있다. 학생이 학습 과제를 반복적으로 부정확하게 연습하거나 수행함으로써 잘못된 규칙(예: − 기호를 보고 더하기를 하고 + 기호를 보고 빼기를 하는 것)이 굳어지는 상황을 피할 수 있게 해 준다. 게다가 이러한 요인들은 가르치기 힘든 교재나 학생을 고려하여 제작되거나 개별화될 수 있다. 예를 들어, 특정 과목에서 어려움을 겪는 학생을 가르칠 때, 자료를 더 작은 단위로 나누어서 더 많은 연습의 기회를 주고 피드백도 더욱 자주 해 줄 수 있다.

다음에 논의할 교수 지원과 전략은 ADHD 아동들 사이에서 향상된 수행과 관련된 요인을 포함하고 있다. 피드백과 교정을 자주 받을 수 있는 교육 기회를 제공하며, 교사의 지도나 교수 활동에 대한 적극적인 반응을 통해 학습할 수 있는 기회를 포함한다. 이러한 전략에 대해 관심 있는 독자들에게 추후 학습과 연구에 대한 방향을 제시할 목적으로 간략하게 소개하고자 한다.

▶ 읽기 기술

초기 학령기의 읽기 성공은 이후의 학업 성취와 학교 적응과 관련이 있다(National Reading Panel, 2000). 그렇기 때문에 읽기 기술은 아동의 성공적인 학교 적응에 중요한 구성 요소다. ADHD 아동은 또래 아동보다 읽기에 문제가 있을 위험성이 더 큰 것으로 보인다(DuPaul et al., 2001; O'Reilly, 2002). 읽기 교육과 치료는 크게 글자 해독과 내용 이해의 두 영역으로 나누어 이해할 수 있다.

문자화된 정보로부터 의미를 파악하기 위해서는 자료를 구성하고 있는 문자를 해독해야 한다. 문장을 해독하는 법은 아동에게 매우 중요하기 때문에 미국국립연구회의(National Research Council, 1998)와 미국국립읽기위원회(National Reading Panel, 2000)에서는 읽기 교육 차원에서 모든 아동이 파닉스(phonics)에 대해 교육받는 것이 중요하다고 논의하고 있다. 이와 유사하게, 이 분야의 다른 선도적인 연구자들(Adams, 1990; Carnine, Kame'enui, & Silbert, 1990; Denton & Vaughn, 2010)은 체계적인 파닉스에 입각한 훈련이 초기 2년의 읽기 교육 활동의 한 요소가 되어야 한다고 제안하고 있다. Grossen과 Carnine(1991)은 이러한 교수법을 구성하는 네 가지 주요 요소, 즉 ① 글자 각각의 음가를 가르치기, ② 혼합된 음운 가르치기, ③ 음독 오류에 대한 즉각적인 피드백과 교정, ④ 글자의 개별 음가, 단어 목록, 문장의 맥락 속에서의 단어 등을 활용한 반복 연습에 대해 논의하였다. 글자 해독을 유창하게 하는 학생들은 문장의 의미를 파악해 내는 숙련된 기술을 갖출 수 있게 된다.

내용 이해 읽기 교육은 파닉스를 가르치는 과정보다 훨씬 많은 것이 필요하다. 예를 들어, Sindelar, Lane, Pullen과 Hudson(2002)은 읽기의 어려움을 겪는 학생들에게는 다음 세 가지 주요 영역에서의 다양한 전략이 유용하다고 제안하였다. ① 읽기/글자 해독에서의 유창성, ② 어휘력 형성, ③ 이해력 강화가 그것이다. 읽기 및 글자 해독의 유창성에 대한 교육에는 같은 글을 반복해서 수차례 읽는 것(O'Shea, Sindelar, & O'Shea, 1987; Samuels, 1979)과 새로운 글을 미리 살펴보는 것(Rose &

Sherry, 1984)과 같은 전략들이 포함된다. 이 두 가지 중재 전략은 모두 학습장애 학생의 읽기 유창성과 내용 이해를 향상시키는 것으로 나타났다. 또한 Baker, Gersten과 Grossen(2002)은 어휘력에 대한 체계적 교육은 내용 이해 교육의 일환으로서 그 효과가 확실하다고 주장한다. Sindelar와 Stoddard(1991)는 낱말 카드의 단어 조합을 통한 동의어 교육(Pany, Jenkins, & Shreck, 1982), 동일한 범주에 속하는 단어군에 대한 교육(Beck, Perfetti, & McKeown, 1982), 새로운 읽기 과제에 포함될 어휘에 대한 사전 교육(Wixon, 1986) 등과 같은 어휘력 증진 전략의 효과성을 밝힌 연구들을 언급하고 있다.

마지막으로, 내용 이해를 향상시킬 수 있는 몇 가지 교수 전략을 소개하면 다음과 같다. 첫째, Grossen과 Carnine(1991)이 지적한 바와 같이 내용 이해를 위한 읽기는 글자 해독 기술의 향상을 수반한다. 글자 해독 기술이 능숙하면 내용이해를 향상시킬 수 있는 여러 가지 교수 활동을 활용할 수 있다(Gersten, Fuchs, Williams, & Baker, 2011; Simmons et al., 2002 참조). 예를 들면, 주어진 읽기 과제에 대한 사전 토론 활동은 학생들이 이해할 수 있고 관련 지을 수 있는 맥락에서 글을 읽을 수 있게 만들어 준다. 글과 관련된 배경지식 또는 정보가 점검되고 보충될 수 있으며, 이는 필수 어휘도 마찬가지다. 이러한 읽기 전 활동 이외에 몇 가지 내용 이해 증진 전략이 읽는 과정에서나 글을 다 읽고 난 후에 사용될 수 있다. 학생들은 이야기 구조(story grammar) 또는 이야기 유형(story patterns)으로 알려진 일련의 질문을 던지는 방법을 학습하여 글의 내용과 구조를 이해할 수 있게 된다(Carnine & Kinder, 1985). 그리고 학생들은 자료에 대한 이해를 돕기 위해 글의 내용을 도표나 그림으로 표현하는 방법도 학습하게 된다(Grossen & Carnine, 1991). 또한 내용 이해는 쓰기 기술과 철자법 기술의 발달에 의해 그 능력이 신장될 수도 있다(Anderson, Hiebert, Scott, & Wilkinson, 1985).

언어 기술 교육(language arts instruction)에서는 쓰기와 철자법 기술의 발달에 초점을 둔다. 쓰기와 철자법 영역에서의 기술은 기능적 의사소통 능력 발달의 핵심적인 부분이다. 달리 표현하자면, 글을 쓰는 사람은 쓰기와 철자법 기술을 통해 그 글을 읽는 사람에게 자신의 의도를 효과적으로 전달할 수 있다. 관심 있는 독자는 저성취 학생의 쓰기/철자법을 향상할 수 있는 중재 방법과 쓰기/철자법에 관한 Graham, MacArther과 Fitzgerald(2013)의 우수한 논문을 보기 바란다.

학업 기술과 교수 전략에 대한 지식과 전략을 철저히 이해하고 있는 교사와 학교심리 전문가는, 학업 기술의 결손을 보이는 ADHD 학생을 위한 포괄적이고 효율적인 중재 프로그램을 제작할 수 있는 교수 중재 방법을 활용할 수 있을 것이다.

하지만 우리는 ADHD 학생을 위해 성공적으로 교수를 개별화하는 것이 중재를 설계하고 전달함에 있어서 종종 상당한 교사의 지원을 입증하고 요구한다는 것에 주목할 필요가 있다. 최근의 관련된 일련의 연구에서 DuPaul과 동료들(2006), Jitendra와 동료들(2008), Volpe, DuPaul, Jitendra와 Tresco(2009)는 ADHD 학생과 교사에게 효과적인 학업 지원 접근 전달과 내용을 상세히 알렸다. 구체적으로 Jitendra와 동료들은 읽기와 읽기 이해의 발달을 지원하는 협력 전략적 읽기와 음운 인식, 그리고 단어 해독의 명시적 교수 활용 방안을 사용할 수 있는 분명한 교수법을 서술하고 논의한다. 수학 교수 영역에서 이들 저자는 수학에서 고차원 기술의 발달을 촉진하기 위해 자기교정(cover-copy-compare) 유창성 형성 전략과 스키마 기반 교수적 접근법(schema-based instructional approaches)을 논의하였다. 마지막으로, DuPaul과 동료들 그리고 Volpe와 동료들은 ADHD 학생을 위한 읽기와 수학 성취를 지원하는 상담 기반 학습 중재(consultation-based academic intervention)의 사용을 지원하기 위한 증거를 제공한다. 이것은 포괄적인 협력적 상담 모델 (generic collaborative consultation model)과 구체적 문제해결행동 상담 모델(specific problem-solving behavioral consultation model) 둘 다 긍정적인 결과가 나왔다는 그들의 연구 결과가 비슷하다는 점에서 주목할 만하다.

▶ 학업 및 조직화(정리정돈) 기술

ADHD 아동은 흔히 과제 완성, 책상 및 교재의 정리정돈, 지시 이행, 시험 공부 등 여러 영역에서 다양한 학업 수행 문제를 보인다(Barkley, 출판 예정; Todd et al., 2002). 이러한 어려움을 경험하는 아동은 공부와 조직화(정리정돈) 기술에 대한 직접 교수 활동을 통해 향상을 보일 수 있다(ADHD와 관련된 논의는 Evans et al., 출판 예정 참조). Archer와 Gleason(2002)은 3~6학년 학생들에게 공부 기술과 조직화(정리정돈) 기술을 가르칠 수 있는 교재인 『학교에서의 성공 기술(*Skills for School Success*)』을 출판하였다. 이들 저자의 목표는 정보를 얻고, 정보에 반응하고, 정보를 구조화하는 데 필요한 공부 방법을 가르칠 수 있는 교육과정을 준비하는 것이다. 이러한 방식으로 학생들이 학급의 학습 과정에 보다 적극적으로 참여하도록 한다. 이와 유사하게, 중등 과정의 학생이 사용할 수 있는 전략에 초점을 둔 연구가 캔자스 대학교의 Donald Deshler, Jean Schumaker와 동료들에 의해 진행되었다 (Lenz, Ehren, & Deshler, 2005; Schumaker & Deshler, 2010).

Gleason, Archer와 Colvin(2010)이 논의한 바와 같이 학생들은 문자 자료에서 정보를 얻는 것과 관련된 여러 전략을 배울 수 있다. 이러한 전략에는 중심 내용과 주제를 파악하기 위한 사전 검토 작업, 내용을 읽어 나가는 동시에 글의 내용에 관해 사전에 제시된 질문에 답하는 것, 읽은 내용을 자세하고 철저하게 요약 정리하기 위해 전략을 활용하는 것 등이 포함된다. 문장에서 의미를 파악할 때에는 종종 문장에 수반되는 지도, 그래프, 그림 등 시각적 자료를 읽고 이해하는 방법을 배워야 한다. 두 번째 공부 방법 영역은 해당 교재에 기초한 다른 과제나 질문에 반응하기 위하여 글에서 얻은 정보를 활용하는 것이다. 이 영역에서 『학교에서의 성공 기술』(Archer & Gleason, 2002) 교육과정은 꼼꼼하게 읽기, 단락 정리 질문에 답하기, 방금 읽은 자료에 대한 요약을 조직하고 준비하기, 퀴즈와 시험 보기 등에 관한 사항을 담고 있다. 예를 들면, 퀴즈와 시험 보기에 관한 학습에서는 시험에 어떤 문제가 나올지 예측하는 방법, 시험을 준비하고 공부하는 방법, 선다형 문항과 같은 문제 형태에 따라 응답하는 방법 등을 가르친다.

마지막으로, Archer와 Gleason(2002)은 초등학생이 학교에서 시간과 교재를 관리하는 법에 대한 학습 방법을 개발하였는데, 이는 교과 노트 정리정돈, 과제 달력의 준비와 활용법, 깔끔하고 잘 정돈된 보고서 작성이라는 세 가지 주요 주제로 구성되어 있다. 예를 들면, 보고서 작성하기에서 학생들은 소위 HOW 전략을 배운다. 먼저, 이름, 날짜, 주제를 포함하는 보고서 첫 부분의 구성 요소(Heading)를 배운다. 다음으로, 학생들은 종이의 여백이나 줄 띄우기를 사용하는 등의 보고서 조직하기(organization)의 요소들을 배우게 된다. 마지막으로는 줄 맞추어 쓰기와 필요할 경우 깨끗이 지우기를 포함하는 보고서를 깔끔하게 작성하는 방법(Written neatly)에 초점이 맞춰진다. 교사는 이 모든 학습 기술 영역을 통틀어 반드시 적절한 모델을 먼저 제시한 다음, 학생들에게 학업 기술과 정리정돈 기술을 연습할 수 있는 규칙적인 기회를 제공해야 하며, 마지막으로 긍정적인 피드백을 주고 필요할 경우 교정을 해 주어야 한다. 이러한 학업 기술과 정리정돈 기술은 ADHD 아동을 비롯한 모든 아동에게 중요하다. 그리고 최근의 연구들은 ADHD 아동에게 이러한 기술들을 직접 교수하는 것의 긍정적인 효과를 입증하였다(예: Abikoff et al., 2013). ADHD 학생이 경험하는 학업의 어려움을 직접적으로 다룰 수 있는 또 다른 전략에는 또래 교수, 컴퓨터 보조 학습, 과제 및 교수 수정 그리고 전략 훈련이 포함된다.

또래 교수법

Greenwood, Seals와 Kamps(2010)에 따르면, 또래 교수법은 2명의 학생이 서로 같은 학업 활동을 하면서 한 학생이 다른 학생에게 도움이나 교수 활동을 제공하거나 피드백을 하면서 교사 역할을 하는 교수 활동 전략이다. 이러한 성격을 내포한 수많은 또래 교수법의 접근 방법이 존재하고 있으나, 이들은 교수 활동의 변인에 따라 조금씩 차이가 난다. 예를 들면, 교수 활동의 초점(예: 기술의 획득 대 기술의 연습)이나 교수 방법의 구조(예: 상호 교수 대 비상호 교수), 절차적 구성 요소(예: 주당 회기 횟수, 짝짓기 방법, 동기유발 체계의 유형)에 관해 모형의 범주가 상이하다 (개관은 Ginsburg-Block, Rohrbeck, & Fantuzzo, 2006; Greenwood et al., 2010 참조). 이러한 차이에도 불구하고 모든 또래 교수법 모형은 ADHD 학생의 주의력 지속을 향상시킬 수 있는 것으로 알려진 교수 활동적 특성을 갖고 있다. 이러한 특성은 ① 일대일 학생-교수 비율 및 배치, ② 학습자 자신에 의해 학습 속도가 정해지는 교수 학습, ③ 학습 반응의 지속적인 촉구, ④ 수행의 결과에 대한 빈번하고 즉각적인 피드백과 같은 교수 활동을 포함한다(Pfiffner & DuPaul, 출판 예정).

몇 가지 연구 조사에서 ADHD 학생을 포함한 일반학급에서 전체 학급 또래 교수법(ClassWide Peer Tutoring: CWPT)을 사용하였다(Greenwood, Delquadri, & Carta, 1988; Greenwood, Maheady, & Delquadri, 2002). CWPT는 모든 성취 수준에서 학생의 수학, 읽기, 철자법 기술을 향상시키는 것으로 드러났다(개관은 Greenwood et al., 2010 참조). 또래 교수법의 이러한 형태는 다음의 요소들을 포함한다. ① 학급을 두 팀으로 양분한다. ② 각각의 팀 내의 구성원끼리 서로 짝을 짓는다. ③ 학생들이 교대로 교수 활동을 한다. ④ 가르치는 학생은 학습 자료(예: 정답이 표시된 수학 문제)를 제공받는다. ⑤ 정답에 대해서는 약속에 따라 칭찬과 점수를 제공한다. ⑥ 오류는 정확한 반응을 연습할 기회를 제공함과 동시에 곧바로 수정한다. ⑦ 교사는 또래 교수법을 점검하고 주어진 절차를 충실히 이행하는 또래 모둠에 대해 보너스 점수를 제공한다. ⑧ 점수는 각 회기가 끝날 때마다 개별 학생별로 매겨진다. 또래 교수법의 회기는 대개 20분 정도이고, 학생들의 진전 정도를 기록하고 교재를 정리하는 시간으로 5분 정도가 추가로 소요된다. 재미있는 점은 획득한 점수가 강화물과 교환되는 것이 아니라, 매주 결과에 따라 최고 점수를 획득한 팀이 박수갈채를 받는 것이다.

일반학급의 2학년(7세) ADHD 남자아이를 대상으로 한 CWPT의 통제된 사례연구는 유용한 결과를 보여 주고 있다(DuPaul & Henningson, 1993). CWPT의 영향력은 기초선 조건과는 상대적으로 개별 자율학습 후에 실시된 교수 활동 동안 과제집중행동, 산만함, 수학 수행에 초점을 맞춰 연구되었다. CWPT는 과제집중행동이 상당히 증진되고 전형적인 교수 조건과는 달리 수학 시간 동안 산만한 행동도 상당히 감소한 것으로 나타났다. 비록 수학 영역에서 향상이 있긴 했지만, 일관성 있는 결과가 나타나지는 않았다.

이러한 사례연구를 심각한 수준의 ADHD 행동을 보이는 집단으로 확대하여 실험한 연구에서 DuPaul, Ervin, Hook와 McGoey(1998)는 일반학급의 1~5학년 사이의 ADHD 학생 19명(남 16명, 여 3명, 평균연령 7.5세)의 학업수행과 행동 통제에 관한 CWPT의 효과를 측정했다. 측정 결과에는 ADHD 관련 행동의 직접 관찰, 교수 평정, 매주 실시하는 사전 · 사후 평가가 포함되었다. CWPT는 각각의 교사의 판단에 따라 ADHD 학생이 가장 취약하다고 판단되는 학업 영역인 수학, 철자법 또는 읽기를 위해 수행되었다.

DuPaul, Ervin과 동료들(1998)의 연구 결과는 ADHD 학생의 적극적인 수업 참여가 기초선 측정 시 21.6%에서 CWPT가 시행되었을 때 평균 82.3%로 유의미하게 증가되었음을 보여 준다. 또한 부수적으로 과제이탈행동도 줄일 수 있었다. 게다가 사후 평가 점수 또한 기초선 측정 당시 평균 55.2%에서 CWPT 조건에서는 73%으로 증가하여, 결국 이 중재 방법이 주의집중행동과 학업 수행의 두 가지 측면에 영향을 미쳤음을 보여 준다. 행동과 학업 수행에 이와 유사한 효과는 비장애 학급 또래에게도 나타났다. 이는 또래 교수법이 단지 장애아동에게만 효과가 있는 것이 아니라 모든 학생에게 유용할 수 있음을 보여 준다. 더군다나 DuPaul, Ervin과 동료들이 실시한 연구에서 교사와 학생들은 모두 CWPT가 효과적이고 도입할 만하다고 주장하고 있다.

일반적으로 이러한 연구는 또래 교수법이 적극적인 수업 참여, 학업 수행 그리고 경우에 따라서는 ADHD 아동을 포함한 다양한 학생과의 상호작용을 향상시킬 수 있는 중재 전략임을 입증하는 꾸준한 증거를 제시하고 있다. ADHD 학생이 과제를 자율적으로 수행하라고 요구받을 때 심각한 문제를 보일 경우, 또래 교수법은 학업 기술의 연습과 개선을 유도하는 대안적 형태의 교수 활동을 제공할 수 있다.

 ## 컴퓨터 보조 학습

컴퓨터 보조 학습(CAI)은 ADHD 학생의 과제집중행동 및 과제작성행동을 향상시키기 위해 권장된다. CAI의 교수 활동상의 특징은 ADHD 학생이 학업 자극에 주의 집중할 수 있도록 해 주는 것이라고 주장되어 왔다(Lillie, Hannun, & Stuck, 1989; Torgessen & Young, 1983). 즉, CAI는 구체적인 교수 활동의 목적을 쉽게 표현하고, 주요한 내용을 강조하기 쉽고(예: 커다란 활자나 색상으로), 다양한 감각 양식을 사용하고, 전체 내용을 소단위 정보로 나눌 수 있으며, 반응의 정확성에 대해 곧바로 피드백을 줄 수 있는 강력한 힘을 갖고 있다. 게다가 CAI는 방해 요소(예: 음향 효과, 애니메이션 효과)를 제한할 수 있다. 몇 개의 연구는 CAI가 ADHD 아동에게 긍정적인 효과를 나타내고 있음을 보여 준다.

CAI 중재의 한 예로, Ota와 DuPaul(2002)은 수학 성취를 향상시키기 위해 게임 형식의 컴퓨터 소프트웨어(Math Blaster)를 사용한 효과를 검증하였다. 참가자는 4~6학년의 백인 ADHD 남학생 3명이었다. 기초선 측정(일반학급 상황에서의 관찰) 이후에 각각의 참가자에 대해 중다기초선을 설정하는 방식으로 수학 소프트웨어를 사용하게 하였다. 전체 연구 과정 중 매주 몇 차례에 걸쳐 실시된 일련의 수학검사와 더불어 기초선 측정과 실험 처치 동안에 관찰된 자료가 수집되었다. 3명의 참가자 모두 교육과정 중심 수학검사에서 수행 능력이 다소 향상된 것으로 나타났다. 그러나 이러한 향상의 정도는 개인마다 달랐다(효과는 3명의 참가자 중 특히 2명에게 분명히 나타났다). 3명의 참가자는 컴퓨터 소프트웨어와의 상호작용의 기능으로 과제 이탈의 문제행동이 실질적으로 줄어들었음을 보여 주었다.

이러한 연구의 결과는 학교 직원들에게 CAI가 일부 ADHD 아동에게 효과적인 교수 활동이 될 수 있다는 기본적인 증거를 제공한다. 학생에게 CAI를 받도록 하는 것은 과제 완수나 주의집중행동을 향상시킬 수도 있다. 그러나 소프트웨어의 특성이 ADHD 학생의 주의집중행동에 영향을 줄 수 있다. 게임 형식과 애니메이션을 포함한 소프트웨어는 훈련, 연습, 개인 교수 등의 프로그램보다 더 효과적일 수도 있다. 분명히 이런 장애를 지닌 학생에 대한 CAI 연구의 필요성은 계속해서 제기되고 있다.

ADHD 학생에 대한 CAI의 효과성은 이전의 비컴퓨터 보조 기반 연구와 관련될 수 있다. 구체적으로, ADHD와 관련된 연구는 세 가지 과제 관련 변인이 향상된 과제 수행과 연결된다고 한다. 이들 변인은 새로운(친근함과 대조되는) 자극 조건, 즉각적인(지연과 대조되는) 피드백, 일대일 교사 학생 비율이다. 일반적인 기초로서 전형적인 교실의 수업 상황에서 이들 변인을 제공하는 것은 교사를 중재자로 여길 때 불가능하다. 그러나 CAI는 이들 변인이 투입된 수업을 전달할 수 있다. 예를 들면, CAI에 대한 최근 연구는 일대일 학생-교사 비율, 새로운 자극, 즉각적인 피드백의 조건하에 교수할 때 ADHD 학생의 학업 기술 습득과 성취 향상에 대한 가능성을 보여 준다.

특히 컴퓨터는 새로운 기술을 획득하는 것을 돕고 훈련-연습 프로그램을 통해 이미 획득한 기술의 완성을 도울 수 있다. 예를 들면, 이전 분야에서 Clarfield와 Stoner(2005)는 ADHD 아동에 대한 컴퓨터화된 초기 읽기 교수 프로그램인 Headsprout의 가능성을 증명했다. Headsprout는 아이들에게 상호작용적이고 즐거우면서 매력을 끌 만한 인터넷 기반의 교수 프로그램(www.headsprout.com)이다. 그것은 반응의 정확도에 관해 즉각적인 피드백을 전달하면서 반응하거나 격려하는 많은 비율의 기회를 제공하도록 설계되어 있다. 2명의 1학년 학생과 한 명의 유치원생과 관련된 연구에서 Clarfield와 Stoner는 일대일 읽기 지도와 소그룹 읽기 지도에서 Headsprout를 활용하는 것을 비교하였다. 그 결과 컴퓨터화된 지도가 과제이탈행동을 줄이고, 읽기 유창성을 향상시키는 데 상당한 도움을 주어 CAI가 읽기 기술 획득에 도움이 되는 것으로 나타났다.

비슷하게, 2개의 다른 연구(Mautone, DuPaul, & Jitendra, 2005; Ota & DuPaul, 2002)는 ADHD 학생이 이미 배운 기술을 활용하는 데에도 CAI가 효과적임을 보여 준다. 이 두 연구에서 6~9세용 Math Blaster 패키지(Knowledgd Adventure, 2013)를 단일 대상 연구에 활용하였다. 결과는 독립적인 자습 상황에 비해 CAI 수학 활용은 학습에 참여하는 시간뿐만 아니라 과제 완성과 정확성 향상에 상당한 도움을 주었다.

따라서 학생들이 교육적 자극에 집중하는 데 CAI가 도움이 된다는 사실은 상당수 밝혀졌다고 할 수 있다. 모든 경우에 해당되는 것은 아니지만 CAI는 중요한 것을 강조하든지(큰 활자 또는 색), 다양한 색을 사용하든지, 내용을 작은 정보로 나눈다든지, 반응의 정확도에 즉각적인 피드백을 제공하는 것과 같이 특정한 교수 목표와 통합된 활동을 제공할 수 있다. 그러나 특정한 소프트웨어와 그 특징을 주의력 문제를 가진 학생들의 학습, 주의집중, 학업적 향상을 위해 활용하기 위해서는 더 많은 연구가 이루어져야 한다고 모든 사람이 말한다.

과제 수정과 교수 수정

과제 수정

ADHD 학생의 학업 수행을 향상시킬 수 있는 또 다른 유형의 학업 중재는 '과제 수정(task modification: TM)'이다. 과제 수정은 문제행동을 줄이거나 바람직한 교실 행동을 늘리려는 시도에서 교육과정이나 교육과정의 한 측면을 수정하는 것을 포함한다. 또한 과제 수정은 교육과정이 학생에게 제시되기 이전에 변화가 이루어지기 때문에 사전 전략이라 할 수 있다. 이러한 유형의 긍정적인 학업 수정이 학생의 개별 요구에 더 효과적인지에 대해서는 논란의 여지가 있다(Meyer & Evans, 1989).

과제 수정의 한 유형인 선택하기(choice making)는 학생에게 동시에 제시된 2개 이상의 선택사항 중에서 한 활동을 선택하도록 한다. 발달장애 학생의 선택하기의 효과를 연구한 이전의 연구에서도 사회적 행동은 증가하고 문제행동의 수준은 줄어드는 것으로 나타났다(Dyer, Dunlap, & Winterling, 1990; Koegel, Deyer, & Bell, 1987). 선택하기의 효과는 최근에 Dunlap과 동료들(1994)이 실시한 연구에서 검증되었다. 이 연구에서는 3명의 정서장애와 행동장애 학생의 과제 참여와 파괴행동에 대한 선택하기의 효과를 연구하였다. 3명의 참가자 중 1명은 12세 남자 ADHD 학생이었다. 이 학생에게 영어와 철자법 과목의 과제를 선택할 수 있는 메뉴가 제공되었다. 이 연구의 결과는 선택하기가 확실하고 일관적으로 과제 참여를 향상시키며, 동시에 파괴행동을 줄일 수 있다는 것을 보여 주었다. 따라서 선택하기는 ADHD 학생에게는 매우 의미 있는 과제 수정이 된다. 학생이 자신의 과제를 선택하게 하는 것은 문제행동을 줄이고 과제 참여를 향상시킬 뿐만 아니라, 학생의 자기주도력과 독립성도 촉진시킬 수 있다. 그러나 이러한 과제 수정 전략이 학업 수행을 향상시키는지에 대해서는 분명치 않다.

ADHD 아동이 또래보다 더 많은 인지 자극이 필요하다는 전제에 기초하여 과제에서 제시되는 자극수정 효과에 대해서 조사한 연구가 있다(Zentall, 1989; Zentall &

Leib, 1985). 학급 상황에서 Zentall과 Lieb(1985)은 반복 측정 설계를 사용하여 아동의 수행과 활동 수준에 대한 과제 구조화 효과에 대해 조사하였다. 8명의 과잉행동 참가자는 무작위로 과제에 필요한 구조가 조작된(구체적 지시가 과제 자료와 결합된 형태 vs. 과제 자료가 없는 비구체적인 교수) 실험 조건에 배정되었다. 결과적으로 참가자들의 문제행동의 활동 수준이 유의하게 감소하였고, 과제에 필요한 활동을 수정하는 것이 과잉행동 아동의 활동 수준에 영향을 미친다는 것을 보여 주었다.

또 하나의 현장연구에서, Zentall(1989)은 철자법 과제에서 관련 단서에 색칠하여 제시하는 것이 아동의 수행을 향상시키는지 여부를 조사하였다. 실험은 철자법의 성취도를 사전 검사한 후 2개의 조건 중 하나에 무선 배정한 20명의 과잉행동 남아와 26명의 비교집단으로 구성되어 있었다. 이 연구의 결과는 철자법 과제에 관련된 색상이 첨가되었을 때 비교집단에 비해 성취도가 높게 나타남을 보여 주었다. 재미있는 점은 과제와 무관한 요소에 색상을 첨가한 경우에는 철자법 수행이 떨어졌다는 것이다. 이러한 연구의 교육적 함의는 과제의 구성 요소와 관련된 색상을 칠하면 ADHD 아동이 과제의 세심한 부분에 주의를 기울여 학업 성취도가 향상될 수 있다는 것이다. 그러나 고도로 통제된 철자법 과제나 학업 성취 일부 영역의 측정은 이러한 결과가 학급 상황에 일반화될 수 있다는 가능성을 감소시킨다.

기능적 평가 절차를 최초로 사용한 한 연구에서 Ervin과 동료들(1998)은 ADHD 아동의 학업 수행에 관한 과제 수정의 효과를 조사하였다. 2명의 남자 ADHD 아동이 과제 수정을 할 때 과제 참여가 향상되리라고 간주한다. 간략한 반전(reversal) 설계를 사용하여 한 명의 참가자를 대상으로 대안적 필기 방법의 효과를 조사하였다. 이 방법은 또래와의 협의, 아이디어를 위한 브레인스토밍, 일기 작성을 위한 컴퓨터 사용 등이 포함된다. 참가자로 하여금 자신이 작성한 과제를 수정하도록 해 주는 것은 과제이탈행동에 임상적으로 유의미한 감소를 가져왔다. 특히 과제이탈행동이 나타나지 않은 간격의 비율이 참가자가 손으로 써서 과제를 완성해야 할 때(평균 64.8%)보다 컴퓨터를 사용할 경우(평균 96.8%)에 감소폭이 상당히 컸다. 두 번째 ADHD 학생의 경우는 수업 시간에 노트 필기를 하게 하는 것이 수동적으로 강의만 듣게 한 것보다 과제이탈행동이 줄어드는 결과를 가져올 것이라는 가설을 정했다. 간략한 실험 조작의 결과, 과제이탈행동이 없는 간격의 비율은 노트 필기 전략을 사용하였을 경우(평균 97.8%)가 그렇지 않은 경우(평균 54.5%)에 비해 일관되게 높게 나타났다. 이러한 연구의 결과는 중재 기간이 짧고 학업 수행의 자료가 없기 때문에 한계점이 있다. 그러나 이것들은 흥미를 자아내며, 앞으로의 연구 방향을 시사한다.

교수 수정

과제 수정과 마찬가지로 교수 수정(instructional modification)은 부주의, 충동, 과잉행동으로 어려움을 경험하는 학생의 학습 환경을 향상하기 위해 적용할 수 있다. 앞에서 이야기한 것처럼 ADHD 행동을 보이는 아동에게 이러한 중재를 적용한 연구는 거의 없다.

예를 들면, Skinner, Johnson, Larkin, Lessley와 Glowacki(1995)는 단어 목록 읽기에서 빠르게 녹음된 단어를 제시하는 중재 방법(fast taped-word: FTW)과 천천히 녹음된 단어를 제시하는 중재 방법(slow taped-word: STW) 두 가지의 영향을 조사하였다. ADHD 학생은 3명 중 1명으로 구성되었다. 측정 결과는 기초선 그리고 FTW와 STW 중재 후에 얼마나 단어를 정확하게 읽게 되었는지에 초점을 두고 있다. 정확하게 읽는 비율은 상대적으로 STW에서 높게 나타났다. 이 연구의 결과는 천천히 녹음된 단어를 제시하는 중재가 ADHD 학생의 읽기 정확성의 비율을 향상시키는 데 효과적임을 보여 준다.

여러 연구 논문에서 얻은 결과에 따르면, 과제 수정이나 교수 수정이 파괴적인 행동을 줄이고, 과제 참여와 학업 수행을 높여 준다. 게다가 이러한 유형의 교수 수정은 교사가 일상적인 학급생활에서 최소한의 노력만 기울이면 준비할 수 있는 것들이다. 그러나 이러한 결과는 중재의 즉각적이고 단기적인 효과에만 국한되어 있음을 분명히 짚고 넘어가야 한다. 즉, 이 분야는 추가 연구가 필요하다.

지속적인 교사 지원의 중요성

학생이 현재 학급에서 기대하는 바에 미치지 못하면 학생들이 기대를 충족하고 학업적 성공을 할 수 있도록 적절한 중재와 조정이 마련되어야 한다. 새로 습득한 기능을 학습하고 연습할 수 있는 기회 증가시키기, 학업과 관련된 동기 증가시키기, 긍정적이고 정확한 피드백을 더 자주 제공하기, 현재 학업 기술과 맞는 교수 자료 준비하기 등이 중재와 조정에 포함된다. 그러나 이렇게 조정을 하고 중재를 실행하도록 요구받는 교사들은 교실 기반 중재 전략의 계획, 실행, 평가에서 이를 자문하고 지원하는 조력 체계가 필요하다는 점을 잊어서는 안 된다.

'교사 지원 체제'는 문제행동을 일으키는 학생들을 성공적으로 교육하기 위해 필수적인 것으로 여겨진다(Simonsen et al., 출판 예정; Sugai & Horner, 2006). 이들 연구자는 교사 지원이 다음 세 가지 활동에 기반이 되는 교수 및 행동 프로그램에 따른다는 점을 지적하고 있다. ① 교실이나 학교에서 문제행동을 일으키지 않도록 학생들을 가르치는 것, ② 지속적으로 지원을 제공하는 것, ③ 학생들을 지역사회나 사회 활동에 성공적으로 참여할 수 있도록 준비시키는 것을 포함한 긍정적이고 폭넓은 생활 태도를 길러 주는 것이다.

ADHD 학생에게 제공되는 서비스에 대한 이러한 활동을 고려할 때, 교사 지원 체제는 최소한 개별상담, 차별화된 교수, 중재 또는 지원에 대한 맥락적 적합성의 평가, 이 장에 설명한 것과 같이 교사가 아닌 다른 중재자(예: 컴퓨터, 또래)가 제공한 중재를 통합하는 노력 등의 요소로 구성되어야 한다.

교사 지원을 제공하는 체제는 ADHD 아동의 치료에 반드시 필요한 요소로 간주된다. ADHD 아동이 보이는 산만행동의 빈도와 어려움을 교사가 겪게 되었을 때, 교사는 자신이 학급을 경영하면서 겪는 좌절과 무력감을 자주 표현하게 된다. 교사, 부모와 만나는 전문가는 이러한 감정을 예상하고 이해해 주어야 한다. 더 나아가, 교사가 이러한 감정을 긍정적으로 승화시킬 수 있도록 도와주어야 한다(예: 스트레스를 조절하는 것과 관련된 교수 지원을 제공하는 것). 둘째, 교수 방법의 선정은 현재 교사가 지닌 지식, 기술과 맥락적 적합성 평가(Horner, Salentine, & Albin, 2003 참조)를 기반으로 한 환경이나 학교 지원 체크리스트(School Supports Checklist; McKinley & Stormont, 2008)를 기반으로 한 교사 능력 및 의지 평가 등에 근거하여야 한다. 마지막으로, Simonsen과 동료들(출판 예정)은 다루기 어려운 학생들의 행동을 관리하는 방법을 교사들에게 지도하는 것이 긍정적이라고 하였다. 이러한 지원은 RTI 기반 지원의 도래로 교사들이 많은 학생에게 다양한 학업적·행동적 지원 계획을 제공하는 데 책무성을 가지고 있는 오늘날 교실 환경에서 중재와 지원에 대한 성공에 필수적이다. 지금까지 열거한 교사 지원 체제의 특성은 교사의 불만과 좌절이 나타날 때까지 기다리기보다는 실제적인 문제를 예방하는 것에 초점을 둔다.

교사 지원 체제의 실행에는 평가와 프로그램 개발에서의 전문성을 가진 전문가, 진행 중인 교육 프로그램을 점검할 책임감이 있는 장학 및 행정적 지위를 가진 교사, 일반학급을 지원하기 위한 중재 조력자 등이 필요하다. 이상적으로, 이러한 교사 지원 활동에는 교수적 지원과 행동적 지원 영역에 대한 지식을 가진 유능한 전문가 집단이 필요하다. 이러한 환경이 조성된 학교에서는 학부모와 교사가 ADHD 학생의 학업적·행동적·사회적 성공에 대해 높은 기대를 가질 수 있다.

요 약

ADHD 아동은 교실행동, 학업 수행, 학업 성취에서 곤란을 겪는 경우가 많다. 학교에서 ADHD 아동이 성공적으로 학업을 수행하려면 이러한 영역에서의 문제를 예방하고 관리하는 다양한 행동, 교수-학습 전략이 필요하다. 이 장에서는 효과적인 교수 및 자기관리 전략과 함께 행동 관리 중재와 교수 전략에 대해 개관하였다. 체계적인 교사 지원에 대한 필요성 또한 언급하였다. 중재 방법들에 대한 후속연구와 우리에게 남겨진 과제는 모든 ADHD 학생이 학교에서 성공할 수 있도록 개별 학생의 요구에 맞는 교육 프로그램을 다양한 전략과 통합하는 것이다.

제6장

중등학교와 고등교육기관에서의
중재와 지원

 ADHD는 대부분의 초등학생이 중·고등학교까지 그리고 그 이후까지 심각한 증상을 지속하는 만성 질환이다. 예로, Bussing, Mason, Bell과 Garvan(2010)은 다양한 인종의 5~11세 ADHD 아동 94명을 8년간 살펴보았으며 성별, 인종, 그리고 사회경제적 지위에 일관해서 청소년기까지 56%의 아동들이 임상적으로 심각한 증상이 지속되었음을 발견했다. ADHD 진단 준거에 적격한 13~17세 아동의 대략 6.5%는 청소년 대상 미국병존질환조사(National Comorbidity Survey Replication Adolescent Supplement Study)의 대규모 표본 집단에서 나온 결과를 기반으로 하였다(Kessler et al., 2012). 더불어 ADHD 대학생 비율도 높다는 증거가 나오고 있다(DuPaul, Weyandt, O'Dell, & Varejao, 2009). ADHD 학생들은 성공적으로 고등교육을 마치는데 장벽이 되는 심각한 학교, 사회 그리고 심리적 어려움을 경험한다. 따라서 ADHD 중학생, 고등학생, 대학생들은 그들만의 독특한 발달적 요구를 충족시킬 교육적 행동 지원이 요구될 것이다.

 이 장의 목적은 ADHD 중·고등학생과 대학생들의 심리적·행동적·사회적·교육적 기능을 높일 수 있는 중재와 지원 전략을 설명하는 것이다. 우선, 우리는 발달적 단계에서 경험하는 기능적 장애에 초점을 두고 중·고등학교 ADHD 청소년들을 살펴볼 것이다. 다음으로, 우리는 학교 기반 중재와 학업 중재, 가정 기반 중재, 학교-가정 간 의사소통, 그리고 고등교육을 위한 전환 프로그램을 포함한 다양하고 가능한 치료 전략을 설명할 것이다. 많은 ADHD 학생이 고등교육을 받는다고 할 때, 우리는 ADHD 대학생의 학문, 사회, 심리적 기능에 대해 알려진 것들을 제공할 것이다. 치료 전략에서는 인지행동치료, 코칭과 같은 심리사회적 중재, 향정신제 그리고 교육적 수정과 지원에 대해 설명할 것이다. 조직화된 치료의 중요성은 독립적으로 ADHD 대학생이 학교를 다닐 때 새로운 독립성으로 인해 혼란스러워할 수 있음을 강조하였다.

 ## ADHD 청소년이 경험하는 문제점

ADHD 학생은 초등학교에서 중학교와 그 이후 교육과정으로 올라갈 때 일반 학생들보다 훨씬 높은 발달적 난관을 경험한다. 더불어 중학교에서는 특성상 학생에게 더 많은 조직화와 학업 기술 그리고 자기주도성을 요구한다. 특히 중학생에게는 고등학교 이후 미래 계획과 마찬가지로 시험 준비와 깔끔한 노트 필기와 같은 적절한 조직화 기술을 기대한다. ADHD와 관련한 전형적 장애와 특히 중학교에서 자립심, 자기통제, 조직화 그리고 시간 관리에 대한 요구의 증가 간의 관계는 ADHD 학생이 성공적으로 학습을 성취하는 데 제한을 둔다.

ADHD 초등학생과 비교해 볼 때, 중·고등학생들은 자주 심각한 학습장애를 경험한다(Langberg et al., 2011). ADHD 고등학생의 학습 기능에 대한 가장 유명한 연구 중 하나에서 Kent와 동료들(2011)은 매우 낮은 등급, 우열반에서 열반에 배치되고, 일반 학생보다 과정 실패율이 높다는 것을 밝혔다. 더불어 교사들의 보고에 따르면 ADHD 학생은 과제 미제출률이 높고 지각과 결석률이 높다. 결론적으로, ADHD 청소년은 자퇴율이 8배가 넘는다고 한다. 유사하게, Barkley와 동료들(2008), Galéra, Melchior, Chastang, Bouvard와 Fombonne(2009) 또한 ADHD 청소년은 하나 이상의 등급에서 정체가 나타나고 일반 아동에 비해 중·고등학교 졸업을 못하는 경우가 있다고 밝혔다.

유사한 상황에서 ADHD 청소년은 일반적으로 사회성과 또래 관계에서 어려움을 경험한다. 예로, Sibley, Evans와 Serpell(2010)은 사회성 기술에 대한 부모 보고서와 선호도에 대한 또래 평가에서 ADHD 중학생이 일반 학생들에 비해 또래 관계에 심각한 문제를 보임을 밝혔다. 더불어 평균 12세 정도의 ADHD 초기 청소년은 특히 사회적 이해와 문제해결 능력의 두 가지 사회적 인지 기술에서 더 심각성을 보였다. 또한 ADHD 중·고등학생은 다른 학생들보다 타인을 괴롭히고 괴롭힘을 당하는 대상이기도 하다(Timmermanis & Wiener, 2011).

또래 관계 문제와 더불어, ADHD 10대는 교사와 어른들과의 관계에도 어려움을 겪을 수 있다. ADHD 청소년과의 교사-학생 상호작용이 없었음에도 중·고등학교 교사들은 ADHD 학생의 행동과 사회성 문제가 상대적으로 높다고 보고했다(예: Barkley, Fischer, et al., 1990). 더불어 ADHD 고등학생은 정학과 퇴학률이 평균 이상으로 높다(Barkley et al., 2008). 문제행동의 높은 비율과 학교 징계 비율은 교사가 ADHD 학생이 교실과 학교 활동에서 교사와 학생 관계에 부정적 영향을 줄 수 있는 심각한 방해를 한다고 여김을 보여 주고 있다.

다른 심리적 문제점과 정신 공존성은 청소년기의 ADHD와 관련이 있다. 문제점과 가장 많이 관련된 것은 일반 학생들과 비교하여 비사회적 행동, 범죄, 약물 복용의 높은 비율이다(Langley et al., 2010). 더불어 ADHD 10대는 일반 10대보다 니코틴과 다른 물질 사용이 2배가량 높고, 니코틴, 마리화나, 코카인과 같은 약물 중독 장애로 발전될 가능성이 2~3배가량 높다(Charach et al., 2011; Lee, Humphreys, Flory, Liu, & Glass, 2011). 알코올중독 위험은 ADHD 청소년이 다른 일반 청소년보다 1.35배가량 높다(Charach et al., 2011). 약물중독 위험은 연령, 성별, 인종과 같은 인구학적 특성과 연관 있으나(Lee et al., 2011), 크게는 어린 시절 학대 경험(De Sanctis et al., 2008)처럼 공존 반항장애나 품행장애(Harth, Ivanov, Newcorn, & Halperin, 2011)와 관련이 있다.

ADHD 청소년은 내재화 장애를 가질 위험도 또한 높다. Chronis-Tuscano와 동료들(2010)은 통계적으로 비교집단과 맞추어 4~6세 ADHD 표집에서 청소년의 우울과 자살행위 위험에 대한 종단연구를 실행했다. ADHD 청소년은 비교집단에 비해 18세경 우울증 진단 여부가 4배 이상 높았으며 자살 시도도 대략 4배로 나타났다. 또한 내재화 장애의 증상으로 어린 나이에 나타나는 공존장애는 이후의 감정과 행동 문제들을 예언한다는 점에서 중요성을 가지며, 이러한 사실은 여러 문헌을 통해 지속적으로 입증되고 있다. Harty, Miller, Newcorn과 Halperin(2009)은 ADHD와 파괴적 행동장애를 동시에 나타내는 아동의 경우 분노, 언어 및 신체 학대와 같은 감정 조절의 어려움을 가질 위험도가 높음을 밝혔다.

내재화, 외현화 장애의 위험에 더하여, ADHD 청소년은 조숙한 성행위(Galéra et al., 2010)를 포함해 높은 자동차 사고율과 교통 위반율(Barkely, 2004), 부모와의 높은 갈등률(Barkley, Guevremont, Anastopoulos, & Fletcher, 1992)로 기능의 다른 주요 영역에서 방해를 받을 수 있다. 기능 장애 및 공존 정신장애와 연관된 공존 ADHD는 교육 체계와 지역사회에서 중요한 가치를 나타낸다. 사실상 교육구에서 ADHD 학생당 평균 비용은 2010년 통계에 따르면 일반교육 비용에 연간 5,007불이 추가로 필요하다. 이러한 연간 학생 비용은 국가 전체 13.4조 달러를 변환한 것이다(Robb et al., 2011). 따라서 ADHD 청소년을 판별하고 치료하는 노력은 정신건강, 학습, 그리고 경제학적 관점에서 중요하다.

 ADHD 청소년 평가

2장에서 논의한 바와 같이 학교 기반 ADHD 평가는 3단계 중재 프로그램의 일부인 자료 기반 의사결정 모형의 맥락에서 잘 만들어졌다. 특히 가능한 ADHD 판별은 학급이나 학교의 다른 환경에서 실행한 1단계(보편적)와 2단계(선정된) 중재에 긍정적 반응을 보이지 않는 학생부터 시작할 수 있다. ADHD 공식적 평가는 여러 응답자를 통해 다양한 측정이 포함된다. ① 개인의 행동이 기능 장애를 포함한 장애로 DSM 준거와 일치하는지의 여부, ② 명백한 ADHD 행동 증상이 다른 장애로 가정될 수 있는지의 여부, ③ 공존장애 존재 여부, ④ 개인의 어려움을 해결 보장하는 치료 전략들이 그것이다. 다양한 측정은 부모와 가능한 교사와의 진단적 면담, 부모와 교사가 작성한 행동 척도, 그리고 학교 서류와 이전 심리학자 평가와 같은 학업과 행동 기능과 관련된 서류를 포함한다(Sibley, Pelham, et al., 2012).

 ADHD로 의심되는 중등학교 학생을 평가할 때는 중요한 변화인 발달적·맥락적 요인을 설명할 필요가 있다(Sibley, Pelham, et al., 2012). 첫째, 진단 평가와 치료에 참여한 청소년의 동기는 평가 과정에 10대가 입력하도록 하는 측정을 포함함으로써 높아진다. 예로, 청소년은 자기보고 행동척도를 작성하도록 한다. 이러한 측정은 청소년을 강화하고 동기를 부여할 뿐만 아니라 우울과 불안과 같은 내재화 장애와 관련한 증상에 대한 통찰력을 준다. 그러나 2장에서 언급한 바와 같이 ADHD 10대는 ADHD 증상이나 그들의 자아존중감에 대해 일반적으로 정확히 보고하지 않기 때문에 자기보고 척도는 주의하여 해석해야 한다. 실제 여러 연구에서 ADHD 아동과 청소년은 기능 평가에서 결핍된 대부분의 기능에서 특히 높아지는 것처럼 자기평가를 할 때 긍정적으로 환상적인 편견을 보인다(Hoza, Pelham, Dobbs, Owens, & Pillow, 2002).

 여러 평가 방법 중 초등학교에서 사용되는 행동의 직접 관찰은 고등학교 환경에서 사용할 수 없는 것은 아니지만 어렵다. 전형적 고등학교 교실에서 신경 쓰이게 직접 관찰 자료를 수집하는 것은 상대적으로 교실 환경을 방해하는 것이며, 대부분의 중·고등학생은 관찰되고 있다는 사실을 의식하여 스스로 행동을 바꿀 수도 있다. 더불어 다양한 교사의 행동 척도는 활용되기 어렵고 그들은 특정 학생에 대해 잘 모를 수 있다. 따라서 교사 전체보다는 영어, 수학, 과학과 같은 두세 개 주요 과목 교사들의 척도를 받도록 조언한다(Evans, Allen, Moore, & Strauss, 2005).

 청소년에 관한 두 가지 전형적 문제는 ADHD 10대의 잠재적 문제이고 평가 과정에서 고려되어야 한다. 첫째, 부모와 교사는 청소년이 자기관리 유지와 학습 활동/과제를 독립적으로 하며 규칙과 법적 의무를 준수하기를 기대한다. 둘째, 청소년은 일반적으로 가족이나 교사보다 또래와 더 많은 시간을 보냄에 따라 또래 집단의 기준에 따라 또래 수용과 압박을 중요하게 여긴다. ADHD 청소년은 일반 청소년이 독립적 기능과 또래 수용에 특히 어려움을 겪는 것보다 더 자주 장애와 연관된 자기조절 결핍과 또래 거부를 경험한다. 따라서 평가는 조직화 기술, 과제 완성, 자기관리, 문제해결, 또래 수용 정도 그리고 사회적 기술에서 가능한 어려움을 평가해야 한다. 사실상 Sibley, Pelham과 동료들(2012)은 장애 청소년 판별에서 기능 장애 평가가 ADHD 증상 평가보다 가치 있음을 발견했다. 기능적 문제는 ADHD 증상과 더불어 주요 우려사항일 수 있으므로 치료 전략에 직접적 목표가 되어야 한다.

 ## 중등 수준 학생의 중재 고려사항

ADHD 기질과의 상호작용과 청소년의 일반적 특징의 결과로 ADHD 중·고등학생들은 교사들에게 중요한 문제로 대두된다. 여기에는 학습, 사회성, 독립적 행동, 판단, 자기조절 향상에 대한 요구와 기대가 포함된다. 더불어 이러한 기대는 고등학교를 마치고 고등교육 이후 일과 학업에 대해 계획하는 상황에서 더욱 혼란스럽다. 여기에는 운전과 관련하여 가족 내 책임에 대한 협의, 사회 참여와 활동, 약물 복용, 이성과 성에 대한 관심과 활동 그리고 결국에는 자립생활이 포함된다.

이러한 노력으로 ADHD 청소년 지원은 다양한 형태를 취할 것이다. 예로, 5장에서 논의한 중재 전략으로 중등학교 학생의 중요한 고려사항에 대한 지원은 후속 사건 처리, 자기점검과 자기강화, 컴퓨터 보조 학습(CAI), 학습과 조직화 기술 교수를 포함한다. 더불어 이러한 학생들은 학습과 미래 직업을 계획하는 데 일반적 지원보다 더 많은 지원이 필요할 수 있다. 특히 많은 대학은 장애학생을 위한 좋은 지원 프로그램이 있다. 이러한 선택을 찾는 방법을 배우는 것은 이러한 학생들에게 중요할 것이다. 자신의 권리, 자신의 장애, 자신의 기술과 약점을 이해하는 것을 포함하여, 이들은 자기옹호를 효과적으로 하는 것 또한 중요할 것이다. 가능한 지원과 자원을 활용하는 것과 이러한 이해는 고등교육 성공에 매우 중요할 것이다.

ADHD 청소년을 지원하는 데 유용한 방법은 일대일 코칭으로 그들 자신이 선택한 목표를 이루는 것을 지원하는 것이다. 이와 관련하여 Dawson과 Guare(1998)는 역사, 방법, ADHD 학생 코칭 적용법으로 구성된 3장과 코칭 활동에 활용될 자료를 부록으로 포함한 가이드라인을 제공하는 『ADHD 학생 코칭 자료집(*Coaching the ADHD Student*)』을 개발했다. 간략하게 살펴보면, Dawson과 Guare는 코칭에 다음 과정을 포함했다. 평가를 실시한다, 참여자들에게 약속을 받는다, 코치를 선택한다, 학생과 코치 간의 1차 미팅을 잡는다, 규칙적인 코칭 회기를 시작한다(매일을 권장한다). 추가 제안으로는 코칭 관계에서 목표 설정, 목표 달성을 위한 계획 수립, 목표 달성의 문제점을 찾고 극복하기, 진전도 평가에 초점을 두는 것이 있다.

이 코칭 모형은 그 사람이 무엇을 할 것인가와 실제로 그 사람이 하는 것의 일치점을 높이는 데 초점을 둔 통신 훈련 연구를 기반으로 한 것이다(Paniagua, 1992; Risley & Hart, 1968). 이 모형과 방법은 좋은 개념적 의미를 만들었지만, 경험적 조사를 통해 이러한 중재적 접근을 더 입증할 필요가 있다.

가족의 맥락에서 ADHD 청소년과 부모에게는 상담이 도움이 될 수 있다(Robin, 1998; 더 자세한 논의는 8장 참조). 이러한 지원으로는 ADHD 이해와 가족의 상호작용 형태의 영향에서부터 ADHD 청소년의 교육 지원과 계획, 가족의 맥락에서의 혜택과 책임에 대한 협의가 있다. 개인 본질과 학습 유형, 가족, 개인적 지원은 성공적 결과의 원인 중 하나일 것이다.

 ## 중 · 고등학교 학생 중재

ADHD 청소년은 정신건강의학과, 서비스 센터, 일반 의료기관과 같은 다양한 환경 중 정신건강의학과(68.1%)와 학교(63.2%)에서 주로 치료를 받는다(Merikangas et al., 2011). 치료를 받는 ADHD 청소년 중 대략 50%는 6회 이하의 제한된 서비스를 받았다(Merikangas et al., 2011). 학교가 이러한 학생들에게 주 중재를 실시하는 곳이라는 점을 고려할 때, 학교는 증거 기반의 효과적인 전략을 실행하도록 해야 한다. 아쉽게도 소수의 실증적 연구만이 ADHD 학생을 대상으로 중 · 고등학교에서 실행되었고 중재 효과성을 측정했다(DuPaul & Eckert, 1997; DuPaul, Eckert, &

Vilardo, 2012). 그렇지만 우리는 조직화와 학습 기술 또는 자기조절 전략을 높이는 데 초점을 둔 활용 가능한 학교 기반 중재와 학습 중재의 개관을 제공하고자 한다. 더불어 가정 기반 중재, 가정-학교 의사소통 전략, 고등학교 이후 대학이나 직업과 같은 전환 프로그램을 논의할 것이다.

조직화와 학습 기술

대부분의 고등교육에서는 학습과 조직화 기술에서 최소한의 교수만을 제공한다. 학생들은 그들의 성장하는 인지와 감성적 기능만큼이나 이러한 기술도 그들의 학년이 높아짐에 따라 발달될 것으로 가정된다. 이러한 가정이 대부분의 청소년에게 타당함에도 많은 ADHD 학생은 적절한 학습 기술을 습득하지 못하기 때문에 그들의 학습 수행은 그에 맞춰 타협된다. 5장에서 설명한 것처럼 학습과 조직화 전략의 직접 교수는 ADHD를 위한 유용한 치료로 학교에서 가능한 한 빨리 이러한 학생들에게 제공해야 한다(Evans et al., 출판 예정).

청소년 학습 기술 중재연구가 부족하지만, 이러한 연구는 다음과 같은 특정 가이드라인을 제안한다.

1. 과제와 장기 프로젝트가 더 많이 요구될 때, 시험 공부와 적합한 필기 방법에 대한 초기 교수는 5~6학년 같은 초등학교 고학년과 중학교 저학년에서 이루어져야 한다. 이 교수는 충분한 감독하의 기회가 있을 때 일반 담임교사나 학교심리학자나 생활지도자에 의해 제공되어야 한다.

2. ADHD 학생은 매일 밤 30분 이상이 필요한 많은 양의 과제가 있을 때 알림장을 작성해야 한다. 적은 양이나 많은 양의 과제는 이 알림장에 기록되어야 한다. 처음에 교사는 적절한 과제가 기록되었는지 점검하기 위해 매일 하교 시점에 알림장을 체크해야 한다. 더불어 부모는 학생이 과제를 이해했는지 체크하기 위해 매일 과제를 하기 전에 알림장을 점검해야 한다. 가정에서 시행하는 후속 사건 강화 기법(예: 집에서 자유 시간 가지기)은 아동이 알림장 쓰는 것에

대한 책임을 가지도록 하는 것과 직접적으로 연계되어야 한다. 많은 ADHD 학생은 그 일을 하는 것에 대한 직접적인 보상이 없는 한 과제를 꾸준히 실행하지 않기 때문에 과제 이후에 주어지는 요소들은 매우 중요하다. 학생은 알림장을 이용하여 높은 개인적 책임의 수준을 보임으로써 교사와 부모에 의해 감시되는 정도를 줄일 수 있다. 그러나 ADHD 학생은 학령기 동안에는 알림장을 꾸준히 활용해야 한다.

3. 필요하다면, ADHD와 연관된 주의집중과 조직력 결핍의 대안은 수업을 조정하는 형태로 이루어질 수 있다. 첫째, 필기를 보완하기 위하여 강의 녹음을 허락한다. 이것은 특히 교사, 선배 또는 또래의 감독하에 녹음된 파일을 전사하면서 필기하는 방법을 배울 때 아동에게 도움이 된다. 둘째, 여분의 교과서를 구비하고 이를 가정에 배치하여 교과서의 부재로 과제 수행을 완료하지 못하는 경우를 방지한다.

4. 학업과 필기, 조직화 기술에 대한 직접 교수와 모니터링을 여러 학년에 걸쳐 지속하며, 다수의 ADHD 청소년을 위한 현장 기반 프로그램의 필수 요소를 고려해야 한다.

가장 종합적이고 폭넓게 연구된 ADHD 중등 학생을 대상으로 하는 조직화 및 학업 기술 훈련 프로그램은 Evans, Axelrod와 Langberg(2004; www.oucirs.org)가 개발한 Challenging Horizons Program(CHP)이다. CHP는 본래 ADHD 중학생의 학업 기술, 사회 기술 그리고 과제 관리 능력을 훈련하고 지원하는 방과 후 프로그램이었다. 학업 기술 요소는 조직화와 필기 기술에 초점이 맞춰져 있고, 조직화 기술 훈련의 주요 목적은 알림장을 꾸준히 사용하도록 하는 것이다. 따라서 훈련자(예: 심리학 전공 학부생 또는 대학원생, 학교상담사, 학교심리학자, 교사)들은 학생들이 '표준(gold standard)' 모델을 기준으로 알림장을 작성하도록 돕고, 알림장에 과제를 정확하게 작성한 비율을 기록한다. 행동 강화는 정확도를 기준으로 제공된다. 학부모와 교사들은 매일 알림장을 사용하도록 먼저 힌트를 제공하지만, 학생들이 독립적으로 과제를 기록하고 확인할 수 있게 해야 한다. 조직화 기술 훈련의 또 다른 초점은 수업 노트, 바인더, 책가방 그리고 사물함을 관리하는 능력이다. 각 항목에 대한 지침을 제공하기 위해 체크리스트를 개발하며, 훈련자들은 체크리스트의 각 항목을 매일 확인하고, 목표가 달성된 항목에 대하여 강화를 제공한다. 오류가 발생할 경우에 훈련자는 즉시 지침을 제공하여 오류를 수정해야 한다. 학생들이 발전함에 따라 이러한 평가는 점차 줄어들어 매주 랜덤으로 진행한다.

CHP 필기 요소는 ① 필기 과정 훈련 및 안내된 연습, ② 필기 연습, ③ 교실 환경으로의 일반화의 총 3단계를 포함한다. 1단계에서 학생들은 필기를 위해 구조화된 포맷을 제공받는다. 훈련자는 발표를 듣고, 들은 정보를 바탕으로 소리 내어 생각하고, 필기하는 과정에 대한 모델링을 제공한다. 다음 단계에서 훈련자는 소리 내어 생각하고 필기를 해야 하는 핵심 아이디어와 구체적인 내용을 파악하는 과정을 돕는다. 훈련자는 이러한 단계를 유도하며, 학생이 독립적으로 이러한 과정을 수행할 수 있을 때까지 유도를 점차 소거한다. 다음은 정확도 기준에 맞게 제공된 행동 강화와 함께 학생이 독립적으로 작성한 노트의 질을 훈련자가 확인하는 단계다. 마지막 단계이자 가장 어려운 단계는 실제 교실 환경에서 학습한 필기 과정을 일반화하는 것이다. 교사는 학생이 기술을 연습할 수 있도록 유도하고 이에 대한 피드백을 제공해야 한다.

CHP의 적용은 개인이 속한 집단 또는 학년에서의 조직화 기술과 필기 능력에서 유의한 성과를 거두었다(예: Evans, Serpell, Schultz, & Pastor, 2007; Evans, Schultz, DeMars, & Davis, 2011). 최근 CHP는 현장 기반 멘토(주로 일반 교사)가 정규 수업 시간에 제공하는 것으로 형태가 확장되었다. Evans와 동료들(2007, 2011)은 CHP를 제공받는 ADHD 중학생이 그렇지 않은 통제집단에 비해 부주의와 사회적 행동이 유의하게 향상함을 발견하였다. 또한 통제집단의 학년 내 성적(GPA)이 실험집단보다 더 하락하였으며, 이는 CHP가 ADHD 중학생이 일반적으로 경험하는 학업 능력 저하를 예방할 수도 있다는 것을 의미한다.

CHP와 유사한 'Homework, Organization, and Planning Skills(HOPS)' 프로그램은 조직화 기술에 어려움을 경험하는 ADHD 중학생을 대상으로 학교 관련 전문가가 적용할 수 있도록 만들어진 프로그램이다(Langberg, 2011). HOPS는 16회기로 구성되어 있으며, 학교 자료의 조직화, 과제 관리, 가정 기반 보상 시스템을 다룬다. 16회기 프로그램 안에는 학부모가 학생의 조직화 기술과 과제 수행을 모니터링하고 강화할 수 있도록 격려하는 2회의 부모 면담 또한 포함되어 있다. 이 프로그램은 학교심리학자와 다른 학교 기반 전문가들이 실시할 수 있도록 고가의 지원 자원을 포함하는 매뉴얼화된 프로그램이다. HOPS의 초기 결과 데이터는 자료의 조직화, 학교 과제 계획, 과제 완료 등을 향상시키는 데 고무적이었다(Langberg, Epstein, Becker, Girio-Herrera, & Vaughn, 2012; Langberg, Epstein, Urbanowicz, Simon, & Graham, 2008).

일부 연구는 중다요소 심리사회적 중재 프로토콜의 상황에서 이루어지는 고등학교 수준의 조직화 및 학업 기술 훈련을 분석하였다. 그 예로, Sibley와 동료들(2011)은 교실 지도가 포함된 여름 훈련 프로그램에 참여하는 ADHD 청소년 19명(평균 연령=14.06)의 학업적 · 행동적 · 사회적 기능을 파악하기 위하여 일련의 심리사회적 중재(예: DBRC, 행동 추적 시스템, 학업 지도, 조직화 기술 훈련)에 대한 파일럿 연구를 실시하였다. 거의 모든(82.4~94.7%) 참여자의 학부모, 상담사 또는 교사는 프로그램이 끝난 후 학생의 기능이 어느 정도 향상되었다고 보고하였다. 이러한 향상은 행동 문제, 성인에 대한 반항, 사회적 기능, 부주의/통합성 부재(disorganization), 기분/행복(well-being) 그리고 학업 기술 등 다양한 영역에서 확인되었다. Sibley, Smith, Evans, Pelham과 Gnagy(2012)는 전혀 다른 34명의 ADHD 청소년 표본(평균 연령=13.88)에서 유사한 향상을 발견하였으며, 이 중 63~90%의 연구 대상자는 여름 치료 프로그램 이후 학업적 · 행동적 · 사회적 영역에 걸쳐 향상된 기능을 보였다. 불행하게도 이러한 연구 결과는 개인사, 성숙, 치료 예상 효과 등에서 통제집단과 실험집단의 비교가 이루어지지 않았다는 점에서 제한적이다. 또한 여름 치료 프로그램에 중다 치료 요소가 포함되었다는 점을 감안하였을 때, 조직화 기술 훈련에 포함된 특정 요소와 향상된 결과의 인과관계가 불분명하다.

자기조절 전략

5장에서 논의한 것처럼 자기조절 또는 자기관리 전략은 ADHD 학생의 요구를 다루는 데 효과적일 수 있다. 아마도 이러한 접근은 특별히 독립심이 높아지고 행동 중재를 실시하는 교사가 동참하는 비율이 낮아지는 ADHD 청소년에게 적합할 것이다. 또한 ADHD로 진단받은 중·고등학생은 일반적으로 수업을 준비하고 제한 시간 내에 과제를 완료하는 데 어려움을 경험한다. 이러한 어려움은 부분적으로 세부적인 것에 집중하지 못하고 일상적인 과제를 완료하기 위한 동기가 낮은 것과 관련이 있다고 짐작된다. 수업 준비와 과제 수행 완료 문제를 해결하기 위한 하나의 접근은 학생들에게 준비행동을 스스로 점검할 수 있도록 훈련시키는 것이다.

Gureasko-Moore, DuPaul과 White(2006)는 3명의 중학생을 대상으로 자기점검이 수업 준비행동에 미치는 효과를 연구하였다. 3명의 학생 모두 수업 시간을 준수하고, 필요한 자료(예: 펜과 종이)를 준비하고, 완료한 과제를 제출하는 데 현저한 어려움을 보였다. 학교심리학자는 교사와 협업하여 학생 스스로 자기점검을 실시할 수 있는 5~6개의 준비행동이 포함된 체크리스트를 개발하였다. 그 후 심리학자는 4일에 걸쳐 하루에 몇 분간 학생과 만나 자기점검 훈련과 연습을 제공하였다. 자기점검은 몇 주간 적용된 후 최소 일주일 동안 수업 준비가 성공적으로 이루어질 경우 소거되었다(예: 체크리스트 제거). 3명의 대상 학생 모두 유의하게 향상된 수업 준비 행동(예: 주어진 단계를 100% 지속적으로 완료)을 보였으며 이러한 효과는 추가 중재 없이 학년 말까지 유지되었다([그림 6-1] 참조). 이러한 결과는 다른 6명의 ADHD 중등학생을 대상으로 반복되었으며, 이 연구에서는 수업 준비와 과제 수행 완료를 자기점검하도록 하였다(Gureasko-Moore et al., 2007).

ADHD 고등학생을 위한 자기조절 전략은 학업 전략 교수나 정적 강화와 독립적 또는 복합적으로 연구되었다. Graham-Day, Gardner와 Hsin(2010)은 3명의 10학년 학생을 대상으로 독립적인 자기점검의 효과와 점검과 과제 수행행동에 대한 강화를 결합시킨 효과를 분석하였다. 3명의 학생은 모두 자습 시간 상황에서 자기점검 전략을 배웠다. 연구 대상은 20분 회기 동안 개별 체크리스트(예: 주의집중을 했

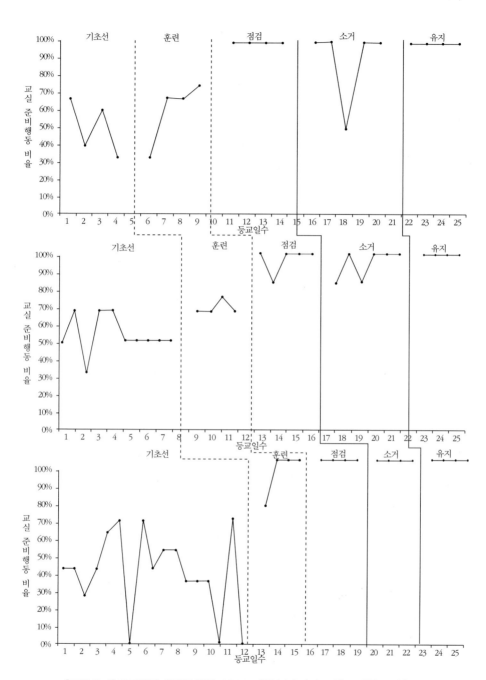

[그림 6-1] 자기점검 훈련을 받은 ADHD 청소년 3명의 교실 준비행동 비율

출처: Gureasko-Moore, DuPaul, & White (2006). Copyright 2006 by Sage Publications, Inc. 허락을 받고 재인용함.

다면 ○, 그렇지 않다면 ×에 동그라미 하시오)를 활용하여 자신의 주의집중 여부를 나타내는 15번의 기회를 제공받았다. 학생들에게 2분 간격으로 녹음된 오디오테이프 소리를 제공하여 자기점검 전략을 사용할 수 있게 유도하였다. 또한 자기점검과 강화를 복합적으로 사용한 실험 환경에서는 학생들의 과제 수행 체크리스트를 독립적인 관찰자와 비교하였다. 만약 학생과 관찰자의 채점 결과가 하나 또는 몇 개 차이 나지 않는 경우, 자습 시간에 참여하는 모든 학생에게 강화(예: 사탕)를 제공하였다. 3명 중 2명의 학생은 자기점검으로도 과제 수행 행동에 상당한 향상을 보인 반면, 나머지 학생은 자기점검과 더불어 집단 강화가 제공되었을 때만 향상된 결과를 보였다.

전략 교수의 자기조절 전략 개발(SRSD) 모델은 고등학교 ADHD 학생들의 읽기 회상과 설명적 글쓰기의 결함을 해결하기 위해 사용돼 왔다. SRSD는 특정 기술 영역의 습득과 관련된 인지 전략의 명시적 교수다(Harris & Graham, 1996). 구체적으로, 전략 교수는 학생 스스로 전략의 사용을 점검하고 관리하도록 격려할 뿐만 아니라 전략을 독립적이고 효율적으로 사용할 수 있는 비계 역할을 한다. Johnson, Reid와 Mason(2012)은 3명의 9학년 ADHD 학생에게 SRSD 모델 이후에 대두된 중다요소 읽기 이해 전략(즉, Think Before Reading, Think While Reading, Think After Reading[TWA])을 가르쳤다. 읽기에 앞서 학생들은 책에서 다루고 있는 특정 주제에 대해 아는 것과 배우고 싶은 것에 대해 생각하는 방법을 배웠고, 글쓴이의 의도에 대해 고려하도록 격려받았다. 그 후, 학생들은 읽는 것과 이에 대한 선행 지식을 연결시키고, 각자의 읽기 속도에 대해 생각해 보고, 명확하지 않은 문장을 자세히 읽도록 격려되었다. 마지막으로, 읽기 과제를 완료한 후에 학생들은 핵심 아이디어를 식별하고, 배운 내용을 다시 말하며 읽은 내용을 요약하는 방법을 학습하였다. TWA 전략은 SRSD 모델을 사용하여 5회기 동안 교수된다. TWA의 단계들은 안내된 연습 이후에 교사가 소개하고 시범을 보인다. 비계된 훈련은 필요시 교사 유도와 피드백을 포함한다. 마지막으로 학생들은 스스로 자기점검을 통해 전략 사용의 정확도를 파악하고, 독립적인 TWA 전략을 사용하는 연습을 한다. Johnson과 동료들의 연구에 참여한 3명의 학생 모두 사회 영역의 설명적 글을 회상하는 데 향상된 결과를 보였다. 구체적인 향상은 핵심 아이디어와 그 세부 내용을 회상하는 빈도에서 관찰되었다. 이러한 향상은 중재가 완료된 후 약 2~4주 동안 유지되었다.

Jacobson과 Reid(2010)는 3명의 고등학교 ADHD 학생을 대상으로 설득문 쓰기를 연구한 결과 이와 유사한 긍정적인 결과를 얻었다. 설득문을 작성하기 위해 아이디어를 계획하고 정리하는 두 가지 전략을 교수하기 위해 SRSC가 사용되었다. 쓰기를 계획하는 단계에서 학생들은 STOP(판단을 연기[suspend]하고, 의사를 결정[take]하고, 생각을 정리[organize]하고, 쓰는 동안 추가로 계획[plan]하는 것)을 배웠다. 아이디어를 정리하기 위해 학생들은 연상기호 DARE(주제문을 발달[develop]시키고, 이를 지지할 수 있는 아이디어를 추가[add]하고, 대안 전 관점에서 생길 수 있는 논쟁을 최소화[reject]하고, 결론으로 마무리한다[end])를 사용하도록 교육받았다. 글의 구성 요소, 길이, 계획 시간 그리고 전체적인 질의 향상은 3명의 학생 모두에게서 확인되었으며, 그 결과는 교수 제공이 중단된 이후 3주 동안 지속되었다.

가정 기반 중재

학교 기반 중재와 마찬가지로, ADHD 청소년을 대상으로 실시된 가정 기반 통제연구는 소수에 불과하다. 소수의 연구 대부분은 행동수정에서 부모 교육과 같은 어린 아동에게 효과적인 치료들을 분석하였다(8장 참조). ADHD 청소년을 위한 세 가지 가족치료 접근을 다룬 세미나 연구에서 Barkley와 동료들(1992)은 12세부터 18세 청소년(평균 연령＝실험집단에 따라 13.6~14.2) 61명을 모집하여 행동 관리 훈련, 문제해결 및 의사소통 훈련 또는 구조적 가족치료 집단에 무선적으로 배치하였다. 치료는 8~10주에 걸쳐 진행되었으며, 중재 이전, 중재 회기가 끝난 직후, 3개월 이후에 유지검사로 평가 자료가 수집되었다. 구조적 가족치료에서 행동 관리 훈련, 문제해결과 의사소통 훈련에 우선순위를 가정했던 것과는 반대로, 모든 치료 집단에서 유의한 향상이 발견되었다. 구체적으로, 연구 대상들은 학업 기능의 향상과 더불어 낮은 빈도의 내재화 및 외현화 장애 증상을 나타냈다. 또한 학생들의 어머니는 낮은 우울감을 보고하였으며, 갈등, 부정적인 의사소통 그리고 분노와 관련된 모-자녀 상호작용이 향상되었다. 일반적으로 이러한 향상은 치료가 완료된 후 3개월간 지속되었다. 하지만 치료에 대한 개인의 반응은 매우 적은 편이었는데, 5~30%의 연구 대상만이 유의한 변화를 보였고, 이보다 낮은 비율(즉, 5~20%)이 치료를 통해 회복되었다. 이처럼 치료에 대한 제한된 긍정적인 결과는 중재 기간이 짧고, 청소년 ADHD 학생에게 중복장애 및 만성 기능장애가 나타난다는 것을 감안하였을 때 놀랍지 않은 결과다. 따라서 ADHD 청소년의 학부모가 실시한 행동 중재가 어린 아동을 대상으로 하는 유사한 치료 전략만큼 효과적인지는 불분명하다.

가정 기반 자기조절 전략 또한 분석되었다. 예를 들어, Axelrod, Zhe, Haugen과 Klein(2009)은 13세부터 16세까지의 ADHD 청소년을 대상으로 과제 완료 상황에서 자기조절 중재가 과제 수행 행동에 미치는 효과를 연구하였다. 중재는 3분 또는 10분 고정 간격의 자기점검을 포함하였고, 학생의 반응이 독립적 관찰자의 80% 또는 그 이상 일치하였을 때 개별 강화(예: 텔레비전을 보거나 비디오게임을 할 수 있는 시간을 더 부여받음)가 제공되었다. 그 결과, 5명의 학생 모두 과제 수행 행동에서 유의한 향상을 보였다.

주어진 시간 안에 과제를 완료하는 것은 ADHD 청소년에게는 어려운 일이다. 때문에 이 집단의 과제 수행을 향상시키기 위한 일부 중재 프로그램이 개발되었다. 앞서 설명한 CHP와 HOPS 프로그램 또한 과제 수행 완료를 지지하기 위한 요소를 포함한다. 예를 들어, CHP 방과 후 프로그램은 프로그램 조력자(facilitators)의 감독하에 과제를 완료하는 시간을 포함한다(Evans et al., 2004). HOPS 프로그램은 과제를 스스로 완료하기 위해 필요한 전략을 제공한다(Langberg, 2011). 이 두 프로그램 또한 과제 수행 완료를 점검하고 강화하는 데 학부모를 참여시킨다.

Meyer와 Kelly(2007)는 ADHD 중등학생을 위한 과제 및 학업 기술 중재를 개발하고 이를 분석하였다. 처음 2회기까지 학생들은 과제 수행 완료를 자기점검하고 사회 영역 읽기 이해와 시험 준비를 위해 SQ4R 방법을 적용하는 방법을 훈련받는다. SQ4R 방법은 읽기 전 제목과 주제어를 조사(survey)하고, 질문(questions)을 구성하고, 질문에 대한 답을 찾기 위해 읽고(reading), 나만의 용어로 질문에 대한 답을 제시하고(reciting), 질문에 대한 답을 적고(writing), 글과 답을 다시 확인(reviewing)하는 것을 말한다. 학부모들은 자녀가 과제를 시작하도록 유도하고, 자료를 정리하고, 일일 점검 체크리스트를 완료하는 것을 포함하는 과제 관리 단계를 지원하도록 격려되었고, 이를 위해 학부모들 또한 훈련에 참여하였다. 학부모는 과제 체크리스트나 자기점검 체크리스트를 작성하는 데 개입하지 않았다. 그러나 그들은 과제 수행과 자기점검 체크리스트 완료에 대한 행동 강화(예: 좋아하는 활동을 할 수 있도록 허락)를 제공하였다. Meyer와 Kelly는 ADHD로 진단되고 과제 수행 완료에 문제를 보이는 42명의 6~8학년 학생(남학생 36명, 여학생 6명)을 대상으로 이 프로그램의 효율성을 평가하였다. 그 결과, 교사들은 훈련에 참여한 학생들이 그렇지 않은 학생들에 비해 과제 관련 문제가 유의하게 감소되었다고 보고하였으며, 이는 수업 준비도를 향상시키는 긍정적인 결과를 수반하였음을 확인하였다. 이러한 향상은 4주 이후 유지되었을 뿐 아니라 학부모와 학생의 높은 만족도와도 관련이 있었다.

가정-학교 간 의사소통

5장에서 논의한 바와 같이 지속적이고 긍정적인 가정-학교 간 의사소통 전략을 마련하는 것은 ADHD 학생들의 성공적인 학교생활에 결정적인 영향을 미친다. 가정과 학교의 협업은 자료가 복잡해지고, 과제 요구 수준이 높아지며, 학생의 독립성에 대한 높은 기대를 가지게 되는 중등 수준의 학생에게 특히 중요하다. 가정-학교 간 의사소통 방법으로 가장 알려진 방법은 일일행동평정카드를 사용하는 것으로, 학생의 주요 학업 및 행동 목표 달성에 대한 교사의 의견을 제공하고 이를 바탕으로 학부모의 지속적인 강화를 제공하는 것이다(5장 참조; 청소년의 일일행동평정카드 예시는 [그림 6-2] 참조).

불행하게도 중등학교에서 ADHD 학생의 필요를 충족시키기 위한 방법으로 일일행동평정카드의 실행과 효과성을 평가한 경험적 연구는 거의 없다. 연구에 따르면, 일일행동평정카드 활동은 중등학교에서 실시하는 것이 더 힘들 수 있다. 그 이

학교-가정 간 기록지

이름: 리처드	날짜: 10/20

과목: 수학

수업 준비도	☑ 예	☐ 아니요	☐ 해당 없음	과제: 금요일 3장 시험
수업 시간 참여도	☑ 예	☐ 아니요	☐ 해당 없음	
과제 제출 여부	☑ 예	☐ 아니요	☐ 해당 없음	
과제/시험 성적	☐ F ☐ D ☑ C ☐ B ☐ A	☐ 해당 없음	교사 확인: WJ	

평가: 주의집중이 향상되었으며 수업 시간을 적절히 잘 활용함

과목: 사회

수업 준비도	☐ 예	☑ 아니요	☐ 해당 없음	과제: 13쪽 1~10번 문제 풀기
수업 시간 참여도	☑ 예	☐ 아니요	☐ 해당 없음	
과제 제출 여부	☐ 예	☑ 아니요	☐ 해당 없음	
과제/시험 성적	☐ F ☑ D ☐ C ☐ B ☐ A	☐ 해당 없음	교사 확인: MS	

평가: 교재를 가져오지 않음, 수업 시간에 적절히 발표에 참여함

과목: 영어

수업 준비도	☑ 예	☐ 아니요	☐ 해당 없음	과제: 없음
수업 시간 참여도	☑ 예	☐ 아니요	☐ 해당 없음	
과제 제출 여부	☐ 예	☐ 아니요	☑ 해당 없음	
과제/시험 성적	☐ F ☐ D ☑ C ☐ B ☐ A	☐ 해당 없음	교사 확인: JL	

평가: 수업 시간에 충실히 참여함

학부모 평가: 선생님, 리처드가 과제를 제출했다고 하는데, 리처드와 함께 과제 확인을 부탁드려도 될까요?

[그림 6-2] 중·고등학교 학생이 사용하는 학교-가정 간 기록지 요약본
(리처드와 부모, 담임교사가 작성)

출처: Kelley (1990). Copyright 1990 by The Guilford Press. 허락을 받고 재인용함.

유는 활동에 연관된 교사의 수, 개개인의 학생을 위한 중재에 참여하기를 꺼리는 교사, 특히 고등학교 수준에서 교사와 부모 사이의 밀접한 모니터링과 의사소통을 꺼리는 학생 때문이다. 이러한 문제를 부분적으로나마 해결하기 위한 가능한 방안 두 가지를 제시하면 다음과 같다. 한 가지 방법은 매일이 아닌 매주 간격으로 의사소통이 일어나도록 하는 것이다(즉, 주간 보고서). 이로써 교사에게 주어지는 요구가 줄어들며, 저항하는 학생들의 마음을 끌 수 있다는 장점이 있다. 또 다른 방법은

일일행동평정카드에 자기평가 절차를 포함하는 것이다. 5장에서 교실 기반 자기평가에 대해 설명하였듯이 학생 평가는 처음에는 교사 평가와 결합한 뒤, 시간이 지남에 따라 단계적으로 중단하게 하는 것이다. 이러한 방법은 일일행동평정카드 활동에 참여하기를 꺼리는 교사와 학생들을 다루는 데 도움이 될 것이다. 물론 둘 중 어느 방법이 더 효과적인지에 대한 정도는 경험적 연구에 의해 밝혀질 것이다.

고등교육으로의 전환 지원

ADHD 학생들은 그들이 가진 충동성이라는 행동의 특성상 종종 일관성 있게 행동하지 못할 뿐만 아니라 장기적인 결과를 고려하지 못한다. 그러므로 ADHD 청소년은 고등교육에서 이루어지는 활동에 대한 계획을 세우는 데 더 많은 지도가 필요하다(예: 직장에 들어가거나 대학에 진학하는 것에 대한 계획과 지도). 비록 모든 중등학교 학생에게 일반적으로 다양한 강도의 직업상담과 교육상담이 권고되지만, 개개인의 ADHD 학생은 이 부분에 대해 강도 높은 지속적인 조언을 받는 것이 특히 중요하다. ADHD 학생은 일반 아동에 비해 조기에 자신의 흥미와 강점에 대해 아는 것이 중요하다. 단, 이들을 한 방향(예: 직업 교육)이나 또 다른 방향(예: 대학 준비 과정)으로 분류해 버리는 것이 아니라 학업을 이어 나가기 위한 동기를 유지하기 위해 학생이 흥미를 가지고 있는 분야에 초점을 맞추어 발전시켜 나가도록 격려해야 한다. 이들이 직면하는 가장 큰 위험성은 교육에 흥미를 잃어 일찍 학교를 떠나는 것이다. 그러므로 학생들의 흥미가 설사 특정 영역에 한정되어 있다 할지라도, 미리 내다보고 계획을 세울 수 있도록 도와준다면 그들이 학교에서 흥미를 느낄 수 있는 원동력이 될 것이다. 중학교 때부터 시작하여 고등학교의 각 학년으로 이어지면서, ADHD 학생들은 정기적으로 진로상담사와 관련 인사를 만나 직업 및 대학에 대한 요구와 관련된 꾸준한 평가와 프로그램을 제공받을 수 있다.

Schwiebert와 동료들(1998)은 비록 경험적 근거가 부족할지라도, ADHD를 가진 고등학생과 함께 일하는 학교상담사가 학생이 고등교육으로 전환하는 과정에 도움을 줄 것을 제안했다. 상담사는 가장 먼저 학생들이 자신의 학업에 대한 기록과 그들이 발휘하는 기능에 널리 초점을 맞춘 종합적인 심리교육적 평가를 받을 것을 격려해야 한다. 이러한 평가에 기반을 둔 보고서는 학생의 특정 학업적 요구를 확인할 수 있어야 하고, 이후 대학교 과정에서 이러한 요구가 어떻게 다루어질 수 있는지에 대한 상세한 권고사항을 제시해야 한다. 이러한 평가는 대학에서 학생들을 위해 필요한 합의사항과 관련 지원 서비스를 제공하는 데 중요하게 작용할 수 있다. 다음으로, 학교상담사는 ADHD 학생이 대학교 진학을 위해 필요한 수업 활동에 적절히 참여할 수 있도록 도와주어야 한다. 이는 학생들이 그들에게 필요한 과정을 모두 이수하였으며 따라서 대학교 입학을 가로막는 장애물을 예방할 수 있음을 보장하는 것이다.

고등학교의 상담사는 학생들이 대학에서의 적절한 지원 서비스와 합의사항을 얻는 데 도움이 되는 전환 관련 문서들을 준비할 수 있도록 도와주어야 한다 (Schwiebert et al., 1998). 예를 들어, 전환 문서에는 고등학교 성적증명서, ACT/SAT 점수, 진단 보고서와 치료 추천서, IDEIA 또는 504조 교육 계획의 복사본, 자기소개서나 리포트와 같은 학생의 작문 견본, 정규 교과 이외의 활동에 참여하는 것을 뒷받침해 주는 증거, 학생이 작성한 대학교 지원서의 사본을 반드시 포함해야 한다.

학생들은 특히 장애학생 지원 서비스의 질과 이용 가능성에 대한 측면에서 가능한 대학을 평가할 수 있도록 도움을 받아야 한다(Schwiebert et al., 1998). 상담사는 학생들이 다른 중요한 정보와 다양한 대학에서 지원 서비스를 제공받을 수 있는 자격을 얻기 위해 어떤 문서들이 필요한지에 대해 조사할 수 있도록 도움을 주어야 한다(예: 풀타임 학생 신분에게는 얼마의 단위 시간이 주어지는지에 대해). 조사될 수 있는 구체적인 지원 서비스는 특별 오리엔테이션의 이용 가능성, 대안적 시험 유형, 교수와 함께 직원이 학생의 요구를 충족시키기 위해 장애를 옹호하는 정도, 교수와 학업적 지원의 질과 이용 가능성, 녹음된 교과서를 사용할 수 있는 기회, 수업을 대신할 수 있는 옵션 선택 가능성, 공부하기/시험 치르기/필기 기술에 대한 도움, 필기 서비스 이용 가능성, 시간과 일정 관리를 위한 지원, 과제 마감 기한 연장, 기술적 지원 등을 포함한다(Richard, 1992).

마지막으로, 학생들이 자기옹호 기술을 발달시킬 수 있도록 도움을 제공받아야 한다(Schwiebert et al., 1998). 상담사들은 학생들이 스스로 ADHD를 확인하고 그에 대한 지원이나 협조를 요청할 수 있기 위해 훈련이나 역할극을 통한 연습을 할 수 있도록 지도할 수 있다. 학생들은 또한 ADHD에 근거한 특별한 고려사항을 요구하기 위해 글을 쓸 수 있도록 지도받아야 한다. 자신이 가진 ADHD를 이해하고 이것이 삶, 특히 교육적으로 기능하는 데 끼치는 영향력에 대해 상담을 하는 것은 대학생활을 성공적으로 꾸려 나가기 위해 중요한 시간 관리 기술과 자기보호 기술을 훈련받을 수 있도록 학생들을 동기화시킬 수 있다.

ADHD 대학생

　고등교육을 받고자 하는 ADHD 고등학생 수가 증가함에 따라 최근 대학생으로서 기능하고 성공하는 데 ADHD의 영향에 대한 관심 또한 증가하고 있다(Weyandt & DuPaul, 2013; Wolf, Simkowitz, & Carlson, 2009). 비록 정확한 유병률 수치를 제시할 수는 없지만, 대략 2~4%의 대학생 집단이 임상적으로 유의미한 수준의 ADHD 증상을 보고하였다(예: DuPaul et al., 2001; Pope et al., 2007; Weyandt, Linterman, & Rice, 1995). 게다가 대규모 국가 수준에서의 대학교 1학년 표본집단에서 5% 정도가 ADHD를 가지고 있음이 보고되었다(Pryor, DeAngelo, Palucki, Blake, Hurtado, & Tran, 2010). 또한 장애 관련 서비스를 받고 있는 대학생의 25% 정도가 ADHD인 것으로 밝혀졌다(Wolf, 2001).

　고등교육을 받고자 하는 ADHD 학생의 수가 증가함에 따라, 연구자들은 ADHD 대학생이 동료와 비교했을 때 학업적 · 심리적 · 사회적 · 행동적 기능이 어느 정도인지에 대해 연구해 왔다. 첫째, ADHD 대학생은 동료들에 비해 전형적으로 학점(GPAs)이 낮았고, 더 자주 학사경고를 받았으며, 졸업 비율이 낮았다(Weyandt & DuPaul, 2013). 둘째, 예비연구에서는 ADHD 대학생이 부모 및 동료와의 관계에서 더 많은 어려움을 보였으며, 낮은 수준의 사회성 기술과 사회 적응 그리고 자존감의 감소를 보였다(Shaw-Zirt, Popali-Lehane, Chaplin, & Bergman, 2005). 셋째, ADHD

대학생은 장애 진단을 받지 않은 또래 학생들보다 하나 또는 그 이상의 공존장애 증상을 보였다. 예를 들면, 우울이나 분노와 같은 기분장애와 약물장애, 섭식장애와 같은 것이 포함된다(Heiligenstein & Keeling, 1995). 마지막으로, ADHD 대학생은 알코올, 마리화나와 다른 약물을 포함한 불법 약물을 사용할 위험성이 더 높은 것으로 나타났다(Upadhyaya et al., 2005). ADHD는 대학교 환경에서 성공적으로 생활하는 것에 유의미하게 제한을 둘 수 있는 여러 중요한 위험 요소와 관련되어 있기 때문에 ADHD 학생들은 고등교육을 받는 과정에서 반드시 효과적인 중재와 지원 서비스를 제공받아야만 한다.

 ## ADHD 대학생을 위한 중재

ADHD 대학생은 하나 혹은 그 이상의 영역에서 기능하는 데 어려움을 경험하기 때문에 일반적인 중다 모델 치료적 접근이 필요하다(Weyandt & DuPaul, 2013). 그러나 불행하게도 ADHD 대학생을 위한 다양한 효과적인 중재 전략에 대해서는 통제된 연구가 실행되지 않고 있다. 그럼에도 ADHD 고등학생 집단에 기반을 둔 탄탄한 개념적 토대 및 초기 산출 결과 데이터를 가진 이러한 전략들을 인식하는 것은 매우 중요하다. 심리사회적 중재는 인지행동치료, 구조화 기술과 시간 관리 기술 훈련을 포함할 수 있다. 또한 교수에서의 교육적 지원과 시험에서 여분의 시간을 허용하는 것과 같은 조정이 종종 추천된다. 마지막으로, 약물치료에서 특히 중추신경 자극제는 ADHD 증상을 감소시키는 데 사용할 수 있다. ADHD 학생을 위한 서비스는 학교 안과 밖의 다양한 서비스 제공자들과 연관되어 있다는 점에서, 서비스 제공자 간 협력이 중요하다. 왜냐하면 대학생들은 아마도 부모나 다른 보호자에게서 최소한의 감독만 받을 뿐 본인 스스로가 자신을 보살필 것이기 때문이다.

심리사회적 중재 전략

ADHD 대학생을 위한 인지행동치료, 개인상담, 스트레스 감소 전략, 분노 조절 그리고 자기보호 촉진(예: 적당한 수면과 적당한 영양 섭취 습관)을 포함하는 다양한 심리사회적 중재가 제안되어 왔다(Wolf et al., 2009). 이러한 접근은 대학, 지역사회 기반 서비스 제공자들이 제공하는 종합적인 대학교 기반 지원 프로그램을 구성할 수 있다(Wolf et al., 2009). 중재 환경이나 제공자와는 상관없이 심리사회적 중재는 다음 세 가지 목표를 성취하도록 구성되어 있다. 첫 번째 목표는 적절한 시기에 대학 과정에서 필요한 능력을 완수할 수 있도록 동기를 고취시키는 것이고, 두 번째 목표는 학업적·사회적·직업적 상황에서 자기조절 기술을 향상시키는 것이며, 마지막 세 번째 목표는 ADHD의 공존장애로서 정서 및 행동 장애(예: 기분장애)에 대한 유의미한 수준의 증상을 감소시키거나 예방하는 것이다(Weyandt & DuPaul, 2013).

ADHD 대학생을 위해 가장 널리 추천된 심리사회적 중재 기법은 바로 인지행동치료다(Weyandt & DuPaul, 2013). 인지행동치료의 주요한 목표는 학생이 부적응적인 대처 양식(예: 도전적인 과제를 수행할 때 완벽히 수행하지 못할 것이라는 생각과 분노 때문에 과제를 미루는 것)을 인식하고 이러한 부적응적인 과정을 피하기 위한 효율적인 문제해결 전략을 실행할 수 있도록 도와주는 것이다. Ramsay와 Rostain(2006)은 임상가들에게 ADHD 대학생에게 학기 동안 실행할 수 있는 인지행동치료의 구체적인 단계를 제시하였다. 학기가 시작될 때, 현장 전문가들은 학업적 도전 과제(예: 어려운 과제를 적절한 시간에 끝내는 것)와 비학업적인 삶의 활동(예: 알코올 섭취를 줄이는 것)을 포함한 치료에 대한 관련 목표들을 인식하도록 도와주어야 한다. 학생들은 자신이 진술한 목표에 도달하고자 할 때 나타나는 인지와 감정, 행동에 대해 이해하도록 도움을 받아야 한다. 예를 들어, 학생들이 도전적인 과제에 직면했을 때, 부정적인 감정(예: 분노)과 연관된 부적응적인 사고('나는 어렵고 시간이 오래 걸리는 과제를 할 때 항상 실패한다.')를 경험할 수 있다. 결국 분노는 학생들에게 미루기와 같은 부적응적인 보상 전략을 사용하도록 한다. 임상가들은 학생들이 이러한 패턴을 인식하고 그들의 일상과 활동 속에서 작고 현실적인 변화를 만들기 위해 적응적이고, 문제해결식 접근 방법을 사용하도록 돕는다. 학생들이 문제해결 전략을 학습함에 따라, 전문가들은 치료 과정에서 부여되는 과제의 상대적 성공 여부에 따라 피드백을 제공하고 예상되는 중간 학기 과제들(중간고사, 많은 과제 분량)을 해결하는 데 계속해서 전략을 사용하도록 지원한다. 그리고 학기 말에는 기말고사나 연말 행사와 같은 학업적 요구와 사회적 요구가 높아짐에 따라, 전문가들은 학생들이 대처 전략을 사용할 수 있도록 그들에게 많은 지원과 노력을 기울여야 한다. 학생들은 부적응적인 사고가 재발하는 것을 막기 위해 방학 및 다음 학기에 추가 도움을 받을 수 있도록 계획을 세워야 함은 물론이고, 학기 동안 성취한 성공에 대한 가치를 인식하게 하여 인지행동치료의 마지막 단계를 준비해야 한다. 비록 인지행동치료가 대학생 집단의 ADHD 치료에 상당한 유효성을 갖고 있지만, 이 중재 기법의 효과성을 입증할 만한 통제연구는 없다(Weyandt & DuPaul, 2013).

ADHD 대학생을 위한 심리사회적 중재 중 널리 추천되는 또 하나의 중재 기법은 바로 코칭이다. 코칭이란 "학업 수행을 방해하는 것들을 다루는 방법에 대해 배우거나 미루기, 주의집중 부족, 비효율적인 자기조절 능력, 계획을 세우는 데 있어서의 어려움, 분노, 사회적 유능함의 부족, 시간 관리 기술과 같이 대학 생활에서 요구되는 것들을 다루는 방법을 익히는 것과 관련되어 있다"(Swartz, Prevatt, & Proctor, 2005, p. 648). Swartz와 동료들(2005)에 따르면, 코칭은 장기 목표를 세우는 것은 물론 기대사항을 설정하기 위한 첫 만남과 내용의 구조와 일정을 정하기 위한 만남과도 관련이 있다. 장기 목표와 연관되어 있는 각 주별 목표들(즉, 단기간에 성취 가능한 성과)은 코칭의 마지막 단계에서 설정되며 다음에 이어지는 코칭의 시작 단계에서 평가된다. 코치들은 학생들의 매주 목표에 대한 결과를 기록하여 학생들이 목표 성취를 향한 진행 상황을 시각화할 수 있도록 돕는다. 학생과 코치는 각 회기별 출석과 목표를 향한 진척 상황에 대한 보상에 합의한다(예: 만약 코칭에 참석하지 않거나, 주별 목표를 달성하지 못하면 벌금을 지불한다). 인지행동치료와 유사하게 코치는 학생들이 체계적 문제해결 접근법을 사용하여 목표를 달성하는 과정에서 만나게 되는 문제점이나 많은 어려움에 대한 논의와 관련된 목표를 달성하는 것, 문제점이나 많은 어려움을 피하기 위한 전략을 발견하는 것, 행동으로 결과를 바꾸는 것, 매주 단위로 전략의 효과성을 평가하는 것, 필요하다면 전략을 바꾸는 것으로 방향을 이끌어 주고 지원해 준다. 인지행동치료과 마찬가지로, 코칭 기법 또한 ADHD 대학생 집단을 대상으로 한 통제연구가 없다. 그러므로 전문가들은 심리사회적 중재 자체가 성공적일 것이라는 가정에 주의를 기울여야 한다(Weyandt & DuPaul, 2013).

교육적 중재와 조정

교육적 중재는 학생들에게 구체적인 특정 영역에 대한 기술(예: 수학 시간에 배우는 수 처리 능력) 훈련의 기회를 제공하는 것과 교재나 과제를 조직화하는 방법, 시험 공부, 노트 필기를 가르치는 것 그리고 새로 습득한 학업 기술에 대한 연습과 전략의 실행을 지원하는 것에 초점을 맞춘다(Weyandt & DuPaul, 2013). ADHD 대학생을 위해 가장 보편적으로 추천되는 교육적 중재는 수업 내용과 읽기 과제의 이해력을 향상시키는 방법뿐만 아니라 학습 및 조직 기술에 대한 교수를 포함하고 있다. ADHD 대학생을 대상으로 하는 교육적 중재에 관한 몇 안 되는 통제된 연구 중 하나로, Allsopp, Minskoff와 Bolt(2005)는 장애를 가진 대학생을 위해 특정 영역에서의 구체적 전략 교수를 실행하는 모델을 개발하였는데, 이 연구에서는 학습장애 또한 가지고 있는 ADHD 대학생이 일부 표본으로 선정되어 평가되었다. 학생들은 그들의 요구를 충족시키도록 고안된 전략들에 대한 이전의 경험적 지원뿐만 아니라 특정 학업적 요구에 근거한 개별화된 교수 전략을 제공받았다. 예를 들면, 학생들의 읽기 이해 기술을 다루기 위해 RAP 의역하기 전략이 다음과 같은 단계로 활용되었다. 즉, R단계에서는 단락을 읽고, A단계에서는 중심 내용이 무엇인지 질문해 보며, P단계에서는 중심 내용을 자신만의 표현으로 바꾸는 것이다(Schumaker, Denton, & Deshler, 1984). 한 학기에 1~2시간 정도의 전략에 대한 교수가 몇 회기 동안 이루어지며, 결국 학생의 평점은 유의미한 수준으로 증가하게 된다. 학업적 향상은 전략 교수자와 지원적 관계를 형성한 학생뿐만 아니라 훈련 회기 사이에 혼자서 전략을 연습한 학생들에게서 특히 주목할 만하다. 이와는 반대로, ADHD를 포함한 추가적인 인지적·감정적 어려움을 가진 학생은 전략 훈련 과정에서 향상을 덜 보였다.

교수적 조정은 학생들이 교육과정에 접근하는 과정에서 ADHD와 같은 장애에 대한 영향력을 완화시킬 수 있도록 교육적 실제를 조정하는 것이다(Harrison et al., 2013). 조정은 기술이나 지식을 향상시키기 위한 훈련을 포함하지 않는다는 점에서 중재와는 다른 개념이다. 비록 특정 조정은 개인 학생이 경험한 손상과 요구에 맞게 만들어지지만, ADHD 학생을 위한 전형적인 조정에는 시험을 치르는 동안 여분의 시간이나 휴식 시간 제공하기, 문서 작성을 위한 맞춤법 검사 사용 허락하기, 주의집중이 되는 환경에 배치하기, 수업 시간 동안 학생의 노트 필기를 도와줄 인력 제공하기, 과제 마감 기한 연장하기 등이 있다(Wolf et al., 2009). 불행하게도 이를 포함한 ADHD 대학생을 위한 교육적 조정과 다른 교육적 조정에 대한 효과성을 평가하는 경험적 연구는 아직 실행되지 않았다. 그러므로 전문가들은 이러한 교육적 조정이 ADHD 대학생 집단의 학업을 향상시킬 것이라는 가정을 내리는 데 주의를 기울여야 할 것이다.

ADHD 대학생을 위한 약물치료

앞에서 언급한 ADHD 아동과 청소년의 경우처럼 약물치료는 이 장애를 가진 대학생에게 주로 추천되는 치료법이다(Weyandt & DuPaul, 2013). ADHD를 위한 다양한 약물치료법을 고려해 볼 수 있지만, ADHD를 가진 성인에게 사용되는 약물로는 중추신경 자극제가 있다(Barkley, 2006). 비록 대학생들이 경험하는 ADHD의 증상과 관련 손상에 대한 각성제의 효과가 아동이나 청소년의 약물치료 효과와 비슷하다고 가정할지라도, 단 하나의 통제된 연구에서 대학생 집단에 대한 약물치료가 효과가 있음이 구체적으로 밝혀졌다. DuPaul, Weyndt와 동료들(2012)은 24명의 ADHD 대학생을 대상으로 프로드러그(prodrug)[1] 자극제(lisdexamfetamine dimesylate[LDX])가 그들의 행동적 · 심리적 · 학업적 · 실행 기능에 어떠한 효과를 나타내는지 살펴보았다. 학생들은 이중맹검법으로 5주간의 플래시보 약물 중재에 참여하였으며, 약물을 투여하지 않은 기초선 단계, 플래시보 실험 단계 또는 하루마다 30, 50, 70mg의 LDX 복용량을 각각 투여하는 단계가 중재 기간 동안 매주 균형적으로 이루어졌다. 이와 똑같은 방식으로, 약물치료를 받지 않은 ADHD가 없는 일반 대학생들에 대한 평가 결과를 일주일 동안 수집하였다. LDX는 대학생들의 ADHD 증상과 실행 기능(예: 과제 다루기와 조직화 기술)에서 각각 86%, 73%의 통계적으로 유의미한 수준의 향상을 가져왔다. 특히 심리사회적 · 학업적 결과에서 작지만 중요한 변화가 발견되었으며, 심각한 부작용은 거의 보고되지 않았다. 그러나 상당한 행동상의 변화가 나타났음에도 대학생들의 ADHD 증상과 실행 기능이 정상 수준으로 향상되지는 않았으며, 통제집단에 비해 상대적으로 유의미한 수준의 결함을 보였다. 다양한 중재를 결합한 접근이 더 많은 종합적 변화를 가져올 수 있는 것이다. 따라서 약물치료가 효과적인 심리사회적 중재와 학업적 중재와 함께 논의되는 것은 매우 중요하다(Weyandt & DuPaul, 2013).

요 약

ADHD는 이로 진단받은 많은 개개인의 장기적인 학업적 · 행동적 · 사회적 손상과 관련된 만성적 장애다. 그러므로 학교심리학자들과 학교 관련 직원들이 중 · 고등 교육 환경에서 경험적으로 지원된 평가와 중재 전략을 사용하는 것이 중요하다. 희소식은 ADHD 중 · 고등학생과 대학생의 초기 선별과 증상 및 손상을 꾸준히 모니터링하기 위한 신뢰할 수 있고 타당한 평가 절차를 이용할 수 있다는 것이다. 또한 다양한 중재 선택사항에 대한 효과성을 수립하기 위한 연구가 장애를 가진 고등학생과 대학생을 대상으로 실행되어 왔으며, 중등학교 수준에서는 다양한

---

1) 역자 주: 신체 내에서 효소 · 화학물질로 인해 약으로 바뀌는 비활성 물질.

심리사회적 · 교육적 지원 전략을 견고히 지원하는 연구가 이루어지고 있다. 추가로, ADHD의 증상을 줄이고 장애를 가진 고등학생과 대학생의 기능을 향상시키는 중재에 초점을 맞춘 연구가 증가하고 있다. 그러므로 전문가들은 ADHD 연구자의 많은 관심이 견고한 경험적 지원이 수반된 많은 중재를 개발해 낼 수 있다는 믿음과 함께 ADHD 집단의 요구를 다룰 수 있는 전략을 가지고 있어야 할 것이다.

제7장

약물치료

향정신성 약물 처방은 ADHD에 대한 주요 치료 방법이다. 예를 들어, 미국에서 메틸페니데이트(MPH)와 같은 중추신경 자극제 약물로 치료받는 아동 및 청소년이 4% 이상을 차지한다(Safer & Zito, 2000; Zito et al., 2009). 각성제 치료를 받는 가장 많은 비율은 인구의 대략 7%로 5~14세 아동이 해당된다(Zito et al., 2008). 특히 학년 전 유아와 중등교육을 받고 있는 학생들에게 중추신경 자극제 약물 사용은 지난 수십 년간 꾸준히 증가해 왔다(Olfson, Marcus, Weissman, & Jensen, 2002; Safer & Zito, 2000). 아동의 연령에 따라 약물치료를 받는 기간은 달라지지만, 보통 2년에서 7년이다(Safer & Zito, 2000). 또한 다른 장애아동보다 ADHD 아동의 투약 효과에 대한 연구가 더 많이 수행되고 있다(Connor, 2006b).

대다수의 아동에게 각성제 처방이 단기간에 행동적·학업적·사회적 기능을 향상시켰음이 지속적으로 밝혀졌다. 사실 몇몇 메타분석 연구에서는 행동적·사회적 기능에서의 효과가 0.5에서 1.0 표준편차 이상의 플래시보보다 높은, 보통에서 넓은 범위의 향상을 보이는 것으로 나타났다(Faraone & Buitelaar, 2010; Van der Oord, Prins, Oosterlaan, & Emmelkamp, 2008). 학업 기능에서는 0.33 표준편차 범위의 더 작은 효과를 보이기도 하였다(Van der Oord et al., 2008). 이러한 긍정적 치료 효과에도 약물치료(pharmacotherapy)의 문제점(즉, 부작용의 가능성, 장기적인 효과에 대한 불충분한 증거 등)은 ADHD에 대한 중다처치 접근을 선호하는 계기가 되었다 (Barkley, 2006). 각성제는 행동수정과 같이 다양한 방법과 함께 사용하게 될 때 ADHD의 문제행동(예: 학업 저성취 등)에 더욱 효과적인 것으로 나타났다(MTA Cooperative Group, 1999). 그러나 ADHD 아동의 약물 처치는 이미 밝혀진 효과와 투약이 광범위하게 사용되는 것과 관련하여 학교 관계자들이 다음을 숙지하는 것이 중요하다. ① ADHD를 치료하기 위해 사용되는 약물의 유형, ② 투약과 관련된 부작용과 그로 인해 나타나는 행동, ③ 아동 개인에게 투약을 실시할 때 고려해야 할 요인들, ④ 학교 상황에서 처치 효과를 평가하는 방법, ⑤ 의사나 다른 치료 전문가들과 함께 평가 자료에 관하여 논의하는 방법, ⑥ 투약의 문제점이 그것이다.

 ## 향정신성 약물치료의 유형

중추신경계(CNS) 각성제

신경각성제 약물(psychostimulant medications)은 중추신경계의 각성을 증가시킨다. ADHD 아동에 대한 투약은 정상인과 유사한 생리적 · 행동적 효과를 보여 준다 (Rapoport et al., 1980). 뇌내(腦內)의 특정 신경전달물질(예: 도파민[dopamine])에 대한 신경각성제 작용상의 유사성 때문에 교감신경 자극제(sympathomimetic compounds)로 볼 수 있다(Donnelly & Rapoport, 1985). 네 가지 주요한 중추신경계 각성제는 메틸페니데이트(MPH, 〈Ritalin, Concerta, Metadate〉), 덱스트로암페타민(dextroamphetamine, 〈Dexedrine〉), 혼합된 암페타민(Adderall), 리스덱스암페타민(LDX, 〈Vyvanse〉)이다. 이 중에서 MPH는 약물치료를 받는 아동의 80%에게 투여되는 가장 널리 사용되는 각성제다(Safer & Zito, 2000). 리스덱스암페타민은 두뇌 도파민 전달을 강화하는 데 있어서의 차이로 메틸페니데이트보다 증상 개선에 더 효과적이라는 증거가 있다 (Faraone & Buitelaar, 2010). 이 외에 다른 종류의 각성제(카페인 등)는 그다지 효과적이지 않고, 임상적으로 사용되지도 않기에 여기서는 다루지 않았다.

▶ 복용량

중추신경계 각성제의 적합한 양과 처방 범위가 〈표 7-1〉에 제시되어 있다. 체중(즉, mg/kg)에 상관없이 일정량이 할당된 복용량은 일반적인 처방 관례에 따라 정해진 것이다. 또한 최근의 연구에서는 총 체중이나 신체 부위가 소아기의 연령 범위에서는 메틸페니데이트에 대한 복용량의 결정에 큰 영향을 끼치지 않는 것으로 나타났다(Rapport & Denney, 1997). 다음에서 논의하는 바와 같이 일단 아동에 대한 적절한 복용량이 결정되면, 투약은 하루에 한 번(장기 약물 효능 유형인 경우) 또는 두 번(표준 조제 약물의 경우, 아침 식사와 점심 식사 후) 이루어진다.

이러한 약물이 행동적으로 비교적 단기간의 약물 효능(half-lives)이 있다는 것을 고려한다면 약물을 투여받은 ADHD 아동은 부모보다 교사가 좀 더 잘 관찰할 수

〈표 7-1〉 각성제 약물치료, 알약 크기, 복용량

상표명	알약 크기	복용 규칙	복용량
리탈린(Ritalin, 〈methylphenidate〉)	5~20mg	하루에 2번	2.5~25mg
	SR, 20mg	하루에 1번	20~40mg
콘서타(Concerta, 〈methylphenidate〉)		하루에 1번	
메타데이트(Metadate, 〈methylphenidate〉)		하루에 1번	
퀼리반트 XR(Quillivant XR, 〈methylphenidate oral suspension〉)	물약 없음	하루에 1번	
덱세드린(Dexedrine, 〈d-amphetamine〉)	5~mg 스팬슐		2.5~25mg
	10~mg 스팬슐	하루에 1번	
	15~mg 스팬슐		
	5mg 알약		
	5mg/5ml	하루에 2번	2.5~20mg
아데랄(Adderall, 〈mixed amphetamine〉)	5~20mg	하루에 1번	5~20mg
바이반스(Vyvanse, 〈lisdexamfetamine dimesylate〉)	30~70mg	하루에 1번	30~70mg

* 〈 〉안은 약물 일반 명칭.
* 각 약물의 복용량 범위를 제시함.

있는 기회를 가지기 때문에 교사의 처치 반응에 대한 평가가 반드시 포함되어야 한다.

메틸페니데이트와 덱스트로암페타민 모두 단기약물효능(short-acting)과 장기 약물효능(sustained-release)의 유형으로 사용 가능하다. 장기약물효능 제제의 행동 효과가 단기약물효능 제제보다 섭취 후 8시간 정도로 더 오래가기 때문에(덱스트로암페타민의 영향력이 단기약물효능 유도제보다 훨씬 오랫동안 지속된다는 것이 널리 알려졌기 때문에), 이와 같은 약물(또 다른 약물인 아데랄[Adderall]과 바이반스[Vyvanse]를 포함하여, 장기간 지속되는)은 학교에서 점심시간에 투약이 필요 없고 처치에 대한 안정성이 높다는 장점이 있다(Connor, 2006b). 그러므로 최근에는 장기약물효능 치료가 단기약물효능 치료보다 장애 아동 및 청소년의 치료에 더욱 선호되고 있다. 메틸페니데이트는 액상 형태 제제(Qullivant XR)로도 사용 가능하며, 이는 증상 개선의 효과를 떨어뜨리지 않으면서 특히 알약을 삼키기 어려워하는 아동도 쉽게 복용할 수 있다(Wigal, Childress, Belden, & Berry, 2013).

항우울제 치료

데시프라민(desipramine, 〈Norpramine〉), 이미프라민(imipramine, 〈Tofranil〉), 부프로피온(bupropion, 〈Wellbutrin〉), 노르트립틸린(nortriptyline)과 같은 항우울제를 ADHD 치료제로 고려해 왔다. 이러한 약물들은 ADHD 증상과 공격과 같은 관련 문제들을 개선할 수 있으나 특히 인지 영역과 같은 부분에서는 중추신경계 각성제만큼 강력한 효과를 보이지는 못한다(Connor, 2006a). 또한 데시프라민과 이미프라민은 드물긴 하나 심장질환의 부작용을 일으킬 수 있고 따라서 임상적으로는 사용을 권고하지 않는다.

항고혈압 약물치료

일종의 항고혈압 약품인 클로니딘(Clonidine)은 ADHD 증상을 줄이는 데 효과적이다(메타분석은 Connor, Fletcher, & Swanson, 1999 참조). 예를 들어 Hunt, Mindera와 Cohen(1985)은 클로니딘을 사용했을 때 과잉행동과 품행 문제에 대한 부모와 교사 평정에서 실험 대상 아동의 70%가 평정 점수에서 더 높은 점수를 얻었다고 밝혔다. 그러나 클로니딘의 효과는 이보다 뛰어난 효과를 보이는 메틸페니데이트의 효과와 비교된다는 것을 유념해야 한다(Connor et al., 1999). 메틸페니데이트 복용에 따라 식욕부진이나 수면장애와 같은 증상이 지속적으로 나타날 경우에는 상대적으로 클로니딘이 선호되기도 한다. 사실상 클로니딘과 메틸페니데이트의 혼용은 메틸페니데이트만의 유일한 작용으로 인한 불면증 같은 부작용 현상을 억제시킨다(Connor, Barkley, & Davis, 2000; Hunt et al., 1985). 클로니딘의 가장 주요한 부작용은 진정 작용과 과민성, 저혈압이다(Connor et al., 1999). 구안파신(guanfacine, 〈Intuniv〉, 〈Tenex〉)은 또 다른 항고혈압 약물로서 단기적인 플래시보 통제 실험(예: Biederman et al., 2008; Sallee, Lyne, Wigal, & McGough, 2009)과 장기적인 공개 실험(예: Sallee, McGough, et al., 2009)에서 클로니딘의 약물 효과와 유사한 결과를 나타내는 것으로 알려져 있다. 이 약물의 부작용은 클로니딘의 부작용보다는 덜 심하고 빈도도 적은 편이며(Connnor, 2006a) 아동이 약물에 적응해 감에 따라 줄어든다(Faraone & Glatt, 2010). 어느 정도 효과성이 있고 상대적으로 부작용이 약하다는 것을 고려해 볼 때 클로니딘과 구안파신은 가능성 있는 ADHD 2차적 치료제로 볼 수 있다.

아토목세틴

아토목세틴(atomoxetine, 〈Strattera〉)은 비흥분성으로 각성제와 비슷한 작용을 하는 노르에피네프린(norepinepherine, 교감신경말단 신경전달물질)이 분비될 수 있도록 한다. 단기 플래시보 통제 실험은 아토목세틴이 ADHD 증상을 개선하고(예: Dittmann et al., 2011; Kelsey et al., 2004) 치료를 경험한 아동 대부분의 경우에 아동과 부모의 삶의 질을 향상시킨다는 것(Escoba et al., 2009)을 보여 주었다. 부작용은 상대적으로 약한 편이었는데, 식욕 감퇴, 메스꺼움, 신경과민, 복통이 있었다 (Yildiz, Sismanlar, Memik, Karakaya, & Agaoglu, 2011). 또한 이 약물은 안전하고 수년에 걸쳐 치료를 받는 거의 모든 아동에도 적용 가능했다(Donnelly et al., 2009). ADHD 증상의 단기적 개선이라는 측면에서 메틸페니데이트와 비슷한 효과가 있지만(Hazell et al., 2011) ADHD에 직접적으로 영향을 받는 학업적 · 사회적 기능과 같은 영역에서 아토목세틴의 효과에 대한 연구는 거의 실시되지 않았다. 아토목세틴은 각성제가 비효과적이거나 부작용이 많다는 점에도 불구하고 가장 실현 가능한 대안으로 고려해 볼 수 있다.

요 약

이러한 초기 연구 결과가 유용하기는 하지만 각성제 이외의 대부분 약물 관련 연구들이 중요한 기능 영역의 치료 효과에 대해 소수의 데이터를 기반으로 그 증상의 효과를 조사하였다. 따라서 학업 수행과 인지 기능의 효과에 대해서는 비판적으로 접근할 필요가 있다. 또한 대안적 약물과 각성제와 관련한 치료 효과의 크기는 대표본이 표집된 ADHD 아동을 대상으로 직접 비교해야 한다. 이러한 이유에서 그리고 각성제가 ADHD에 가장 빈번하게 처방된 약물이라는 것을 고려할 때, 다음에서는 중추신경계 각성제, 주로 메틸페니데이트에 초점을 맞출 것이다.

 ## 각성제에 의한 행동 효과

실험연구에서는 초등 ADHD 아동의 75%가량이 한 가지 또는 그 이상의 약물 복용에 양성 반응을 보이는 것으로 추정되었다(Rapport & Denney, 2000 참조).[1] 나머지 아동들은 치료에 따른 변화가 나타나지 않거나, ADHD 증상이 악화되어 다른 대체 약물이나 치료 방법이 필요하였다. ADHD 아동이 특정 각성제에 반응할 것이라는 예측은 보장되지 않으며, 이러한 투약의 반응이 확실한 진단이 되어서는 안 된다(즉, 양성 반응이 ADHD 진단에 대한 확증이 될 수 없고, 또한 음성 반응이 나타난다고 해서 해당 아동이 ADHD를 지니지 않았다고 확신할 수 없다). 또한 일반학급에서 한 가지 각성제에 대한 반응이 없거나 역반응이 일어날 경우에도, 나머지 다른 각성제에 대한 양성 반응의 가능성을 배제해서는 안 된다(Elia & Rapoport, 1991). 현재로서는 메틸페니데이트가 가장 널리 사용되는 각성제다(Safer & Zito, 2000). 일부 연구 결과는 메틸페니데이트, 덱스트로암페타민, 혼합된 암페타민 약물이 행동의 영향에 매우 유사한 결과를 나타낸다(예: James et al., 2001)고 보고하고 있으나 리스덱스암페타민이 다소 더 효과적인 것으로 보인다(Faraone & Buitelaar, 2010).

ADHD 아동의 행동적 · 정서적 · 생리적 기능의 거의 모든 영역에서 각성제 투여 효과에 관하여 연구되어 왔다(메타분석 리뷰는 Faraone & Buitelaar, 2010; Van der Oord et al., 2008 참조). 다음에서는 학교 전문가들에게 가장 관심이 큰 영역에 대하여 다시 간략하게 살펴볼 것이다.

행동 조절과 주의집중의 효과

각성제 투여는 ADHD 아동에게 노력이 필요한 과제에서 주의력을 지속시키는 능력에 긍정적인 영향을 미치며(Barkley, DuPaul, et al., 1991; Douglas, Barr, O'Neill, & Britton, 1986; Rapport et al., 1987), 충동적인 반응을 억제하는 데 영향을 주는 것으로 나타났다(Brown & Sleator, 1979; Rapport et al., 1988). 많은 경우에서 부과 과제에서의 주의력은 일반 아동과 비슷한 정도로 향상되었다(Abikoff & Gittelman, 1985; DuPaul & Rapport, 1993). 또한 이러한 투약은 산만한 행동, 특별히 과제가 주어진 상황에서 과제와 무관한 행동을 매우 감소시켰다(Cunningham & Barkley, 1979). 공격성과 관련된 문제(Hinshaw, 1991; Klorman et al., 1988)와 학급에서의 파괴적인 행

---

1) PATS 연구(Greenhill et al., 2006)에 기반을 둔 미취학 아동에 있어서 각성제의 효과에 대한 자세한 내용은 4장에서 논의하였다.

동(Barkey, 1979), 좌절감을 줬던 과제에 대한 인내력(Milich, Carlson, Pelham, & Licht, 1991), 부모·교사의 지시에 대한 불순종(Barkey, Karlsson, Strzelecki, & Murphy, 1984)은 이러한 투약으로 개선되었다. Connor, Glatt, Lopez, Jackson과 Melloni(2002)가 수행한 메타분석에서 내적이고 외적인 공격성을 낮추는 약물 복용에 있어 가장 높은 효과를 나타내는 적정량을 발견하였다. 사실 공격행동은 ADHD 증상이 나타날 수 있는 문제점의 대부분을 차지한다. 일반적으로 행동 조절과 주의력을 지속시키는 약물 효과는 복용량이 많아짐에 따라 높아지며, 학교 상황, 병원, 가정에 상관없이 어디서나 동일한 효과를 발휘한다. 유사한 행동 효과는 청소년기의 ADHD에게도 나타나고 있다. 그러나 행동 문제 개선 비율은 청소년기의 ADHD가 초등학생보다 낮게(50~70%) 나타나고 있다(Evans & Pelham, 1991; Pelham, Vodde-Hamilton, Murphy, Greenstein, & Vallano, 1991).

각성제 복용에 따른 행동 변화는 부분적으로 환경 요인에 의해서 감소된다. Northup과 동료들(1997, 1999)은 환경적인 강화 체계와 메틸페니데이트 반응의 관계를 밝히기 위한 몇몇 연구를 수행하였다. 이와 같은 연구는 메틸페니데이트 효과가 환경적 강화 체계와 상호작용하여 다양하게 나타난다는 것을 증명하였다. 예를 들어, 과제를 완수해야 하는 아동이 있을 때, 어른과 함께 있는 아동은 산만한 행동 통제에 대한 메틸페니데이트의 효과가 더욱 클 수 있지만, 혼자서 과제를 해야 하는 상황에서는 이 약물에 의한 효과는 약한 것으로 밝혀졌다(Northup et al., 1999). 메틸페니데이트는 직접적인 생리적 요인(즉, 두뇌 기능)에 의해서 작용하지만, 이 약물이나 이와 유사한 약물의 효과는 효과적인 강화 체계나 후속 행동을 유발할 수 있는 행동의 비율에 의해 영향을 받는다(Murray & Kollins, 2000; Rapport, DuPaul, & Smith, 1985). 따라서 Northup과 Gulley(2001)는 학교심리 전문가들이 기능적 행동 평가의 맥락에서 약물 투여의 효과를 평가해야 하고, 메틸페니데이트와 강화 체계가 최적의 효과를 낼 수 있도록 체계적으로 조정해야 한다고 권고하고 있다. 이러한 효과를 학교 상황에 활용할 수 있는 연구물은 아직 나오지 않았다. 그러나 약물 투여에 의한 행동의 변화는 진공 상태에서 나타나지 않으며, 환경적인 요인이 약물 투여 반응을 평가할 때 항상 고려되어야 한다는 것은 명확하다.

인지와 학업 수행에 대한 효과

ADHD 아동들의 인지 수행에 대한 각성제 투여 효과는 일반적으로 쌍연합학습검사(Paired Associates Learning test; Swanson & Kinsbourne, 1975)와 단기회상검사(tests of short term recall; Sprague & Sleator, 1977)와 같은 실험실 기반 설계를 이용하여 연구되어 왔다. 아동의 인지 기능에 대한 메틸페니데이트의 유익한 영향력은 언어회상검사(Barkely, DuPaul, et al., 1991; Evans, Gualtieri, & Amara, 1986), 쌍연합학습(paired associate learning; Rapport et al., 1985), 자극에 적합하게 반응하는 학습(Vyse & Rapport, 1989), 시각 자극에 대한 단기회상검사(Sprague & Sleator, 1977) 등을 통해서 밝혀져 왔다. 일반적으로 인지 수행에 대한 메틸페니데이트의 복용-반응 효과가 증가하는 것으로 밝혀졌으며, 많은 복용량에서 높은 효과를 보였다(Rapport & Kelly, 1991; Solanto, 2000). 그러나 이러한 복용-반응 효과가 집단 수준에서 서술되어 왔으며, 다음에서 말하는 바와 같이 각 아동 개인 간 복용-반응에는 실제적인 차이가 있을 수 있다는 점을 기억해야 한다.

ADHD 아동의 학업 수행에 대한 각성제 투여 효과에 관한 리뷰 연구는 일반적으로 장기간에 걸친 약물 요법에 의해서 유의미한 영향을 받지 않는 것으로 결론짓는다(Scheffler et al., 2009). 예를 들면, Barbaresi, Katusic, Colligan, Weaver와 Jacobsen(2007)은 370명의 ADHD 아동을 학교 입학에서부터 고등학교 졸업 시기까지 추적하였고 약물 복용과 읽기 학업 성취 점수 사이에 통계적으로 유의하지만 상관이 낮음(r = .15)을 밝혔다. Powers, Marks, Miller, Newcorn과 Halperin(2008)은 169명의 ADHD 표본을 9년 동안 추적하여 더 유용한 결과를 얻었다. 특히 각성제 치료를 받은 학생은 그렇지 않은 학생에 비해 유의하게 높은 학업 성취 점수와 고등학교 GPAs를 얻었다. 이 결과는 가능한 혼동 변수(예: 사회경제적 지위, 수업의 질)를 통제하기 위한 실험적 절차 부족이라는 한계가 있었다. 장기 학업 효과 연구물들은 주로 전통적인 학업 성취 검사(예: 웩슬러 학업 성취검사)나 성적 통지표를 활용해 왔다. 이러한 측정은 치료와 관련한 인지 기능에서의 단기의 혹은 더 미세한 변화를 감지하는 데 충분히 민감하지 못했다. 여러 가지 추가 요인이 치료 평가 목적으로 규준참조 성취평가를 사용하는 것에 대한 제한점이 되는데, 그 요인들은 다음과 같다. ① 활용하기 적합한 교육과정을 표집하는 데 실패, ② 다양한 기술을 표집하는 데 있어 제한된 수의 문항 사용, ③ 학생에게 흥미 있는 행동을 요구하지 않는 반응 형식(예: 쓰기)의 사용, ④ 학생 수행에서의 작은 변화에 대한 둔감이 포함된다(Shapiro, 2011a).

몇몇 개별 연구 팀이 수행한 연구 결과에 따르면, 메틸페니데이트는 많은 ADHD 아동(Douglas et al., 1988; Pelham, Bender, Caddell, Booth, & Moorer, 1985; Rapport et al., 1987, 1988; Wigal et al., 2011) 및 ADHD 청소년(Evans & Pelham, 1991; Evans et al., 2001; Pelham et al., 1990)을 대상으로 학업적 생산성 및 정확도를 향상시키는 것으로 나타났다. 또한 메틸페니데이트는 ADHD 중학생들을 대상으로 교사가 진행하는 수업에 대한 집중, 과제 수행의 완성도, 퀴즈와 시험 점수를 향상시켰다(Pelham et al., 1991). 다른 영역에서와 같이 이러한 성과는 집단 수준에서 복용량이 높았을 때 강하게 나타났다. 이 연구를 수행한 연구자들은 학업 수행을 평가하기 위해서 표준화된 성취검사보다 담임교사가 내 준 쓰기 과제를 이용하였다. 이러한 평가 방법이 기존의 표준화된 도구들에 비해 처치와 관련된 변화에 민감하고 생태학적 타당도를 더 가지고 있다 할지라도, 이러한 검사도구의 신뢰도(즉, 시간에 따른 안정성)는 중재 효과를 평가하기 이전에 반드시 확립되어야 한다. 왜 단기간의 학업 수행 증진이 장기적인 학업 성취로 이어지지 않는가(즉, 종단연구에서 학업 성취는 상대적으로 미비한 효과)는 다소 해결되지 않은 문제다(Barbaresi et al., 2007; Scheffler et al., 2009). 하지만 약물 복용량을 결정할 때, 과거에서 했던 것처럼 행동 조절에 초점을 맞추기보다는 학업 기능 향상에 초점을 맞출 경우, 장기적인 학업 수행 향상의 가능성이 증가될 수 있다(Rapport & Kelly, 1991).

독립적인 연구 팀이 발표한 연구물들은 학업 기술 습득 측면에서 메틸페니데이트의 효과를 밝히고 있다. 특별히 복용-반응 효과는 교육과정 중심 평가의 읽기와 수학 영역에서 명확하게 나타난다(Roberts & Landau, 1995; Stoner, Carey, Ikeda, & Shinn, 1994). 2장에서 논의한 것처럼 교육과정 중심 평가는 학업 기술 측면에서 중재 효과를 평가하기 위한 효과적이고 정확한 방법이다. 따라서 그와 같은 평가방법은 임상 사례와 연구에서 유용하게 사용될 수 있다.

사회적 관계에서의 약물 효과

메틸페니데이트는 ADHD 아동과 부모, 교사, 또래와의 관계에서 사회적 상호작용이 증진되는 것으로 나타난다. 예를 들어, 몇몇 연구에 따르면 각성제는 부모나 교사의 지시를 따르는 아동의 순응적인 반응을 증가시키며, 다른 사람들과의 상호작용 반응은 강화하는 것으로 나타났다(Connor, 2006b). 이 연구에서 순응 상황에서의 부정적인 행동과 과제이탈행동이 감소하였으며, 이에 따라 부모나 교사의 지시 횟수가 감소하고, 아동 행동에 대한 어른의 긍정적인 태도가 향상되는 결과가 나타났다. 실제로, 외적이고 내적인 공격성에 대한 각성제의 효과는 ADHD 증상에 대한 약물치료 효과의 크기와 거의 유사하다(Connor et al., 2002).

ADHD 아동의 또래 관계에 대해서도 유사한 결과가 나타났다. 메틸페니데이트를 복용한 ADHD 아동은 복용하지 않은 아동에 비해 덜 공격적이고, 보다 적절한 행동을 했으며, 또래에게 잘 받아들여졌다(Cunningham, Siegel, & Offord, 1985; Gadow, Nolan, Sverd, Sprafkin, & Paolicelli, 1990; Hinshaw, 1991). 사회적 행동에 대한 유익한 효과는 적어도 2년간 유지되는 것으로 나타났다(Abikoff, Hechtman, Klein, Gallagher, et al., 2004). 반면, King과 동료들(2009)은 ADHD 아동은 플래시보를 제공받은 학생보다 또래 상호작용 상황에서 도발에 더 공격적인 반응을 나타낸다는 것을 밝혔다. 그러므로 학생들의 공격성에 대한 메틸페니데이트의 영향은 효과가 거의 동일한 것으로 보인다. 비록 ADHD 성인에 대한 연구는 집중적으로 이루어지지 않았지만, 특히 메틸페니데이트의 낮은 복용 수준에서 ADHD 성인의 사회적 행동은 향상되었다(Smith et al., 1998).

ADHD 아동의 친사회적 행동에 대한 메틸페니데이트의 효과는 명확하지 않은 상태다. 몇몇 연구에서는 이들이 다른 아동들과의 상호작용을 주도하는 빈도에 변화가 없다고 했다(Hinshaw, Henker, Whalen, Erhardt, & Dunnington, 1989; Wallander,

Schroeder, Michelli, & Gualtieri, 1987). 반면, 다른 연구에서는 또래들과의 상호작용에서 긍정적인 반응이 줄어들었다고 밝혔다(Buhrmeister, Whalen, Henker, MacConald, & Hinshaw, 1992). 메틸페니데이트는 사회적 행동에 대한 직접적인 효과를 넘어서 간접적인 사회적 지위와 관련된 다른 영역들까지도 향상되었음을 보고하였다. 예를 들어, 메틸페니데이트를 복용한 ADHD 아동 집단은 플래시보를 제공받은 집단에 비해서 소프트볼 경기에 더 집중하는 것으로 나타났다(Pelham et al., 1990).

복용 반응과 개인의 반응성

특정한 행동적 효과에 대한 설명뿐만 아니라, ADHD 아동에 있어서 각성제에 대한 경험적 연구의 결과들은, 이러한 약물들의 일반적인 특성에 관한 많은 중요한 결론을 주었다. 먼저, 특정한 행동 영역에서 메틸페니데이트에 의한 변화는 적어도 집단 수준에서 복용량에 대한 변화에 따라 달라진다(Barkley, Anastopoulos, Guevremont, & Fletchker, 1991; Pelham et al., 1985; Rapport & Denney, 2000; Rapport et al., 1985; Sprague & Sleator, 1997). 대부분의 인지적·사회적·행동 조절 영역에 대하여 복용-반응 효과는 높은 복용량이 많은 변화를 이끌어 내는 직선적 증가 관계에 있다. 둘째, 행동의 수준에 따라 나뉜 집단(separate classes of behavior)의 경우, 같은 복용량의 메틸페니데이트의 효과가 개인적으로 다르게 나타났다(Rapport & Denney, 2000; Sprague & Sleator, 1977). 예를 들어, 학업 수행에서 해당 아동이 주의 집중이나 충동 조절을 위해 최적의 복용량과 다른 용량에서 개별적으로 커다란 진전 효과를 보일 수 있다. 마지막으로, 직선적 증가 복용-반응 효과가 일관적으로 분석의 집단 수준에서 발견된다 할지라도 아동 개인에 따라 복용량에 대한 행동 변화에 상당한 차이가 있다(Douglas et al., 1986; Pelham et al., 1985; Rapport & Denney, 2000). 유사한 특징들(진단, 연령, 체중)을 가지고 있다 해도 중추신경계 기능의 개인적인 차이에 기인한 복용 반응도는 상당한 차이가 있을 수 있다(Rapport, & Denney, 2000).

메틸페니데이트의 효과에 대한 특이성을 나타내기 위해 [그림 7-1]에서는 Rapport, DuPaul과 Kelly(1989)가 수행한 연구에서 3명의 ADHD 아동에 대해 학교에서 실시한 복용-반응 결과 자료를 제시하고 있다. 자습 시간 동안 과제에 집중하는 백분율, AES(학업 효과성 점수)에 기반을 둔 정확하게 학업을 수행한 비율, 축약형 코너스 교사 평정척도(Abbreviated Conners Teacher Rating Scale: ACTRS; Werry, Sprague, & Cohen, 1975)를 포함한 세 가지 평가에 대한 행동 변화가 제시되어 있다. 이중맹검법(double-blind), 플래시보 통제 실험 계획은 네 가지 수준의 메틸페니데이트(5mg, 10mg, 15mg, 20mg)를 각각 복용한 아동들이 참여하였고, 무선적으로 결정된 순서로 플래시보를 제공하였다. 아동들은 나이와 체중은 유사했지만, 메틸페니데이트에 대한 반응은 매우 다르게 나타났다. 예를 들어, [그림 7-1]의 S-1은 주의력과 행동 변화는 복용량이 증가할수록 직접적으로 작용하며, 가장 높은 복용량인 20mg일 때 가장 높았다(즉, 선형적 복용 반응 효과). 반면, S-2 학급에서의 행동 및 수행의 향상은 15mg일 때 가장 증가했으며, 20mg일 때 감소되는 결과가 나타났다. 이는 한 번의 복용-반응 곡선 기울기 변화가 있었기 때문에 '비선형적 반응'이라 불린다. 마지막으로, S-3은 10mg를 받는 '치료 임계치(therapeutic threshold)'가 되어서야 학업과 행동에서의 향상을 보이며, 높은 복용량에서 더 이상의 증가를 보이지 않는다(즉, 임계치 반응). 그러므로 복용-반응 프로파일 및 '최적의' 혹은 치료적 복용량은 개별 아동에 따라 다르게 나타났다.

학급 기능의 정상화

메틸페니데이트의 행동적 영향에 대한 통계적인 유의도는 나타났지만, 각 ADHD 아동 개인에게 행동 변화에 대한 임상적인 유의도는 보다 낮게 나타났다. 몇몇 연구에서는 메틸페니데이트를 복용한 아동들과 연관된 주의력결핍(Loney, Weissenburger, Woolson, & Lichty, 1979; Rapport, Denney, DuPaul, & Gardner, 1994; Whalen et al., 1978; Whalen, Henker, Collins, Finck, & Dotemoto, 1979)과 공격행동(Hinshaw et al., 1989)이 정상 아동에 비해 통계적으로 구분할 수 없다는 것을 밝혔

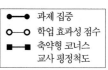

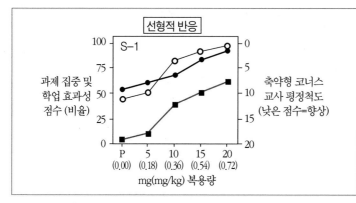

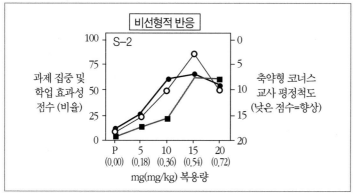

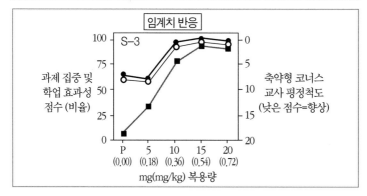

[그림 7-1] 체중 25kg인 세 아동이 3개의 서로 다른 종속변인에서 보이는 복용-반응 곡선

* 과제에 집중하는 백분율과 AES(학업 효과성 점수)에 기반을 둔 정확하게 학업을 수행한 백분율은 왼쪽
세로 좌표로 치우치는 모습을 보였고, ACTRS(Abbreviated Conners Teacher Rating Scale)의 총
점은 오른쪽 세로 좌표에 치우치는 모습을 보였다. 3개의 모든 측정에서의 향상은 중심축에서 위쪽을 향
한 움직임을 나타낸다.

출처: Rapport, DuPaul, & Kelly (1989). Copyright 1989 by M. D. Rapport. 허락을 받고 재인용함.

다. Abikoff와 Gittleman(1985)은 메틸페니데이트를 복용한 아동 가운데 60%가 학급에서의 주의집중 기간과 충동 조절에서 '정상적인' 행동을 나타냈다고 밝혔다. 이와 유사한 결과로, Pelham과 동료들(1993)은 0.6mg/kg의 메틸페니데이트를 복용한 약 60%의 아동이 어른이나 또래 아동들과 상호작용하는 장면에서 '매우 정상 아동과 같은'이라는 교사 평정을 받았다는 것을 밝혔다. 반면, 대규모 ADHD 중다처치(Multimodal Treatment of ADHD: MTA) 연구(MTA Cooperative Group, 1999)에서는 14개월 동안 메틸페니데이트를 포함한 집중 처치를 받은 ADHD 아동을 규준적 비교집단의 6~8세 아동과 비교했을 때, 성취에 있어 상당히 열등한 행동적 · 사회적 · 학업적 기능을 보여 주었다(Molina et al., 2009).

다른 연구에서도 흔한 경우지만, 각성제 투여에 의한 기능 정상화의 정도는 개인에 따라 다르게 나타났다. Rapport와 동료들(1994)은 ADHD 아동과 25명의 일반 아동 집단 간의 비교연구를 통해 학급에서의 행동과 학업 기능을 정상화시키는 메틸페니데이트의 복용량에 대하여 조사하였다. ADHD 아동은 각각 네 가지 복용 수준(5, 10, 15, 20mg)의 메틸페니데이트와 플래시보가 포함된 이중맹검법, 플래시보 통제 실험에 참여하였다. 이 실험은 사회적 행동에 대한 교사 평정과 학급에서의 과제 수행 행동에 대한 직접적인 관찰, 독립적인 과제에 대한 정확도 평가 등을 포함하고 있었다. 53~78% 사이의 아동이 하나 또는 그 이상의 메틸페니데이트의 복용으로 정상 범위에서 점수를 획득했다([그림 7-2] 참조). 행동 조절에 대한 교사 평정척도에서 과제와 관련된 주의력과 학업 유능성을 직접 관찰한 결과, 대부분이 크게 향상되었다. 하지만 학업에서는 약 47%의 아동이 진전을 보이지 않았다. 이와 같은 결과는 약물 투여가 효과가 있고 약물 투여만으로 행동 수준이 정상화된다 하더라도 상담이나 중재 프로그램(학업 수행을 달성하기 위한 것)이 필요함을 보여 준다.

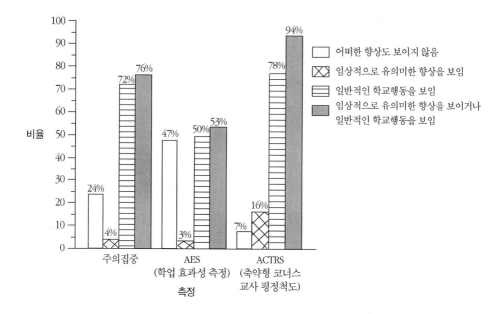

[그림 7-2] 각성제 투여에 따른 기능 정상화의 정도

* ADHD 아동의 76%는 3개 학급의 변인 모두에서 메틸페니데이트의 복용과 플래시보의 기능에 따라 어떠한 향상도 보이지 않거나 임상적으로 유의미한 향상 및 일반적인 학교행동을 보였다.

출처: Rapport, Denney, DuPaul, & Gardner (1994). Copyright 1994 by the American Academy of Child and Adolescent Psychiatry. 허락을 받고 재인용함.

약물 투여와 행동수정의 병행

ADHD에 대한 가장 주요한 두 가지 중재 프로그램은 약물 투여와 행동 중재 전략이다(Barkley, 2006). 몇몇 대규모(예: Abikoff, Hechtman, Klein, Weiss, et al., 2004)와 소규모(예: Abramowitz, Eckstrand, O'Leary, & Dulcan, 1992) 연구들은 각성제와 행동 중재에 대한 통합적 효과와 개별적 효과에 대해 조사하였다. 그 결과, 각성제만 단독으로 사용했을 때 ADHD 증상이 보통 수준에서 상당한 수준까지 감소되었으며, 행동 중재보다 뛰어난 효과를 보였다. 반면, 대부분의 연구에서 행동 중재는 학업 성취, 또래 관계, 가족 상호작용과 같은 ADHD와 관련된 기능 결손에서 상당한 향상을 보여 주었다. 더욱이 각성제와 행동 중재의 병행은 단독으로 처치되었을 때보다 특히 기능 결손에서 우수한 결과를 보였다.

이와 같은 두 가지 치료에 대하여 가장 대규모이자 포괄적인 조사는 미국 북부의 여러 지역에서 수행된 ADHD 중다처치(MTA) 연구다(MTA Cooperative Group, 1999). ADHD로 진단받은 10세 아동 579명의 표본은 4개의 치료 그룹에 무선적으로 할당되었다. 첫 번째 집단은 체계적이고 정교한 실험다중방법을 사용한 약물치료를 받았다. 반면, 두 번째 집단은 집, 학교, 여름 캠프를 통해서 다양한 행동 중재를 받았다. 여기에서의 처치 요인은 ① 행동 중재에 관한 교사와의 지속적인 상담과, ② ADHD 아동은 가을학기 중 12주 동안 학교생활에서 절반을 특수교육 보조원(paraprofessional)과 공부하기 등이 있다. 보조원은 적절한 교실행동을 할 수 있도록 토큰 강화와 같은 행동 중재를 수행한다. 세 번째 집단은 행동치료와 약물치료를 모두 받았다. 마지막으로, 네 번째 집단은 지역사회에서 제공하는 치료를 받았다(비교집단). 대략 이 비교집단의 아동 중에서 67%는 약물 투여 집단보다 덜 통제된 약물 투여를 받았다. 다양한 기능적 영역에 대한 측정 결과는 14개월의 치료 프로토콜 중간과 종결 직후에 3번에 걸쳐 수집되었다.

네 집단의 참가자들은 치료를 받는 동안 ADHD 증상이 현격하게 줄어들었다. 특별히 ADHD 증상에서 가장 큰 감소는 약물치료와 행동치료를 병행한 집단에서 나타났다. 체계적 약물 투여는 확실히 뛰어난 치료법이지만, 추가로 행동 중재가 필요하였다. 특히 ADHD와 관련된 문제(예: 반항적 행동, 사회적 수행 능력의 어려움)에서 가장 큰 향상을 보인 집단은 약물과 행동수정을 병행한 집단이었다(Conners et al., 2001; Swanson et al., 2001). 약물과 행동치료가 병행된 중재를 받은 아동은 약물 투여만을 받은 집단보다 낮은 양의 약물을 복용했다. 대략적인 준거에서 보면, 병행된 중재를 받은 학생들의 68%가 성공을 했으며, 약물치료, 행동 중재, 비교집단은 각각 56%, 34%, 25%의 성공을 보였다. 행동 중재 집단과 비교집단의 효과 차이는 미미하며(Conners et al., 2001), 대부분의 비교집단 아동은 지역사회에서 처방된 약물을 투여받고 있었다. 따라서 집중적인 행동수정 프로그램은 약물 투여와 효과가 거의 같다고 볼 수 있다.

흥미롭게도, 행동 중재와 관련된 약물치료에 대한 초기의 상대적 장점은 24개월

(MTA Cooperative Group, 2004), 36개월(Jensen et al., 2007), 6~8년(Molina et al., 2009)의 후속 평가가 진행될수록 감소하였다. 사실상 8년 성과에 대한 최고의 예측은 14개월 MTA 시행 동안의 처치 종류나 강도가 아니라 처치 시작 시 사회인구학적 상태, 경미한 초기 ADHD 증상, 어떤 중재든 간에 가장 최적의 성과를 보여 준 아동에 달려 있었다. 처치를 병행하는 것이 초기 처치의 반응을 최적화하는 방법이 될 수 있으며, 그러므로 장기적 성과를 강화할 수 있다.

MTA 연구에서 밝혀진 결과와 선행연구에 의하면, 현재까지 약물 투여와 행동 중재의 병행은 ADHD 아동에게 가장 적합한 방법으로 볼 수 있다(Barkley, 2006). 각각의 처치를 단독으로 사용할 때 생길 수 있는 중요한 문제점은 다음과 같다. 먼저, 중재가 실행되고 있을 때에만 효과가 지속된다는 것과 ADHD 아동의 일부는 각각의 처치만으로는 효과가 없다는 것, 두 가지 처치의 장기간에 걸친 효과에 대해서도 밝혀지지 않았다는 것이다(Hoza, Pelham, Sams, & Carlson, 1992; Pelham & Murphy, 1986). 반면, 행동수정과 약물치료의 병행은 임상적으로 유의한 변화를 가져오고, 동시에 각각의 처치가 지닌 제한점을 최소화할 수 있다(Pelham & Murphy, 1986).

최근 연구는 '복용량'이 ADHD 아동의 행동 중재와 각성제 치료를 병행하는 데 대한 반응을 결정하는 데 중요한 변인이라는 것을 보여 준다. 예를 들어, Fabiano 와 동료들(2007)은 행동수정(실시 안 함, 낮은, 높은 강도)과 메틸페니데이트 복용량(플래시보, 0.15, 0.30, 0.60mg/kg)의 변화에 따라 48명의 ADHD 아동이 교실 내에서 보이는 학급행동과 학업 성취의 변화에 대해서 연구하였다. 결과는 [그림 7-3]에 제시되어 있으며, 두 가지 처치가 각각 사용되었을 때 학급 규칙 위반행동을 상당히 줄이는 것으로 나타났으며([그림 7-3]의 위 그래프 참조), 복용량이 증가함에 따라 수업 성취를 강화시키는 것으로 나타났다([그림 7-3]의 아래 그래프 참조). 하지만 낮은 복용량에서 두 처치가 사용되었을 때(즉, 낮은 행동수정과 0.15mg/kg MPH), 높은 복용량의 단독 처치만 사용된 것보다 높게 나타나거나 영향은 거의 동일하게 나타났다. 그러므로 메틸페니데이트와 행동 전략 간 분명한 공동의 상호작용 효과는 낮은 복용량에서의 두 처치의 병행이 성공적인 결과를 가져올 수 있다. 따라서 행

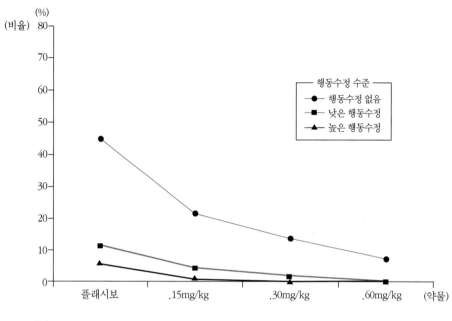

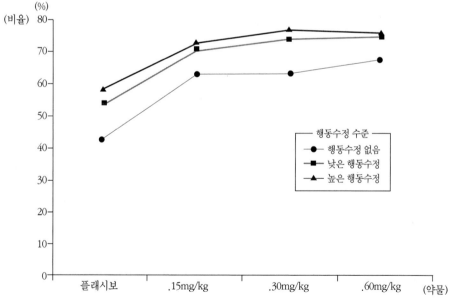

[그림 7-3] 학급행동 측정 그래프

* 위 그래프는 행동수정 수준과 약물 복용 시 학급 규칙을 범하는 횟수를 보여 준다.
* 아래 그래프는 행동수정 수준과 약물 복용 시 할당된 자습을 완성하는 수준을 보여 준다.

출처: Fabiano et al. (2007). Copyright 2007 by the National Association of School Psychologists. 허락을 받고 재인용함.

동 중재를 위한 노력과 자원을 줄이고, 메틸페니데이트의 부작용의 가능성을 최소화한다.

Fabiano와 동료들(2007)의 연구를 주목할 필요가 있다. 이 연구는 그룹 수준의 결과는 혼합 중재의 반응이 개별 아동에 따라 달라질 것이라는 가능성을 보고하였다. 예를 들어, 몇몇 아동에게 소량의 메틸페니데이트 복용과 낮은 강도의 행동수정이 동시에 필요하지만, 어떤 아동의 ADHD 증상은 보다 높은 강도의 행동수정 전략과 함께 다량의 메틸페니데이트 복용이 결합된 처방이 권장되기도 한다. 또한 한 가지 처치의 사용이 이와 결합된 다른 중재 프로그램에서의 복용량의 조정을 유발하기도 한다. 일례로, 행동 중재 프로그램의 수행에 따라 아동이 필요로 하는 투약의 양을 감소시킬 수도 있다. 각 중재의 적정 수준은 개개인의 기준에 맞추어 수행되어야 하는데, 이는 처치 전략의 조합에 대한 반응이 아동의 기질적 요소(예: ADHD의 문제행동)와 환경적 요소(예: 교실 상황)에 따라 다양하게 변화되기 때문이다(Pelham, 1989).

중추신경계 각성제의 부작용

가장 잘 알려진 메틸페니데이트의 부작용은 식욕 감소(특히 점심 식사)와 불면증이다(American Academy of Child and Adolescent Psychiatry, 2007). 각성제는 졸음을 방해하기보다는 잠이 드는 시간을 지연시킨다고 보고하고 있다(Stein & Pao, 2000). 문헌에 보고된 다른 부작용 현상으로는 흥분의 증가, 두통, 위통 그리고 드문 경우지만 운동 틱이나 음성 틱 등이 있다(American Academy of Child and Adolescent Psychiatry, 2007). 그러나 메틸페니데이트의 복용량으로 발생 가능한 부작용의 임상적 사례의 백분율을 밝히고 있는 것은 거의 없었다(Rapport & Moffitt, 2002). 예를 들어, Barkley, McMurray, Edelbrock과 Robbins(1990)는 다수의 ADHD 아동을 대상으로 한 메틸페니데이트의 두 가지 복용량(0.3mg/kg, 0.5mg/kg)의 부작용에 대한 부모 보고와 교사 보고에 대해서 검토하였다. 이 연구에서 연구 대상의 절반 이상이 메틸페니데이트의 두 가지 복용량에 따라 식욕 감퇴와 불면증, 불안, 흥분(짜증) 또는 우는 증상 등을 나타냈다. 이러한 여러 부작용은 플래시보 상황에서도 나타나며, 처치에 의한 것이라기보다 장애와 관련된 특징을 나타내고 있음을 주지해야 한다. 위통과 두통은 연구 대상의 1/3에 해당하는 아동에게서 나타났다. 이러한 부작용의 심각성은 대부분의 사례에서는 경미한 것이었으며, 복용량의 기능에 따라 부작용은 증가할 수 있고, 처치의 중단에 의한 결과가 아닐 수 있다.

관련된 부작용의 빈도와 강도는 이것이 약물 투여와 관련된 것인지 아닌지 확인하기 위하여 약물치료가 이루어지지 않는 기간 혹은 처치 전의 조건 기간에 반드시 평가되어야 한다. Rapport와 동료들(2008)은 65명의 ADHD 아동을 대상으로 기초선(즉, 약물치료 전 단계) 평가 이후에 플래시보와 4개의 메틸페니데이트 약물을 받은 이중맹검 교차법(double-blind, placebo-controlled, crossover study)을 실시하여 관련된 부작용을 조사하였다. 흥미롭게도, 행동과 신체적 불편감을 포함한 아동의 '부작용'에 대한 부모 평가는 플래시보와 메틸페니데이트 조건과 관련된 기초선에서 상당히 높게 나타났다. Rapport와 동료들은 메틸페니데이트의 몇몇 명백한 부작용은 모든 아동에게 일반적인 행동적/신체적 불편감(예: 위통)일 뿐만 아니라 실제로는 ADHD의 핵심적 혹은 2차적 특징을 반영하는 문항을 포함한 평가도구의 인위적인 결과물일 수 있다. 그러므로 '실제' 부작용이 존재하는지를 확인하기 위하여 약물치료가 이루어지지 않는 기간의 평가 단계를 포함하는 것은 필수다.

부작용의 심각성과 현상에 관한 개념은 부모, 교사, 학생에 따라 다양할 것이다. DuPaul, Anastopoulos, Kwasnik, Barkley와 McMurray(1996)는 메틸페니데이트의 다양한 약물 복용 상황에서 부모, 교사 그리고 청소년들의 표본으로부터 부작용 척도를 조사하였다. 부작용에 대한 교사 척도는 플래시보와 실제 약물 투여에서도 다르게 나타나지 않았지만, 부모는 플래시보 상황일 때 가장 큰 부작용을 보였다. 반대로, 청소년들은 가장 높은 복용량일 때 심한 부작용을 나타냈다. 그러므로 부작용은 '관찰자 시점'에서 고려되어야 한다. 일부 응답자는 이와 같은 현상을 다른 관점으로 살펴볼 수 있다. 우리의 경험상, 부모는 불면증이나 식욕 부진 같은 부작용을 도와줄 수 있는 최고의 지원자다. 교사는 특히 학업 과제 상황에서 관심을 가지게 되는 행동에 대한 정보를 제공할 수 있다. 마지막으로, 내면화된 증상(예: 불안)에 관한 적정의 약물 처치 효과에 대해 최적의 보고자는 아동 자신이며, 전체적인 약물의 부작용 효과에 대해서도 가장 민감하다고 볼 수 있다.

처치에 따른 또 다른 부작용을 잘 관찰해야 하며, 운동 틱/음성 틱의 증후가 발생하거나 심해지는 상황을 확인하고, 오후에 보일 수 있는 문제행동 재발생에 관심을 기울여야 한다(American Academy of Child and Adolescent Psychiatry, 2007). '문제행동 재발생' 현상은 일반적으로 (기준선 또는 플래시보 상황에서 관찰되는 정도를 넘어서는) 품행의 악화 현상으로 나타나며, 낮에 수행되는 투약에 따라 주로 늦은 오후나 저녁에 발생한다(Johnston, Pelham, Hoza, & Sturges, 1987). 이 현상에 대해 조사한 연구에서 메틸페니데이트를 처방받은 아동 중 1/3이 이러한 현상을 나타내며, 아동에 따라서는 며칠에 걸쳐 극심한 문제행동이 나타나기도 했다(Johnston et al., 1987). 늦은 오후에 소량의 메틸페니데이트를 투여하는 것은 문제행동의 심각도를 감소시키는 역할을 하기도 한다(Connor, 2006b).

운동 틱과 뚜렛 증후군 아동에게 투입되는 각성제의 양은 아직 결정되지 않고 있다. 초기의 몇몇 연구에서는 극소수의 아동은 각성제 치료에 의해 틱이 나타났으며, 그 빈도와 심각성은 치료가 끝나도 줄어들지 않았다고 보고했다(Bremness & Sverd, 1979). 반면, 다양한 연구는 ADHD 아동과 틱장애 아동 대부분의 행동 조절 측면과 틱 증상이 각성제 투여로 감소했을 것이라고 발표하고 있다(Castellanos et al., 1997; Gadow, Sverd, Nolan, Sprafkin, & Schneider, 2007). 극소수 아동의 경우 틱 증상이 심화될 수 있으므로 ADHD와 틱장애를 나타내는 아동의 각성제 처방에는 주의가 필요하다. 그러나 주도면밀한 조사를 실시하면 이와 같은 분류에 포함된 집단은 개인적으로나 가족이 틱을 가지고 있는 ADHD 아동에게 나타남을 알 수 있다.

메틸페니데이트로 처치된 몇몇 ADHD 아동 가운데 '과집중(overfocused)' 행동이 심화되었다는 것이 임상 관찰을 통해 나타났다(Solanto, 1984). 인지 기능의 이러한 억제는 비정상적으로 오랜 기간 과업에 지속적으로 매달리거나, 적합한 주위 자극을 제거하는 것 또는 상황적인 요구에 맞추어 인지 체제를 바꾸지 못하는 것 등을 포함하여 다양한 방식으로 나타난다(Solanto & Wender, 1989). 집단 수준의 분석 연구에서는 이러한 현상을 제대로 설명하기 어렵다. 그러나 적어도 한 연구에서는 메틸페니데이트의 기능에 따른 ADHD 아동의 과집중 수행행동에 대해 설명했다 (Solanto, 2000). 이 하위 집단은 과잉행동이 덜하며, 보통의 ADHD 아동에 비해 인지검사에서 보다 높은 기저선 행동을 가진 아동을 포함하고 있을 가능성을 보여 주었다. Rapport와 동료들(1994)은 메틸페니데이트를 복용한 아이 중 47%가 어떠한 복용량에도 학업 수행에 향상이 나타나지 않음을 밝혀냈다. 추측건대, 이와 같은 아이들의 학업 수행은 과집중행동으로 이끄는 메틸페니데이트 때문에 어려움을 겪었을 것이다. 이러한 연구는 복용량에 따른 반응을 평가할 때, 학업과 인지 수행의 개별화된 평가에 대한 강력한 이론적 근거를 제공해 준다. 사실 Rapport와 Denney (2000)는 각성제의 복용량을 행동 조절의 변화에 초점을 맞추기보다 학업 수행 능력이 향상되는 데 맞추라고 권고하였다. 이와 같은 논쟁은 메틸페니데이트가 학업 수행을 신장시키고, 행동 조절도 향상시킬 수 있다는 사실에 힘을 얻고 있다.

장기간 투약에 대한 유일한 부작용은 신장과 체중의 성장을 억제한다는 것이다. 이러한 현상을 검토한 연구에서 성장 억제의 가능성은 다량 복용에 따라 증가하며, 메틸페니데이트의 투여보다 덱스트로암페타민에 의해 더 크게 나타나며, 치료를 받은 첫해에 높게 나타난다는 것을 밝히고 있다(American Academy of Child and Adolescent Psychiatry, 2007). 더욱이 학령기 이전 아동의 경우 성장 억제에 더 취약하며, 연간 성장률은 기대되는 신장보다 20%, 기대되는 체중보다는 55.2% 낮다 (Swanson et al., 2006). 치료의 중단 또는 이러한 효과에 대한 둔감화(habituation)로 인한 성장의 억제는 이후에 나타나는 것으로 보이며, 성인의 신장과 체중에서는 거의 차이가 나타나지 않는다(Greenhill, 1984; Reeve & Garfinkel, 1991).

집중적으로 연구되어 온 다른 장기간의 부작용은 각성제 처치가 성인 혹은 청소년기의 약물 사용과 남용을 증가시키는지에 대한 것이다. 몇몇 연구(예: Biederman et al., 1997)는 초기의 각성제 처치가 이후의 물질사용장애(substance use disorder)에 대한 위험을 실제로 줄일지 모른다는 것을 보여 주며, 반면 다른 연구들(예: Lambert, 2005)은 약물 사용의 가능성이 증가하는 경향을 보여 준다(개관은 Golden, 2009 참조). 반면, 최근 연구들은 아동기의 각성제 처치가 ADHD 청소년과 성인의 약물 남용 위험을 증가시키지도 감소시키지도 않는다고 주장한다(Biederman et al., 2008; Mannuzza et al., 2008; Molina et al., 2013). 아마도 가장 신중한 결론은 물질사용장애에 대한 위험은 각성제 치료를 받거나 이전에 받은 적이 있는 ADHD 청소년이나 성인에게 반드시 평가되어야 한다는 것이다. 더욱이, ADHD와 약물 남용 두 가지 증상을 동시에 다루는 통합적 처치는 ADHD 아동에게서 흔히 나타나는 복잡한 공존성 그리고 만연하는 약물 남용의 발달을 다루기 위해서 반드시 개발되어야 한다 (Molina et al., 2013; Volkow & Swanson, 2008).

 # 약물치료 처방 시 고려할 점

학교심리 전문가와 교사는 ADHD 아동의 부주의, 충동성, 과잉행동이 자주 일어나는 장소(즉, 학교)에서 아동의 행동을 관찰할 수 있으므로, 이런 아동이 적절히 치료받을 수 있도록 제안할 수 있는 위치에 있다. 약물치료를 시작할지에 관한 여부는 ADHD 진단으로 기계적으로 결정되는 것이 아니라, 아동의 주치의나 부모를 포함한 많은 사람과 협의하여 결정해야 한다. 결정을 내리기 전에 운동 틱이나 심장 상태와 같은 제반 요인을 확인하는 것과 더불어, ADHD 증상의 유무와 정도를 결정하기 위해 전체적인 신체검사를 시행해야 한다(2장 참조). 학교심리 전문가는 약물치료를 추천하기 전에 아동의 내과의와 함께 다음과 같은 요인을 고려해야 한다(DuPaul, Barkley, & Conner, 1998).

1. ADHD 처치를 위한 전문적 지침

몇몇 주요한 전문기관(예: 미국소아과학회[American Academy of Pediatrics], 미국소아청소년정신의학회[American Academy of Child and Adolescent Psychiatry])은 ADHD 아동 및 청소년의 치료에 대해 언제, 어떤 치료가 사용되어야 하는지 구체적이고 상세한 지침을 제공하고 있다. 치료 권고는 일반적으로 연령에 따라 달라진다. 예를 들어, 미국소아과학회(American Academy of Pediatrics, 2011)는 학령 전 아동에게 향정신제 치료를 실시하기 전의 첫 번째 치료로 부모 혹은 교사가 실시하는 행동적 치료를 추천한다. 대체 가능한 것으로, 미국소아과학회(2011) 지침에서는 학령기 아동의 경우 첫 번째 치료로 행동 중재와 함께 약물치료를 명시하고 있다.

2. ADHD 증상과 수업 방해행동의 심각성

주의력과 행동 통제의 어려움이 심각할수록 다른 치료(예: 행동수정 프로그램)와 병행하여 약물치료를 해야 할 필요성이 커진다.

3. 이전에 다른 치료법의 사용

만약 다른 중재(학급행동 관리 프로그램, 부모 훈련)를 병행할 수 없다면 약물치료는 연기해야 하고, 특히 아동의 ADHD 증상이 미약할 경우엔 더욱 그러하다. 다른 중재가 현재 적절하게 진행되고 있다면 성공할 수 있을 것이다(Power et al., 2003). ① 현재 진행되는 중재가 ADHD 증상을 완화하고 있는지, ② 개별적으로 충분히 고려된 향상인지, ③ 현재 진행 중인 치료 방법의 수정과 비연속성으로 나타나는 역효과가 있는지, ④ 중요한 기능 영역에서 현재 진행 중인 중재 효과는 무엇인지, ⑤ 앞으로 향상된 결과를 가져오기 위해 추가할 약물치료는 무엇인지 고려해야 한다. 다른 중재를 통해 조금이라도 성공을 거둘 수 있다면, 약물치료는 보조적인 것으로 생각해야 한다.

4. 약물치료에 대한 경험적 증거

약물치료는 기존 사례연구를 바탕으로 결정해야 한다. 이 장에서 논의한 것처럼 중추신경계 각성제는 ADHD를 치료하는 데 성공적이었다는 경험적 자료를 가지고 있다. 각성제가 효과가 없거나 뚜렷한 부작용이 있을 때 대안적으로 다른 약물(예: 아토목세틴[atomoxetine], 구안파신[guanfacine], 클로니딘[clonidine])이 사용될 수 있다(미국소아과학회, 2011).

5. 약물에 대한 부모의 태도

약물 사용을 강력히 반대하는 부모는 약물치료의 장단점을 살펴볼 기회를 제공받아야 한다. 특히 약물과 관련된 모니터 훈련, 행동 효과, 부작용을 명확하게 기술한 문헌을 제공받아야 한다(Barkley, 2013b 참조). 치료에 동의하지 않을 경우에는 약물 시도를 강요해서는 안 된다.

6. 성인 감독자의 적절성

부모는 약물을 남용하지 않고 사용할 수 있도록 적절히 감독해야 한다. 또한 아동의 치료 프로그램과 관련된 모든 성인(즉, 교사, 의사, 학교심리 전문가, 부모)은 약물의 장·단기 효과를 결정하기 위해 지속적으로 시간을 들여 모니터링을 해야 한다.

7. 약물치료에 대한 학생 상태

특히 청소년의 경우, 약물치료에 대해 협의하고 치료 근거에 대해 설명해 주는 것은 매우 중요하다. 아동이 투약을 거부하거나 약물치료에 반감이 있을 경우, 약물치료를 사용할 때 방해행동(예: 약 삼키는 것을 거부함)을 초래한다.

각성제 치료 처치가 행해지고 성공하느냐의 여부와 관계없이 학교상담자는 ADHD 아동을 위한 개입을 수행하는 데 매우 중요하다. 아동의 학급 기능을 최적화하기 위한 노력의 일환으로 약물치료를 실시하기 이전에 다른 중재(예: 행동 혹은 학업 전략)를 먼저 실시해야 한다(American Academy of Pediatrics, 2011; Barkley, 2006). 사실, 앞에 언급했듯이 행동 전략과 각성제를 병행하여 사용하는 것은 특히 교실행동과 학업 성취에 긍정적인 행동 효과를 수반해서 행동 계약 조건과 약물치료 복용량을 최소화시킨다(Fabiano et al., 2007).

학교에서의 약물치료 효과 평가

　　ADHD 아동의 약물치료에 대한 반응을 점검하기 위해 사용하는 방법은 매우 다양하다. MTA 연구(MTA Cooperative Group, 1999)는 약물 반응에 대한 다양한 객관적 도구를 사용한 통제군 실험으로 각성제 투입량을 제시하고 있다. 불행히도, 적정 복용량과 효과에 대한 장기적인 평가는 주로 부모에 의한 주관적인 기록에만 기초하고 있어서 잘못된 판단을 내릴 가능성이 높다(Connor, 2006b). 교사는 약물치료와 관련된 학생의 학교생활에서의 변화를 의사와 상의함으로써 이 활동(약물치료 반응을 점검하는 활동)에 도움을 줄 수 있다. 최근 미국소아과학회(American Academy of Pediatrics, 2001)와 미국소아청소년정신의학회(American Academy of Child and Adolescent Psychiatry, 2002)가 출판한 임상 지침서는 ① 다양한 방법으로 측정하고, ② 학교 관계자에게서 약물 반응에 대한 정보를 제공받으며, ③ 학교와 가족과 의사소통을 통해 지속적인 점검이 필요하다고 강조한다. 또한 미국 전국학교심리학자협회(National Association of School Psychologists)의 구성원 700명을 무작위로 선정하여 설문을 실시한 연구 결과에 따르면, 55%의 학교심리학자는 약물 점검은 학교심리학자의 중요한 역할 중 하나라고 생각하며, ADHD 학생의 약물 점검에 참여하고 있음을 알 수 있다(Gureasko-Moore, DuPaul, &Power, 2005).

　　각성제 치료에 대한 반응은 자주 원인을 알 수 없고, 복용상 특이성이 있다. 그렇기 때문에 약물치료를 받지 않는 시기를 포함하여 약 복용에 대한 객관적 행동 자료를 수집하는 것이 필수적이다. 이상적인 상황에서, 아동의 최적 복용량은 여러 상황(가정, 학교)에서 수집된 다양한 형식의 측정 자료를 포함하는 이중맹검법, 플래시보 통제 실험으로 결정되어야 한다. 이러한 형태의 평가는 아동의 치료 반응에 관련된 객관적인 양적 자료를 포함할 뿐만 아니라 특정 측정법(예: 부모 및 교사의 평정척도)의 단점을 조정해 준다.

　　대부분의 경우 세밀한 플래시보 통제 약물 평가를 시행할 시간과 자원이 부족하다. 그럼에도 학교심리 전문가와 의사는 팀으로서 약물 관련 결정을 내릴 때, 매우 도움이 되는 비용 효과적인(cost-effective) 방식으로 객관적 자료를 수집할 수 있다. 이 과정은 다음과 같은 몇 단계로 나뉜다. ① 아동이 매주 매일 복용하는 다양한 약의 투여량 시퀀스(dosage squence) 계획하기(기초선 혹은 약물치료를 받지 않던 상태를 포함함), ② 투여량에 따른 치료 반응의 객관적인 측정치 수집, ③ 약 복용에 따른 부작용을 부모, 교사, 아동이 어떻게 지각하고 있는지 평가(아동이 약을 복용하지 않았을 때 포함), ④ 아동이 효과를 보고 있는지, 어느 정도의 복용량이 적정 수준인지, 부작용의 정도가 약물치료를 중단할 정도인지를 결정하기 위해 약물 복용 기간과 그 이후에 학교심리 전문가와 의사는 서로 의견을 교환할 수 있다. 만약 가능하면, 아동의 수행에서 변화를 직접 평가할 수 있는 성인(교사)이 약물치료 상황을 모르게 하는 것도 좋다. 예컨대, 약물을 투여하지 않는 단계에서 오후에 아동이 양호실에 가게 해서(짧은 시간 동안만 작용하는 메틸페니데이트[각성제] 대신에 비타민을 받게 하여) 교사가 약물치료 상황을 모르게 할 수 있다. 각성제 투입 시기를 조절하여 교사와 다른 학교 관계자들은 약물치료 투여량에 대한 정보를 알지 못하게 하여 객관적 상태를 유지시킬 수 있다.

비록 교사에게 아동의 약물 복용 상태를 모르게 한다 해도, 약물의 긍정적 효과와 부작용을 알려 주는 것은 중요하다. ADHD 아동의 각성제 치료에 관한 교사용 자료가 [부록 7-1]에 제시되어 있다. 이러한 정보를 통해 교사는 이 치료와 가장 관련 있는 행동 변화에 초점을 맞출 수 있다.

약물치료 반응의 측정

치료와 관련된 변화를 평가하기 위해 약물치료 상황에 따라 몇 가지 객관적인 측정이 이루어져야 한다. 여기에는 교실에서의 행동과 학업 수행의 직접 관찰뿐만 아니라, 행동 조절과 부작용에 대한 교사와 부모의 평정이 포함된다. 주의력결핍 우세형 ADHD 아동에게는 주의력과 학업량에서의 변화를 관찰하고 평정하는 것만으로도 충분한데, 이러한 아동은 일반적으로 행동 조절에 중요한 문제를 갖고 있지 않기 때문이다(Carlson & Mann, 2000). 학교 현장에 기반을 둔 약물치료 반응 평가 측정도구들이 〈표 7-2〉에 목록으로 제시되어 있으며, 다음에 좀 더 논의될 것이다. 현장의 학교심리 전문가들이 이러한 많은 측정(예: 교사와 부모 평정척도, 교실 행동 직접 관찰, 학업 수행 사례 검토)이 효과적이고, 수용할 만하며, 실현 가능한 치료 점검 방법이라고 보고하고 있는 것에 주목할 필요가 있다(Gureasko-Moore et al., 2005).

▶ 교사 평정척도

각성제 약물치료 효과를 평가하는 데 유용하게 사용되는 교사 평정척도로는 코너스-3(Conners 3rd Edition; Conners, 2008)과 ADHD 평정척도-IV(ADHD Rating Scale-IV; DuPaul, Power, et al., 1998) 등이 있다. 이러한 질문지 중 하나를 사용하여 행동의 심각성과 빈도가 치료를 통해서 어느 정도 해결되었는가를 교사의 시각에서 측정할 수 있다. 이러한 간결한 평정척도는 총괄적이고 광범위한(broad-band) 측정(예: CBCL; Achenbach & Rescorla, 2001)을 할 수 있게 한다. 왜냐하면 형식적 검사는 약물치료 반응에 대한 더 많은 정보를 규정하고 있고, 교사가 반복 확인할 수 있는 기초선을 완성하는 데 더 적합하기 때문이다. SSQ(Barkley, 1990) 혹은 SSQ-R(DuPaul & Barkley, 1992)과 같은 측정도구는 다양한 상황에서 주의력 문제와 문제행동의 만연성이 변화하는 것을 평가하기 위해 사용할 수 있다. 학업 수행력과 정확성에서의 변화는 APRS(DuPaul, Rapport, & Perriello, 1991), ACES(Diperna & Elliott, 2000) 또는 IRS(Fabiano et al., 1999)를 통해 부분적으로 평가할 수 있다. 이러한 모든 질문지는 적정 수준의 신뢰도와 타당성을 갖고 있다. 그러나 이러한 측정에서 자주 발생하는 '연습' 효과를 평가하기 위해 교사들은 기초선 조건에서 질문지를 두 번 기록해야 한다(Barkley, 2006).

▶ 부모 평정척도

코너스-3(Conners, 2008), ADHD 평정척도-IV(DuPaul, Power, et al., 1998)와 같이 각성제 치료 효과 측정에 효과적인 것으로 알려진 몇 가지 부모용 질문지가 있다. HSQ(Barkley, 1990) 혹은 HSQ-R(DuPaul & Barkley, 1992)은 행동 조절과 주의집중

〈표 7-2〉 약물치료 반응 평가 측정도구

1. 교사 평정척도

   a. 코너스-3(Conners, 2000)

   b. ADHD 평정척도-IV(ADHD Rating Scale-IV; DuPaul, Power, Anastopoulos, & Reid, 1998)

   c. 학교 상황 질문지(School Situation Questionnaire: SSQ; Barkley, 1990) 혹은 학교 상황 질문지-개정판(School Situation Questionnaire-Revised: SSQ-R; DuPaul & Barkley, 1992)

   d. 학업 성취 평정척도(Academic Performance Rating Scale: APRS; DuPaul et al., 1991)

   e. 학업 능력 평가척도(Academic Competency Evaluation Scale: ACES; DuPaul, Rappoprt, & Perriello, 1991)

   f. 손상 평정척도(Impairment Rating Scale: IRS; Fabiano et al., 1999)

   g. 부작용 평정척도(Side Effects Rating Scale; Barkley, 1990)

2. 부모 평정척도

   a. 코너스-3(Conners, 2008)

   b. ADHD 평정척도-IV(ADHD Rating Scale-IV; DuPaul et al., 1998)

   c. 가정 상황 질문지(Home Situation Questionnaire: HSQ; Barkley, 1990) 혹은 가정 상황 질문지-개정판(Home Situation Questionnaire-Revised: HSQ-R; DuPaul & Barkley, 1992)

   d. 손상 평정척도(Impairment Rating Scale: IRS; Fabiano et al., 1999)

   e. 부작용 평정척도(Side Effects Rating Scale; Barkley, 1990)

3. 학교 수행의 직접 관찰

   a. 학급 관찰 코드(Classroom Observation Code; Abikoff, Gittelman-Klein, & Klein, 1977)

   b. ADHD 행동 코딩 체계(ADHD Behavior Coding System; Barkley et al., 1988)

   c. 재학생 행동 관찰(Behavior Observation for Students in School; Shapiro, 1996, 2011b)

   d. 과제 중 행동 코드(On-Task Behavior Code; Rapport & Denney, 2000)

   e. ADHD 학교관찰 코드(ADHD School Observation Code: ADHD SOC; Gadow, Sprafkin, & Nolan, 1996)

4. 학업 수행 측정

   a. 정확히 과제를 완수하는 백분율(Percentage of assigned work completed correctly)

   b. 교육과정 중심 평가(Curriculum-based assessment)

5. 자기보고 평정척도

   a. 코너스-3 자기보고(Conners-3 Self-Report; Conners, 2008)

의 어려움이 다양한 상황에서 어느 정도 만연해 있는지를 상대적으로 평가하기 위해 사용할 수 있다. 교사용 질문지처럼 이러한 도구의 대부분은 목적에 부합하는 타당도와 신뢰도가 확보되어 있다(Barkley, 2006). 또한 부모들은 학업적 혹은 사회적 지능에서 인지된 변화에 대해 기록하기 위하여 IRS(Fabiano et al., 1999)를 작성할 수 있다. 각성제의 단기 행동 효과에 의해 아동의 부모는 약물치료가 ADHD 증상을 변화시키는 것을 직접 관찰해 보는 제한된 기회만 가질 수 있다. 따라서 교사 평정은 부모 평정보다 더 세밀한 치료 결과를 제공할 수 있다.

▶ 학교 수행에 대한 직접 관찰

교사는 가장 중요하면서도 자연스러운 상황에서 아동을 관찰할 수 있는 기회가 있다는 점에서 어떤 임상 전문가들보다 중요한 위치에 있다. 따라서 부모나 교사에 의해 작성된 질문지는 전문가가 작성한 평정척도에서 생길 수 있는 오류에 영향을 받지 않는 행동 관찰을 추가할 수 있다. ADHD 행동 코딩 체계(ADHD Behavior Coding System; Barkley, 1998; Barkley et al., 1988), 과잉행동 코드(Hyperactive Behavior Code; Jacob et al., 1978), 학급 관찰 코드(Classroom Observation Code; Abikoff et al., 1977), 재학생 행동 관찰(Behavior Observation of Students in Schools: BOSS; Shapiro, 1996, 2011b) 그리고 ADHD 학교 관찰 코드(ADHD School Observation Code: ADHD SOC; Gadow et al., 1996)를 포함하여 ADHD 학생의 행동을 관찰할 수 있는 다양한 코딩 체계가 개발되었다(2장 참조). 이러한 체계적인 관찰을 사용하여 관찰 기간 중 다양한 행동(과제 집중, 산만함)의 발생 빈도(주로 백분율)에 관한 중요한 정보를 얻을 수 있다. 이러한 코딩 체계에 대한 또 다른 대안으로는 과제 이탈 대 과제 집중 행동(즉, 학습 자료에 대한 시각적 주의집중)에 관하여 간단히 기록하는 것이다. 이는 메틸페니데이트 복용량에 대한 효과를 상세하게 알려 준다(Rapport & Denney, 2000). 이러한 기록법은 많은 훈련이 필요하지 않으며, 관찰자 간 신뢰도도 높다.

아동의 사회적 상호작용에서 약물의 효과도 조사해야 한다. 이러한 행동 영역을 위해 다양한 관찰 코딩 체계가 개발되었고, 각성제 치료 효과를 평가하기 위해 적용되었다(Pelham & Milich, 1991). 예를 들어, ADHD SOC를 사용하여 상대적으로 비구조화된 학교 식당 혹은 운동장 같은 장소에서의 사회적 행동을 직접 관찰할 수 있다. 이런 다양한 관찰 코드는 각성제 치료의 효과를 민감하게 관찰할 수 있게 하고(Gadow et al., 1990), 치료적 기능으로서 공격적 행동(예: 신체적 공격성)과 친사회적 행동(예: 적절한 사회적 상호작용)의 두 가지 변화 모두를 기록할 수 있게 해 준다.

▶ 학업 수행 수준 측정

아동의 학업 수행에 대한 정보는 행동 관찰과 함께 수집해야 한다. 예를 들어, 아동이 '할당받은 학습량' 대비 '완수한 학습량'의 백분율과 학습 정확도를 관찰 과정에서 얻을 수 있다. 이러한 자료는 매우 민감한 메틸페니데이트 복용 효과인 약물로 인한 '인지력 감소' 혹은 '과집중' 현상을 일으킬 수 있음을 알려 준다(Rapport & Denney, 2000). 이러한 상황에서 아동은 행동적으로는 개선되어 보일 수도 있으나, 학업 수행의 질이나 정확성 측면에서는 떨어질 수 있다. 이 측정을 사용하기 위해서 기초선 안정성(baseline stability)과 관찰자 간 신뢰도를 측정해야 한다. 교육과정 중심 평가(CBM) 전략(Shinn, 1998)은 이러한 기초 학습 기능 영역에서의 약물치료 변화를 평가하는 적절한 방법이 될 수 있다. 약물치료 상황에 대한 다양한 교육과정 중심 평가검사(probe)는 학업 기능에서 치료 효과를 판단하기 위해 수집되어야 한다(Roberts & Landau, 1995; Stoner et al., 1994). 상황에 따라 교육과정 중심 평가에 의거하여 10개의 검사 결과를 수집하는 것은 진전도 측면에서 신뢰할 만한 자료가 될 수 있다(Shinn, 1998).

▶ 자기보고식 평정

9세 이상 아동이나 청소년에게는 행동 조절, 학업 수행, 자기존중감에서의 치료 변화를 측정하기 위해 자기보고식 평정을 이용하는 것이 도움이 된다. 비록 자기보고 자료의 신뢰도가 의심스러울 수도 있으나(Barkley, 2006), 자기보고 평정은 다음 두 가지 이유에서 도움이 된다. 첫째, 이 자료는 다른 양식에서 측정할 수 없는 영역(예: 우울 증상, 자기존중감)에 대한 정보를 제공해 줄 수 있다. 둘째, 학생이 약물치료 평가 과정에 직접 참여하게 됨으로써 치료에 대한 협조와 참여 기회가 증가한다. 예를 들어, 학생은 코너스-3 자기보고(Conners-3 Self-Report; Conners, 2008)를 사용하여 ADHD 증상에 대한 자기보고를 완성할 수 있다. ADHD 증상에 대한 자기보고 평정을 통한 약물치료 효과는 부모 평정이나 교사 평정보다 객관성이 떨어질 수 있지만, 메틸페니데이트의 효과는 민감하게 나타낼 수 있다(DuPaul et al., 1996).

▶ 부작용의 평가

교사와 부모는 간단한 부작용 평정척도(Barkley & Murphy, 2006) 질문지를 매주 작성해야 한다. 9세 이상의 아동은 이 척도를 스스로 작성해야 한다. 이러한 평정을 통해 치료 시 생길 수 있는 부작용(예: 분노, 불면, 식욕 저하)이 상대적으로 얼마나 심각한지, 얼마나 자주 일어나는지를 알 수 있다. 부모는 식사, 수면과 같은 활동을 관찰할 기회가 많기 때문에 부작용에 대해서 가장 유용한 정보를 제공할 수 있다. 때때로, 자기보고식 평정은 부모나 교사의 평정에서 직접 관찰되지 않는 부작용을 보여 주기 때문에 매우 중요하다(DuPaul et al., 1996). 이미 언급했듯이 치료를 하지 않았을 때에도 나타나는 부작용(예: 공격성) 행동이 있기 때문에 약물치료가 없는 상태의 자료를 수집하는 것도 중요하다.

약물치료 평가 절차

앞에서 언급하였듯이 약물 평가를 시작하기 전에 각성제 치료의 필요 여부를 결정하기 위해 포괄적인 신체적·정신적 평가가 이루어져야 한다. 학교 기반 약물치료 평가의 주요 단계가 〈표 7-3〉에 제시되어 있다. 일단 약물치료가 결정되면 학교심리 전문가는 아동 연령의 신체 기능에 따른 약물 복용 기준을 세우기 위해 의사와 만나야 한다. 짧은 시간 동안 작용하는 메틸페니데이트를 예로 들면, 유치원 아동의 경우 2.5, 5, 7.5mg, 초등학생의 경우 5, 10, 15mg, 중학생의 경우 10, 15, 20mg으로 매우 다양하다. 첫 복용에서 최대 복용량을 제시하지 않는 것을 전제로 하고, 플래시보 상황을 포함해서 약을 복용하도록 한다. 되도록 약물치료가

〈표 7-3〉 학교에서의 약물치료 평가 단계

1. 부모는 의사에게서 처방전(예: 리탈린, 5mg)을 받음
2. 평가와 직접 관계되지 않은 사람(예: 양호교사)과 의사는 플래시보 실험을 포함한 다양한 투여량
   (즉, 5, 10, 15, 20mg) 처방을 결정
3. 부모(혹은 양호교사)는 미리 짜인 매일의 스케줄에 따라 약 복용
4. 주(매일) 단위로 실시하는 검사도구
   ① 교사 평정
   ② 부모 평정
   ③ 부작용 평정
   ④ 개인 자습 시간 동안 외부 관찰자에 의한 학급행동 관찰
5. 평가도구는 약물(예: 섭취 후 2~4시간가량 짧게 작용하는 약물, 2~6시간가량 지속적으로 작용
   하는 약물)의 효과가 활발히 나타나는 단계 동안의 학생 행동을 반영해야 한다.
6. 얼마만큼의 투여량에 행동상(특히 학업상) '유의한' 변화가 있었는가?
7. 만약 변화가 있었다면, 부작용 없이 최대 효과를 발휘하는 최소 투여량은 얼마인가?
8. 의사에게 결과 보고서 보내기

없는 상황도 플래시보 상황으로 하여 이 복용 절차에 포함시킨다. 의사와 학교심리 전문가는 약물 투여량 순서를 기록하고 약물 평가가 끝난 후에도 이 정보를 보관해 둔다.

의사는 플래시보 상황을 포함해서 각 복용약을 1주 단위로 처방한다. 부모는 약국에서 처방을 받고, 가능한 약을 불투명한 젤라틴 캡슐에 담는다. 캡슐은 맹검 상태(blind: 객관적 상태를 유지하기 위해 복용량 정보를 노출하지 않음)를 유지하기 위해 약물 조제에 따라 라벨을 붙이기보다, 약물치료 실험에 맞춰 주 단위로 라벨을 붙여 작은 약병에 보관한다. 부모와 학교 양호교사는 단시간 작용하는 약물일 경우 이전에 결정된 스케줄에 따라 약을 나누어 준다. 비록 어떤 전문가들은 매일매일 약물 복용량을 변화시키도록 권하고 있으나(MTA Cooperative Group, 1999), 일반적으로 일주일마다 복용량을 변화시키는 것이 더 실용적이다. 예를 들어, 이를 통해 교사가 매일 행동 평정을 하지 않아도 된다.

부모, 교사와 자기 보고 평정은 약물치료 평가 기간 중 일주일 단위로 이루어진

다. 토요일에 투여량을 변화시켜 모든 평정이 매주 마지막 날(즉, 금요일)에 기록될 수 있게 한다. 토요일에 복용량을 변화시키면 부모는 부작용 여부를 관찰하고 적시에 의사와 연락할 수 있다. 만약 관찰된 부작용이 심각하다면 처방된 복용량을 조절할 수 있다. 평정은 평정자 오류에 의한 측정오차를 최소화하기 위해 부모, 교사, 아동이 약물 복용량에 대해 맹검 상태를 유지하며 이루어지는 것이 좋다. 이를 위한 최상의 방법은 약사가 약물을 불투명한 캡슐에 넣고, 약물치료 주 동안에 플래시보(예: 락토즈 분말)를 사용하는 것이다. 만약 이것이 불가능하다면 플래시보나 약물치료를 하지 않는 주에 양호교사가 비타민정을 제공하여 교사와 아동은 맹검 상태를 유지하도록 한다. 가능하면 약물을 잘 복용하는지를 기록하기 위해 먹는 알약의 개수를 세는 것이 좋다. 만약 약물이 가정에서 일관적으로 제공될 수 없다면, 약물 복용은 학교에서 관리해야 한다.

아동이 자율학습을 하고 있을 때 행동 관찰이 이루어져야 한다. 왜냐하면 이것이 ADHD 학생의 전형적인 문제 상황이기 때문이다. 급식실과 운동장에서의 대인관계 행동에 대한 관찰도 도움이 될 것이다. 또한 약물의 효과가 최대가 되는 시기인 복용 후 대략 1.5~3시간이 지났을 때 가능한 한 자주 관찰을 해야 한다. 관찰 시간은 15~20분 정도가 되어야 한다. 또한 치료 조건이 시작되기 전에 안정된 경향성(자료의 일관성)을 알기 위해 기초선 조건에서 여러 번 관찰해야 한다. 관찰자 간(예: 보조교사나 상담자) 신뢰도 검사가 자주 행해져야 하는데, 자료의 충실성을 확인하기 위해 약물치료를 하는 동안 최소한 각 복용 조건당 한 번은 체크해야 한다.

학업 수행 자료는 각 관찰 기간이 끝나면 수집한다. 예를 들어, 관찰 과정 중 완수된 학업량과 정확성은 매일 계산될 수 있을 것이다. 또한 관찰 이후에 간략한 교육과정 중심 평가를 실시할 수도 있다. 이때는 학급에서 여러 학생으로부터 자료를 수집하여 ADHD 아동이 관찰의 초점이 되고 있다는 것을 모르게 해야 한다.

비록 대부분의 학교 현장 심리 전문가들이 약물치료 점검을 수용할 만하며 실현가능하다고 보고 있지만, 제한된 시간과 자원으로 우리가 제안한 약물치료 평가 과정이 널리 실행되기는 어려울 것이다. Volpe, Heick와 Gureasko-Moore(2005)는 내적 타당도와 실현 가능성의 문제 간의 타협점이 될 수 있는 좀 더 유연한(agile) 행동적 평가 모델을 제안하였다. 구체적으로, 약물 평가 자문 모델(Agile Consultative Model of Medication Evaluation: ACMME)은 행동적 자문 모델의 맥락에서 약물치료의 모니터링을 포함한다(Bergan & Kratochwill, 1990). ACMME는 부모, 교사, 의사, 학교 교직원, 아동, 약사의 관점에서 다양한 측정과 과정의 수용성과 실현 가능성에 대한 평가에서부터 시작한다. 이것은 학교심리 전문가가 약물치료 평가가 가능한 것인지(즉, 모든 참여자가 평가를 수용하지 못하고, 불편하다고 여길 경우), 어떤 측정이 타당하게 포함될 수 있는지에 대하여 결정하는 것을 돕는 데 중요한 첫 단계라고 할 수 있다. 그다음에는 학교심리 전문가들이 목표행동을 판별하고 기초선(즉, 약물치료를 하지 않음) 자료 수집을 준비하는 과정에서 교사(들)와 부모(들)가 함께 일하게 된다. 이것은 행동 자문과 결합된 행동적 자문 모델의 문제 판별(Bergan & Kratochwill, 1990) 또는 요구 판별(Sheridan & Kratochwill, 2008) 단계와 유사하다. 세 번째 ACMME 단계에서는 기초선 자료들을 검토하고, 행동 변화를 위한 목표가 설정된 상태에서 문제를 분석한다. 마지막으로, 중재 실행과 평가 단계에서는 적절한 단일대상 실험 설계 맥락에서 평가 목표행동과 발생할 수 있는 부작용을 평가한다. 예를 들어, 일련의 AB 설계는 기초선(A)에서의 수행과 소량의 복용 상태(B)에서의 수행을 비교하는 데 사용할 수 있고, 교대중재 설계(Kazdin, 2011)는 다양한 복용량의 효과를 평가하는 데 사용할 수 있다. 최적의 복용량이 확인되면, 약물의 효과가 지속되는지, 약물 복용량의 조정이 필요한지를 평가하기 위하여 주기적으로 유지 단계가 이루어지게 된다. Volpe와 동료들은 이 모델의 실행을 보여 주는 한 가지 사례를 제공한다. 비록 ACMME 모델이 대규모 수준에서 경험적으로 실시되지는 않았지만, 잘 확립된 행동적 자문 원리에 기반을 두고 있을 뿐만 아니라 수용성과 실현 가능성을 강조하고 있다는 점에서 이 모델은 학교-기반 실제로 사용할 수 있는 높은 잠재성을 가진다.

치료 결과에 대한 전문가(의사)와의 의사소통

약물 복용 도중에 학교 전문가는 의사와 의사소통해야 하는데, 특히 부작용에 관련된 문제가 제기되었을 때 더욱 그러하다. 치료에 대한 판단을 할 때, 의사와 전화 면담을 하는 동안 논의를 수월하게 하기 위해 결과를 미리 요약하여 적어 놓으면 좋다(의사와의 의사소통에 대한 추가 논의는 9장 참조). 이 보고서에는 두 가지 주된 질문이 명시되어 있어야 한다. ① 약물을 복용했을 때 아동의 행동 조절과 학업 수행에 임상적으로 유의한 변화가 있었는가? ② 만약 그렇다면 최소의 부작용과 최대의 효과를 가져올 수 있는 최소 복용량(즉, 효과적인 최소 복용량; Fielding, Murphy, Reagan, & Peterson, 1980 참조)은 무엇인가? 약물을 복용하지 않는 조건에서 얻은 평가 자료와 약물을 투여한 조건에서 얻은 평가 자료를 체계적으로 비교하여 이러한 질문에 답할 수 있다. 플래시보 조건과 약물 복용 조건 간에 1 표준편차 이상 차이가 날 때 유의한 차이가 있다고 할 수 있다. 대안적인 방법으로는, 통계적 유의도를 확인하기 위해 각각의 변수에 대해 신뢰할 만한 변화의 지수(Jacobsen & Truax, 1991; Speer, 1992)를 계산할 수 있다. 마지막으로, 준거 표본이나 같은 학급의 일반 학생 또래와 비교하는 방법이 측정된 치료 효과의 임상적 유의성을 결정하는 데 도움이 될 것이다.

4주간의 메틸페니데이트 치료에 참여한 9세 ADHD 아동 주디의 치료 결과의 예가 〈표 7-4〉에 요약되어 있다. 자료들은 네 가지 복용 조건(즉, 플래시보, 메틸페니데이트 5mg, 10mg, 15mg)에 따라 요약되었는데, 이는 무작위로 결정된 순서에 따른 이중맹검법 조건하에서 이루어졌다. 객관적인 평정과 교실행동의 직접 관찰에서 밑줄 친 점수를 통해 확인되는 유의한 변화가 있었다(즉, 플래시보로부터 1 표준편차의 변화 또는 직접 관찰의 경우 플래시보로부터 10%의 변화를 나타냄). 주디는 뚜렷한 부작용의 증가 없이 10mg과 15mg 조건에서 다양한 상황에서의 행동 조절이 향상되었다. 학업 수행은 15mg 조건에서 최적의 변화가 있었기 때문에 주디는 한 학년 동안 하루에 15mg의 메틸페니데이트를 두 번씩 복용하였다.

　의사에게 보고서를 제출할 때에는 한두 쪽 정도의 보고서에 평가 결과를 표로 요약하여, 복용 수준에 따라 각 기능 영역에서 어느 정도 변화가 있는지를 눈에 잘 띄도록 표시하여 제시해야 한다. 요약은 학교 관계자가 아동의 수행을 증가시키는 데 가장 효과적이라고 보는 복용량이 있을 경우 쓰도록 한다(9장 참조). 치료의 궁극적인 진행 순서는 의사와 부모가 결정한다. 의사에게 보고서를 보내고 한두 주 후, 약물을 최종 결정하기 전에 의사가 보고서에 대한 질문이 있거나 추가적인 학교 정보가 필요한 경우를 대비해 확인 전화를 해야 한다. 마지막으로, 아동의 부모

〈표 7-4〉 주디의 메틸페니데이트 치료 결과 요약

측정	플래시보	복용량		
		5mg	10mg	15mg
부모 평정				
Conners-3[a]	7.0[b]	6.0	<u>3.0[c]</u>	<u>2.0</u>
부작용–전체	11.0	9.0	8.0	<u>2.0</u>
부작용–심각성	3.4	3.3	<u>1.1</u>	<u>1.0</u>
교사 평정				
Conners-3[d]	14.0	15.0	<u>9.0</u>	<u>4.0</u>
SSQ[e]–문제 상황	8.0	8.0	<u>3.0</u>	<u>0.0</u>
SSQ–평균 심각성	5.1	4.9	<u>1.3</u>	<u>0.0</u>
APRS[f]	49.0	51.0	58.0	<u>67.0</u>
행동 관찰				
과제 완성 백분율	60.3	68.9	<u>80.0</u>	<u>89.7</u>
학업의 완성도[g]	49.7	<u>59.8</u>	<u>95.0</u>	<u>98.0</u>
학업의 정확도[h]	62.0	61.0	<u>78.0</u>	<u>88.5</u>

[a] Conners-3 충동성 과잉행동 요인
[b] 모든 값은 원점수다.
[c] 밑줄 친 값은 플래시보에 비해 1 표준편차 이상의 변화를 나타낸다.
[d] Conners-3 과잉행동 지표
[e] 학교 상황 질문지(School Situations Questionnaire)
[f] 학업 성취 평정척도(Academic Performance Rating Scale)의 학업 생산성 점수
[g] 학급 또래에 비해 완성한 학업 과제 비율
[h] 맞은 학업 과제 비율

와 교사가 약물치료 평가 결과에 대해 토의하고, 앞으로의 약물치료에 대한 정보를
구하기 위해 평가 후 피드백 과정을 가져야 한다(Gadow, Nolan, Paolicelli, & Sprafkin,
1991).

 ## 약물 반응에 대한 지속적인 모니터링

일단 학생의 적정 복용량이 결정되면, 부작용의 발생이나 복용량 조정의 필요성
을 평가하기 위해 정기적으로 앞에서 기술된 측정 자료를 수집해야 한다(Powell,
Thomsen, Frydenberg, & Rasmussen, 2011 참조). 대다수의 측정 자료가 몇 개월마다
다시 수집되어야 한다. 매달 부모가 부작용 평정척도를 작성해서 의사에게 제출하
는 것이 좋다.

약물치료 기간 동안 6개월마다 의사는 간략한 신체검사를 실시한다. 이 시기에
아동의 키, 몸무게, 혈압, 심장 박동 수를 기록하여 잠재적 부작용을 확인한다. 학
교심리 전문가는 약물 반응과 관련된 일화 정보를 의사에게 제공해야 할 뿐만 아
니라 매 6개월 검사 이전에 적절한 부모 및 교사 평정을 수집해야 한다.

부모나 교사가 이전에 효과적이던 복용량이 '더 이상 효과가 없다'고 보고할 때,
학교심리학자와 의사는 복용량 조정에 앞서 이러한 반응상의 악화가 어떤 요인 때
문인지를 결정하기 위해 협의해야 한다. 행동 변화는 약물 요인(예: 특정 상표에서
일반적인 약물로의 변화, 치료에 대한 비협조적인 태도) 때문일 수도 있고, 환경 요인
(예: 가족 관련 스트레스 사건, 학업의 난이도 증가) 때문일 수도 있다. 기능상의 악화를
설명할 수 있는 가능한 약물 외 요인을 주의 깊게 평가하는 것이 중요하다. 종종
ADHD 아동의 부모와 교사는 약물치료와 관련해 행동이 개선되는 정도와 지속성
에 대한 비현실적 기대치를 가지고 있을 수 있다. 그러므로 그들은 비록 약을 복용
하고 있다고 해도 복용량과는 별개로 아동이 때로 '힘든 하루'를 보낼 수 있다는
사실을 깨달아야 한다.

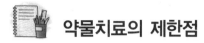

약물치료의 제한점

대개의 치료가 그렇듯이 약물치료의 전반적인 효과를 제한하는 몇 가지 요인이 있다. 앞서 몇 가지 요인, 특히 장·단기 부작용에 대해 논의하였다. 더욱이 이러한 약물은 아동의 증상에 대한 대안행동을 '가르치지' 않으므로, 행동수정 프로그램과 같은 기능 습득 전략을 보충할 필요가 있다(O'Leary, 1980). 가장 큰 문제는 약물치료의 장기적인 효과가 분명하지 않다는 것이다. 초기 종단연구에서는 약물치료를 받은 ADHD 아동과 받지 않은 ADHD 아동 간에 유의미한 차이가 나타나지 않았다(예: Weiss, Kruger, Danielson, & Elman, 1975). 초기 연구는 결과를 민감하게 측정하지 못하는 등 무수히 많은 방법론적 결점으로 인해 마땅한 비판을 받았지만, 최신의 연구 방법을 사용한 MTA 연구(Molina et al., 2009)에서도 약물을 복용한 학생과 복용하지 않은 학생 간에 장기적인 차이가 없다는 유사한 결과가 나왔다. 이러한 결과는 비록 단기 효과가 있는 것으로 밝혀졌다 하더라도, 어떤 치료 방법도 한 가지만 적용해서는 ADHD 증상을 지속적으로 경감시키는 데 충분하지 못함을 보여 준다.

하루에 한 번 혹은 두 번 복용하는 약물의 단기적 효과의 대부분은 아동이 학교에서 집으로 돌아왔을 때 사라진다. 게다가 가족은 불면증과 같은 약물치료로 인한 부작용을 보게 될 것이다. 결과적으로, ADHD 아동의 가족은 가정에서 아동의 문제행동을 다루기 위해 전문적인 도움을 필요로 할 것이다(8장 참조). 학교 전문가는 가족을 대신해 적절하게 의뢰할 수 있도록 정신건강 커뮤니티의 전문적인 자원에 대해 잘 알고 있어야 한다(Barkley, 2006).

약물에 대한 반응을 결정하는 데 객관적인 자료가 사용되지만, 치료에 대한 결정은 주로 '임상적 판단'에 크게 의존한다(Gadow et al., 1991). 예를 들어, 부모나 교사 등 자료 출처나 기능 영역에 따라 치료로 인한 변화가 달라질 수 있다. 그러한 경우 심리학자와 의사는 의사결정에서 가장 중요한 측정이 무엇인지를 결정해야 한다. 이는 아동의 강점과 약점 및 치료의 우선순위에 따라 달라질 수 있다. 특히 아동이 치료 이전에 어려움을 겪었던 영역은 복용량을 결정할 때 가장 큰 비중을 두어야 한다(Pelham et al., 1993). 게다가 다른 중재에 대한 아동의 반응과 아동이 정상적으로 기능하도록 하는 데 필요한 개선의 정도도 고려해야 한다(Pelham et al., 1991).

 **요 약**

ADHD 아동의 주의력, 행동적 및 학업적 기능을 증진시키기 위해 다양한 약물치료가 사용되어 왔다. 중추신경계 각성제는 ADHD 아동의 증상을 관리하는 데 가장 효과적인 약물이다. 마지막 두 영역에 대한 효과는 반복 연구가 더 이루어져야 하지만, 효과적인 치료약물 중 각성제는 ADHD 아동의 주의 지속 기간, 충동 조절, 학업 수행 그리고 또래 관계를 유의하게 증진시킨다. 불면증이나 식욕 저하 등의 부작용은 거의 없으나 이는 높은 복용량에서 발생할 가능성이 높다. 각성제의 효과가 복용량과 아동의 반응에 따라 달라진다는 점을 고려할 때, 각 아동의 치료에 대한 반응은 복용량의 범위에 따라 객관적으로 평가되어야 한다. 학교 전문가는 ADHD 아동의 학급에서의 수행에서 각성제로 인한 변화를 평가하고, 의사에게 객관적인 결과 자료를 제공하는 데 중요한 역할을 할 수 있다. 각성제 약물치료의 전반적인 효과는 수많은 요인에 의해 제한되므로, ADHD 아동의 행동 및 학업 수준을 장기적으로 향상시킬 수 있는 가능성을 최대화하기 위해서는 행동 전략 및 학업 지원과 같은 다른 중재가 필요할 것이다.

부록 7-1

ADHD 아동의 약물치료: 교사 지침

ADHD 아동은 부주의, 충동성, 과잉행동에 심각한 문제를 나타낸다. ADHD에 가장 효과적인 중재 중 하나는 중추신경계 각성제를 사용하는 것이다. 이러한 약물에는 메틸페니데이트(methylphenidate: MPH)인 리탈린(Ritalin), 콘서타(Concerta), 메타데이트(Metadate), 퀼리반트(Quillivant), 덱스트로암페타민(dextroamphetamine)인 덱세드린(Dexedrine), 암페타민 혼합물(mixed amphetamine)인 아데랄(Adderall) 그리고 리스덱스암페타민(lisdexamfetamine)인 바이반스(Vyvanse)가 포함된다. 이런 약물 중 하나인 메틸페니데이트는 가장 흔히 처방되는 약물이다. 중추신경계 각성제는 뇌의 특정한 부분의 특정 신경전달물질, 즉 도파민과 노르에피네프린의 사용 가능성을 증가시키는 것으로 알려져 있다. 이 결과로 높은 수준의 중추신경계 각성이 일어나고, 주의력과 행동 조절이 증가된다. 한때 이러한 약물은 ADHD 아동을 진정시키는 역설적인 효과가 있으며, 이러한 반응으로 진단이 가능하다고 믿었다. 그러나 반대로 이러한 약물은 ADHD 아동뿐만 아니라 대부분의 아동과 성인의 뇌의 활동을 자극하는 기능을 한다. 따라서 이러한 각성제에 반응하는 것만으로 ADHD 아동이라고 진단할 수 없다.

행동에 미치는 효과

각성제가 행동에 미치는 주요한 효과는 주의력을 강화시키고, 충동성을 억제하고, 과제와 관련 없는 행동을 감소시키는 것이다. 학생들은 더 정확하게 할당된 과제를 완수할 수 있고, 학급 규칙에 더 순응하며, 공격적인 행동이 줄어들 수 있다. 그들은 또한 학급의 친구들에게 더 잘 수용될 뿐만 아니라, 글씨 쓰기와 미세운동 기능도 개선될 수 있다. 실제로 몇몇 연구는 약물치료를 받은 대부분의 아동이 주의 지속 기간과 학업 생산성에서 또래와 다름없는 기능 수준의 변화를 나타낼 수 있음을 보고한다. 하지만 이러한 약물은 ADHD 아동을 '치료'하는 것이 아니며, 약물에 긍정적으로 반응할지라도 '들쑥날쑥'한 행동 통제를 보일 수 있음을 예상해야 한다. 더욱이 이러한 약물이 ADHD 아동을 위한 유일한 치료 수단은 절대 아니다. 종종 학급에서의 행동 전략 등 다른 중재와 결합될 때 행동 조절에 있어 약물의 효과는 증가한다.

　단기간 작용하는 각성제가 행동에 미치는 효과는 복용 후 대개 3~4시간 동안 지속된다. 따라서 대부분의 아동은 하루에 두 번, 즉 등교 전과 점심시간에 약물을 복용한다. 이는 학교 일과 동안 효과적으로 '지속'되지만, 교사는 오전 시간이 끝날 때쯤 효과가 감소할 수 있음을 인식해야 한다. 장기간 작용하는 혹은 효과가 지속되는 각성제는 행동에 미치는 효과가 8시간까지 지속되며, 일반적으로 하루에 한 번 복용한다. 그러나 몇몇 아동은 이처럼 효과가 지속되는 약물에도 잘 반응하지 않는다.

　각성제를 복용하는 5~12세의 ADHD 아동 중 대략 70~80%는 효과가 있다. 청소년의 경우 효과를 보이는 비율이 60% 정도로 다소 떨어지는 편이다. 따라서 각성제를 복용하는 대부분의 ADHD 아동은 효과를 보인다고 가정할 수 있다. 이러한 약물에 대한 반응은 복용량에 따라 달라진다. 같은 효과를 얻기 위해 어떤 아동은 적은 복용량에 반응하는 반면, 다른 아동은 더 많은 복용량이 필요할 수 있다. 각성제의 복용량에 따른 반응은 학생마다 크게 다르고, 아동의 나이나 몸무게로는 예측할 수 없다. 특히 행동에 미치는 효과는 아동과 복용량에 따라 약한 정도(즉, 최소한의 긍정적 행동 변화)에서 강한 정도(즉, 행동 조절의 '정상화')까지 다양하다. 따라서 대부분의 의사는 특정 각성제에 대한 아동의 '최적의' 복용량을 정하기 위해 다양한 복용량을 시험해 볼 것이다.

　ADHD의 특징(즉, 부주의, 충동성, 과잉행동)이 오히려 악화되거나 아무런 변화도 나타나지 않는 것과 같이 ADHD 아동이 특정 각성제에 반응하지 않는 경우가 있다. 보통 의사는 이러한 상황에서 다른 대안적인 각성제를 처방할 수 있다. 예를 들어, 리탈린에 반응하지 않는 아동은 아데랄을 처방할 수 있다. 만약 어떤 각성제에도 반응하지 않는다면, 의사는 아토목세틴(atomoxetine)인 스트라테라(Strattera) 혹은 항고혈압제로 구안파신(guanfacine)인 인투니브(Intuniv) 등 다른 약물을 처방할 수 있다. 따라서 처음 처방된 약물이 아동의 행동에 미치는 효과가 없다면 다른 대안적 처방이 이루어져야 한다.

부작용

　각성제의 주된 부작용은 불면증과 식욕 저하다. 식욕 저하는 메틸페니데이트를 처방받은 학생의 약 50%에서, 특히 복용량이 높고, 치료의 초기 단계에 발생할 가능성이 높다. 그러나 대부분의 경우 수면과 식욕에 미치는 효과는 매우 경미하며, 그것 때문에 치료를 중단하진 않는다. 다른 드문 부작용으로는 복통, 두통 그리고 증가된 불안이나 우울한 기분이 있다. 메틸페니데이트를 처방받은 몇몇 아동은 약효가 떨어지는 늦은 오후에 '문제행동이 복원되는 것'을 경험할 것이다. 복원 효과(rebound effect)는 약물을 복용하기 전보다 아동의 행동과 기분이 나빠지는 것으로 나타난다. 이는 복용량을 줄이거나, 늦은 오후에 약물을 추가로 복용함으로써 개선될 수 있다. 각성제를 복용한 극소수(5% 미만)의 아동은 운동 틱 혹은 음성 틱, 즉 반복적인 근육 운동 혹은 음성적인 소음을 나타낸다. 이는 보통 복용량을 줄이거나, 복용을 중단하면 사라진다. 아주 드물지만 몇몇 경우에는 치료를 중단했을 때에도 틱이 지속되기도 한다.

학교 상황에서 가장 두드러지게 나타나는 또 하나의 잠재적인 부작용은 '과집중(over focusing)' 효과다. 아동이 훌륭한 행동 조절을 보이지만 사소한 과제에 지나치게 집중할 때를 예로 들 수 있다. 어떤 아동의 경우 이런 과집중 효과가 외모(예: 멍한 눈, 절제된 감정 표현)에서 나타나는 반면, 다른 아동의 경우 학업 수행에서의 감소(예: 정확하게 완성한 과제 수의 감소)로 나타난다. 이는 보통 약물의 복용량이 너무 지나친 결과다.

교사와 다른 학교 전문가는 각성제의 부작용을 인식해야 한다. 이러한 부작용이 발생한다면, 특히 아동이 틱이나 과집중 행동을 보인다면 아동의 부모, 의사 및 학교 양호교사에게 알려야 한다. 약물치료를 받지 않을 때 아동의 행동과 비교하여 일어날 수 있는 부작용을 평가하기 위해 ADHD 아동을 잘 주시해야 한다. 즉, 때때로 약물 부작용으로 보이는 것이 치료를 시작하기 전에 명백했던 ADHD 관련 행동일 수 있다. 예를 들어, 몇몇 장애아동은 각성제의 복용 여부와 관계없이 쉽게 짜증을 낸다.

약물치료에서 학교 전문가의 역할

각성제가 처방될 때마다 교사 및 학교 전문가가 아동의 부모 및 의사와 의사소통하는 것은 매우 중요한데, 여기에는 적어도 두 가지 이유가 있다. 첫째, 이러한 약물은 학교 일과 동안에 아동의 행동에 가장 활발히 영향을 준다. 사실, 많은 부모는 자녀의 행동에 영향을 주는 약물의 효과를 볼 기회가 없다. 둘째, ADHD 아동은 학교 상황에서 가장 큰 문제를 보이므로, 성공적인 치료는 학교 수행 변화에 따라 좌우된다.

학교 전문가는 치료의 세 단계에서 역할을 수행한다. 첫째, 약물치료를 시작하기 이전에 교사가 아동에 대한 정보를 제공한다. 이는 ADHD 여부를 판단하고, 그렇다면 약물치료가 필요한지 여부를 알아보기 위해 필요하다. 만약 의사가 적극적으로 정보를 요구하지 않는다면, 학교 전문가는 학교 자료를 제공하기 위해 의사와 접촉해야 한다. 둘째, 학생의 행동 조절과 학업 수행에서의 변화가 최적의 복용량을 결정하는 주된 기준이 되어야 한다. 학급에서 아동의 수행에 대한 객관적인 정보(예: 교사 평가척도)는 약물과 관련된 결정을 하는데 매우 중요하다. 셋째, 일단 약물 복용량이 결정되면, 교사는 한 학년 동안 학생의 수행에서 주요한 변화에 대해 의견을 나누어야 한다. 이러한 변화가 항상 약물과 관계되는 것은 아니지만, 때로 행동 조절의 저하는 복용량 조절이 필요함을 나타내는 것일 수 있다. 학교 와 의사는 약물치료의 각 단계에서 의견을 교환해야 한다.

출처: *ADHD in the schools* (3rd ed.) by George J. DuPaul and Gary Stoner. Copyright 2014 by The Guilford Press. 이 책의 부록은 구매자의 개인적 용도의 복제만 허용함(세부사항은 판권면 참조). 구매자는 확대된 부록을 www.guilford.com/p/dupaul에서 다운로드 받을 수 있음.

제8장

ADHD 아동을 위해 제공되는 다른 중재

    ADHD 아동과 청소년은 가정, 학교, 지역사회 장면에서 부주의, 충동성, 과잉행동 등의 문제를 자주 보인다. ADHD로 진단되는 핵심 문제행동 외에, 이들은 또래 관계에서의 어려움, 어른의 지시에 대한 잦은 불순종, 거짓말과 훔치기와 같은 문제행동뿐만 아니라, 과제 완성과 학업 기능에서의 태만한 태도를 보인다. 불행하게도, 약물치료뿐만 아니라 그 어떤 개입도 한 가지 접근만으로는 무수한 문제를 충분히 개선해 낼 수 없다. ADHD와 연관되어 만성적이고 잠재적으로 악화될 가능성을 지닌 이와 같은 문제를 해결하기 위해서는 장기간에 걸쳐 여러 장면에서 다양한 중재가 수행되어야 한다. 게다가 개입 전략이 ADHD 아동의 전반적인 기능에 최대한 영향을 미치기 위하여 중다 목표에 초점을 맞추어야 한다. 많은 ADHD 아동에게는 장기간에 걸쳐 학교와 가정에서 '잘 조성된(prosthetic)' 환경이 제공되어야 한다(Barkley, 2006). 이러한 맥락에서 심리사회적 중재의 한 부분으로 다중적 요소(부모 훈련, 학교 중재, 여름 치료 프로그램)를 포함하는 이 집단에 대한 대규모 치료 성과 연구(즉, MTA 연구; MTA Cooperative Group, 1999)가 수행되었다.

    앞에서 ADHD를 다루기 위한 교실 기반 행동 절차의 사용과 약물치료를 상세히 다루었다. 확실히 두 치료 양식의 조합은 현재 ADHD 아동에 대한 최적의 중재다.

그럼에도 다양한 사례에서 ADHD 증상의 심각성과 이차적인 문제행동의 출현에 따라 ADHD 아동을 위한 다른 중재가 필요할 것이다. 이 장에서는 학급행동 프로그램과 약물치료에 덧붙일 수 있는 몇 가지 개입 전략을 설명하려고 한다. 첫째, 학교 기반 사회적 기술 훈련이 논의될 것이다. 또래 교수 전략 역시 간략히 소개할 것이다. 그다음으로, 부모 훈련과 행동적인 가족치료와 같은 가정 기반 중재들을 자세히 제시할 것이다. 특히 이런 중재들이 학교에서의 수행에 어떤 영향을 미치는지 논의될 것이다. 주어진 과제를 완성하는 성공률을 증진시키기 위한 전략도 설명할 것이다. 이 장의 마지막 부분에서는 대중매체에서는 효과가 있는 것으로 보도되나, 그 효과가 적거나 과학적으로 증명되지 않은 ADHD를 위한 치료법을 개관할 것이다. 이후에 나올 중재법들을 사용하여 치료제 효과를 입증하기 위해 사용해야 하는 시간과 자원을 줄일 수 있다. 따라서 부모, 교사, 상담자는 이 책에서 논의된 개입 방법에 대한 연구 문헌을 주의 깊게 살펴보아야 한다.

 ## 학교 기반 중재

앞에서 다양한 교실 기반 중재법이 초등 수준(5장), 중등 수준(6장)으로 설명되었다. 또 다른 개입 전략들도 ADHD와 관련된 문제를 중재할 때 유용할 수 있다. 모델링, 행동 시연법, 연습과 같은 사회적 기술 훈련 기법이 ADHD 아동이 보이는 대인관계의 어려움을 개선하기 위해 제안되고 있다. 비록 이 집단으로 사회적 기술 훈련을 입증하기엔 경험적인 면에서 한계가 있지만, 학교심리 전문가는 현재 알고 있는 정보를 바탕으로 어떤 과정이 가장 효과적일지 알아야 한다.

사회적 기술 훈련법

1장에서 논의했듯이 ADHD 아동과 청소년은 흔히 또래와 어울리고 다른 사람들과 친밀한 관계를 유지하는 데 어려움을 가지고 있다. 부주의, 충동성과 같은 문제는 많은 영역에서 이들의 대인관계를 방해하고 있다. 첫째, ADHD 아동은 무뚝뚝하고 인간관계에서 문제를 일으키는 방식으로 사회적 활동(예: 실내외 운동경기)에 참여하고, 그로 인해 일반 아동인 또래는 불만을 가지게 된다. 예를 들어, ADHD 아동은 경기에 참여하기 전 동의를 구하지 않거나, 경기에 참여한 후에는 설정된 규칙과 어긋나는 방식으로 행동한다. 둘째, ADHD 아동은 흔히 적절한 의사소통을 위해 필요한 암묵적인 규칙을 지키지 않는다. ADHD 아동은 다른 사람들의 대화에 함부로 끼어들고, 다른 사람들이 말하는 것에 주의를 기울이지 않으며, 또래에게 질문하거나 말할 때 부적절한 방식을 사용한다. 셋째, ADHD 아동은 일반 아동에 비해 보다 공격적인 방식으로 대인 간 문제를 해결한다. 이는 ADHD와 신체적 공격 간에 높은 상관관계가 있기 때문으로 혐오적인 통제 방식(aversive control)을 사용하는 것은 놀라운 사실이 아니다. 그러므로 이들이 또래와 논쟁하고 싸우는 것은 흔하다. 이와 관련된 행동으로, ADHD 아동은 기분에 대한 통제를 잃고 쉽게 화를 내는 경향이 있다. 집적거리는 행동이나 분노를 유발하는 행동에 대해 대부분의 일반 아동은 무시해 버리거나 적절히 대응하는 데 반해 ADHD 아동은 즉각적이고 난폭하게 반응한다.

ADHD 아동과 청소년은 다양한 사회적 문제를 보이기 때문에 일반적인 발달을 하는 학급 친구 혹은 심지어 공격적인 아동보다도 자주 또래에게 따돌림 당하는 경향이 있다(Barkley, 2006). 연구에 따르면, 아동이 따돌림을 당하는 것은 발달 과정 중 흔히 볼 수 있는 현상이다(Parker & Asher, 1987). 이런 문제가 실제로 심각하게 나타나면 충분히 오랫동안 관찰하고, 따돌림 문제를 해결하기 위해 상당 기간 개입해야 한다. 하지만 사회적 영역에서의 중재가 어려운 이유는 ADHD 아동이 사회적 기술 영역에서만 결함이 있는 것이 아니기 때문이다. ADHD 아동 역시 또래와 마찬가지로 적절한 대인관계 행동 규칙을 진술할 수 있다. ADHD 아동이 또래와 다른 점은 그들이 종종 이러한 행동 규칙에 따라 행동하지 않는다는 것이다. 이러한 수행에서의 결함은 ADHD 아동이 상황에서 반응을 통제하고 지연시키는 기능에 손상이 있다는 가설과 일치한다.

따라서 ADHD 아동의 사회적 수행에서의 결함은 다음 두 가지 주요한 원인으로 인해 대인관계 문제보다 더 개선하기 어렵다. 첫째, 현재 대부분의 대인관계에 대한 중재 전략은 수행보다는 기술 영역의 결함을 개선하는 것을 목표로 삼고 있다. 둘째, 사회적 수행 문제가 다양한 장면(예: 학급, 운동장, 동네)에서 나타나기 때문에 이 어려움을 해결하기 위한 중재는 다양한 사람이 다양한 장면에서 수행하여야 한다. 수행하는 순간에 시행되는 행동적 또래 관계 중재는 가능한 실증적 증거를 기반으로 한, ADHD를 위해 잘 만들어진 중재로 여겨진다(Evans et al., 출판 예정).

비슷한 방식으로 집단상담(즉, '전통적인' 사회적 기술 훈련)에서 사회적 관계의 이해와 친사회적 행동 습득을 목표로 하는 중재들은 실생활(real-world)에서 ADHD 아동의 대인관계 기능이 지속적으로 변화할 수 있도록 하지 못한다. 비록 대화 기술, 문제해결과 분노 조절에서의 유의한 결과가 훈련 과정 중 획득되었다 하더라도, 그 진전된 행동이 ADHD 아동의 상담 후에도 계속 지속되는 경우는 드물다(Pelham & Fabiano, 2008).

일반적인 사회적 기술 교육과정에서 친사회적 행동이 유지되거나 일반화가 잘 되지 않기에 행동장애를 가진 아동이 사회적 관계를 증진하기 위해서는 더 총체적인 접근이 필요하다. 예를 들어, Sheridan(1995)은 '거친 아동들을 위한 사회 기술 프로그램(Tough Kids Social Skills program)'을 학교 상황에서 사용하기 위해 개발했다. 이 프로그램은 발생 가능한 소그룹, 학급, 학교의 세 수준에서의 사회 기술 훈련법을 담고 있다. ADHD 학생에게 이 세 수준의 훈련이 도움이 되지만, 장애를 가진 학생은 그들에게 주어진 지속적인 인간관계에 대해 어려움을 지니기 때문에 소그룹(2단계) 훈련이 필요하다. 12개의 60분간의 그룹 과정은 세 단원으로 조직되어 있다. 사회적 관계에 들어가기, 상호작용 지속하기, 여러 가지 문제해결이 그것이다. 사회적 관계에 들어가기 훈련에는 대화 기술, 동료 활동에 참여하기 그리고 감정 표현하기가 들어 있다. 두 번째 과정인 상호작용 지속하기는 상호작용 유지하기, 대화 유지하기 그리고 협동적으로 놀이하기에 초점이 맞추어져 있다. 여러 가지 문제해결하기 과정은 분노 다루기, 자기통제 유지하기 그리고 갈등 해결하기를 촉진시키는 것과 연결되어 있다. 하나 또는 그 이상의 촉진 과정은 획득한 사회적 수행을 유지하는 것을 증진시키는 데 사용된다. Sheridan, Dee, Morgan, McCornick

과 Walker(1996)는 ADHD 학생에게 '거친 아동들을 위한 사회 기술 프로그램'을 사용하기 위한 다양한 예시를 제공하였다.

이 프로그램의 과정은 유사한 형태로 진행된다. 먼저, 이전 과정에서의 '숙제'를 소집단에서 검토하고 논의한다. 소집단의 규칙 또한 각 과정을 시작할 때 검토한다. 다음으로는, 그 과정에서 그룹의 리더가 언급하고 구체화한 특정한 사회적 행동을 정한다. 세 번째로, 참가자와 소집단의 리더가 만든 시나리오를 이용하여 학생들은 역할놀이를 한다. 다시 보고 피드백을 받기 위해서는 실행한 역할놀이를 비디오테이프로 남겨 놓는 것이 유용하다. 네 번째 요소는 각각의 역할놀이를 검토하면서 참가한 학생들에게 피드백을 제공해 주는 것이다. 학생들은 또한 피드백을 받기 전에 자신이 수행한 역할놀이에 대해 다른 친구에게 검토해 줄 것을 요청할 수 있다. 다음에는 소집단의 규칙에 따라 강화물을 받을 만큼 행동한 학생들에게 스낵(강화)을 제공한다. 마지막으로, 각각의 학생들이 다음 주 과정의 목표에 해당하는 특정한 사회적 행동에 관련하여 목표를 세우도록 한다. 이런 목표들은 가능한 한 개별화되어야 한다. 그리고 행동 계약에서 학생들이 정해진 목표에 도달하면 제공하는 강화물을 정해야 한다.

▶ '일반화'를 위한 프로그램

비록 앞에서 기술한 대인관계 기술 훈련 프로그램이 훈련 장면에서 사회적으로 적절한 행동을 하는 상당한 성과를 이끌어 낸다 하더라도 이런 변화가 자발적으로 실제 상황(예: 운동장, 동네, 학급)에 전이되는 경우는 거의 없다. 그러므로 총체적인 또래 관계 중재 프로그램은 획득한 대인관계행동을 유지하고 일반화를 증진하기 위한 직접적인 방법을 포함하고 있어야 한다. 일반화 프로그램은 훈련 안에 전략과 친사회적인 행동을 촉진하는 환경의 구조화를 수반해야 한다(Huff & Robinson, 2002).

다양한 방법이 실생활 장면에서의 일반화 가능성을 증진시키기 위하여 대인관계 기술 훈련 과정에 통합되어야 한다. 예를 들어, 앞서 제시된 '거친 아동들을 위한 사회 기술 프로그램'과 같은 전략은 ① 역할놀이를 하는 집단 구성원이 만든 실생활 장면 삽화 이용하기, ② 모델링과 역할놀이를 할 때 다양한 모범적 행동과 훈련 기회를 이용하기, ③ 자기점검과 자기강화를 포괄하는 숙제 부과하기, ④ 훈련을 강화하고 확장하기 위해 정기적인 추수 모임(periodic booster session) 갖기 등이 포함된다.

적절한 대인관계 기술이 실생활 장면에서 일반화되지 않는 주요 이유 중 하나는 성인(예: 부모, 교사)과 또래가 항상 일관성 있게 바람직한 행동을 조장하거나 강화하지는 않기 때문이다. 그렇기에 아동은 일상적인 상황에서 새로 습득한 기술을 계속적으로 사용하기 어렵다. 따라서 일상생활에서 적절한 대인관계행동이 계속 사용될 수 있도록 아동의 환경이 변화되어야 한다. 환경 프로그램의 구성 요소는 ① 아동이 대인관계 기술 훈련 과정에서 훈련한 행동을 실행하도록 부모와 교사를 교육시키기, ② 언어적 · 신체적 공격 가능성을 줄이고 훈련된 기술을 강화시키기 위해 학교나 집에서 행동 계약 프로그램을 개발하고, 예상되는 언어적 · 신체적 공격성을 감소시키기(예: 특정한 사회적 행동에 대해 토큰 강화와 반응 대가 주기), ③ 친사회적 행동을 촉진하기 위해 생활 장면에서 다른 사람들에게 강화를 이끌어 내도록 아동을 가르치기가 포함된다(DuPaul & Eckert, 1994).

이 접근법과 일치하는 Pfiffner와 McBurnett(1977)의 연구에서는 ADHD 아동을 위한 부모의 사회적 기술 중재는 치료가 끝난 후 몇 달 동안 아이들의 사회적 상호작용을 향상시킨다는 결과를 발견했다. 더구나 DBRCs에서 대상 아동의 또래 상호작용을 목표로 하여 부모가 교사와 협력했을 때, 시간에 따른 유의미한 증가가 학교 현장에서 발견되었다. 여러 연구는 레크리에이션 환경에서 지도에 따르는 집단 놀이가 사회적 기술 훈련에 추가되었을 때, 학교와 가정에서의 긍정적인 사회적 행동의 유관 강화가 시간이 지나도 유지될 수 있다는 것을 보여 준다(Pelham & Fabiano, 2008 참조). 그리하여 부모와 교사들은 일반화된 서비스 제공자로서 대인관계 기술 훈련을 위한 개입에 절대적으로 필요한 구성원이 된다.

▶ 전략적 또래 중재

여러 장면에서 친사회적인 행동을 일반화하려면 ADHD 아동의 부모와 교사 이외에도 또래를 참여시켜야 한다. 성인의 감시와 주의가 미치지 않는 장면(예: 동네에서 경기하기)에 ADHD 아동이 종종 놓이기 때문에 또래를 참여시킨다는 것은 중요하다. 더욱이 또래는 사회적인 행동의 변화가 임상적으로 얼마나 의미가 있는지(즉, 사회적 수용도를 향상시키고 교우 관계를 증가시켰는지)를 알 수 있도록 해 주는 매우 중요한 요소다. 또래들은 사회적 기술 중재의 전 과정에 포함될 수 있다.

첫째, 또래를 사회적 기술 훈련 과정 중 '역할 모델'로 참여시킬 수 있다. 또래들은 역할놀이에 참여하고 피드백을 제공함으로써 '또래 상담자' 역할을 수행할 수 있다. 실제로 반사회적 행동의 어려움을 지닌 학생 집단에 비해 여러 유형을 포함하는 또래 집단의 사회적 기술 훈련에서 더 많은 행동 변화가 나타난다(Ang & Hughes, 2002).

둘째, 또래들은 훈련 과정의 목표였던 친사회적 행동의 수행을 조장하고 강화함으로써 생활 장면의 대인관계 기술 훈련에서 '교사' 역할을 수행할 수 있다. 다시 말해, 이런 과정은 전형적인 발달단계의 또래들이 협동 교사로 참여하도록 훈련시킬 것을 요구한다. Cunningham과 Cunningham(2006)은 놀이터의 모니터 요원으로서 활동에 참여하는 또래가 중재를 제공하는 갈등 해결 프로그램을 개발하였다. 또래 중재 프로그램의 사용은 놀이터에서 일어나는 싸움과 부정적 상호작용을 줄이는 데 효과가 있다. 이러한 접근의 또 다른 예로, Grauvogel-MacAleese와 Wallace(2010)는 3명의 ADHD 아동에게 또래에 의해 수행되는 차별적인 강화의 효과를 조사하였다. 전형적으로 발달하는 또래는 목표 아동이 과제이탈행동을 보일 때는 이를 무시하고, 적절하게 참여할 때에만 지원을 제공하거나 칭찬하도록 훈련받는다. 이러한 또래 중심 중재는 ADHD 아동이 과제참여행동을 하는 데 상당한 도움이 된다.

셋째, 전형적으로 발달하는 또래는 그들의 사회적 상호작용에 ADHD 학생을 포함하도록 직접 훈련받는다. Mikami와 동료들(2013)은 ADHD를 지닌 초등학생의 사회적 행동과 또래 수용을 강화하는 강화 관리(contingency management)에 추가로 활용된 또래 통합 훈련(사회적으로 수용되는 통합 학급 만들기[Making Socially Accepting Inclusive Classrooms: MOSAIC])을 조사했다. 결과는 유관 관리를 단독으로 실시하는 경우와 유관 관리와 MOSAIC을 함께 실시하는 경우 모두에서 사회적 행동 문제가 향상되었다. MOSAIC을 동반한 유관 관리는 유관 관리를 단독으로 실시했을 때보다 사회적 선호, 상호 호혜적인 우정 측면에서 더 높은 향상을 보이고 또래들에게 긍정적인 메시지를 더 많이 받는 것으로 나타났다. 따라서 또래 집단 통합을 향상하기 위한 전략은 행동수정을 사용하여 직접적으로 사회적 문제를 다루는 것보다 사회적 기능에서 더 많은 이점을 가져다줄 것이다.

마지막으로, 부모는 가정에서 교우 관계 훈련 경험을 구조화할 수 있다. 즉, 소규모 또래 집단에서 비경쟁적인 활동을 할 때 ADHD 아동을 잘 관찰하고 지도하는 것이다. 대부분의 대인관계 기술 훈련 프로그램은 ADHD 아동이 지역사회 장면에서 이루어지는 스포츠 팀이나 스카우트와 같은 활동에 참여할 것을 권하고 있다. 이런 스포츠 팀이나 스카우트 활동 등은 어른이 감시하기가 어렵고, 활동의 속성상 좀 더 경쟁적인 활동에 해당한다. 예를 들면, Mikami, Lerner, Griggs, McGrath와 Calhoun(2010)은 32명의 ADHD 아동이 속한 가정에 부모의 또래 관계 지도(Parental Friendship Coaching: PFC)를 실시하였다. 부모들은 지정된 놀이 시간에 또래와 상호작용하는 법을 자녀에게 지도하는 방식으로 90분간 8회기에 걸쳐 참여하였다. 촉진, 잦은 피드백, 유관적 강화와 같은 행동 중재는 지정된 놀이 시간 전과 후에 부모와 자녀 간의 협력적인 행동 문제에 맞게 강조되었다. 교사는 PFC를 실시한 집단의 아동들이 지정된 놀이 시간에 사용하는 사회적 기술이 통제집단에 비해 상당히 향상되었으며, 또래 수용도 또한 높아졌다고 보고하였다. 또한 PFC를 받은 부모는 실험집단에서 행해진 개선을 위한 비판적이지 않은 피드백을 통해 또래 상호작용을 촉진한다.

10대 ADHD 청소년 지도하기

ADHD 학생은 종종 그들의 행동이나 과제 수행을 적절한 시간 내에 완료하도록 계획하는 것에 어려움을 느낀다. 이러한 이유로 그들이 목표 정하기, 자기점검하기, 적절한 시간 내에 과제 완수하기에 관한 전략을 수립하는 것을 도와주어야 한다. 한 가지 유용한 방식은 ADHD 학생과 함께하는 어른이나 동료에게 ADHD 학생의 적절한 목표와 시간 관리 태도에 대해 강화를 주도록 지도하는 것이다.

Dawson과 Guare(1998, 2012)는 10대 ADHD를 위한 코칭 프로그램을 개발해 냈다. 이 코칭 프로그램에는 두 가지 큰 단원이 있다. 첫 번째 단원에서 ADHD는 ① 가능한 장기 목표 확인하기, ② 성공적인 목표 성취를 위한 하위 항목 결정하기, ③ 목표에 도달하기 위한 잠재적 문제 서술하기에 관한 지도를 받으며, 작업을 수행한다. 예를 들어, 학생이 특정 과목 분야에서 성적을 잘 받기 바란다면 성공의 목표는 특정 등급(예: 'B' 혹은 그 이상)이 될 것이다. 그리고 교사는 학생이 과목의 내용을 소화해 냈는지의 여부를 판단할 것이다. 과제를 성공적으로 이끄는 데 예상되는 장애물로는 과목 내용 중 이해가 어려운 부분, 공부를 할 때 주의를 산만하게 하는 가정환경 내의 요인(예: CD 플레이어, 비디오게임), 노트 정리 기술의 부족함 등을 들 수 있다.

코칭 프로그램의 두 번째 단원에서 학생과 지도자는 전략을 설계하고 목표로 향하는 과정을 재확인하는 규칙을 알아본다. 이 과정은 ① 검토(Review), ② 평가(Evaluate), ③ 예측(Anticipate), ④ 계획(Plan)의 네 가지 요소를 담고 있다(머리글자만 따서 REAP라 표기한다). 지도자와 학생은 다음 과정에서 완수해야 할 활동을 검토(Review)하고, 이런 과정들이 장기 목표에 맞게 만들어졌는지 여부를 평가(Evaluate)한다. 이런 과정은 장기 목표를 위한 단기 목표를 정하는 중에 여러 차례 반복된다. 목표를 향해 가는 데 있을 수 있는 장애물을 예측(Anticipate)하고 난 후, 목표에 도달하기 위해 전략을 수행하는 동안 어떻게 하면 이런 장애물들과 타협할 수 있는지 계획(Plan)을 세운다. 과정은 최소한 일주일을 기본으로 하고 비교적 간단하게 한다(30분).

Dawson과 Guare(1998, 2012)는 코칭 모델에 관한 결과 자료를 밝히지 않았지만, ADHD 특히 다른 처치 전략(예: 각성제 치료와 행동 계약)을 통해서 행동적인 진보를 이루어 낸 학생이 자기통제라는 다음 단계를 밟아 가는 것이 적절하다고 했다. 코칭 프로그램을 통한 도움을 얻기 위해 학생은 성인이나 동료와 함께하려고 해야 하며, 동기부여를 받을 필요가 있다. 그러므로 교사는 프로그램 접근이 학생에게 적합한지 고려해야 하며, 누가 학생에게 가장 좋은 도움을 줄 수 있을지도 고려해야 한다. 몇몇 사례에서 성인(예: 교사, 상담자 혹은 선배)이 '꼭 맞는' 사람이 될 수도 있고, 또래나 높은 성취를 보이는 친구와 함께 최적의 성과를 보이는 경우도 있다.

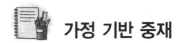

가정 기반 중재

부모 교육

가정에서 해야 할 일과 지켜야 할 규칙 등에 관하여 ADHD 아동의 주의력 향상을 위한 행동 관리 전략들을 ADHD 아동 부모에게 알려 주어야 할 필요가 있다. 어떤 경우에는 학교심리 전문가나 사회복지사가 아동심리 임상 전문가와 함께 학교 환경에서 부모 교육을 실시할 수도 있는데, 지역사회에 이런 프로그램이 없는 경우에 특히 그렇다. 학교에서 부모 교육을 할 때 부모에게 자녀가 과제나 시험 공부 등 학업과 관련된 과제를 제대로 할 수 있도록 지도하는 것을 강조해야 한다. 지금까지 행동수정 전략에 대한 부모 교육 프로그램이 많이 개발되었고(예: Eyberg et al., 2001; Sonuga-Barke, Daley, Thompson, Laver-Bradbury, & Weeks, 2001; Webster-Stratton, 1996) 행동적인 부모 교육은 경험적 증거를 기반으로 한 ADHD를 위한 안정된 치료다(Evans et al., 출판 예정).

Barkley(1997b)는 ADHD와 관련된 핵심 문제들을 좀 더 명확하게 다루기 위한 부모 교육 프로그램을 개발하였다. 이 프로그램은 부모에게 개별적으로 실시할 수도 있고, 집단 형태로 실시할 수도 있다. 일반적으로, 아동은 실제 상황에서의 관리 기술을 부모가 실습해야 하는 경우가 아니면 프로그램에 참여하지 않는다. 1회 교육 시간은 개별적으로 할 경우 1시간~1시간 30분, 집단으로 진행할 경우 1시간 30분~2시간이다.

Barkley(1997b)의 반항 아동 프로그램(Defiant Children Program)에서 각 교육 시간은 유사한 활동 순서로 이루어지는데, 지난주 내용에 대한 복습, 지난번 교육 이후 있었던 중요한 일에 대한 간단한 정리, 지난 시간을 마칠 때 주어진 과제에 대한 토의 등을 포함한다. 다음으로, 상담자는 부모들이 다음 일주일 동안 실습할 특정 행동 관리 방법을 설명하고, 뒤이어 적절한 행동을 시범 보인다. 부모들은 그날 배운 전략을 연습하고, 그에 대해 상담자에게 피드백을 받으면서 지도를 받는다. 회기 마지막에 전략에 대한 실습이 과제로 주어진다. 그리고 그 시간에 다룬 기술과 절차에 관한 유인물을 나누어 주고 내용을 다시 정리한다.

부모 교육은 보통 9주 이상 진행된다. 교육 회기의 주제들은 아동이 문제행동을 시작한 이유, 행동을 관찰하는 전략, 순응행동과 독립적 놀이를 증가시키는 방법, 토큰 강화 프로그램의 수립, 공공장소에서 아동 행동 관리 전략, 반응 대가와 정적 강화로부터의 타임아웃 사용, 학교-가정 의사소통 프로그램 사용, 미래의 문제행동을 다루는 법 등을 포함한다. 초기 훈련 과정의 마지막 부분에는 행동 관리 기술에 대한 추수 회기를 제공하고, 획득된 기술의 유지를 보조하기 위하여 매달 한 번의 후속 모임이 계획된다.

Barkley(1997b)의 부모 교육 프로그램은 주로 행동수정 절차에 관한 정보의 교육적인 의사소통(한 방향의)을 포함한다. 다른 부모 교육 프로그램(예: Webster-Stratton, 1996)은 부모의 더 많은 상호작용과 참여를 요구한다. 예를 들면, 부모는 부모와 아동 간 상호작용하는 모습이 녹화된 짧은 비디오를 시청해야 하며, 적절한 지도 절차와 부적절한 지도 절차를 구별해야 한다. 또한 회기에서 배운 절차를 연습하기 위해 역할놀이에 참여해야 한다. 참여적인 부모 교육은 가족들이 지도받은 전략에 참여하도록 유도하고, 그 전략을 유지해야 한다. 치료에 부모가 참여하는 것은 정신건강상의 문제를 가진 부모나 경제적으로 어렵거나 소수의 민족/언어적 배경을 지닌 가족들에게는 어려운 일일 수 있다(Chronis, Chacko, Fabiano, Wymbs, & Pelham, 2004). 이러한 이유로 연구자는 가족 참여를 강화하는 방법뿐 아니라 가능한 한 수용적이고 실현 가능한 치료 절차를 개발해야 한다. 예를 들면, Chacko와 동료들(2008)은 가족 참여를 강화하기 위해 특정한 요소(예: 중재 전 동기강화상담)를 포함한 긍정적인 부모 강화하기 전략(Strategies to Enhance Positive Parenting: STEPP)을 개발했다. STEPP 프로그램에서는 상대적으로 높은 수준의 부모 참여와 수반된 아동의 행동 향상을 볼 수 있다(Chacko, Wymbs, Chimiklis, Wymbs, & Pelham, 2012).

문헌에 대한 종합적인 분석(예: Pelham & Fabiano, 2008)과 메타분석(예: Fabiano et al., 2009)에서 요약했듯이, 다수의 연구는 ADHD 아동이 가정 규율과 지시에 대한 준수, 책임 완수 및 긍정적인 부모-아동 상호작용 측면에서 긍정적인 결과를 보이는 행동적인 부모 교육의 효과를 증명하였다. 따라서 부모 교육은 ADHD에 대한 다중적 치료 프로그램에서 경험 기반의 중재다(Pelham & Fabiano, 2008). 이는 추천 치료 프로그램 지침서(American Academy of Pediatrics, 2011)에도 나와 있다. 그럼에도 앞으로의 연구에서는 ADHD에 대한 훈련 효과의 시간에 따른 지속성과 서로 다른 환경으로의 일반화에 대한 관심이 필요하다.

청소년을 위한 행동적 가족치료

ADHD 청소년은 또래 청소년에 비해 분열적 행동, 불순응행동, 반항, 품행 문제, 가족 구성원들과의 갈등을 더 많이 보인다(Barkley, 2006; Barkly & Robin, 2014). 대인관계 갈등은 ADHD와 반항장애를 동시에 가진 청소년의 가족 사이에서 특히 두드러지는데, ADHD만 있거나 정상적인 청소년 가정에서의 부모-청소년 양자 대화 관계에서보다 가족끼리 토론을 할 때 모욕이나 불평 같은 불쾌한 행동을 더 하기 쉽기 때문이다(Edwards, Barkley, Laneri, Fletcher, & Metevia, 2001). 부모-청소년 갈등을 다루는 치료적 접근에는 다양한 형태의 가족치료(예: 구조적 가족치료; Minuchin, 1974)만이 아니라 ADHD에 대한 가장 보편적인 중재 방법(즉, 약물치료와 강화 관리)을 포함한다.

문제해결 및 의사소통 훈련(problem solving and communication training: PSCT; Robin & Foster, 1989)으로 알려진 행동적 가족치료는 강화 관리 훈련과 구조적 가족치료의 요소를 결합한 것이다. 특히 PSCT는 가족 체제와 결합에서의 변화를 처방할 뿐만 아니라, 문제해결 및 적절한 의사소통 기술에 대한 지도와 같은 기술 배우기 기법(skill-building techniques)도 포함한다. 여러 경우에서 인지적 치료의 과정은 가족 구성원의 비합리적인 신념 체제에 대한 재구조화를 포함한다(Robin & Foster, 1989).

두 연구가 ADHD와 반항장애를 지닌 청소년을 다루는 PSCT의 효과를 평가했다. Barkley와 동료들(1992)은 가정에서 일어나는 갈등의 정도와 갈등 과정에서 일어나는 분노의 정도에 대해 PSCT가 강화 관리 훈련과 구조화된 가족치료만큼 효과적이라는 것을 밝혔다. 더불어, 10대 ADHD 청소년들과 그들의 어머니 21쌍 각각의 보고 내용에 따르면, PSCT는 부모-청소년 의사소통의 질을 유의미하게 향상시켰다. 부모의 보고에 따르면, 청소년들의 학교 적응이 향상되었고, 우울과 같은 내적 증상과 품행장애와 같은 외적 증상의 여러 영역에서 향상을 보였다. 가족 구성원 전체가 만족도 질문지를 통해 이 치료를 긍정적으로 평가하였고, 이러한 효과는 3개월 후 추수연구에서도 그대로 유지되었다. 그러나 이러한 치료 효과는 부모-청소년 갈등에 대한 직접적인 관찰 자료를 포함하지 않고 있고, 대부분의 표집 대상에서 임상적으로 유의한 변화를 보이지 않았다. 또한 PSCT는 몇몇 부모가 자신의 자녀의 품행장애에 대해 가진 비합리적인 신념의 정도를 더 악화시키기도 했다.

Barkley와 동료들(2001)은 강화 관리 과정과 PSCT의 결합이 결과를 향상시킬 수 있는지를 결정하고, 동시에 앞선 연구들에 대해서도 재평가했다. 가족들이 PSCT 단독 그룹에서 나가려는 경향은 있으나, 행동상의 효과는 PSCT를 단독으로 적용했을 경우와 강화 관리 훈련과 결합한 경우에서 동등하게 나타났다. 두 처치 집단에서 가족 기능은 가족의 70%에 이르기까지 정상화되었다. 이러한 결과는 ADHD 청소년과 그들의 가족을 치료하고자 하는 PSCT를 사용하기 위한 우선적인 지원을 제공한다. 어떤 가족이 이러한 접근에 더욱 적합할 것인지와 강화 관리와 같은 다른 중재 요소들이 그 가족에게 필수적인지의 여부를 결정하기 위해 더 많은 연구가 필요하다.

과제 완수를 위한 중재

ADHD 학생이 선천적으로 학업적·행동적 어려움을 경험하며, 정해진 시간에 성공적인 방식으로 과제를 완수하는 데 문제를 가지고 있다는 것은 놀랄 만한 일이 아니다(Power, Werba, Watkins, Angelucci, & Eiraldi, 2006). 특별한 어려움이란 과제 필기의 어려움, 집에 과제를 가져가는 것의 어려움, 적합한 양식으로 과제를 완성하는 것의 어려움, 과제 완수에 대해 부모와 논의하기, 제시간에 과제를 제출하는 것의 실패 등을 포함한다(Power et al., 2001). 과제와 학업적 성취 사이의 연관 때문에 과제 완수의 문제는 중요하다(Cooper, Robinson, & Patall, 2006). 그리하여 수년간 중재 프로그램은 과제 수행의 어려움을 다루기 위해 진보되어 왔다(예: Olympia, Jenson, & Hepworth-Neville, 1996).

Power와 동료들(2001)은 특별히 ADHD 학생들을 위해 과제 중재 프로그램을 시험해 보고 발전시켰다. 그들의 과제 성공 프로그램(Homework Success program)은 부모 집단과 함께 수행하는 7회기, 90분의 교육 시간을 포함한다. 이 프로그램은 (앞에서 언급한 것처럼) 계속되는 부모 교육 프로그램으로 통합되거나 단독으로 사용될 수 있다. 이 프로그램에는 강력한 협동적 요소가 있는데, 교사들과 또래들이 상담의 적절한 시기에 포함되는 것이다. 예를 들면, 부모-교사의 협의는 특정 과제 문제를 확인하고 학교-가정 협력의 중요성을 강조하고자 하는 프로그램을 제작하는 데 유용할 수 있다.

이 프로그램의 핵심 요소는 지속적인 과제 수행을 격려하기 위한 목표-설정(goal-setting)과 강화 관리 절차의 사용이다. 과제 성공(Homework Success) 회기는 프로그램 소개, 과제의 확인, 정적 강화 제공, 시간과 목표 설정 관리하기, 적절하게 혐오 절차 사용, 미래 과제 문제 예상하기, 계속적 지원 제공하기 등을 포함한다. 이는 각 교육 기간에 부모들이 알게 되는 새로운 전략인 기술 중심 프로그램(skill-based program)이다. 부모들은 교육 시간 내에 자신의 과제를 완수하길 기대하며, 전략 수행에서의 연습은 각 교육 시간 내에 반복된다. Power와 동료들(2001)은 장기간 과제 수행에서의 변화를 추적한 자료의 사용을 강조하며, 실행할 수 있는 자료를 손쉽게 수집하게 하기 위한 많은 방법을 제공했다. 비록 광범위한 통제 연구가 아직 이 프로그램과 함께 실행되지는 못했지만, 사례연구 자료는 과제 성공 프로그램이 과제 완수와 정확성에 향상을 가져온다고 지적하고 있다(Resnick & Reitman, 2011).

다양한 환경에서의 중재

ADHD 증상은 가정과 학교를 포함한 다양한 환경에서 아동의 기능에 영향을 주기 때문에, 부모와 교사가 협력적으로 중재를 설계하고 실행하고 치료 전략을 평가해야 한다. 그 예로, 협력적 생활 기술 프로그램(Collaborative Life Skills[CLS] Program; Pfiffner, Villodas, Kaiser, Rooney, & McBurnett, 2013)은 ADHD 초등학생에게 학교와 집에서 적용할 수 있는 다양한 행동 중재를 포함한다. CLS는 학교 행동 중재, 집단 중심 행동 부모 훈련과 아동 기술 집단과 같은 세 가지 요소로 구성되어 학교 기반 정신건강 전문가에 의해 동시에 12주간 적용된다. 교실에서는 학교와 가정 일일 보고서, 과제 계획, 선호하는 자리와 같은 개별화된 조절이 포함된다. 집단 중심 행동 부모 훈련은 앞서 부모 교육에서 언급한 것처럼 유관 강화와 같은 행동 관리 기술 교육을 1시간씩 10회 수업한다. 아동 또한 교훈적 수업, 행동 연습, 역할놀이 연습을 통해 좋은 스포츠맨 정신과 같은 사회적 기술과 일정을 만들어 보고 따르는 것과 같은 독립심을 배우기 위해 학교에서 40분 동안 집단 수업에 참여한다. Pfiffner와 동료들(2013)은 CLS가 ADHD 증상, 과제 문제, 활동 참여, 성취 점수와 성적표에서 통계적으로 유의미하고 높은 변화를 가져왔다고 밝혔다. 학업 향상은 특히 학생 조직 기술에서의 CLS 개선에 의해서 나타났다. CLS 효과가 통제 조건과 관련 있음을 평가할 필요가 있지만, 초기 발견은 학업 수행과 같은 ADHD 학생을 위한 중요한 기능 영역에서의 개선과 관련 있음을 증명한다.

이와 마찬가지로, 가족-학교 성공(Family-School Success: FSS)은 ADHD 초등학생의 가족과 교육적 기능을 개선하기 위해 만들어졌다(Power et al., 2012). FSS는 부모와 아동 집단을 분리한 6회기, 개별화된 가족치료 4회기 그리고 부모와 교사를 포함한 가족-학교 상담 2회기의 총 12회기로 구성되었다. 이 회기에서는 임상가가 표준 행동 부모 교육 과정, 일일 보고서, 과제 중재 그리고 행동 상담을 결합하여 참여자들을 안내한다. FSS는 매뉴얼화되었고 실행은 높은 수준의 진실성과 관련되어 있다. 부모를 교육하고 지원하는 조건을 비교할 때, FSS는 가족-학교 관계의 질, 과제 이행, 부정적 또는 비효과적 훈육 감소와 같은 양육행동의 3개월 이후 유지 효과에서 통계적으로 유의미하고 보통 수준의 효과가 나타났다(Power et al., 2012). 이러한 증명된 결과를 가정해 볼 때, 학교 전문가들은 ADHD 학생이 주로 나타내는 다양한 환경적 요구를 다루기 위해 CLS와 FSS와 같은 다양한 환경에서의 중재를 실행하기 위해 지역사회 현장 임상가들과 협력해야 한다.

부모 지지 집단

한 ADHD 아동의 부모들과 다른 ADHD 아동의 부모들을 만나게 하여 서로 좌절, 성공, 지지(옹호) 전략 등을 나누게 하는 것은 일반적으로 도움이 된다. 지난 10년간 많은 부모 단체가 지지적인 역할을 하고, ADHD에 관한 정보의 집결지 역할도 하고, ADHD 서비스를 향상시킬 수 있는 정치적인 노력도 해 왔다. 가장 두드러진 국가적 부모 단체 가운데 하나가 메릴랜드 주 랜도버에 본부를 둔 주의력결핍 과잉행동장애 아동 · 성인(Chidren and Adults with Attention Deficit/ Hyperactivity Disorder: CHADD; www.chadd.org) 조직이다. CHADD는 1987년에 설립되었으며, 46개 주에 지역 지부를 가지고 있다. 계간 소식지를 발행하고 매년 전국 규모의 ADHD 콘퍼런스를 주최한다. CHADD 회원에는 ADHD 부모만이 아니라 ADHD를 돌보는 교사, 건강관리 전문가들도 포함되어 있다. CHADD와 같은 단체는 구성원들이 자녀들에 대한 적합한 교육과 치료적 중재 지침을 제공하고, ADHD에 대한 중요한 정보를 제공함으로써 ADHD의 치료 전반에 중요한 역할을 하고 있다.

 ## 효과가 작거나 제한적인 중재 방법

수년간 소개되고 개선되어 온 ADHD에 대한 많은 치료법은 통제된 연구에서 주의력결핍을 경감시키는 효과가 아주 작게 나타나거나 효과를 검증하지 못하였다. 이완 훈련, 놀이치료, 대량 비타민, 아미노산 보충제, 약초 그리고 안구운동이 그 예다. 효과성이 확인되지 않았음에도 식이요법과 같은 중재 방법도 널리 알려져 있고 사용되고 있다. 어떤 대안적이거나 상호 보완적인 치료에 대한 최근 증거가 있음에도(Arnold, Hurt, Mayes, & Lofthouse, 2011 참조), 이러한 치료를 위한 꾸준한 지원은 일반적으로 '전문가의 의견' 또는 안면 타당도(즉, 직관적으로 그럴듯해 보여서 결국 상당한 적용을 이끌어 내는)를 논하는 이론에서 얻는다. 비효과적인 방법이 신체에 거의 해가 없다 해도, 사용함으로써 보다 효과적인 치료 방법에 쓰여야 할 소중한 시간과 에너지와 자원을 빼앗을 수 있다. 따라서 교사들은 비효과적인 방법들이 어떤 것인지 알아야 하고, 그 사용을 반드시 막아야 한다. 대안적이고 더 나은 지원과 중재를 제공할 때는 더욱 신중해야 한다는 것이다.

중재 방법을 권하기 전에 고려해야 할 요소

소개된 ADHD 중재 방법이 너무 다양하기 때문에 이 모든 방법의 상대적인 장점에 대해 논의하는 것은 불가능하다. 그렇지만 방법을 잘못 선택할 경우 보다 효과적인 방법을 사용할 기회를 잃을 수 있으므로 새로운 방법이나 대안적 방법을 고려하는 데 참고할 지침을 마련하는 것이 중요하다(Ingersoll & Goldstein, 1993).

1. 특정 치료의 개발자 또는 지지자가 ADHD를 치료한다고 말하거나, 그 치료법만으로 ADHD를 치료할 수 있다고 한다면 당연히 경계해야 할 것이다. 아무리 잘 연구되고 효과적인 치료법(예: 약물치료)이라고 해도 아동의 기능을 완전히 정상화시킬 수 없기 때문에 상황에 따라서 다양한 치료법을 함께 사용해야 한다. 따라서 치료 효과에 대한 주장에 대해서 많은 주의를 기울이고 고려해야 한다.
2. ADHD, 학습장애, 자폐증, 우울 등 여러 가지 장애에 효과적이라고 권장되는 치료법에 대해서도 주의를 기울여 검토해야 한다. 어느 하나의 치료법이 아동의 여러 가지 장애에 대해서 모두 임상적으로 유의미한 효과를 나타내기는 어렵다. 이러한 주장에 대해서는 반드시 경계해야 하고, 치료법에 대한 경험적 연구가 필요하다.

3. 새로운 치료의 개발자나 주창자는 그 치료 효과를 확실하고 중요한 종속변인을 사용하여 통제된 실험 연구를 통해 입증해야 한다. 사례연구 자료나 만족한 내담자의 진술만으로는 부족하다. 나아가, 이미 효과가 입증된 다른 중재 방법과 자료는 새로운 치료법의 효과를 직접 비교할 수 있어야 한다. 따라서 새로운 ADHD 치료법의 주창자에게 가장 먼저 "경험적 자료가 어디 있나요?"라고 질문해야 한다.

4. 적용한 중재 반응이 작게 나타날 경우, 안전하고, 쉽고, 저렴하고, 합리적인 치료가 위험하거나, 비현실적이거나, 어렵거나, 고가인 정반대의 치료보다 한정되지만 경험적 증거가 있다면 고려할 수 있다. 마지막에는 설득력 있고 지지적인 증거가 없는 것은 당연히 피해야 한다(Arnold et al., 2011).

5. 새로운 치료법에 대한 경험적 연구의 질은 몇 가지 질문을 통해 평가되어야 한다. 확실하고 중요한 증상을 지표로 연구 대상이 ADHD로 분류되었나? 발생 가능한 편의를 감소시키는 방향으로 종속변인이 측정되었나(예: 연구 대상이 된 임상 전집과 치료법에 대해 모르는 사람이 행동 관찰을 하는 것)? 치료에 대한 내적 타당도 위협 요인(예: 성장)이 통제되었나? 얻은 결과가 다른 ADHD 아동에 대해 얼마나 일반화될 수 있는가? 얻은 결과의 임상적 유의성(예: 정상화)이 평가되었나? 연구자는 치료 효과가 다른 상황(예: 학교와 가정)에서 그리고 시간이 지나도(예: 추수 평가) 일반화될 수 있는지 검토하였나?

6. 현장 전문가는 경험적 연구 자료가 제시되지 않은 새로운 치료법을 접할 때 의심되는 점들에 대해 ADHD 아동의 부모와 교사들과 함께 이야기하는 것이 중요하다. ADHD 아동의 부모는 ADHD와 관련된 어려움을 다루면서 좌절한 경험이 많고, 현재 가능한 치료법에 대해 잘 모르기 때문에 새로운 치료 방법을 받아들이기 쉬울 것이다. 또한 우리의 경험에 의하면 이러한 부모들은 치료의 과학적 연구의 필요성에 대한 이해가 부족하다.

 **요 약**

　ADHD 관련 문제행동의 만성적 성향은 수년간의 다양한 치료 프로그램 실행을 필요로 하고 있다. 다양하게 추가된 중재 접근은 교실 내 행동 지원 전략과 향정신제 활용에 도움을 줄 수 있다. 더불어 추가된 학교 기반 치료는 사회성 훈련과 또래 지원을 포함할 수 있다. 가정 기반 치료는 행동수정 기술에 부모 교육, ADHD 청소년을 위한 행동적 가족치료, 과제 수행 중재 그리고 CHADD와 같은 지원 단체에의 부모 참여를 포함하고 있다. CLS와 FSS와 같은 다양한 환경에서의 중재는 여러 형태의 치료 프로그램 중 하나로 반드시 고려되어야 한다. 수년간 음식물 섭취와 관련된 Feingold 식이요법[1])과 같은 ADHD의 많은 치료는 경험적 증거가 없을 뿐만 아니라 장애 치료에 비효율적이라고 제기되었다. 이후 몇몇 치료의 대중성을 고려해 볼 때, 학교 현장 전문가들은 ADHD 학생들의 적절한 치료를 더 효과적으로 알리기 위해 경험적 의견과 낮은 중재 효과를 인식하고 있는 것이 중요하다.

---

1) 역자 주: 1973년 미국 학자 Ben F. Feingold가 소개한 개념으로 인공 색소, 향료, 설탕과 같은 식품 첨가물이 과잉행동 장애를 일으키며, 이러한 물질의 섭취를 중단한 과잉행동장애 아동의 증상이 50% 개선된다고 주장함.

부모, 전문가, 학생과의 의사소통

분명하고 정확한 의사소통은 교육, 심리학, 의학과 관련된 전문 영역에서 모든 전문적 서비스 전달의 기초이고, ADHD 학생, 그들의 부모와 교사를 위한 양질의 서비스를 전달하기 위한 초석이다. 의사소통이 중요한 데에는 많은 이유가 있다. 다양한 방법과 과정을 통해 ADHD와 이와 관련된 문제점이 평가된다. 이 과정에는 대상 학생과의 경험 및 관점이 상당히 다를 수 있다는 가능성과 함께 부모, 교사, 다른 학교심리 전문가, 상담자, 의사 간의 정보, 관찰 결과, 의견 및 전문적 판단 등이 포함된다. 이와 유사하게, ADHD에 대한 중재 계획, 중재의 실행, 평가도 유사한 과정과 의사소통을 포함한다. 또한 시간과 환경 그리고 ADHD 학생에 따라 나타나는 행동의 변동성(variability)은 세심하고 지속적인 모니터링과 지원 체계의 수정이 필요하기 때문에 지속적인 전문가 논의의 필요성이 제기된다. 결과적으로, 부모, 교사 그리고 다른 전문가들 사이에는 지속적이고 명확한 의사소통이 이루어져야 하며, 평가 및 진단, 교수 계획, 중재의 관리 그리고 전문적인 서비스의 전달과 관련된 몇 가지 결정적인 쟁점에 대한 의사소통이 이루어져야 한다.

예를 들어, 교사 또는 부모는 아동의 문제행동에 대해 처음으로 관심을 갖게 되고, 그 이후에 주로 의사(예: 소아과 의사, 정신과 의사)가 ADHD로 진단된 아동을 접하게 된다. 이들이 모두 함께 선별, 의뢰, 분류, 중재 등에 대한 결정에 참여하게 된다. 여기에 참여하는 각각의 사람들이 서로 다른 전문용어, 관점, 배경 등을 가졌음에도 불구하고, 참여자들 간의 건설적인 상호작용은 명확하고 구체적인 의사소통에 의해 좌우될 수 있다.

더 나아가, ADHD 진단은 『정신장애의 진단 및 통계 편람(DSM-5)』(American Psychiatric Association, 2013)에 따라 이루어지지만, 아직 ADHD로 진단된 아동과 부모들은 그 지역사회의 의사와 정신과 전문가들의 도움을 받는 동안에도 학교의 교육 전문가들과 더 자주 접하고 의사소통하게 된다. 교육 전문가들은 대개 IDEIA 2004(Public Law 108-446)에 포함된 특수교육 분류 체계가 DSM보다 더 익숙하다. 이들 관련 사람들에게 IDEA 분류체계가 같은 수준으로 이해되었다고 생각해서는 안 된다. 따라서 DSM 체계에 대한 의사소통(때때로 전문적인 교육) 및 연구 기반, DSM 용어, 치료 계획 관련 사항, 기타 이와 연관된 사안에 대한 의사소통이 꼭 필요하다.

ADHD 아동에 대한 의학적·행동적·교육적 중재의 효과적 설계, 수행과 평가는 전문 영역에서의 신념, 의견, 지식의 차이를 극복한 효과적 의사소통에 달려 있다. 중재 프로그램은 종종 임상적 또는 실험실 기반으로 개발되지만, 중재의 행동적 효과나 바람직하지 못한 부작용은 가정이나 학교 교실, 지역사회 상황에서 발생한다. 따라서 중재 효과에 대한 평가는 의사, 부모, 교사 및 관련 전문가들 사이의 의사소통이 필요하다.

마지막으로, 미국 전국학교심리학자협회(National Association of School Psychologists [NASP], 2010b)[1]의 학교심리 전문가에 대한 윤리 강령과 시행 기준에서는 부모, 학생들, 다른 전문가들과의 전문적 의사소통을 바람직한 학교 심리학 실제(school psychology practice)의 요소로서 명시하고 있다. 이러한 전문적인 서비스에 대한 가이드라인은 중재의 선택사항과 대안뿐만 아니라 전문가 개입의 목적과 예상되는

---

1) 미국정신의학회, 특수아동협의회(Council for Exceptional Children), 그리고 다른 전문 단체 또한 유사한 윤리 지침을 가지고 있다.

결과에 대해 부모 및 학생들과 함께 논의해야 한다는 것을 구체적으로 제시하고 있다. 또한 전문가들 간의 관계(예: 학교심리 전문가와 소아과 의사)가 학생들에게 최상의 서비스를 제공할 수 있도록 진행되어야 한다는 것도 제시하고 있다. 이 장의 후반부에서는 각 절의 서두에서 이러한 가이드라인의 적절한 예들을 다루고 있다.

이 장의 목적은 학교상담·심리 전문가와 부모, 다른 분야의 전문가 그리고 학생 자신들을 포함하는 관련 당사자들 간에 ADHD에 대한 의사소통과 관련된 여러 중요한 쟁점에 대해서 확인하고 논의하는 것이다. 비록 이 장에서 모든 주제가 토의하고 고려할 만한 것이나, 가장 먼저 주의를 기울여야 할 주요 사항은 다음과 같다. ① ADHD의 진단과 교육 서비스 간의 관계, ② 교육 전문가의 책임, ③ 약물치료를 둘러싼 논쟁, ④ 부모, 의사, 다른 전문가들과 학생들 간의 의사소통에 대한 구체적인 논쟁들이다. 이러한 사항을 논의하고 구체화하는 작업을 통해서 전문가와 부모의 의사결정 및 개입과 중재가 시행되고 아동에 대한 향상된 결과를 이끌어 낼 수 있을 것이다.

 DSM 진단과 교육 서비스

ADHD가 관심사항이라면, 전문가들과 부모들은 다음 질문에 답할 수 있는 범위에 대해 논의해야 한다. "DSM 진단 체계와 다른 분류 기준이 어떻게 교육 서비스와 관련을 맺게 되는가?" 아동의 문제에 대한 진단적 분류 체계는 수년 동안 논쟁이 되어 왔으며, 다양한 범위에서 전문적 의견을 만들어 냈다(Cipani & Schock, 2011; Garmezy, 1978; Mayes, Bagwell, & Erkulwater, 2008; Schact & Nathan, 1977; Szasz, 1960). 실제로 DSM-5(American Psychiatric Association, 2013)는 단순히 서비스 계획의 출발점에 불과하며, 전문적인 지원을 효과적으로 제공하기 위해서는 개인과 문제에 대한 맥락적 이슈 및 변인에 대한 추가 정보가 필요하다.

교육적 의사결정의 관점에는 두 가지 다른 접근이 있다. 바로 공식적·법적 의사결정과 개별적·교수적 의사결정이다. 먼저, 심리학이나 교육학에서 신뢰 있고 타당한 공식적(표준화) 평가가 측정 차원이나 구인(예: 지능)에 따라 다른 아동과 비교할 수 있는 정보를 산출해 낸다. 예를 들어, 지능검사에서 37%의 성적을 올린 아동은 78%의 성적을 낸 아동에 비해 낮은 수행 결과를 보인다. 그러나 이 결과에만 근거하여 해당 아동에 대한 교육 프로그램이나 수업에서의 중재 프로그램을 개발하는 것은 적절하지 않을 수 있다. 이런 공식적 평가 과정에 따른 정보는 신뢰할 수 있고 타당한 방법으로 선별, 의뢰, 분류에 대한 결정 등의 공식적인 과정에서 사용될 수 있을 것이다.

반면, 중재 계획, 평가 결정은 기본 가정에서 개별적인(idiographic) 평가도구와 평가 과정에 보다 쉽게 연결될 수 있을 것이다. 개별 행동 평가는 행동 표출에 대한 개인 간 상대적 분류(예: 애나는 ADHD 기준에 부합하지만, 제임스는 그렇지 않다)에 초점을 맞추지 않지만, 프로그램에서의 발전, 변화, 중재의 효과 등으로써 시간에 따른 행동의 개인 내적인 비교(예: 샘의 읽기 성취는 11월의 읽기 수준에 비교해 볼 때 3월에 더 많이 향상되었다)와 관련되어 있다. 개별적인 측정 평가가 정확성과 유용성을 갖고 있다면, 효과적인 교수 프로그램이나 중재 프로그램을 개발하기 위한 유용한 정보를 생산해 낼 수 있다. 예를 들어, 두 가지 다른 읽기 교과과정에서 아동의 상이한 수행에 대한 정확하고 지속적인 평가 자료는 직접적으로 교수 계획을 결정할 때 적절히 사용될 수 있다(평가에 대한 공식적·법적인 접근과 개별적인 접근의 비교는 Cone, 1986; Haynes, Mumma, & Pinson, 2009; Merrell, Ervin, & Gimpel Peacock, 2012 참조). 아동의 읽기 수행에 기초하여 교육과정 내에서의 교수 계획을 결정하는 것은 유용하다. 시간 경과에 따른 아동의 행동이나 수행을 비교한 중재 결과의 평가는 비록 또래에서의 비교를 고려한 보충적 정보가 유용하다 할지라도, 개별적인 평가 정보에 기초하여 이루어져야 한다.

진단과 중재 사이의 직접적인 연계를 가로막는 주요한 요소는 ADHD로 진단된 아동의 행동이 다양하다는 것이다(Barkley, 2006). ADHD로 진단된 모든 아동이 같은 문제행동을 보이지 않으며, 동일한 문제행동이 있다 하더라도 학교에서 같은 어려움을 겪지는 않는다. 평가 차원에서 Haynes(1986)는 같은 진단명으로 분류된 사람들 가운데 나타나는 다양성을 '진단적 동질성(diagnostic homogeneity)'이라 하였다. 구체적으로, Haynes는 "각 개인이 특정한 분류 항목에 따라 배치될 경우, 형태학(topography), 유병론, 치료에 대한 반응 차원에서 동질적이며, 유목화는 설명과 중재 계획을 위해서는 충분하지만, 추가적인 사전 중재 평가의 이점은 줄어든다."라고 했다(p. 391). ADHD 아동이 행동적인 형태와 치료에 대한 반응에서 동질성을 갖지 않는다면, 중재(개입) 계획, 실행, 평가는 진단이나 분류보다 더 많은 전문적 노력이 필요하다. 부분적으로 이러한 노력에 대한 핵심은 전문적인 훈련이나 책임감이 뒷받침해 준다.

이러한 쟁점은 평가 과정의 다양한 단계에서 공개적으로 논의되어야 한다. 아동이 심각한 주의력 그리고/또는 행동 통제 문제를 보일 때, 첫 번째 단계는 선별에 대한 자료를 수집하는 것이다(2장 참조). 때때로 이 단계에서 아동의 부모나 교사는 구체적으로 ADHD의 가능성에 대한 질문을 한다. 하지만 이것은 이후의 계속되는 과정을 통해 결정되어야 한다. 이 과정을 통해 진단 과정에 대해 조망할 수 있다. 특별히 평가 자료는 단순히 진단뿐만 아니라 이보다 더 중요한, 효과적인 중재로 이끄는 자료를 모으기 위한 과정으로 여겨야 한다. 이와 마찬가지로, 여러 방법을 통해 평가와 결과를 해석할 때(2단계, 3단계에 대해서는 2장 참조), 진단은 의뢰 과정과 중재 프로그램 계획 사이에서 거쳐가는 '정거장(way station)'으로 생각하는 것이 도움이 된다. 또한 진단은 심화된 평가 활동을 지시하고, 관련된 행동이나 학습에 대한 위험을 제시해 주며, 효과적인 치료 전략을 고를 수 있는 가능성을 높여 주는 데 유용할 수 있다. 마지막으로, 중재 과정에서 상대적인 효과성을 평가하는 데 필수적인 것으로 아동의 기능에 대한 지속적인 평가가 강조될 필요가 있다. 이러한 점들이 효과적으로 논의된다면, 평가의 초점은 진단을 탐색하는 것에서 앞으로 성공적인 치료의 초안을 개발할 수 있는 측면으로 전환될 것이다. 많은 전문적 노력이 진단에 목적을 두고 있기 때문에 상대적으로 적은 개입에 대한 관심을 높여서 이러한 균형을 맞추는 것이 매우 중요하다.

이러한 논의는 다양한 평가 과정의 이점과 사용에 대하여 부모, 교사 그리고 다른 사람들의 기대를 확인하고 분명히 하는 데 도움을 줄 수 있다. ADHD를 위한 개입 접근에 대한 논의만큼이나 이러한 논의 방식을 촉진하고 격려해 줄 수 있는 훌륭한 도구는 Power와 동료들(2001)이 출간한 주의력결핍 과잉행동장애 지식 및 의견 설문지(Attention Deficit/Hyperactivity Disorder Knowledge and Opinions Survey: AKOS)다. AKOS는 부모/교사 기대, 지식, ADHD에 대한 타당한 다양한 평가와 중재 전략에 관한 의견을 결정하기 위한 진실/거짓 또는 질문지 양식의 43개 문항으로 구성되어 있다. AKOS는 기대를 확인하고 분명히 하여 ADHD 아동에 대한 평가-중재-교육의 연계성에 대한 필요성을 더욱 잘 이해시킬 수 있다.

 ## 교육 훈련과 책임

교육 전문가의 주요한 전문적인 책임은 교육과정과 수업의 개발 및 전달에 참여하는 것이다. 이것은 무엇을(교육과정과 교수 목표의 선택), 어떻게(교수 자료, 과정, 방법의 확인), 언제(교수 설계와 조직), 누구를, 어디서(교수 환경) 가르칠 것인가에 관한 것이다. 이러한 결정은 ADHD 아동을 포함한 모든 학생에게 중요한 것이며, 교육의 영역을 결정한다. 그러므로 이는 ADHD 학생을 위해 교사가 책임지고 설정해야 하는 논의사항 중 가장 중요한 사안이다. 더욱이 ADHD의 진단과 치료에는 항상 소아과 의사, 정신과 의사 그리고 임상심리학자의 참여가 요구되기 때문에 평가와 치료에서 교사와의 협력적인 관계가 유지되고 발전되어야 한다.

ADHD로 진단된 아동에 대한 전문가적인 개입에 따라, 넓은 범위의 관련 사항은 여러 분야에 걸친 협력 관계가 필요하다. 또한 참여하는 전문가들의 책임과 적절한 역할에 대한 진솔한 논의도 필요하다. 상담자와 특수교사들은 특별히 '기타 건강장애'라는 IDEIA 2004(Public Law 108-446)의 분류에 따라 ADHD 아동에 대한 특수교육 서비스의 가능성에 관한 최근의 결정에 비춰 교육 서비스를 제공해야 한다(Robb et al., 2011; Schnoes, Reid, Wagner, & Marder, 2006 참조). 예를 들어, 이러한 전문가들과 동료들은 DSM 분류 체계, 발달적 정신병리학, 정신약리학 그리고 임상심리학과 정신의학의 모델과 방법에 대한 지식과 기술을 획득하는 데 도움이 될 수 있는 전문성을 키워야 한다.

추가로, 전문가들은 부모와 다른 유용한 교육적 서비스 전달 모델과 ADHD 학생을 위한 선택에 대한 논의를 준비해야 한다. 예를 들면, 그들은 다음과 같은 질문을 염두에 두어야 한다. ① 특수교육 서비스가 필요한지의 여부, ② 한 아동이 '504 편의시설 제공 및 조정 계획'(재활법)을 가져야 하는지의 여부, ③ 이러한 ADHD 학생을 위한 적절한 지원을 제공하는 학교의 형태는 어떤 것인가 등이다.

많은 ADHD 아동은 IDEIA 2004(Public Law 108-446)에 근거하여 공립학교 체계 내에서 특수교육 서비스에 의뢰될 수 있다(이 법률에 대한 개관은 Jacob, Decker, & Hartshorne, 2011 참조). 하지만 ADHD 아동은 ADHD 진단 양식에 의해 IDEA하에 필수적으로 적합한 서비스를 받지 못하고 있다. IDEIA 2004 법률은 미국의 장애학생들이 무상의 적절한 공교육을 받아야 하며, 최소 제한적 환경에서 개별화 교육 프로그램(individualized educational program: IEP)을 받도록 명시하고 있다. IDEIA 2004하에서 특수교육의 적격성은 두 가지 기준에 부합한다. 첫 번째 기준은 ADHD 아동 대부분 '특정학습장애' '기타 건강장애'와 '정서장애'의 범주 내에서 이 기준에 부합한다. 두 번째 기준은 장애로 판명된 아동은 특수교육적 서비스를 받고자 요구해야 한다는 것이다. 후자의 기준은 종종 일반교육 프로그램과 교사들에 의해 수행된 중재/지지에 대한 학생들의 낮은 수행 기록을 통해 확인된다. 많은 부모와 몇몇 전문가는 이러한 두 번째 기준을 알지 못하므로, 적격성 요구에 대한 논의에서 적절한 요구를 하지 못할 수 있다.

학교에서의 ADHD 학생과 관련한 또 다른 법률 사항은 1973년 재활법 504조 (Section 504 of the Rehabilitation Act of 1973)다(이 법률과 교육적 실제에 미친 영향은 Zirkel & Aleman, 2000 참조). 일반적으로, 이 법률은 학교 체계와 같은 연방기금의 수령 대상에서의 장애로 인한 차별을 금지한다. 교육과 같은 주요 생활 활동에 실질적인 손상을 주는 정신적 또는 신체적 장애를 가진 학생에게, 504조는 일반교육 또는 특수교육 프로그램의 참여를 지원하고 조정하기 위한 권리를 부여해야 함을 규정하고 있다. 그리고 IDEA와 504조의 적격성과 지원 사이의 차이에 대하여 부모와 전문가들이 잘 알도록 도와야 함을 명시하고 있다.

여기에서 한 가지 더 고려해야 할 사항은 학교심리학, 특수교육, 몇몇 일반교육 분야가 최근에 서비스 전달에서 중재와 성과지향 모델을, 특수교육 적격성 판정에서 RTI 모델을 채택해 오고 있다는 것이다(Brown-Chidsey & Steege, 2010; Burns & Gibbons, 2008). 하지만 오늘날까지 이러한 모델들이 ADHD 학생들에게 어떻게 적용될 수 있을지에 대한 전문적인 고찰은 매우 제한적이다(DuPaul, Stoner, & O'Reilly, 2008 참조).

중재 기반 서비스 제공의 목적은 진단과 분류를 지나치게 강조하지 않기 위함이다. 이는 학교심리 전문가가 효과적인 중재를 개발하고 이행하는 데 더욱 적극적인 역할과 책임을 취하는 것을 방해할 수 있기 때문이다. 이 점을 더 상세히 설명하기 위해 학교심리 전문가가 ADHD로 정확히 진단된 아동에게 개입하는 경우를 생각해 보자. 이 장애가 반드시 불리한 조건을 뜻하기 때문에 특수교육을 받아야 한다는 것을 의미하는가? ADHD와 같은 장애가 단지 조정되지 않은 환경에서 불리할 수 있다는 것은 논란거리였다(Deno, 2002; Reschly, 2008). 만약 어떤 학교에서, 장애학생의 장애(disability)[2)]가 더 이상 장애(handicapped)가 아니라고 여기면서(즉, 학생의 수행 수준이 기대에 부합하거나 그 이상일 때, 그리고 또래의 보통 학생들과 같은 정도의 수행을 보일 때) 학생에게 교육적·사회적 지원을 하고 있다면, 그 학교는 모범적인 서비스를 제공하고 있는 것이다. 물론 학생이 주변 환경의 기대에 미치지 못한다는 증거가 있다면, 그 기대에 부응하고 학업에서 성공할 수 있도록 학생과 교사를 지원하는 적절한 조정(예, 교수 자원을 현재의 학업 기술에 맞추는 것, 좀 더 많은 긍정적이고 교정적인 피드백 제공, 학업에 참여하도록 동기부여, 새로 습득한 기능과 지식을 연습할 수 있는 기회 증진)이 이루어져야 한다. 여기서 강조하는 바는 학교가 제한된 자원을 모든 학생 개개인의 사회적·학업적 발전을 관리하고 육성하는 과정에 우선 투입하도록 장려하자는 것이다(Reschly, 2008).

---

2) 역자 주: 세계보건기구(WHO)의 장애 분류 안에 의하면 장애는 세 가지 차원으로 분류된다. 제1차 장애는 'impairment'로 신체의 생리학적 결손 내지 손상이며, 제2차 장애는 'disability'로 제1차 장애가 직간접적인 원인이 되어 심리적 문제가 직간접적으로 발생할 경우의 인간적 능력이 약화되거나 손실된 상태다. 제3차 장애는 'handicap'으로 제1차 장애와 제2차 장애가 통합된 형태에서 다시 사회 환경적 장애가 통합된 형태로서 사회적 불리다.

이러한 서비스 제공에 대한 쟁점이 관련된 모든 팀과 함께 논의될 때, 각 팀의 기대와 책임이 명확해질 수 있다. 또한 부모들은 학교에서 무엇을 기대할 수 있는지 이해할 수 있다. 평가와 치료 과정에서 각 팀원들의 기대와 책임은 최소한 세 가지 점에서 설명되어야 한다. ADHD를 다양한 방법으로 평가하기 전에(평가 과정의 두 번째 단계; 2장 참조) 각 관련 인사들의 구체적인 책임사항은 명확하게 기술되어야 한다. 나아가, 각 팀원들의 이론적 · 전문적 편향성을 공개하고 논의해야 한다. 예를 들어, 교사와 부모는 ADHD 자체의 존재 여부에 대해서 의문을 가질 수도 있고, 최근에 출판된 ADHD에 관한 국제적 여론 성명(International Consensus Statement on ADHD; Barkley, 2002)의 논의가 정당화될 수도 있다. 이런 유형의 논의가 잠재적인 갈등과 의견 불일치를 완벽히 해결할 수 있는 것은 아니지만, 각 팀원의 입장 간 차이점과 유사성에 대한 인식을 높일 수 있을 것이다. 이것은 적어도 팀 기반 서비스 전달에서 팀워크를 증진시키는 첫 단계가 된다.

서비스 제공에 관한 문제를 논의할 때 두 번째 요점은 중재 계획이 설계되는 시기다(평가 과정의 네 번째 단계; 2장 참조). 여기서는 어떤 치료를 추천할 것인가뿐만 아니라 누가 각 중재 과정을 이행할 것인가도 결정해야 한다. 초반 몇몇 팀원 사이에서 ADHD가 무엇이고, 가장 효과적인 치료가 무엇인지에 대해 논란이 있을 수 있다. 특히 약물 사용에 관한 의문이 발생할 수 있다. ADHD와 중재를 다룬 참고도서나 관련 정보를 담은 문서([부록 9-1] 참조)를 연관된 모든 팀에게 제공하는 것이 도움이 될 수 있다. 사례 관리자를 지정하는 것은 계속적인 서비스 전달의 유지를 강화할 뿐만 아니라, 중재 계획을 촉진할 수 있다. 만약 지역 전문가가 ADHD에 대한 몇 가지 치료(예: 각성제 약물치료)를 시행한다면, 학교에 '한 목소리로 말할 것'을 요구하는 것은 특히 중요하다. 각 팀원 간 일어날 수 있는 의견 불일치는 재빠르게 조정되어 치료 과정이 이행되기 전에 해결되어야 한다. 경험에 의하면, 이는 서비스 제공을 지연시킬 수 있지만, 이를 통해서 치료가 시작된 뒤에 발생할 수 있는 보다 심각하고 시간 소모적인 갈등을 예방할 수 있었다.

서비스 실행의 기대와 책임은 치료 전략을 지속적으로 평가하는 맥락에서 정기적으로 논의되어야 한다. 부모를 포함한 학교 중재(개입) 팀은 각 중재 프로그램의 효과와 프로그램을 수정하기 위해 1년에 몇 차례의 모임을 가져야 한다. 이 기회를 통해 필요하다면 팀원들 간의 구체적인 임무를 바꿀 수도 있다. 특히 직접적으로 대부분의 중재 프로그램을 시행하는 팀원들(교사와 부모)에게 그들의 노력에 대한 강화와 지지를 제공하는 것은 매우 중요하다. 또한 가능하다면, 동료 간의 협력 관계를 향상시키고 발생 가능한 구성원 개개인의 '심리적 소진 현상'을 막기 위해 팀원들 간에 임무 교대가 이루어져야 한다.

 약물치료의 쟁점

ADHD에 가장 자주 사용되는 중재 방법은 각성제 약물치료이며, 그러므로 이는 상당수 학령기 아동의 삶에 영향을 미칠 수 있다. 각성제 약물치료는 투여 형태와 복용량, 잠재적 효과와 부작용의 측면에서 교사와 전문가 모두에게 혼란을 일으킨다. 예를 들어, 미국 국립정신보건원(National Institute of Mental Health, 2013)은 다음과 같이 기술하였다.

각성제 약물치료는 알약, 캡슐, 물약 또는 피부 패치에 이르기까지 다양한 형태로 제공된다. 또한 몇몇 약물은 지속 효과가 단기간, 장기간 또는 그 이상의 기간에 이르기까지 다양하다. 이러한 다양성을 지닌 약물 각각에 대해서 활성화되는 성분은 모두 같지만, 체내에서 각기 다르게 반응한다. 장기간 또는 그 이상의 기간 동안 지속 효과가 있는 약물의 경우, 주로 학교 가기 전 하루에 한 번만 복용하도록 하는데, 이는 학생들이 또 다른 약물 복용을 위해 보건소를 들를 필요가 없도록 한다. 부모와 의사들은 ADHD 학생을 위해 어떤 약물이 가장 좋은지, 그리고 오직 학교에서의 시간 또는 저녁 시간 그리고 주말에만 약물을 복용할 것인지에 대해 함께 결정해야 한다.

나아가 각성제 치료가 모든 아동에게 이로운 결과를 가져오지는 않기 때문에 주의가 필요하다. 또한 효과를 본 아동들의 투약 반응은 복용량과 행동에서 각기 다를 것이다. 마지막으로, 몇몇 아동은 투약치료와 관련된 부작용을 경험하기도 한다.

아동의 부주의, 과잉행동, 충동성 문제에 대한 각성제 투약치료의 사용은 논쟁의 여지가 있다. 투약과 관련된 사항의 문제점은 주로 이를 옹호하는 전문가들과 부모, 교육자 그리고 다른 전문가들 간의 몇 가지 기본 개념에 대한 불일치를 포함하고 있다. 이는 ① 치료의 잠재적인 이점, ② 치료의 잠재적인 부작용, ③ 부모, 교육자 그리고 다른 전문가들의 중재에 대한 의사결정에서의 가치다. 각성제나 다른 심리치료 약물 투여를 고려하고 있는 ADHD 아동의 치료에서 앞서 제시한 각 논쟁점에 대한 논의는 매우 중요하다.

약물치료의 잠재적인 이점

1960년대 이후로 수행된 많은 조사연구에서 과잉행동 그리고/또는 주의력 문제를 가진 것으로 진단된 대부분의 아이가 각성제 복용에 대한 단기간의 긍정적 효과를 보였다고 밝히고 있다. 이러한 성과는 다음과 같은 영역에서 기술되었다. 이는 ① 학업 수행, ② 사회적 상호작용, ③ 개별적으로 수행하는 수행평가 과제다. 그러나 약물에 대한 반응이 각 아동에 따라(심지어 같은 몸무게의 아동에서도) 다르며, 아동의 목표행동에 따라 차이를 보였다는 것도 기술하고 있다(Rapport & Denney, 2000). 이와 같이 개별 아동에 대한 약물치료 성과의 증명은 신중하게 이루어져야 하며, 개별 아동의 결과 자료를 분석해야 한다.

약물치료의 잠재적인 부작용

아동의 약물치료에 대한 부모와 전문가들의 관심은 발생할 수 있는 투약의 부작용에 있다. 약물치료를 받은 아동은 다음과 같은 신체적인 부작용을 나타내기도 한다. 식욕 감퇴, 짜증, 두통, 민감한 반응, 불면증, 성장 억제, 드물지만 운동 틱 혹은 음성 틱을 보이기도 한다. 소수에 해당하지만 약물치료는 특정 자극에 대해 과도한 주의력을 보이게 하며, 다른 행동이나 과업으로 전환하지 못하는 '과집중' 아동을 만들 수 있다. 이러한 문제점은 보통 상대적으로 많은 양의 약물 투여에서 비롯된다고 보고되고 있지만, 적은 복용량에 의해서도 이러한 문제점이 발생할 수 있다. 이러한 문제의 발생 가능성과 발생 가능한 부작용을 감지하기 위한 점검 체계는 전문가들과 부모들에 의해 논의되어야 한다.

약물치료에 대한 가치 갈등

개인적인 가치관에 따라 일부 부모와 전문가는 아동에게 약물치료를 행하는 것을 단호하게 반대한다. 이러한 가치들은 다양한 형태로 나타나며, 단일한 이유나 관심사항 때문만은 아니다. 많은 전문가와 대중은 약물 사용을 반대하는 입장을 취한다. 예를 들어, 한 연구자(O'Leary, 1980)는 ADHD로 진단된 아이들은 약물로 진정되기보다 사회적 기술과 자기관리 기술을 배워야 할 필요가 있다고 주장했다. 이와 유사하게, 1970년대에 나온 한 대중 서적(Schrag & Divoky, 1975)은 약물치료, 과도한 검사, 낙인, 아동에 대한 '행동수정' 등이 인권에 대한 부적합한 제도적 통제 방법이라고 주장했다. 보다 최근에는 사이언톨로지교(The Church of Scientology)와 인권을 위한 시민위원회에 속한 단체가 약물치료를 실시한 의사들에 대한 법적 소송과 전문가 회담에 대한 항소를 지지하였다. 이 단체는 아동의 문제점에 대한 약물 사용과 정신과 약물치료는 학생을 약물중독자로 만든다는 근거 없는 주장을 내세웠다. 불행하게도, 이러한 가치가 내재된 비판은 객관적인 결과 데이터에 의해 영향을 받지 않는다. 경험과학적 관점에서 의미 있는 치료 결과에 대한 믿을 수 있고 타당한 데이터만이 부모와 전문가들이 투약의 치료적 유용성을 결정할 수 있는 근거가 될 수 있다.

모든 대상 아동을 위한 약물치료의 이점과 손실은 결과 데이터를 이용하여 합리적으로 결정할 수 있다. 나아가, 주의 깊게 측정된 여러 결과(예: 학업 수행, 사회적 행동, 신체 부작용)에 초점을 둠으로써 참여한 부모와 전문가들의 불안과 목표를 다룰 수 있다. 따라서 의사와 학교평가단 사이에 약물치료에 대한 합의가 이루어진다면, 아동의 부모는 약물치료의 효과가 평가되는 방법뿐만 아니라 이 치료의 이점과 문제점에 관한 편견 없는 정확한 정보를 제공받을 수 있다. 예를 들어, 부모에게 약물의 효과와 발생 가능한 부작용을 기술한 유인물을 제공할 수 있다(부모들에게 나눠 줄 약물치료에 대한 유인물은 Barkley & Murphy, 2006 참조).

약물치료에 대한 부모의 결정은 적절한 맥락에서 이루어져야 한다. 초기 결정은 각성제(혹은 다른 약물들)에 대해 체계적으로 평가된 시도들을 실행할 것인지 말 것인지일 뿐, 아동을 영구히, 돌이킬 수 없는 약물치료로 이끄는 결정이 아니다. 또한 부모들은 적어도 일 년을 기본으로 시행하는 투약 반응에 대한 지속적인 평가의 필요성을 깨달아야 한다. 따라서 처음에는 투약 시도가 성공적이었다 할지라도, 전문가들은 약물치료가 영구적으로 지속되는 것이 아니라는 점을 밝혀야 한다. 그럼에도 만성적인 ADHD 증상의 경우에 적어도 일 년 동안 투약이 필요하다는 것을 가정하고 있다.

학교의 참여

각성제 치료의 평가와 관리는 종종 학교와 교실에서의 활동을 포함한다. 학교의 참여 및 처방 의사와의 협력은 다른 장에서 모두 논의하였다(이 책 7장; Brown & Sawyer, 1998; Gadow, 1993 참조). 이에는 다음과 같은 활동이 있다. ① 지역 혹은 학교의 정책 수립과 지역사회 의사들과의 협력을 위한 의사소통 체계 수립, ② 약물치료를 받는 아동에게 이용될 체계적(systemwide) 평가 체계의 수립, ③ 투약 시도의 실행과 점검에 대한 학교 관리자의 구체적인 역할 기술, ④ 모든 교직원이 책임을 이행할 수 있도록 하는 적절한 훈련이다. 학교상담자와 양호교사는 각자의 영역에서 각 제안들을 이행하고 협력을 촉진할 수 있는 자질을 갖춰야 한다.

진단과 평가에 대한 논의에 더하여, 교육적 책임과 약물치료, ADHD 아동들에 대한 관여를 위하여 교육 전문가는 부모들, 다른 전문가들 그리고 아동들과 함께 구체적인 정보와 요구(예: 평가를 위한 의뢰), 기대에 대해서 의논해야 한다. 이러한 구체적인 당사자들 간의 의사소통은 이 장의 나머지 부분에서 다룰 것이다.

교육 전문가와 부모 간의 의사소통

미국 전국학교심리학자협회의 전문가 윤리 기준(Principles for Professional Ethics)의 다음 발췌문은 학교 현장의 실천가들을 위한 이상적인 접근을 개관하고 있다(National Association of School Psychologists, 2010b).

기준(Standard) II.3.10

아동에게 제공될 중재 설계에 부모들이 참여하도록 장려한다. 적절한 시기에, 학교와 가정 간의 중재 방법을 연계하고, 가족 기능에 맞게 부모를 관여시키고, 자녀를 돕는 데 필요한 기술을 습득하도록 돕는다.

아동을 돕기 위한 계획과 추천사항에 대해 아동의 부모와 함께 논의한다. 이러한 논의는 가족의 민족적 · 문화적 가치를 고려하며, 가능한 대안을 포함하는 것이다. 가능한 대안을 포함한 프로그램의 변화나 추가 서비스를 위한 이후의 추천사항도 부모와 함께 논의된다.

부모들은 학교와 그들의 지역에서 유용한 도움을 얻을 수 있는 자원에 대해 소개받는다.

기준(Standard) I.1.5

개입 서비스에 반대하는 부모들의 바람을 존중하고, 부모들에게 대안적인 지역사회 자원을 안내한다.

ADHD 아동의 교육에 대하여 부모들과 의사소통한다는 것은 넓은 의미에서 볼 때, 교육적인 의사결정에 기여하는 여러 가지 활동에 부모들을 참여시키고 협조하도록 하는 것이다. 이러한 의사소통과 활동에 필요한 시간과 노력은 매우 다양하다. 예를 들어, 교육 계획의 목표를 달성하도록 행동 평정척도를 완성하게 하거나, 구조화된 면접에 참여시키는 것과 정당한 법적 절차를 알려 주고 평가에 대한 동의를 얻어 내는 것을 비교해 보라. 필요한 시간에 상관없이 우리의 목표는 부모들과 가능한 한 명확하고 직접적으로 의사소통하는 것과 그들을 참여시키는 것, 가능하다면 완전한 이해를 돕는 것이어야 한다. 적법한 절차를 알리는 것, 교육 결정 과정에 부모를 참여시키는 것 그리고 교육 프로그램의 실행에 부모가 참여하도록 하는 것은 특별한 주의가 필요하다.

적법한 절차 알리기

IDEIA 2004와 특수교육 관련법에서는 장애 조건에 무관하게 모든 아동이 무상의 적합한 교육을 받을 수 있도록 보장하고 있다. 이러한 법들은 아동을 특수교육 프로그램에 처음 참가시키거나, 이러한 변화를 가져올 수 있는 평가 활동을 하는 것을 부모에게 알리고 동의를 구하도록 명시하고 있다(Jacob et al., 2011). 또한 이러한 의사결정 논의를 위한 협의회가 언제 열리는지에 관해 부모에게 공지하여야 한다. Bersoff와 Hofer(1990)는 동의서(informed consent)를 통해 시행되는 활동에 대해 부모가 알도록 하는 것, 강제로부터의 자발성이나 자유, 동의할 수 있는 능력이나 자격 등이 포함된다는 것을 언급했다. 이러한 요구사항은 정보를 제공하는 개방적인 의사소통 또는 교육 의사결정에 참여하는 것을 통해 가장 잘 충족될 수 있다.

▶ 교육 계획과 의사결정에 부모 참여시키기

Salvia, Ysseldyke와 Bolt(2013)는 평가로 촉진되는 여러 가지 구별되는 관련 교육적 의사결정의 종류를 서술하였다. 이러한 의사결정 중 주요한 것은 선별, 의뢰, 분류 또는 적격성, 배치 결정을 포함한 교수 프로그램 계획 그리고 학생 진전도 평가를 포함한 프로그램 평가다. 전문가들은 이것들이 어떻게 교육 의사결정과 관련을 맺는가뿐만 아니라, 각 목적을 위해 평가에 포함된 과정과 사안을 부모들과 논의하는 방법을 확인해야 한다. 이러한 논의를 통해 부모들은 아동의 이익을 위해 올바로 행동하는 식견 있는 소비자가 된다.

이러한 논의의 한 부분으로 전문가들은 다음 차원들에 대한 정보를 제공하여 그들 작업의 몇 가지 측면을 명확하게 하고자 할 것이다. 예를 들면, 당신의 전문적인 평가/중재 모형(또는 일반적인 접근 방법)은 무엇인가? 그리고 그 모델의 가정을 기반으로 하는 서비스 제공의 함의는 무엇인가? 평가의 관점에서 선별, 의뢰, 분류 그리고 프로그램에 대한 적격성 등의 문제를 알릴 때 주로 어떤 활동을 하는가? 특히 부모에게 ADHD를 진단하는 데에는 '리트머스 검사'가 없다는 것을 어떻게 전달할 수 있겠는가?

ADHD의 진단에 관련된 논쟁점과 질문에 대해 논의할 때, 부모들에게 ADHD 진단의 성격과 그것이 뜻하는 바를 알려야 한다. 예를 들어, '어떻게 이 진단이 나왔는가?' '부모들은 이 문제를 어떻게 봐야 하는가?' '그들이 이 문제를 의학적인 문제로 봐야 하는가, 발달상의 문제로 봐야 하는가, 교육적 문제로 봐야 하는가, 아니면 이 세 가지 문제의 조합으로 여겨야 하는가?' 'ADHD로 진단된 아동의 예후는 무엇인가?' 라는 질문들에 대한 것이다. 우리의 경험에 의하면, ADHD 아동의 부모에게 그들이 직면할 두 가지 주요한 문제를 전하는 것이 도움이 될 수 있다. 첫째, ADHD 아동은 행동을 조절하는 데 어려움을 보인다는 것과, 둘째, ADHD 아동은 가르치기 힘들다는 것이다. 아동 스스로 관리하는 것과 투약에 의한 것뿐만 아니라, 부모나 교사에 의한 아동 관리 중재 전략과 선택사항은 이 시기에 논의하는 것이 적절하다. 중재에 따라서 주의 깊은 계획, 실행 그리고 중재 전략의 평가 등의 중요성 또한 부모에게 전달되어야 한다. 마지막으로, 전문가들은 ADHD에 관련된 미신들을 검증하기 위해 최선을 다해야 한다. 예를 들어, 흔히 가지는 믿음 가운데 ADHD는 음식 알레르기에 의해 생긴다거나, 약물에 따른 반응이 ADHD의 증상이라는 것들이 있다. 이런 것들은 적합한 주제(예: 병인론, 평가, 중재)에 대한 토론 과정에서 논의될 수 있다. 이와 같은 사안들을 토론하는 것은 부모에게 ADHD에 대한 간단한 안내서나 참고도서 목록([부록 9-1] 참조)을 제공함으로써 촉진될 수 있다.

교육 프로그램의 부모 참여

학생의 학습에 대한 전문가-부모의 파트너십은 IDEIA 2004(Public Law 108-446)와 이와 관련된 공법의 조문 및 정신에 잘 나타나 있다. 또한 학생의 성취를 높이기 위하여 교육 및 학교 활동에 부모가 참여해야 하는 것도 제시되어 있다(Christenson & Sheridan, 2001). 그러나 Epstein(1986)은 비록 부모는 자녀들이 학교생활에서 성공하기를 바라지만, 일반적으로 자녀들이 학교생활에서 성공할 수 있도록 돕는 방법을 명확하게 알지 못한다고 지적하였다. Christenson과 Sheridan(2001)은 학생의 성취는 가족/부모와 긍정적인 상관관계가 있다고 보고, 성취에 미치는 가족/부모 영향에 관하여 훌륭한 문헌 연구를 하였다. 연구 결과, 학교-가정의 의사 소통 및 구조화, 가정에서의 학습과 관련된 활동의 참여를 포함하는 부모의 영향력이 성취와 밀접한 관련이 있음을 확인하였다.

우선, 다양한 가정-학교 의사소통 전략을 고려해 볼 수 있다. 예를 들어, Christenson과 Sheridan(2001)은 실행 가능한 전략으로 교사와 학부모 면담, 비공식적인 학교 방문, 전화 연락, 일지 또는 알림장(가정-학교 알림장의 예시는 5장 참조), 소식지 그리고 학교생활기록부 등의 활용을 설명하였다. 또한 그들은 학교상담자가 가정-학교 의사소통의 빈도와 방법에 대한 부모들의 선호를 고려하여 개입을 권유할 수 있다고 제안했다. 이러한 전략은 학생의 행동과 수행에 대한 부모의 점검을 촉진하게 할 뿐 아니라 학교 프로그램에 대한 부모의 이해를 높이는 데에도 유용할 수 있다. 또한 이러한 전략의 사용은 부모에게 가정에서 아동의 학교교육에 대해 구체적으로 논의할 수 있는 능력과 학습에 대한 동기 및 피드백 전략을 일상생활에 통합시키는 능력을 키워 줄 수 있다. 이런 정보를 알고 있는 부모는 문제가 생길 때 그것을 다루거나 예방할 수 있을 뿐만 아니라 학생의 성취를 인정하고 축하해 줄 수 있다(반사회적 행동을 예방하기 위한 부모의 점검에 대한 논의는 Eddy, Reid, & Curry, 2002 참조). 이러한 활동의 중요한 면은 교육, 학습 그리고 사회적으로 적합한 행동은 가정에서도 가치 있다는 것을 아이들에게 가르치고 대화할 수 있도록 부모를 돕는 데 있다.

가정 기반 학습 활동은 또한 교육과 학습이 가치 있다는 것을 강조한다. 예를 들어, 학교에서 내준 숙제를 점검하거나 배운 내용을 논의하는 것과 같이, 부모는 아동의 숙제나 책임감과 연계된 활동에 참여할 수 있다. 또한 부모는 집에서 독서가 유용하다는 것을 확신시켜 줌으로써 학습을 증진시킬 수 있다. 이는 스스로 책이나 다른 자료들을 읽고 토론하는 것을 즐기도록 하고, 학습할 수 있는 많은 기회를 제공해 줌으로써 가능하다. 그러나 부모가 이러한 활동을 조직하고 구조화하려면 도움이 필요할 것이다(이에 대한 정보와 도움을 얻고자 한다면 Christenson & Sheridan, 2001; Power et al., 2001 참조). 또한 교사들은 부모에게 추천할 만한 전략에 능숙하거나, 그러한 추천을 하는 것이 익숙할 것이라고 생각해서는 안 된다. 그러나 부모, 학교상담자, 교사 그리고 행정가들과 함께 일하는 것은 학습과 수행을 증진시킬 수 있는 활동에 부모가 참여하는 것을 촉진시킬 것이다.

 의사 및 다른 전문가들과의 의사소통

미국 전국학교심리학자협회(2010b)의 전문가 윤리 기준은 전문가 간의 의사소통을 위한 지침을 제공하며, 다음 내용을 포함한다.

기준(Standard) III.3.1

학생과 다른 고객의 요구에 가장 효과적으로 대응하기 위하여, 학교심리 전문가들은 상호 존중을 기반으로 한 관계에서 다른 분야의 심리 전문가와 전문가들과 협력해야 한다. 이들은 학생들의 흥미를 충족시키기 위하여 모든 자원의 사용을 격려하고 지원한다. 만일 아동 또는 다른 고객이 또 다른 전문가로부터 유사한 서비스를 받고 있다면, 학교심리 전문가는 서비스가 통합될 수 있도록 노력해야 한다.

뿐만 아니라 종합적이고 통합된 학교 심리 서비스(Comprehensive and Integrated School Psychological Services)를 위한 2010a 미국 전국학교심리학자협회의 모델은 다음과 같은 사항을 제시한다.

> 학교심리 전문가들은 ⓐ 아동의 좋은 건강에 기여하는 기초적인 행동 지식을 제
> 공하는 다른 건강관리 전문가들과 협력하여 ⓑ 좋은 건강과 아동의 적응에 유익한
> 환경적 변화를 촉진하면서 ⓒ 다양한 종류의 행동적 · 학업적 · 정신적 · 신체적 요
> 구를 다룰 수 있는 정보에 접근하여 아동의 건강과 회복력을 촉진한다.

ADHD에 관한 우리의 경험에 의하면, 교육자들과의 의사소통 및 의사들에게 하
는 의뢰 작업에는 두 가지 중요한 논쟁사항이 있다. 이는 장애의 진단과 약물치료
에 대한 것이다. 이 문제에서 가족들은 의사결정 과정(예: 의뢰)에 참여해야 하며,
그들의 의견은 존중되어야 한다. 이 과정에서 의뢰 당사자들은 부모들이 의뢰의 목
적을 이해하도록 인내심을 가지고 설득해야 한다. 예를 들어, "나[우리]는 당신의 아
들에 대해 염려하고 그가 ADHD를 가진 것으로 진단될 수 있다고 봅니다. 전문가
들이 그런 관심을 갖는 많은 경우 의사의 개입과 의견은 도움이 될 수 있습니다. 그
렇기 때문에 우리는 이러한 문제에 대하여 전문적인 의견을 듣도록 당신이 당신의
가족을 소아과 의사[또는 다른 의료 전문가들]에게 의뢰하기를 원합니다."라고 부모
와 대화할 수 있다. 만약에 부모가 의뢰에 동의한다면, 편지(또는 전화 연락)를 통해
도움을 제공해야 하고, 구체적인 관심사항과 의뢰를 결정한 사람의 질문(예: 진단적
분류)을 의사들에게 전달해야 한다. [부록 9-2]에 의뢰 편지의 예가 있다.
　이미 ADHD로 진단된 아동은 약물 투여가 적합한지에 대해 의뢰할 수 있다([부
록 9-3] 참조). 이 상황에서의 의뢰 작업은 시도되었던 중재나 진행되고 있는 다른
중재에 대한 정보를 포함한다. 또한 학교심리 전문가들은 평가와 약물 투여의 효
과를 점검할 수 있는 체계적인 정보를 제공할 수 있다(예: 부작용에 대한 질문지와 학
업 수행 정보, 행동 평정척도 등 사용). [부록 9-4]와 [부록 9-5]는 시험적 약물 투여에
대한 평가와 그 결과를 논의하고 있는 편지의 예다. 전문적인 의뢰를 실시할 때, 적
절한 의뢰는 다른 전문가들에게 어떻게 할지를 처방하거나 알려 주는 것이 아님을
명심해야 한다. 그보다 의뢰는 특정한 질문에 답하기 위하여 정보를 얻고자 전문

적인 도움을 요청하는 것이다. 정보를 제공하는 방식이나, 질문에 대답하는 것은 전문가의 특권에 해당한다.

마지막으로, 학교심리 전문가들이 정신과 약물치료를 받는 아동에 대하여 책임을 질 경우, 많은 문제와 의문에 대하여 부모, 의사와 함께 논의해야 한다. 예를 들면, 학생이 약을 먹는 것을 확인하는 일에 대해 누가 책임을 질 것인가, 처방된 약을 받지 않으려는 학생이 있다면 어떻게 할 것인가, 학생의 사회적 · 학업적 · 신체적 기능에 대한 약물의 효과를 점검하고 부작용을 평가하는 일은 누가 책임질 것인가, 약물 처방 계획의 변화에 대해 누가 결정을 내릴 것인가, 이러한 일들은 어떻게 이루어질 것인가, 학생의 신체적 · 사회적 · 학업적 기능의 변화는 어떤 타당하고 신뢰할 수 있는 방법으로 측정될 것인가 등의 문제가 있다(이 질문들에 대한 몇몇 고려사항은 Brinkman et al., 2009; Hansen & Hansen, 2006 참조).

학생과의 의사소통

미국 전국학교심리학자협회의 전문가 윤리 기준은 학생과의 적절한 의사소통에 대해 기술하고 있다(National Association of School Psychologists, 2010b).

기준(Standard) II.3.11

학교심리 전문가들은 학생들을 돕기 위한 권고사항과 계획에 대해서 학생들과 논의해야 한다. 최대한 적절한 범위 내에서 학생들은 중재를 계획하고 선택하는 데 참여해야 한다.

학생도 실제 활동뿐만 아니라 평가, 진단, 중재에 대한 논의와 의사소통에 참여할 때, 학생 또한 부모나 의사와 마찬가지로 존중되어야 한다. 먼저, ADHD로 진단된 학생에게 그 의미와 결과를 전달할 때, 학생이 알아듣기 쉽도록 언어 사용에 주의를 기울여야 한다. 아동에게 그가 장애를 가지고 있다고 말하기보다 개인적인 강점이나 약점에 초점을 두고 이야기해야 한다. 그 학생은 평가 결과 강점이나 약점이 무엇으로 나타났는지 들어야 한다. 모든 학급 동료가 개개인의 강점이나 약점을 가지고 있다는 것을 강조해야 하며, 이러한 측면에서 그 학생이 특이하지 않음을 알려 줘야 한다. ADHD와 관련된 약점은 특히 수업 시간 동안 지속적으로 주의 집중하고, 충동을 억제하고, 행동 수준을 조절하는 데에서 겪는 어려움으로 설명되어야 한다. 학생은 일상에서 언제, 어디서, 어떻게 이러한 문제점이 나타나는지, 구체적인 예들에 관한 많은 질문을 받을 것이다. 많은 학생은 이러한 영역에서 어려움을 갖고 있으며, 이러한 어려움을 도울 몇 가지 방법이 있다는 것을 강조해야 한다. 이어서 아동이 이해할 수 있는 언어로 다양한 치료 양상에 대해 논의할 것이다. 예를 들어, 각성제의 사용은 투약이 학생들에게 더 주의를 기울이도록 하고, 더 많은 일을 할 수 있게 하는지 알아보는 맥락에서 시도되어야 한다. 만약 긍정적인 변화가 발생했다면, 이러한 개선의 원인은 학생에게 있으며, 약물은 단지 이러한 변화를 가능하게 했을 뿐이라는 것을 알려 주어야 한다.

청소년(고등학생)에게는 ADHD에 대한 보다 구체적인 정보를 제공해야 한다(Barkley & Murphy, 1998 참조). 개별 학생의 인지 능력에 따라, 부모와 교사에게 제공되는 유인물과 추천 도서를 제공할 수도 있다. 이러한 정보에 대해 상세하게 알려 주고, 학생의 질문에 답해 주며, 정서적으로 지지해 주기 위해서는 여러 차례의 상담 회기가 필요하다. 나이 어린 아동과 대화할 때에는 학생이 무엇을 잘못했는지를 강조해서는 안 되며, 약점에 대해 교사나 부모의 도움을 받아 장기간에 걸쳐 설명해야 한다.

ADHD 청소년에 대한 다른 중요한 쟁점은 현재와 미래의 학업적인 지원(예: 검사의 편의 제공, 과제량 조절), 중등교육 이후의 교육에 대한 계획, 취업, 기타 다른 목표에 관련한 것이다. 특수교육 서비스에 참여하는 학생에게 중등학교 이후의 교육 계획은 법에 의해 특수교육 서비스의 한 부분으로 명시되어 있다. 이러 형태의 계획에는 주로 부모가 포함되며, 자기옹호(self-advocacy)의 문제 및 이용 가능한 교육과 직업 선택에 관한 이해와 지식뿐만 아니라, 학생의 미래 계획(ADHD 청소년과 가족에 관한 논의는 Robin, 1998 참조)에 대한 가족상담 형태로 진행된다.

적합한 서비스를 실시할 것인지에 대한 결정(가능하다면, 중재의 개발과 선택)에 학생을 참여시키는 것은 시간이 걸린다. ADHD로 진단된 학생을 교육하는 일반적인 규칙은 가능한 한 모든 방법으로 격려하고, 노력을 강화하고, 성공을 위해 계획하고, 성공 경험을 늘리기 위해 구조적인 피드백과 형성평가를 제공해야 한다.

특히 ADHD로 진단된 아동이 각성제(또는 다른 약물) 치료를 받고 있는 경우, 각성제가 주로 그들의 행동, 성취 그리고 학업의 발전에 기여했는지를 가장 먼저 고려해야 한다. ADHD를 가진 아동과 청소년이 그들의 능력을 평가하는 다른 방법에 비해서 그들 스스로가 능력을 평가할 때 훨씬 더 긍정적으로 여긴다는 점을 고려할 때(Owens, Goldfine, Evangelista, Hoza, & Kaiser, 2007 참조), 처방된 투약에 의해 영향을 받은 행동의 평가와 속성을 감안하는 것이 중요하다. 특히 이 영역에 대해서는 보다 심화된 연구가 필요하지만, 밝혀진 결과는 그들의 행동을 투약에 따른 결과로 볼 것인지, 아니면 그들 자신의 능력에 따른 것으로 볼지에 대해서 아동이 어떤 '메시지'를 받으며, 다른 사람에게 어떤 '메시지'를 주는가를 평가하는 것이 중요하다고 제안한다. 따라서 그들이 투약을 받든 아니든 상관없이 모든 ADHD 학생은 자신의 행동에 대해 책임이 있음을 느껴야 한다.

요약

ADHD 서비스는 아동의 권리 보호와 긍정적인 성과에 밀접하게 연관되어 있다. 진단과 더불어 문제의 정의와 판별 및 관심사항에 초점을 맞추는 것이 필요하다. 그러므로 부모, 의사, 아동 그리고 그 외 다른 사람들과의 주의 깊은 의사소통은 평가 절차와 중재행동에 대한 협의사항을 포함한다.

ADHD로 진단된 아동의 교육 서비스는 진단과 교육 프로그램을 구안하는 것, 전문적인 책임, 각성제 사용 그리고 부모, 의사, 아동과의 의사소통 사이의 연계에 초점을 맞춰야 한다. 이 과정에서 다양한 관점과 의견이 제시될 수 있으며, 이러한 점들은 전문가, 부모, 학생에게 같은 의미로 다가오지 않을 수 있다. 종종 진단과 분류와 관련된 법적이나 절차상의 요구뿐 아니라, 서비스 결과에 대한 상반된 입장 사이에서 적절하게 균형을 잡아야 한다. 부모와 전문가 간의 원활한 의사소통은 협력을 통한 효과적인 중재를 구축하면서 공통적인 언어, 견해의 부족으로 생겨난 잠재적인 장벽을 극복하게 할 것이다. 그리고 서로 공통된 의견을 제시하고 발전시켜 나감으로써 부모, 학생, 전문가는 학생의 성과를 향상시키는 데 공헌할 수 있다.

부록 9-1

부모와 교사를 위한 ADHD 읽기 자료

Barkley, R. A. (2013). *Taking charge of ADHD: The complete, authoritative guide for parents* (3rd ed.). New York: Guilford Press.

Barkley, R. A., & Robin, A. L., with Benton, C. M. (2014). *Your defiant teen* (2nd ed.): *10 steps to resolve conflict and rebuild your relationship.* New York: Guilford Press.

Chsistenson, S. L., & Sheridan, S. M. (2001). *Schools and families: Creating essential connections for learning.* New York: Guilford Press.

Dendy, C. A. Z., & Teeter Ellison, P. A., (Eds.). (2006). *CHADD educators manual on attention deficit hyperactivity disorder: An in-depth look from an educational perspective.* Plantation, FL: CHADD.

Forgatch, M. S., & Patterson, G. R. (1989). *Parents and adolescents living together: Part 2. Family problem solving.* Eugene, OR: Castalia.

Patterson, G. R., & Forgatch, M. S. (1989). *Parents and adolescents living together: Part 1. The basics.* Eugene, OR: Castalia.

Power, T. J., Karustis, J. L., & Habboushe, D. F. (2001). *Homework success for children with ADHD: A family-school intervention program.* New York: Guilford Press.

Rief, S. F. (2005). *How to reach and teach children with ADD/ADHD: Practical techniques, strategies and interventions.* San Francisco: Jossey Bass.

Weyandt, L. (2007). *An ADHD primer* (2nd ed.). Mahwah: NJ: Erlbaum.

부록 9-2

의사에게 보내는 의뢰 편지

Dr. Janet Williams

755 E. 45th Street Anywhere, USA 99999

윌리엄 박사님께

　저희는 마이클 윈스톤을 의뢰하고자 편지를 드립니다. 마이클은 이곳 에드거 초등학교 1학년 학생이며, 저희는 이 학생이 ADHD를 지니고 있는 것이 아닐까 우려하고 있습니다. 마이클의 담임교사와 상담자가 마이클의 교실행동에 대한 체계적인 관찰을 마쳤습니다. 또래와 비교했을 때, 마이클은 수업 중에 짧은 시간 동안만 집중하고, 오랜 시간 의자에 앉아 있지 못하며, 의자에 앉아 있는 동안에도 안절부절못합니다. 이런 점에서, 마이클이 학업적으로는 동료들을 따라가고 있지만, 종종 학급 과제물을 완성하지 못하거나, 세부사항에는 거의 주의를 기울이지 않고 빨리 끝내 버리는 것이 염려됩니다.

　아직 마이클을 위한 체계적인 중재 프로그램은 없지만, 프로그램 개발을 고려하고 있습니다. 개발 작업을 하기 전에, 저희는 마이클이 ADHD로 진단될 수 있는지 여부에 대하여 박사님의 전문적 소견을 듣고 싶습니다. ADHD로 진단된다면, 중재에 관한 박사님의 의견을 듣고자 합니다. 박사님께서 요청하시는 다른 정보도 기꺼이 제공하겠습니다. 박사님의 협조에 감사드립니다.

담임교사, 학교상담자 올림

의사에게 약물치료의 필요성 여부를 의뢰하는 편지

Dr. James Smith

The Anytown Clinic 1162 Williams Street Anywhere, USA 99999

RE: Billy Buck

스미스 박사님께

박사님께서도 아시는 대로, 저희는 빌리가 보이는 교실에서의 부주의, 충동성, 과잉행동의 문제를 다루기 위해 노력해 왔습니다. 이전에 박사님께서 빌리를 ADHD로 진단하셨습니다. 저희는 그 학생의 진전 상황을 말씀드리고, 부가적 중재(예: 각성제 투여)의 필요성에 대한 박사님의 의견을 요청하고자 편지를 올립니다.

지난 몇 달간 저희는 빌리의 학업 수행과 행동 통제력을 높이도록 고안된 다수의 중재 프로그램을 실시했습니다. 여기에는 토큰 강화 프로그램, 가정-학교 의사소통 프로토콜, 특정 과목(예: 수학, 철자)에 대한 또래 지도가 포함되었습니다. 이러한 중재가 도움이 되었음에도, 빌리는 학교생활에서 줄곧 주의집중의 어려움을 보이고 있으며, 운동장과 식당에서 매우 공격적인 행동을 보입니다. 저희는 남은 학년 동안 이러한 중재를 수정하여 지속할 계획입니다. 그럼에도 저희는 각성제 치료 시도가 필요한지에 대해 박사님께서 평가해 주시기를 요청합니다.

저희는 빌리의 부모님과 이 의뢰의 필요성을 의논했습니다. 그분들께서는 더 강도 높은 치료가 필요해 보인다는 저희의 의견에 동의하셨습니다. 물론 앞 사례들처럼 박사님께 각성제 치료에 대한 빌리의 반응에 관한 객관적 자료를 제공하겠습니다.

만일 빌리의 학교 프로그램에 대한 더 자세한 정보를 원하신다면, 주저 마시고 언제라도 연락해 주시기 바랍니다. 가까운 시일 안에 박사님의 답변을 기대하겠습니다.

담임교사, 학교상담자 올림

부록 9-4

의사에게 보내는 약물치료에 대한 협조 편지

Dr. James Smith

The Anytown Clinic 1162 Williams Street Anywhere, USA 99999

스미스 박사님께

저희는 박사님과 박사님의 환자, 토머스 존스와 학교에서의 토머스의 학업적·사회적 기능에 대한 각성제 치료 효과를 평가하는 일을 함께 하게 되어 기쁩니다. 이 프로젝트와 이것의 목적과 목표를 간략히 서술하여 동봉합니다. 약물치료의 처방에 관해 박사님의 협조를 요청합니다. Health Center의 수석약사인 조앤 윌리엄스가 약물치료 효과를 실험하는 데 참여하기로 하였습니다. 조앤은 각각의 약병에 코드 문자와 날짜(예: 메틸페니데이트, dose A, 4월 14일부터 한 주간)를 붙이는 데 동의했습니다. 약물치료 시험에 관여하는 사람 중 박사님과 저만 약물치료일의 실제 투여량을 알 것입니다. 다음 처방을 4부 적어 주시고, Health Center에서 제공해야 하는 처방을 명기해 주십시오.

메틸페니데이트 5mg, 6정으로 조제

메틸페니데이트 10mg, 6정으로 조제

메틸페니데이트 15mg, 6정으로 조제

이것이 다 준비되었을 때, 존스 부인이 박사님의 사무실에 처방 약물을 가지러 갈 것입니다. 토머스가 받게 될 약물치료의 실험 날짜와 투여량은 다음과 같습니다.

날짜	투여량
4월 7일부터 한 주	기초선
4월 14일부터 한 주 월요일부터 토요일까지	10mg
4월 21일부터 한 주 월요일부터 토요일까지	5mg
4월 28일부터 한 주 월요일부터 토요일까지	15mg

저희는 이 약물치료 완료에 대한 평가 결과를 요약하여 박사님께 드릴 것입니다. 질문사항이 있으시면 연락해 주시기 바랍니다.

학교상담자 올림

부록 9-5

의사에게 보내는 약물치료 결과 보고서

Dr. James Smith

The Anytown Clinic

1162 Williams Street

Anywhere, USA 99999

존경하는 스미스 박사님께

저희는 박사님의 환자인 토머스 존스의 메틸페니데이트 평가 시험을 완료했습니다. 시험의 치료와 날짜는 다음과 같았습니다.

날 짜	투여량
4월 7일부터 한 주	기초선
4월 14일부터 한 주 월요일부터 토요일까지	10mg
4월 21일부터 한 주 월요일부터 토요일까지	5mg
4월 28일부터 한 주 월요일부터 토요일까지	15mg

측정이 진행 중인 것은 토머스의 교과과정에 있는 글 읽기 수행, 기본 수학 기술 시험에서의 수학 수행, 교실행동과 수행에 대한 교사척도, 행동에 대한 부모척도 그리고 토머스와 그의 어머니에 의해 작성되는 부작용척도입니다. 토머스의 읽기 자료를 첨부하였습니다. 시험의 총체적 결과는 이어지는 표에 요약되어 있습니다.

척 도	최적 투여량
일일 교과과정에 근거한 읽기 수행	15mg
일일 수학 수행	10mg
교실행동에서의 교사척도	10mg/15mg
행동의 부모척도	15mg/5mg

부작용에 관해서는 10mg과 15mg의 약물이 투여되었을 때, 토머스와 그의 어머니 둘 다에게서 약간의 졸림, 흥분, 위통 그리고 수면의 어려움이 보고되었습니다. 이러한 문제들은 심각성을 완화시키는 것에 비해 부차적인 것으로 보고되었으며, 각 주의 과정이 경과되면서 줄어드는 경향을 보였습니다.

이 평가 결과는 메틸페니데이트 15mg이 사회적·학업적 수행척도에 걸쳐 토머스의 행동을 최적으로 향상시켰음을 시사합니다. 토머스에게는 메틸페니데이트가 이 정도의 투여량으로 처방되어야 하고, 부작용은 조심스럽게 조정되어야 할 것입니다. 저희는 이 평가 결과가 토머스와 그의 가족과 함께하는 박사님의 일에 유용하기를 바랍니다. 만일 저희가 토머스나 다른 아동들에게 보다 더 큰 도움을 줄 수 있다면 주저 말고 연락해 주십시오.

학교심리 전문가, 담임교사, 교장 올림

제10장

결론 및 향후 전망

ADHD 아동의 요구에 부응하는 것은 교사에게 어려운 문제다. 이 장애의 특성 (즉, 부주의, 충동성, 과잉행동)으로 인해 아동은 학업 성적이 나쁘거나 문제행동을 보이고, 사회적 관계를 맺는 데 어려움이 있다. ADHD의 특성은 동일한 나이와 성별에서 상위 2~5%의 아동이 장애로 진단받을 수 있는 집단에서 하나의 연속선상 (예: 정규곡선) 위에 존재한다. 또한 동일한 집단에서 추가적인 5%의 아동은 '임상적으로 진단 가능한' ADHD의 범위 바로 바깥에 있으면서 비록 덜 심각하긴 하지만 중대한 주의집중과 행동 통제 문제를 보인다. 그래서 25명의 일반학급에서 교사들은 학교와 학급의 규칙을 이행하고 교수 활동에 주의를 기울이는 데 어려움을 겪는 최소 2~3명의 ADHD 아동을 볼 수 있을 것이다.

대부분의 ADHD 아동은 학업 성취가 낮은데, 이는 열악한 공부 습관, 과제 미완성, 자율학습이나 숙제, 시험에서의 부정확성 때문이다. 게다가 이러한 학생의 약 1/3은 학습 기술에서도 평균 이하여서 학습장애로 판별된다. 미국 특수교육법은 ADHD로 교육적 수행에 제한을 받는 ADHD 아동에 한해서만 특수교육을 받을 수 있도록 하였다. ADHD 관련 문제들을 신뢰할 수 있고 타당하게 검사하고, ADHD가 아동의 학업 및 대인관계 기능에 어느 정도 영향을 미치는지를 결정하며, 장애 관련 증상을 개선하기 위해 일반교육에서의 중재가 성공적일지를 평가함으로써 특수교육의 적격성 여부를 결정해야 한다.

ADHD 관련 문제로 의뢰된 아동의 필요를 다루기 위한 첫 번째 단계는 포괄적인 심리적·교육적 평가를 하는 것이다. ADHD를 학교에서 평가할 때는 다양한 상황(교실, 운동장 등)과 정보 제공자(교사, 부모, 아동 등)를 통해 다양한 기법을 사용한다. ADHD 가능 아동을 교사가 의뢰하면 ADHD 증상에 대한 초기 선별, 중다 방법 평가, 분류 결정을 내리기 위한 결과 해석, 다양한 개입 계획 개발, 중재 이후의 변화에 대한 지속적인 모니터링의 5단계 평가를 거친다.

ADHD 진단은 평가 과정의 끝이 아니며, 평가의 궁극적인 목표도 아니다. 오히려 초기 평가의 가치는 평가 과정에서 모인 정보와 관련이 있는 중재 계획의 결정에 있다. 부모와 교사의 면접, 평정척도, 학교행동의 직접 관찰, 학업 수행 자료 수집 등의 행동적 방법론을 사용하는 것은 최적의 방법이다. 이러한 평가 자료는 중재 프로그램의 다양한 요소의 효과와 제한점을 결정하기 위해 중재 과정 동안 수집된다.

ADHD가 흔히 생애 이른 시기에 시작하며, 일반적으로 만성적인 과정이며, 오랜 기간의 사회심리학적 혹은 교육적 어려움을 동반한다는 것을 고려할 때, 가능한 한 이른 시기에 아동을 진단하는 것은 중요하다. 이를 통해 중재가 학교 입학 이전에 시작될 수 있기 때문이다. 가족 교육, 유치원 교사와 보육교사와의 상담, 학령 전 학업적 기술(예: 초기 문해, 초기 수학)과 안전을 향상시킬 수 있는 전략을 포함한 초기 중재의 중다요인 모델(multicomponent model)을 제안한다. 다단계 접근(multi-tiered approach)은 점점 더 집중적인 전략에 대한 아동의 반응을 기반으로 한 초기 중재 서비스의 정도와 강도를 보장할 것이다(DuPaul & Kern, 2011). 초기 중재의 목적은 품행장애 지연 혹은 예방과 같은 기능, 그리고 일반적으로 또래 발달에서 맞지 않는 아동의 학업적 기능과 같은 ADHD 증상의 영향을 감소시키는 것이다.

가장 효과적인 심리사회적 중재는 조작적 조건화와 사회학습이론의 원리에 기초한 것이다. 특히 토큰 강화 체계, 반응 대가, 자기관리 전략 등이 포함된다. 사후 대응적(reactive), 전향적(proactive) 절차 모두를 포함하는 균형적인 중재 계획을 개발할 필요가 있다. 파괴적인 행동이나 부적절한 행동을 예방하기 위해 선행 조건을 변화시키는 전향적 전략(예: 선택하기)이 활용된다. 중재 목표는 부적응적 행동(예: 과제 집중 곤란)의 감소와 능력(예: 학업 수행, 대인관계에서의 수용)의 향상이다. 사실 적응행동이 증가할수록 수업 방해 행동은 보통 빈도수가 줄어드는데, 이는 두 행동 군집 사이에 양립할 수 없는 고유한 특성이 있기 때문이다. 그러므로 전향적이고 긍정적인 강화 과정이 강조되며, 몇몇 경우에는 과제이탈행동이나 공격적인 행동을 줄이기 위해서 경미한 벌이 필요할 수도 있다.

대부분의 ADHD 아동에게 증상과 관련된 어려움은 청소년기를 지나 성인기가 될 때까지 만성적이다. 그러므로 학교 전문가들은 중등학교 학생들이 실행 기능과 관련된 영역, 시간 관리, 학업 기술, 준비와 같이 발생할 수 있는 어려움을 성공적으로 마주할 수 있도록 돕기 위한 중재 전략을 설계하고, 수행하고 평가해야 한다. 비록 ADHD 중학생이나 고등학생을 대상으로 한 학교 기반 중재의 임상적 연구 결과가 적거나 아주 드물다 할지라도, 우리는 특히 자기조절 접근을 포함한 도움이 될 만한 몇몇 전략을 제안한다. 지속적인 행동 및 교육적 지원에 추가하여, ADHD 고등학생은 중등학교 이후에 대학교 혹은 지역사회로의 전환을 하는 데 도움이 필요할 것이다. 대학생 집단의 대략 5%가 ADHD로 진단받은 적이 있다고 보고되며, 이러한 학생들은 또래 집단에 비해 더 큰 학업적 · 심리적 · 사회적 어려움을 경험하게 되므로 이는 특히 더 중요하다고 할 수 있다. ADHD 대학생들은 교수적 수정, 시간 관리 및 자기조절에 대한 지도, 학업적 지도, 인지행동치료 혹은 각성제 등을 포함한 다양한 지원이 필요할 것이다. 그러나 ADHD 대학생을 위한 치료 전략을 검증하는 임상적 연구 결과가 부족한 탓에 대학생 집단을 위한 우리의 제안은 제한된다.

많은 ADHD 아동의 경우 약물치료(예: 메틸페니데이트)와 행동적 중재를 함께 사용하는 접근이 가장 좋다. 각성제는 대부분의 아동이 학교에서 과제에 집중하는 기간을 늘려 주고, 과제 완수와 정확성, 학급 규율을 준수하는 데 도움을 줄 수 있다. 만약 각성제의 행동적 효과가 복용량이나 개인의 반응성에 따라 조절된다면 각 아동의 치료 반응은 객관적인 방식으로 치료상의 복용량에 따라 평가되어야 한다. 학교상담자는 아동의 중요한 기능 영역(예: 교육적 수행, 대인관계, 학급 규칙 준수 등)에서의 각성제로 인한 행동 변화를 평가하여 의사를 돕는 중요한 역할을 해야 한다. ADHD 초기 평가에서 사용했던 것과 동일한 방법은 아동이 약물치료에 반응하는지, 또 어느 정도의 복용량이 학생의 학업적 · 사회적 기능을 최적화시킬 수 있는지를 객관적으로 결정하기 위해 몇 주에 걸쳐 다시 적용될 수 있다.

각성제와 행동 중재가 아무리 효과가 있다고 할지라도, ADHD 관련 문제를 개선하는 데에는 하나의 치료만으로는 부족하다. 여러 관리자와 다양한 상황에 걸쳐 있는 만성적인 문제행동은 몇 년 혹은 더 오랜 기간에 걸친 다양한 방법의 치료적 접근이 필요하다. 교실행동 중재와 약물 사용을 보완해 줄 많은 중재 전략이 있다. 이 중에는 학교에서 실시할 수 있는 상담(예: 대인관계 기술 훈련)과 가정에서 실시할 수 있는 개입(예: 부모 훈련)이 있다. 장기간 치료의 필요성을 확인하는 동안 다양한 기능 영역을 다룰 수 있는 효과적이고 포괄적인 프로그램 구안에 초점을 두어야 한다. 마찬가지로, 교사나 부모는 특히 아동의 전반적인 적응을 점진적으로 개선하기 위해 단기 목표를 달성하는 것에 초점을 둘 필요가 있다.

학교상담자는 ADHD에 대해 알려진 치료의 효과를 주의 깊게 평가해야 한다. 많은 치료법이 실제로 경험적인 증거가 희박하거나 없음에도 이 장애에 효과적이라고 선전되는 것(예: 식이요법)이 많기 때문이다. 대중 사이에는 행동수정이나 약물을 대체하는 치료법이 호소력 있기 때문에 ADHD 치료를 위해 제안된 새로운 치료법에 대해 조심스럽게 대하고 자료에 근거해야 한다. 특히 경험적으로 지지되는 치료의 양적 · 질적 측면을 면밀하게 평가해야 한다. 아동에게 더 도움이 되는 중재에 노력과 자원을 집중하기 위해 종종 문제점 있는 치료 양식의 한계를 지적할 필요가 있다.

일반적으로, 많은 사람이 ADHD 아동의 교육에 관여한다. 그래서 학생과 부모는 종종 학교(예: 교사, 학교상담자, 교장이나 교감, 양호교사)나 지역사회(예: 의사, 임상심리사)의 전문가와 만나게 된다. 여러 전문가가 의사소통을 하면서 서비스 제공을 조정해 나가는 팀 접근 치료를 채택할 필요가 있다. 팀 작업이 많이 이루어질수록 결과는 더욱 좋아질 것이다.

팀 접근은 학교의 모든 교사가 ADHD가 무엇이고, 잠재적으로 중재가 필요한 학생을 어떻게 판별하는지, 이 장애와 관련된 문제를 어떻게 다루는지에 대해 확실히 알 때 도입될 수 있다. 일반 교사나 특수교사는 ADHD 관련 행동이 만성적이고 완전히 제거될 수는 없다는 사실을 알 필요가 있는데, 이것이 더욱 힘든 부분이다. 그러므로 전문가들은 1년 안에 단기 목표를 달성하도록 학급과 학교 환경을 수정하는 데 중점을 둔다. 주의력, 충동성 조절, 활동 수준이 단기적으로 개선되면, 점차 장기적인 개선이 이루어진다. 그러나 우리 경험상 학생과 치료 팀원의 동기를 유지하기 위해서는 짧은 기간 내에 '완치'시키려고 하기보다 '작은 성과'를 얻는 데 주력할 필요가 있다.

 ## ADHD 학생 지도에 대한 권고사항: 현재 그리고 미래

비록 지난 수십 년간 학교에서 ADHD 학생을 판별하고 치료하는 데 상당한 발전이 있었으나, 많은 핵심 영역에서 해야 할 중요한 일이 아직 남아 있다. 첫째, 사례 관리자의 역할과 책임이 정립되어야 한다. ADHD 학생은 심지어 초등학교 때에도 다양한 전문가를 만나기 때문에 학교, 가정, 지역사회에 서비스를 조정할 수 있는 사람이 필요하다. 둘째, ADHD 아동의 교육적·행동적 요구에 부합하는 교수법을 일반 교사나 특수교사 양성 과정(예: 임용 연수)에서 교육해야 한다. 최근에 많은 교사는 관련된 전문 서적을 읽거나, 일을 하면서도 이러한 아동을 효과적으로 다룰 준비가 충분히 되어 있지 않다. 셋째, 확립된 연구 근거를 가진 중재가 '현실의' 학교 상황에서 통합되어 시행되지 못하고 있다는 점에서 연구와 현장 간의 상당한 간극이 존재하고 있다. 연구자들과 현장 전문가들은 이 간극을 메우기 위하여 협력해야만 한다. 구현 과학의 원리(principles of implementation science)는 일반적인 교실에서의 증거 기반 중재의 사용을 가능하게 하는 방법들을 설계하는 데 특별히 유용할 것이다. 마지막으로, ADHD 학생들을 지도하는 연구자들과 현장 전문가들은 이러한 학생들의 요구를 충족시키기 위한 과학기술의 사용을 증가시켜야 한다. 상대적으로 지금까지는 기술 기반 중재 전략에 대하여 경험적 관심이 거의 없었다. 그러나 교실과 다른 학교 상황에서 학생들에게 증거 기반 중재를 전달하기 위하여 과학기술을 사용하는 것에 큰 잠재적 가능성이 있다. 우리는 이것이 앞으로 수십 년 안에 눈에 띄는 성장 분야가 될 것이라 기대한다.

의사소통과 서비스 통합을 조성하는 학교 기반 사례 관리자

ADHD의 성공적인 개입과 중재는 대개 부모, 학생, 교사, 다른 학교 전문가, 의사, 지역 서비스 제공자들(예: 아동 임상심리학자) 간의 협동을 요구한다. 그러나 학생 치료 프로그램과 관련된 전문가들이 서로 의사소통을 거의 하지 않고, 개별적으로 작업하는 경우가 지나치게 많다. 이 때문에 서비스의 불필요한 중복이 생길 수 있고, 디구나 부모나 아동에 대한 조언에서 갈등이 생길 수 있다. 사례 관리자의 역할을 하는 사람이 있다면 서비스의 협조가 이루어지고 팀원들 간에 효과적인 의사소통을 할 수 있을 것이다. ADHD 아동이 학교에서 많은 시간을 보낸다면 사례 관리의 책임을 맡을 사람은 학교에 있는 전문가(예: 학교상담자)일 것이다.

효과적인 사례 관리자는 아동과 치료 팀원에게 다음과 같은 서비스를 제공한다.

1. 학생의 교사와 부모와의 정기적인 의사소통을 통해 학교와 가정 사이의 연결고리 역할을 한다. 또 사례 관리자는 지역 전문가(예: 의사)와도 정기적으로 접촉해야 한다.
2. 중·고등학교에서 교사들 간의 학교 프로그램을 조정한다. 사례 관리자는 각 교사를 개별적으로 만나거나 정기적으로 팀 모임을 이끈다. 이 과정은 비효율적인 중재를 가져올 수 있는 잠재적인 오해를 예방하면서 여러 학급에 걸친 프로그램에 일관성을 갖게 할 수 있다.
3. 학교-가정 연계 관리 프로그램을 조정한다. 가정에서 실시하는 행동수정으로 아동의 학교 성적을 높이려면 부모와 교사 간의 지속적인 의사소통이 중요하다. 게다가 프로그램에 참가하는 모든 사람이 그들의 책임을 알고 중재에 대

해 믿음을 가져야 한다. 이렇게 알고 믿는 것은 사례 관리자가 부모와 교사를 계속 만나고, 어느 정도 나아지는가를 평가하기 위해 팀 미팅을 주기적으로 열며, 학교-가정 프로그램의 내용과 형식을 변화시킴으로써 생길 수 있다.

4. 학교행동과 학업 성적에 긍정적 영향을 미친 약물 효과에 대해서 의사와 협의해야 한다. 아동의 약물 반응과 적정량을 결정하는 데 학교에서의 자료가 중요하다는 것이 7장에서 논의되었다. 의사와 학교를 연결하는 사람이 있다는 것은 효과적인 약물 모니터링을 가능하게 해 주기 때문에 좋은 결과를 가져올 수 있다. 그러므로 사례 관리자는 약물치료 초기 평가 시 아동의 학교 성적 변화에 대한 정보를 의사와 논의해야 한다([부록 9-4]와 [부록 9-5] 참조). 또한 의사와 부모에게 장기 약물 복용으로 인한 아동 행동의 특이한 변화가 있을 경우 이를 알려야 한다. 또한 부모, 의사와 논의한 아동의 약물이나 복용량의 변화를 학교 팀에게 알려야 한다.

5. 학교와 지역사회 서비스를 적절히 받을 수 있도록 아동을 옹호하고 대변하는 역할을 해야 한다. 사례 관리자는 ADHD 학생이 최근에 받았던 서비스와 더 필요로 하는 서비스의 유형에 대한 전체적인 안목을 발달시켜야 한다. 현재하고 있는 서비스와 필요한 서비스 간의 차이가 발견되면, 사례 관리자는 적절한 치료 팀원(예: 학교 행정가, 부모)과 함께 아동의 교육 프로그램과 지역 프로그램에 대한 개선을 주장해야 한다.

사례 관리자의 책임은 아동의 욕구에 따라 다양한 역할이 있기 때문에 모두 명시하였다고는 할 수 없다. 게다가 이러한 책임 중 몇몇은 경우에 따라 할 수 없을 수도 있다. 그럼에도 불구하고 서비스를 지속적으로 조정할 수 있는 사람은 반드시 있어야 한다. 많은 경우에 학년이 올라갈 때에 아동의 교육을 함께 할 수 있는 학교 전문가(학교상담자)가 사례 관리자가 되어야 한다. 학교심리 전문가는 부모나 지역 전문가와 접촉할 뿐만 아니라 매일매일 교사와 만나는 이점이 있다. 팀원 간의 서비스와 의사소통에 대해 계속 조정함으로써 ADHD의 치료 효과성을 전반적으로 높일 수 있다.

ADHD에 대한 예비교사 훈련

ADHD 아동의 부모가 종종 하는 불평은 교사들이 ADHD 학생을 어떻게 다루어야 하는지에 대한 지식이 없다는 것이다. 많은 교사, 특히 일반학급의 교사들은 ADHD 학생을 다루면서 자신의 한계를 지속적으로 느끼고 있다. 이러한 문제의식에 더하여, 일반학급이든 특수학급이든 ADHD 아동을 판별하고 가르치며 관리하기 위한 교사 연수가 일부 진행되고 있다. 불행히도 ADHD 아동을 다루는 교사의 지식과 기술을 짧은 시간 내 효과적으로 전달하는 방법을 알려 주는 경험적인 자료가 없다. 사실상 많은 교사는 워크숍에 참가하거나, 전문 서적을 읽은 후에도 이러한 아동을 효과적으로 다루기 위해 적절히 준비되어 있지 않을 것이다.

이러한 이유로 ADHD 아동의 교육적 · 행동적 욕구를 충족시킬 수 있는 교수법이 모든 교사뿐만 아니라 학교 행정가들에게도 사전교육 단계에서(즉, 교사자격증을 받기 이전에) 제공되어야 한다. 이러한 교육은 ADHD에 대해 설명하는 강의뿐만 아니라 효과적인 교수 및 행동 관리 전략을 실습해 보는 기회를 제공해야 한다. 모든 교사가 매년 최소한 한 명의 ADHD 아동을 다루게 된다는 사실을 고려했을 때, ADHD 교사 교육은 심각하게 고려되어야 한다. 교사들이 일반교육과 특수교육에서 모두 자격을 갖추도록 준비시키는 훈련 모델의 시행이 증가하고 있다. 이와 같이 결합된 훈련의 초점은 교사들이 좀 더 일관적으로 ADHD를 포함한 장애학생들의 요구를 충족시키도록 준비하는 것이다.

비록 ADHD에 대한 예비교사 훈련이 이러한 아동을 다루는 교사의 관리 능력을 높일 수 있다 하더라도 이 주장을 지지해 주는 경험적인 자료가 현재 없다. 따라서 ADHD에 대한 예비교사 훈련에 대한 효과성은 세밀하게 조사되어야 한다. 특히 어떤 훈련 활동이 지식 수준을 높여 주고 교수와 관리 기술을 증진시키는가? 교사가 효과적으로 이러한 아이들을 다루는 준비를 하는 데 설명적인 강의와 자료 읽기, 실습 과정만으로 충분할 것인가? 다른 훈련 양식(예: ADHD 아동을 위한 학교 현장실습)이 적절한 기술을 가르치는 데 필요한가? 교사들에 대한 적절한 사전 훈련은 ADHD 학생에게 예방적인 서비스를 제공할 수 있고, 궁극적으로 훗날 더 많은 비용과 강도 높은 프로그램을 사용해야 하는 필요를 덜어 줄 수 있기 때문에 이러한 질문은 매우 중요하다.

연구와 실제를 연결하기

비록 ADHD에 대한 다양한 행동 및 인지행동 중재가 경험적 연구에서 효과적이라고 밝혀졌지만(DuPaul, Eckert, & Vilardo, 2012), 여전히 ADHD 학생의 학교에서의 수행을 향상시키기 위한 방법에 대해서는 알아야 할 것이 많이 남아 있다. 특히 연구와 실제 간의 계속된 간극으로 인해 증거 기반 중재가 '실제 현장'인 교실 상황에서 사용되지 않을 수도 있다.

이처럼 연구와 실제 간에 간극이 존재하는 원인 중 하나는 연구를 실시하기 위해 필요한 정보를 현장 전문가에게 항상 제공하지 않을 수도 있다는 점이다. 예를 들어, ADHD를 위한 행동 중재는 범위, 내용, 강도에 있어 매우 다양하다. ADHD를 위한 행동 중재의 충분조건은 무엇인가 그리고 개인 요인(예: 나이, 성별, 장애의 정도)과 환경 요인(예: 일반교육 대 특수교육 배치, 교사의 스트레스 수준)에 따라 프로그램이 얼마나 달라져야 하는가? ADHD의 만성적인 양상을 고려할 때 학령기 동안 효과적인 학업 및 행동 중재 전략을 계속해서 사용하도록 장려하기 위해 어떤 중재가 사용될 수 있는가? 현장 전문가는 중재가 효과적일 것인가의 여부뿐만 아니라 주어진 상황에서 어떤 중재가 가장 효과적일 것인가, 그리고 중재가 성공적일 경우 시간이 지남에 따라 다양한 장소에서 어떻게 효과를 유지시킬 수 있는가를 알아야 한다.

연구를 실제로 옮기는 것을 제한하는 추가 요인은 연구자가 학교 기반 전문가의 최대 관심사를 직접적으로 다루지 않을 수도 있다는 점이다. 예를 들어, ADHD 학생에게 학습 자료를 제시하는 가장 효과적인 방법은 무엇인가? 많은 학교에서 실시되는 RTI의 체계 안에서 어떻게 ADHD 학생의 요구를 다룰 수 있는가? 아동의 행동 및 학업 프로파일에 따라 다양한 교수 방법의 효과가 달라질 것인가? 과제 지시에 대한 아동의 주의를 어떻게 향상시킬 수 있는가? ADHD 아동이 정해진 시간

안에 정확하게 과제를 완성할 수 있도록 학습 자료의 자극 수준을 변화시킬 수 있는 방법이 있는가? 특히 선행 사건과 중재를 수정하는 효과적인 방법에 대한 풍부한 지식이 학업 기술 습득 및 수행을 향상시키는 동시에 ADHD와 관련된 다수의 행동 통제 문제를 감소시키거나 예방하는 데 도움이 될 것인가?

연구와 실제의 간극을 연결하는 데 또 다른 문제는 중재를 실시하는 교사 및 다른 개인이 이러한 전략을 어느 정도까지 수용할 수 있는가 하는 점이다. 그것이 효과적임에도 불구하고 교사는 종종 시간 제한, 자원 부족, 철학적 차이로 인해 권장된 학급에서의 중재를 수용할 수 없게 된다(Witt & Elliott, 1985). 다시 말해, 연구에서 효과적인 것으로 밝혀진 많은 중재는 특히 일반학급에서 실시되는 경우에 실용적인 것으로 생각되지 않는다. 그러므로 효과적인 중재의 수용 가능성을 높일 수 있는 방법을 알아야 한다. 중재가 효과적임을 증명하는 것만으로는 충분하지 않으며, 중재의 '소비자', 즉 교사, 부모, 학생이 중재를 수용할 수 있는지의 여부를 알아야 한다. 실제에의 수용 가능성과 적용 가능성을 증가시키기 위해 현재 가능한 중재를 수정할 수 있는가? 자기관리 전략과 같은 수용 가능성이 더 높은 중재의 효과를 어떻게 증가시킬 수 있는가? 이러한 분야의 연구가 실제에 기여하는지에 대한 여부는 사실 교사와 학교 관계자가 장기간 일상생활에서 경험적으로 타당한 절차를 실시하는 정도에 달려 있다.

과학의 구현은 연구와 실제의 연결을 중재하는 과정에 대한 연구 및 학교와 같은 지역사회 현장에서의 증거 기반 실제의 사용을 포함한다(Mendel, Meredith, Schoenbaum, Sherbourne, & Wells, 2008). 이와 같은 비교적 새로운 분야는 평가 방법과 지역사회에서 증거 기반 중재의 사용을 향상시키는 지원 전략을 개발하는 동시에 실시를 저해하는 요인을 이해하기 위한 시도의 일환으로 연구와 실제 간의 간극을 직접적으로 다룬다. 초기 과학의 구현은 의료 서비스 상황에 집중되었지만, 이러한 접근은 연구를 실제 학교 '현장'에 활발하게 적용하는 데 큰 가능성을 가지고 있다. 특히 과학의 구현은 학교에서 ADHD 학생을 위한 증거 기반 중재의 사용을 촉진하는 데 매우 유용할 수 있다. Mendel과 동료들(2008)은 ADHD를 가진 사람들과 관련 연구자 및 현장 전문가를 위해 중재를 실시하기 위한 증거를 수집하는 4단계 과정을 설명한다. 4단계는, 첫째, 새로운 전략이 학교에 적용되는 맥락적인 요인과 기제에 대한 이해 신장, 둘째, 교사, 교장, 부모 등의 이해 관계 집단에 걸쳐 전략의 보급을 설명하기 위해 각각의 맥락적인 요소를 평가할 수 있는 방법 강구, 셋째, 이해 관계 집단 간의 협력적이고 참여적인 접근을 통한 증거 기반 중재의 적용, 보급, 실시를 위한 전략 개발, 그리고 넷째, 다양한 중재와 상황에 따른 연구 결과의 일반화 촉진을 포함한다. 연구 계획과 연구 문제의 개발을 포함한 연구 전반에 걸친 연구자와 현장 전문가 간의 협력은 과학의 구현에 특히 중요한 요소다.

중재와 지원을 제공하기 위한 기술의 사용

몇몇 소규모 연구(예: Ota & DuPaul, 2002)가 ADHD 학생을 위한 학업 중재로서 CAI를 지지하는 초기의 결과를 제공했음에도, 기술의 사용은 경험적인 문헌에서 주목받지 못했다. 아마도 최근에 큰 주목을 받은 가장 중요한 기술 기반 전략은 ADHD나 학습장애 학생을 위한 컴퓨터 기반 작업기억 훈련의 사용일 것이다. 다양한 프로그램(예: CogMed)은 특히 ADHD 학생과 같이 작업기억에 결함이 있는 것으로 추정되는 아동의 작업기억을 향상시키기 위해 개발되었다. 일반적으로 이러한 프로그램은 개별 학생에게 컴퓨터 화면을 통해 시각적인 자극을 제시하고, 다양한 난이도와 복잡성을 가진 자극을 회상하도록 요구하는 것을 포함한다. 훈련 회기는 일반적으로 15~60분 정도 지속된다. 예를 들어, 아동이 일련의 숫자나 글자를 보고, 순서대로 혹은 역순으로 회상하도록 요구하는 것이다. 몇몇 작업기억 훈련에 대한 연구가 유사한 기억 과제로 학습이 전이됨을 보여 주었지만, 일상에서의 학습이나 학급에서의 행동으로 효과가 일반화되는지에 대해서는 기껏해야 엇갈린 결과를 보여 준다(개관은 Shipstead, Redick, & Engle, 2012 참조). 그러므로 ADHD 학생을 위한 작업기억 훈련을 널리 적용하도록 권장하기 전에, 이러한 훈련이 학업 성취를 향상시키는 동시에 훈련을 하지 않을 때보다 ADHD 증상으로 인한 행동을 감소시키는 데 효과적인지의 여부에 대한 추가 연구가 필요하다.

또한 원격 진료와 같은 정보통신 기술을 통한 임상 의료 서비스를 전달하기 위한 기술을 사용할 수 있을 것이다. 최근 지방 및 외곽 지역에 사는 가족 등 의료 서비스에 접근하기 어려운 인구를 위한 원격 진료 서비스의 실시가 늘어났다. 원격 진료 접근은 특히 아동 임상심리 서비스 및 아동 정신과에 접근하기 어려운 ADHD 아동 및 다른 행동장애 아동에게 유용할 것이다. Pakyurek, Schweitzer와 Yellowlees(2013)는 ADHD 학생을 위한 협력적인 원격 진료 체계가 ① 교사 및 학교 관계자를 위한 상담 및 교육, ② 행동 관리 전략을 위한 부모 교육, ③ 주치의를 위한 상담 및 훈련, ④ 부모, 교사, 학교간호사, 학교심리학자 등 주요 이해 관계자 간의 지속적인 의사소통을 포함하는 서비스를 전달하기 위해 사용될 수 있는 몇 가지 방법을 설명한다. 소수의 연구(예: Epstein et al., 2011)는 이러한 요소에 대한 초기의 지지를 제공한다. 그러나 ADHD 인구를 대상으로 원격 진료를 사용하는 것에 대한 체계적인 접근을 조사한 대규모의 연구가 필요하다. 원격 진료는 지역사회 기반 서비스 접근의 어려움, 연구와 실제 간의 간극, 효과적인 전략에 대한 교사 및 부모 훈련의 부족 등 ADHD 학생을 위한 서비스 전달에 부정적인 영향을 미치는 많은 문제를 다룰 수 있을 것으로 보인다.

결 론

지난 수십 년간 ADHD에 대한 이해는 크게 높아졌지만, ADHD 아동은 여전히 학교에서 성공하는 과정에서 심각한 어려움과 마주한다. 이러한 상황을 바로잡기 위해서는 두 가지 주요 영역에서의 개선이 필요하다. 첫째, 심리학과 교육학 분야의 현장 전문가는 ADHD 학생의 제한점에 대한 인식과 이해를 높여야 한다. ADHD 아동과 일하는 데 전문성을 갖춘 이러한 전문가는 그들의 동료도 유사한 전문성을 갖출 수 있도록 교육해야 한다. 유치원에서 대학교에 이르는 모든 학교 상황에서 ADHD 아동과 마주할 수 있다. 따라서 모든 교육자는 ADHD 아동을 진단하고, 그들의 요구를 충족시키면서, 성공적이고 생산적인 시민이 될 수 있도록 도와주는 효과적인 교육 프로그램을 고안하기 위한 최소한의 전문성을 갖추어야 한다. 둘째, ADHD 아동을 평가하고 중재하는 기술을 향상시켜야 한다. 평가 과정의 생태학적인 타당성을 높이기 위해 중요한 개인의 보고를 넘어서는 평가 방법론을 개발해야 한다. 셋째, 효과적인 동시에 비용 면에서 효율적이고, 소비자가 수용 가능한 중재 방법이 절실히 필요하다. 연구와 실제의 연결을 촉진하는 전략이 개발되고 실시되어야 한다. 특히 모든 ADHD 아동이 학교에서의 수행에서 장기적인 향상을 성취할 수 있도록 연구를 효과적인 실제로 이끄는 것이 관건이다. 하지만 이러한 목표가 달성될 때까지 이 책에 수록된 많은 제안이 ADHD 학생들의 교육적 결과의 향상을 도모하는 출발점이 될 수 있다.

📘 참고문헌

Abikoff, H. (1985). Efficacy of cognitive training intervention in hyperactive children: A critical review. *Clinical Psychology Review, 5,* 479-512.

Abikoff, H. (2009). ADHD psychosocial treatments: Generalization reconsidered. *Journal of Attention Disorders, 13*(3), 207-210.

Abikoff, H., Gallagher, R., Wells, K. C., Murray, D. W., Huang, L., Lu, F., et al. (2013). Remediating organizational functional in children with ADHD: Immediate and long-term effects from a randomized controlled trial. *Journal of Consulting and Clinical Psychology, 81,* 113-128.

Abikoff, H., & Gittelman, R. (1985). The normalizing effects of methylphenidate on the classroom behavior of ADHD children. *Journal of Abnormal Child Psychology, 13,* 33-4.

Abikoff, H., Gittelman-Klein, R., & Klein, D. (1977). Validation of a classroom observation code for hyperactive children. *Journal of Consulting and Clinical Psychology, 45,* 772-783.

Abikoff, H., Hechtman, L., Klein, R. G., Gallagher, R., Fleiss, K., Etcovitch, J., et al. (2004). Social functioning in children with ADHD treated with longterm methylphenidate and multimodal psychosocial treatment. *Journal of the American Academy of Child and Adolescent Psychiatry, 43,* 820-829.

Abikoff, H., Hechtman, L., Klein, R. G., Weiss, G., Fleiss, K., Etcovitch, J., et al. (2004). Symptomatic improvement in children with ADHD treated with long-term methylphenidate and multimodal psychosocial treatment. *Journal of the American Academy of Child and Adolescent Psychiatry, 43,* 802-811.

Abramowitz, A. J., Eckstrand, D., O'Leary, S. G., & Dulcan, M. K. (1992). ADHD children's responses to stimulant medication and two intensities of a behavioral intervention.

Behavior Modification, 16, 193–203.

Abramowitz, A. J., O'Leary, S. G., & Rosen, L. A. (1987). Reducing off-task behavior in the classroom: A comparison of encouragement and reprimands. *Journal of Abnormal Child Psychology, 15,* 153–163.

Achenbach, T. M., & McConaughy, S. H. (1996). Relations between DSM–IV and empirically based assessment. *School Psychology Review, 25,* 329–341.

Achenbach, T. M., & Rescorla, L. A. (2001). *Manual for the ASEBA school-age forms and profiles.* Burlington: University of Vermont, Department of Psychiatry.

Adams, M. J. (1990). *Beginning to read: Thinking and learning about print.* Cambridge, MA: MIT Press.

Adler, L. A., Shaw, D. M., Spencer, T. J., Newcorn, J. H., Hammerness, P., Sitt, D. J., et al. (2012). Preliminary examination of the reliability and concurrent validity of the Attention-Deficit/Hyperactivity Disorder Self-Report Scale vl. 1 Symptom Checklist to rate symptoms of attention-deficit/hyperactivity disorder in adolescent. *Journal of Child and Adolescent Psychopharmacology, 22,* 238–244.

Allsopp, D. H., Minskoff, E. H., & Bolt, L. (2005). Individualized course-specific strategy instruction for college students with learning disabilities and ADHD: Lessons learned from a model demonstration project. *Learning Disabilities Research and Practice, 20,* 103–118.

American Academy of Child and Adolescent Psychiatry. (2007). Practice parameter for the assessment and treatment of children and adolescents with attention-deficit/hyperactivity disorder. *Journal of the American Academy of Child and Adolescent Psychiatry, 46,* 894–921.

American Academy of Pediatrics. (1999). *TIPP—The Injury Prevention Program.* Elk Grove Village, IL: Author.

American Academy of Pediatrics. (2011). ADHD: Clinical practice guideline for the diagnosis, evaluation, and treatment of attention-deficit/hyperactivity disorder in children and adolescents. *Pediatrics, 128,* 1007–1022.

American Psychiatric Association. (1980). *Diagnostic and statistical manual of mental disorders* (3rd ed.). Washington, DC: Author.

American Psychiatric Association. (1987). *Diagnostic and statistical manual of mental disorders* (3rd ed., rev.). Washington, DC: Author.

American Psychiatric Association. (1994). *Diagnostic and statistical manual of mental disorders* (4th ed.). Washington, DC: Author.

American Psychiatric Association. (2000). *Diagnostic and statistical manual of mental disorders* (4th ed., text rev.). Washington, DC: Author.

American Psychiatric Association. (2013). *Diagnostic and statistical manual of mental disorders* (5th ed.). Arlington, VA: Author.

Anastopoulos, A. D., & Shelton, T. L. (2001). *Assessing attention-deficit/hyperactivity disorder.* New York: Kluwer Academic/Plenum Press.

Anastopoulos, A. D., Smith, J. M., & Wein, E. E. (1998). Counseling and training parents. In R. A. Barkley, *Attention-deficit hyperactivity disorder: A handbook for diagnosis and treatment* (2nd ed., pp. 373–393). New York: Guilford Press.

Anastopoulos, A. D., Spisto, M. A., & Maher, M. (1994). The WISC-III Freedom from

Distractibility factor: Its utility in identifying children with attention deficit hyperactivity disorder. *Psychological Assessment, 6,* 368–371.

Anderson, R. C., Hiebert, E. H., Scott, J. A., & Wilkinson, I. A. G. (1985). *Becoming a nation of readers: The report of the commission on reading.* Washington, DC: National Institute of Education, U.S. Department of Education. Available from the Center for the Study of Reading, University of Illinois, Champaign.

Anesko, K. M., Schoiock, G., Ramirez, R., & Levine, F. M. (1987). The Homework Problem Checklist: Assessing children's homework difficulties. *Behavioral Assessment, 9,* 179–185.

Ang, R. P., & Hughes, J. N. (2002). Differential benefits of skills training with antisocial youth based on group composition: A meta-analytic investigation. *School Psychology Review, 31,* 164–185.

Archer, A., & Gleason, M. (2002). *Skills for school success (grades 3-7+).* North Billerica, MA: Curriculum Associates.

Archer, A. L., & Hughes, C. A. (2011). *Explicit instruction: Effective and efficient teaching strategies.* New York: Guilford Press.

Arnold, L. E., Hurt, E. A., Mayes, T., & Lofthouse, N. (2011). Ingestible alternative and complementary treatments for attention deficit hyperactivity disorder. In S. W. Evans & B. Hoza (Eds.), *Treating attention deficit hyperactivity disorder: Assessment and intervention in developmental context* (pp. 14-1–14-40). Kingston, NJ: Civic Research Institute.

Atkins, M. S., Pelham, W. E., & Licht, M. H. (1985). A comparison of objective classroom measures and teacher ratings of attention deficit disorder. *Journal of Abnormal Child Psychology, 13,* 155–167.

Axelrod, M. I., Zhe, E. J., Haugen, K. A., & Klein, J. A. (2009). Self-management of on-task homework behavior: A promising strategy for adolescents with attention and behavior problems. *School Psychology Review, 38,* 325–333.

Baker, S., Gersten, R., & Grossen, B. (2002). Interventions for students with reading comprehension problems. In M. R. Shinn, H. M. Walker, & G. Stoner (Eds.), *Interventions for academic and behavior problems, II: Preventive and remedial approaches* (pp. 731–754). Bethesda, MD: National Association of School Psychologists.

Bambara, L. M., & Kern, L. (2005). *Individualized supports for students with problem behaviors: Designing positive behavior plans.* New York: Guilford Press.

Bambara, L. M., & Knoster, T. P. (1995). *Guidelines: Effective behavioral support.* Harrisburg: Pennsylvania Department of Education, Bureau of Special Education.

Banaschewski, T., Becker, K., Scherag, S., Franke, B., & Coghill, D. (2010). Molecular genetics of attention-deficit/hyperactivity disorder: An overview. *European Child and Adolescent Psychiatry, 19,* 237–257.

Barbaresi, W. J., Katusic, S. K., Colligan, R. C., Weaver, A. L., & Jacobsen, S. J. (2007). Modifiers of long term school outcomes for children with attention-deficit/hyperactivity disorder: Does treatment with stimulant medication make a difference? Results from a population-based study. *Journal of Developmental and Behavioral Pediatrics, 28,* 274–287.

Barkley, R. A. (1979). Using stimulant drugs in the classroom. *School Psychology Digest, 8,*

412-425.

Barkley, R. A. (1988). The effects of methylphenidate on the interactions of preschool ADHD children with their mothers. *Journal of the American Academy of Child and Adolescent Psychiatry, 27,* 336-341.

Barkley, R. A. (1989). Attention-deficit hyperactivity disorder. In E. J. Mash & R. A. Barkley (Eds.), *Treatment of childhood disorders* (pp. 39-72). New York: Guilford Press.

Barkley, R. A. (1990). *Attention-deficit hyperactivity disorder: A handbook for diagnosis and treatment.* New York: Guilford Press.

Barkley, R. A. (1991). The ecological validity of laboratory and analogue assessment methods of ADHD symptoms. *Journal of Abnormal Child Psychology, 19,* 149-178.

Barkley, R. A. (1997a). *ADHD and the nature of self-control.* New York: Guilford Press.

Barkley, R. A. (1997b). *Defiant children: A clinician's manual for assessment and parent training* (2nd ed.). New York: Guilford Press.

Barkley, R. A. (1998). *Attention-deficit hyperactivity disorder: A handbook for diagnosis and treatment* (2nd ed.). New York: Guilford Press.

Barkley, R. A. (2001). Accidents and ADHD. *Economics of Neuroscience, 3,* 64-68.

Barkley, R. A. (2002). International consensus statement on ADHD. *Clinical Child and Family Psychology Review, 5,* 89-111.

Barkley, R. A. (2004). Driving impairments in teens and adults with attention-deficit/hyperactivity disorder. *Psychiatric Clinics of North America, 27,* 233-260.

Barkley, R. A. (2006). *Attention-deficit/hyperactivity disorder: A handbook for diagnosis and treatment* (3rd ed.). New York: Guilford Press.

Barkley, R. A. (2013a). *Defiant children: A clinician's manual for assessment and parent training* (3rd ed.). New York: Guilford Press.

Barkley, R. A. (2013b). *Taking charge of ADHD: The complete, authoritative guide for parents* (3rd ed.). New York: Guilford Press.

Barkley, R. A. (in press). *Attention-deficit/hyperactivity disorder: A handbook for diagnosis and treatment* (4th ed.). New York: Guilford Press.

Barkley, R. A., Anastopoulos, A. D., Guevremont, D. C., & Fletcher, K. E. (1991). Adolescents with attention deficit hyperactivity disorder: Patterns of behavioral adjustment, academic functioning, and treatment utilization. *Journal of the American Academy of Child and Adolescent Psychiatry, 30,* 752-861.

Barkley, R. A., Copeland, A., & Sivage, C. (1980). A self-control classroom for hyperactive children. *Journal of Autism and Developmental Disorders, 10,* 75-89.

Barkley, R. A., DuPaul, G. J., & McMurray, M. B. (1990). A comprehensive evaluation of attention deficit disorder with and without hyperactivity as defined by research criteria. *Journal of Consulting and Clinical Psychology, 58,* 775-789.

Barkley, R. A., DuPaul, G. J., & McMurray, M. B. (1991). Attention deficit disorder with and without hyperactivity: Clinical response to three dose levels of methylphenidate. *Pediatrics, 87,* 519-531.

Barkley, R. A., Edwards, G., Laneri, M., Fletcher, K., & Metevia, L. (2001). The efficacy of problem-solving communication training alone, behavior management training alone, and their combination for parent-adolescent conflict in teenagers with ADHD and ODD. *Journal of Consulting and Clinical Psychology, 69,* 926-941.

Barkley, R. A., Edwards, G. H., & Robin, A. L. (1999). *Defiant teens: A clinican's guide for assessment and family intervention*. New York: Guilford Press.

Barkley, R. A., Fischer, M., Edelbrock, C. S., & Smallish, L. (1990). The adolescent outcome of hyperactive children diagnosed by research criteria: I. An 8-year prospective follow-up study. *Journal of the American Academy of Child and Adolescent Psychiatry, 29*, 546-557.

Barkley, R. A., Fischer, M., Newby, R., & Breen, M. (1988). Development of a multi-method clinical protocol for assessing stimulant drug responses in ADHD children. *Journal of Clinical Child Psychology, 17*, 14-24.

Barkley, R. A., Fischer, M., Smallish, L., & Fletcher, K. (2002). The persistence of attention-deficit/hyperactivity disorder into young adulthood as a function of reporting source and definition of disorder. *Journal of Abnormal Psychology, 111*, 279-289.

Barkley, R. A., Fischer, M., Smallish, L., & Fletcher, K. (2006). Young adult outcome of hyperactive children: Adaptive functioning in major life activities. *Journal of the American Academy of Child and Adolescent Psychiatry, 45*(2), 192-202.

Barkley, R. A., Guevremont, D. C., Anastopoulos, A. D., DuPaul, G. J., & Shelton, T. L. (1993). Driving-related risks and outcomes of attention-deficit hyperactivity disorder in adolescents and young adults: A 3-5 year follow-up survey. *Pediatrics, 92*, 212-218.

Barkley, R. A., Guevremont, D. C., Anastopoulos, A. D., & Fletcher, K. E. (1992). A comparison of three family therapy program for treating family conflicts in adolescents with attention-deficit hyperactivity disorder. *Journal of Consulting and Clinical Psychology, 60*, 450-462.

Barkley, R. A., Karlsson, J., Strzelecki, E., & Murphy, J. (1984). Effects of age and Ritalin dosage on the mother-child interactions of hyperactive children. *Journal of Consulting and Clinical Psychology, 52*, 750-758.

Barkley, R. A., McMurray, M. B., Edelbrock, C. S., & Robbins, K. (1989). The response of aggressive and non-aggressive ADHD children to two doses of methylphenidate. *Journal of the American Academy of Child and Adolescent Psychiatry, 28*, 873-881.

Barkley, R. A., McMurray, M. B., Edelbrock, C. S., & Robbins, K. (1990). The side effects of Ritalin in ADHD children: A systematic placebo-controlled evaluation of two doses. *Pediatrics, 86*, 184-192.

Barkley, R. A., Murphy, K., DuPaul, G. J., & Bush, T. (2002). Driving knowledge, performance, and adverse outcomes in teens and young adults with attention deficit hyperactivity disorder. *Journal of the International Neuropsychological Society, 8*, 655-672.

Barkley, R. A., & Murphy, K. R. (2006). *Attention-deficit hyperactivity disorder: A clinical workbook* (3rd ed.). New York: Guilford Press.

Barkley, R. A., Murphy, K. R., & Fischer, M. (2008). *ADHD in adults: What the science says*. New York: Guilford Press.

Barkley, R. A., & Robin, A. L. (2014). *Defiant teens: A clinician's manual for assessment and family intervention* (2nd ed.). New York: Guilford Press.

Barkley, R. A., Shelton, T. L., Crosswait, C., Moorehouse, M., Fletcher, K., Barrett, S., et al. (2000). Multi-method psycho-educational intervention for preschool children with disruptive behavior: Preliminary results at posttreatment. *Journal of Child Psychology and Psychiatry, 41,* 319–332.

Barkley, R. A., Smith, K. M., Fischer, M., & Navia, B. (2006). An examination of the behavioral and neuropsychological correlates of three ADHD candidate gene polymorphisms (DRD4 7+, DBH TaqI A2, and DAT1 40 bp VNTR) in hyperactive and normal children followed to adulthood. *American Journal of Medical Genetics Part B (Neuropsychiatric Genetics), 141B,* 487–498.

Barlow, D. H. (Ed.). (1981). *Behavioral assessment of adult disorders.* New York: Guilford Press.

Barrios, B., & Hartmann, D. P. (1986). The contributions of traditional assessment: Concepts, issues, and methodologies. In R. O. Nelson & S. C. Hayes (Eds.), *Conceptual foundations of behavioral assessment* (pp. 81–110). New York: Guilford Press.

Bauermeister, J. J., Barkley, R. A., Bauermeister, J. A., Martinez, J. V., & McBurnett, K. (2012). Validity of the sluggish cognitive tempo, inattention, and hyperactivity dimensions: Neuropsychological and psychosocial correlates. *Journal of Abnormal Child Psychology, 50,* 683–697.

Beck, I. L., Perfetti, C. A., & McKeown, M. E. (1982). The effects of long-term vocabulary instruction on lexical access and reading comprehension. *Journal of Educational Psychology, 74,* 506–521.

Bergan, J. R., & Kratochwill, T. R. (1990). *Behavioral consultation and therapy.* New York: Plenum Press.

Bersoff, D. N., & Hofer, P. T. (1990). The legal regulation of school psychology. In T. B. Gutkin & C. R. Reynolds (Eds.), *The handbook of school psychology* (2nd ed., pp. 939–961). New York: Wiley.

Biederman, J., Faraone, S. V., Milberger, S., Curtis, S., Chen, L., Marrs, A., et al. (1996). Predictors of persistence and remission of ADHD into adolescence: Results from a four-year prospective follow-up study. *Journal of the American Academy of Child and Adolescent Psychiatry, 35,* 343–351.

Biederman, J., Melmed, R. D., Patel, A., McBurnett, K., Konow, J., Lyne, A., et al. (2008). A randomized, double-blind, placebo-controlled study of guanfacine extended release in children and adolescents with attention-deficit/hyperactivity disorder. *Pediatrics, 121,* e73–e84.

Biederman, J., Monuteaux, M. C., Spencer, T., Wilens, T. E., MacPherson, H. A., & Faraone, S. V. (2008). Stimulant therapy and risk for subsequent substance use disorders in male adults with ADHD: A naturalistic controlled 10-year follow-up study. *American Journal of Psychiatry, 165,* 597–603.

Biederman, J., Wilens, T., Mick, E., Faraone, S. V., Weber, W., Curtis, S., et al. (1997). Is ADHD a risk factor for psychoactive substance use disorders?: Findings from a four-year prospective follow-up study. *Journal of the American Academy of Child and Adolescent Psychiatry, 36,* 21–29.

Blackman, G. L., Ostrander, R., & Herman, K. C. (2005). Children with ADHD and depression: A multisource, multimethod assessment of clinical, social, and academic functioning. *Journal of Attention Disorders, 8*(4), 195–207.

Blackman, J. A., Westervelt, V. D., Stevenson, R., & Welch, A. (1991). Management of preschool children with attention deficit-hyperactivity disorder. *Topics in Early*

Childhood Special Education, 11, 91-104.

Booster, G. D., DuPaul, G. J., Power, T. J., & Eiraldi, R. (2012). Functional impairments in children with ADHD: Unique effects of age and comorbid status. *Journal of Attention Disorders, 16,* 179-189.

Boyajian, A. E., DuPaul, G. J., Wartel Handler, M., Eckert, T. L., & McGoey, K. E. (2001). The use of classroom-based brief functional analyses with preschoolers at-risk for attention deficit hyperactivity disorder. *School Psychology Review, 30,* 278-293.

Bracken, B. A. (1998). *Examiner's manual for the Bracken Basic Concept Scale-Revised.* San Antonio, TX: The Psychological Corporation, Harcourt Brace.

Bremness, A. B., & Sverd, J. (1979). Methylphenidate-induced Tourette syndrome: Case report. *American Journal of Psychiatry, 136,* 1334-1335.

Brinkman, W. B., Sherman, S. N., Zmitrovich, A. R., Visscher, M. O., Crosby, L. E., Phelan, K. J., et al. (2009). Parental angst making and revisiting decisions about treatment of attention-deficit hyperactivity disorder. *Pediatrics, 124*(2), 580-589.

Brown, R. T., & Sawyer, M. G. (1998). *Medications for school-age children: Effects on learning and behavior.* New York: Guilford Press.

Brown, R. T., & Sleator, E. K. (1979). Methylphenidate in hyperkinetic children: Differences in dose effects on impulsive behavior. *Pediatrics, 64,* 408-411.

Brown-Chidsey, R., & Steege, M. W. (2010). *Response to intervention: Principles and strategies for effective practice* (2nd ed.). New York: Guilford Press.

Buhrmester, D., Whalen, C. K., Henker, B., MacDonald, V., & Hinshaw, S. P. (1992). Prosocial behavior in hyperactive boys: Effects of stimulant medication and comparison with normal boys. *Journal of Abnormal Child Psychology, 20,* 103-122.

Burns, M. K., Deno, S. L., & Jimerson, S. R. (2007). Toward a unified response-to-intervention model. In S. R. Jimerson, M. K. Burns, & A. M. VanDer-Heyden (Eds.), *Handbook of response to intervention* (pp. 428-440). New York: Springer.

Burns, M. K., & Gibbons, K. A. (2008). *Implementing response-to-intervention in elementary and secondary schools.* New York: Routledge.

Burns, M. K., & Wagner, D. (2008). Determining an effective intervention within a brief experimental analysis for reading: A meta-analytic review. *School Psychology Review, 36,* 126-136.

Bussing, R., Mason, D. M., Bell, L., Porter, P., & Garvan, C. (2010). Adolescent outcomes of childhood attention-deficit/hyperactivity disorder in diverse community sample. *Journal of the American Academy of Child and Adolescent Psychiatry, 49,* 595-605.

Campbell, S. B., Endman, M. W., & Bernfield, G. (1977). A three-year follow-up of hyperactive preschoolers into elementary school. *Journal of Child Psychology and Psychiatry, 18,* 239-249.

Campbell, S. B., & Ewing, L. J. (1990). Follow-up of hard to manage preschoolers: Adjustment at age 9 and predictors of continuing symptoms. *Journal of Child Psychology and Psychiatry, 31,* 871-889.

Campbell, S. B., Schleifer, M., & Weiss, G. (1978). Continuities in maternal reports and child behaviors over time in hyperactive and comparison groups. *Journal of Abnormal Child Psychology, 6,* 33-45.

Cantwell, D. P. (1986). Attention deficit disorder in adolescents. *Clinical Psychology Review,*

6, 237-247.

Cantwell, D. P., & Baker, L. (1991). Association between attention-deficit hyperactivity disorder and learning disorders. *Journal of Learning Disabilities, 24,* 88-95.

Cantwell, D. P., & Satterfield, J. H. (1978). The prevalence of academic under-achievement in hyperactive children. *Journal of Pediatric Psychology, 3,* 168-171.

Carlson, C. L., & Mann, M. (2000). Attention-deficit/hyperactivity disorder predominantly inattentive subtype. *Child and Adolescent Psychiatric Clinics of North America, 9,* 499-510.

Carlson, C. L., & Mann, M. (2002). Sluggish cognitive tempo predicts a different pattern of impairment in the attention deficit hyperactivity disorder, predominantly inattentive type. *Journal of Clinical Child and Adolescent Psychology, 31,* 123-129.

Carnine, D., Kame'enui, E., & Silbert, J. (1990). *Direct instruction reading.* Columbus, OH: Merrill.

Carnine, D., & Kinder, D. (1985). Teaching low-performing students to apply generative and schema strategies to narrative and expository material. *Remedial and Special Education, 6,* 20-30.

Carroll County Public Schools. (1997). *ADHD procedural guidelines.* Westminster, MD: Author.

Castellanos, F. X., Giedd, J. N., Elia, J., Marsh, W. L., Ritcline, G. F., Hamburger, S. P., et al. (1997). Controlled stimulant treatment of ADHD and comorbid Tourette's syndrome: Effects of stimulant and dose. *Journal of the American Academy of Child and Adolescent Psychiatry, 36,* 589-596.

Centers for Disease Control and Prevention. (2010). Increasing prevalence of parent-reported attention-deficit/hyperactivity disorder among children United States, 2003 and 2007. *Morbidity and Mortality Weekly Report, 59*(44), 1439-1443.

Centers for Disease Control and Prevention. (2013, May 17). Mental health surveillance among children United States, 2005-2011. *Morbidity and Mortality Weekly Report, 62*(Suppl. 2), 1-35.

Chacko, A., Wymbs, B. T., Chimiklis, A., Wymbs, F. A., & Pelham, W. E. (2012). Evaluating a comprehensive strategy to improve engagement to group-based behavioral parent training for high-risk families of children with ADHD. *Journal of Abnormal Child Psychology, 40,* 1351-1362.

Chacko, A., Wymbs, B. T., Flammer-Rivera, L. M., Pelham, W. E., Walker, K. S., Arnold, F. W., et al. (2008). A pilot study of the feasibility and efficacy of the Strategies to Enhance Positive Parenting (STEPP) program for single mothers of children with ADHD. *Journal of Attention Disorders, 12,* 270-280.

Chafouleas, S., Riley-Tillman, T. C., & Sugai, G. (2007). *School-based behavioral assessment: Informing intervention and instruction.* New York: Guilford Press.

Chan, E., Zhan, C., & Homer, C. J. (2002). Health care use and costs for children with attention-deficit/hyperactivity disorder. *Archives of Pediatric and Adolescent Medicine, 156,* 504-511.

Charach, A., Dashti, B., Carson, P., Booker, L., Lim, C. G., Lillie, E., et al. (2010). *Attention deficit hyperactivity disorder: Effectiveness of treatment in at-risk preschoolers; long-term effectiveness in all ages; and variability in prevalence, diagnosis, and treatment. Comparative Effectiveness Review No. 44* (prepared by the McMaster University Evidence-Based Practice Center under Contract No. MME2202 290-02-0020; AHRQ Publication No. 12-EHC003-EF). Rockville, MD: Agency for Healthcare Research and Quality. Available at *www.effectivehealth care.ahrq.gov/reports/final.cfm*

Charach, A., Yeung, E., Climans, T., & Lillie, E. (2011). Childhood attention-deficit/hyperactivity disorder and future substance use disorders: Comparative meta-analyses. *Journal of the American Academy of Child and Adolescent Psychiatry, 50,* 9-21.

Christenson, S. L., & Sheridan, S. M. (2001). *Schools and families: Creating essential connections for learning.* New York: Guilford Press.

Chronis, A. M., Chacko, A., Fabiano, G. A., Wymbs, B. T., & Pelham, W. E. (2004). Enhancements to the behavioral parent training paradigm for families of children with ADHD: Review and future directions. *Clinical Child and Family Psychology Review, 7,* 1-27.

Chronis-Tuscano, A., Molina, B. S. G., Pelham, W. E., Applegate, B., Dahlke, A., Overmyer, A. M., et al. (2010). Very early predictors of adolescent depression and suicide attempts in children with attention-deficit/hyperactivity disorder. *Archives of General Psychiatry, 67,* 1044-1051.

Cipani, E., & Schock, K. M. (2011). *Functional behavioral assessment, diagnosis, and treatment: A complete system for education and mental health settings.* New York: Springer.

Clarfield, J., & Stoner, G. (2005). The effects of computerized reading instruction on the academic performance of students identified with ADHD. *School Psychology Review, 34*(2), 246-254.

Coghill, D., & Sonuga-Barke, E. J. S. (2012). Annual research review: Categories versus dimensions in the classification and conceptualisation of child and adolescent mental disorders-implications of recent empirical study. *Journal of Child Psychology and Psychiatry, 53,* 469-489.

Coles, E. K., Pelham, W. E., Gnagy, E. M., Burrows-MacLean, L., Fabiano, G. A., Chacko, A., et al. (2005). A controlled evaluation of behavioral treatment with children with ADHD attending a summer treatment program. *Journal of Emotional and Behavioral Disorders, 13*(2), 99-112.

Columbia University DISC Development Group. (2000). *C-DISC 4 Young Child Version.* New York: Author.

Cone, J. D. (1986). Idiographic, nomothetic, and related perspectives in behavioral assessment. In R. O. Nelson & S. C. Hayes (Eds.), *Conceptual foundations of behavioral assessment* (pp. 111-128). New York: Guilford Press.

Conners, C. K. (2000). *Conners Continuous Performance Test.* North Tonawanda, NY: Multi-Health Systems.

Conners, C. K. (2008). *Conners 3rd edition.* Toronto: Multi-Health Systems.

Conners, C. K., Epstein, J. N., March, J. S., Angold, A., Wells, K. C., Klaric, J., et al. (2001). Multimodal treatment of ADHD in the MTA: An alternative outcome analysis. *Journal of the American Academy of Child and Adolescent Psychiatry, 40,* 159-167.

Connor, D. F. (2006a). Other medications. In R. A. Barkley, *Attention-deficit/ hyperactivity disorder: A handbook for diagnosis and treatment* (3rd ed.) (pp. 658-677). New

York: Guilford Press.

Connor, D. F. (2006b). Stimulants. In R. A. Barkley, *Attention-deficit/hyperactivity disorder: A handbook for diagnosis and treatment* (3rd ed., pp. 608–647). New York: Guilford Press.

Connor, D. F., Barkley, R. A., & Davis, H. T. (2000). A pilot study of methylphenidate, clonidine, or the combination in ADHD comorbid with aggressive oppositional defiant or conduct disorder. *Clinical Pediatrics, 39,* 15–25.

Connor, D. F., & Doerfler, L. A. (2008). ADHD with comorbid oppositional defiant disorder or conduct disorder: Discrete or nondistinct behavior disorders? *Journal of Attention Disorders, 12*(2), 126–134.

Connor, D. F., Fletcher, K. E., & Swanson, J. M. (1999). A meta-analysis of clonidine for symptoms of attention-deficit/hyperactivity disorder. *Journal of the American Academy of Child and Adolescent Psychiatry, 38,* 1551–1559.

Connor, D. F., Glatt, S. J., Lopez, I. D., Jackson, D., & Melloni, R. H. (2002). Psychopharmacology and aggression, I: A meta-analysis of stimulant effects of overt/covert aggression-related behaviors in ADHD. *Journal of the American Academy of Child and Adolescent Psychiatry, 41,* 253–261.

Connors, L. L., Connolly, J., & Toplak, M. E. (2012). Self-reported inattention in early adolescence in a community sample. *Journal of Attention Disorders, 16,* 60–70.

Cooper, H., Robinson, J. C., & Patall, E. A. (2006). Does homework improve academic achievement?: A synthesis of research 1987–2003. *Review of Educational Research, 76,* 1–62.

Crawford, S. G., Kaplan, B. J., & Dewey, D. (2006). Effects of coexisting disorders on cognition and behavior in children with ADHD. *Journal of Attention Disorders, 10*(2), 192–199.

Crenshaw, T. M., Kavale, K. A., Forness, S. R., & Reeve, R. E. (1999). Attention deficit hyperactivity disorder and the efficacy of stimulant medication: A meta-analysis. In T. Scruggs & M. Mastropieri (Eds.), *Advances in learning and behavioral disabilities* (Vol. 13, pp. 135–165). Stamford, CT: JAI Press.

Cunningham, C. E. (2006). COPE: Large-group, community-based, family-centered parent training. In R. A. Barkley, *Attention-deficit/hyperactivity disorder: A handbook for diagnosis and treatment* (3rd ed., pp. 480–498). New York: Guilford Press.

Cunningham, C. E., & Barkley, R. A. (1979). The interactions of hyperactive and normal children with their mothers during free play and structured task. *Child Development, 50,* 217–224.

Cunningham, C. E., Bremner, R., & Secord, M. (1998). *The Community Parent Education Program: A school-based family systems oriented workshop for parents of children with disruptive behavior disorders.* Hamilton, Ontario, Canada: Hamilton Health Sciences Corporation.

Cunningham, C. E., & Cunningham, L. J. (2006). Student-mediated conflict resolution programs. In R. A. Barkely, *Attention-deficit/hyperactivity disorder: A handbook for diagnosis and treatment* (3rd ed., pp. 590–607). New York: Guilford Press.

Cunningham, C. E., Siegel, L. S., & Offord, D. R. (1985). A developmental dose response analysis of the effects of methylphenidate on the peer interactions of attention deficit disordered boys. *Journal of Child Psychology and Psychiatry, 26,* 955-971.

Dang, M. T., Warrington, D., Tung, T., Baker, D., & Pan, R. J. (2007). A school-based approach to early identification and management of students with ADHD. *Journal of School Nursing, 23,* 2-12.

Dawson, P., & Guare, R. (1998). *Coaching the ADHD student.* North Tonowanda, NY: Multi-Health Systems.

Dawson, P., & Guare, R. (2012). *Coaching students with executive skills deficits.* New York: Guilford Press.

Demaray, M. K., & Elliott, S. N. (2001). Perceived social support by children with characteristics of attention-deficit/hyperactivity disorder. *School Psychology Quarterly, 16,* 68-90.

Demaray, M. K., Schaefer, K., & DeLong, L. K. (2003). Attention-deficit/hyperactivity disorder (ADHD): A national survey of training and current assessment practices in the schools. *Psychology in the Schools, 40,* 583-597.

Deno, S. L. (2002). Problem solving as "best practice." In A. Thomas & J. Grimes (Eds.), *Best practices in school psychology IV* (pp. 37-55). Bethesda, MD: National Association of School Psychologists.

Denton, C. A., & Vaughn, S. (2010). Preventing and remediating reading difficulties: Perspectives from research. In M. R. Shinn & H. M. Walker (Eds.), *Interventions for achievement and behavior problems in a three-tier model including RTI* (pp. 469-500). Bethesda, MD: National Association of School Psychologists.

DeRisi, W. J., & Butz, G. (1975). *Writing behavioral contracts: A case simulation practice manual.* Champaign, IL: Research Press.

Dinkmeyer, D., McKay, G. D., Dinkmeyer, J. S., Dinkmeyer, D., & McKay, J. L. (1997). *Early Childhood Systematic Training for Effective Parenting (STEP).* Circle Pines, MN: American Guidance Services.

DiPerna, J. C., & Elliott, S. N. (2000). *Academic Competence Evaluation Scale.* San Antonio, TX: Psychological Corporation.

Dishion, T. J., & Patterson, G. R. (1997). The timing and severity of antisocial behavior: Three hypotheses within an ecological framework. In D. M. Stoff, J. Breiling, & J. D. Maser (Eds.), *Handbook of antisocial behavior* (pp. 205-217). New York: Wiley.

Dishion, T. J., Patterson, G. R., & Kavanagh, K. A. (1992). An experimental test of the coercion model: Linking theory, measurement, and intervention. In J. McCord & R. E. Tremblay (Eds.), *Preventing antisocial behavior: Interventions form birth through adolescence* (pp. 253-282). New York: Guilford Press.

Dittmann, R. W., Schact, A., Helsberg, K., Scheider-Fresenius, C., Lehmann, M., Lehmkuhl, G., et al. (2011). Atomoxetine versus placebo in children and adolescents with attention-deficit/hyperactivity disorder and comorbid oppositional defiant disorder: A double-blind, randomized, multicenter trial in Germany. *Journal of Child and Adolescent Psychopharmacology, 21,* 97-110.

Donnelly, C., Bangs, M., Trzepacz, P., Jin, L., Zhang, S., Witte, M. M., et al. (2009). Safety and tolerability of atomoxetine over 3 to 4 years in children and adolescents with ADHD. *Journal of the American Academy of Child and Adolescent psychiatry, 48,* 176-185.

Donnelly, M., & Rapoport, J. L. (1985). Attention deficit disorders. In J. M. Wiener (Ed.),

Diagnosis and psychopharmacology of childhood and adolescent disorders (pp. 179–197). New York: Wiley.

Doshi, J. A., Hodgkins, P., Kahle, J., Sikirica, V., Cangelosi, M. J., Setyawan, J., et al. (2012). Economic impact of childhood and adult attention–deficit/hyperactivity disorder in the United States. *Journal of the American Academy of Child and Adolescent Psychiatry, 51,* 990–1002.

Douglas, V. I. (1980). Higher mental processes in hyperactive children: Implications for training. In R. Knights & D. Bakker (Eds.), *Treatment of hyperactive and learning disordered children* (pp. 65–92). Baltimore: University Park Press.

Douglas, V. I., Barr, R. G., O'Neill, M. E., & Britton, B. G. (1986). Short term effects of methylphenidate on the cognitive, learning and academic performance of children with attention deficit disorder in the laboratory and the classroom. *Journal of Child Psychology and Psychiatry, 27,* 191–211.

Dunlap, G., de Perczel, M., Clarke, S., Wilson, D., Wright, S., White, R., & Gomez, A. (1994). Choice making to promote adaptive behavior for students with emotional and behavioral challenges. *Journal of Applied Behavior Analysis, 27,* 505–518.

DuPaul, G. J. (1992). How to asses attention–deficit hyperactivity disorder within school settings. *School Psychology Quarterly, 7,* 45–58.

DuPaul, G. J., Anastopoulos, A. D., Kwasnik, D., Barkley, R. A., & McMurray, M. B. (1996). Methylphenidate effects on children with attention deficit hyperactivity disorder: Self-report of symptoms, side-effects, and self-esteem. *Journal of Attention Disorders, 1,* 3–15.

DuPaul, G. J., Anastopoulos, A. D., Shelton, T. L., Guevremont, D. C., & Metevia, L. (1992). Multimethod assessment of attention–deficit hyperactivity disorder: The diagnostic utility of clinic-based tests. *Journal of Clinical Child Psychology, 21,* 394–402.

DuPaul, G. J., & Barkley, R. A. (1992). Situational variability of attention problems: Psychometric properties of the revised Home and School Situations Questionnaires. *Journal of Clinical Child Psychology, 21,* 178–188.

DuPaul, G. J., Barkley, R. A., & Connor, D. F. (1998). Stimulants. In R. A. Barkley, *Attention-deficit hyperactivity disorder: A handbook for diagnosis and treatment* (2nd ed., pp. 510–551). New York: Guilford Press.

DuPaul, G. J., Barkley, R. A., & McMurray, M. B. (1994). Response of children with ADHD to methylphenidate: Interaction with internalizing symptoms. *Journal of the American Academy of Child and Adolescent Psychiatry, 33,* 894–903.

DuPaul, G. J., & Eckert, T. L. (1994). The effects of social skills curricula: Now you see them, now you don't. *School Psychology Quarterly, 9,* 113–132.

DuPaul, G. J., & Eckert, T. L. (1997). School-based interventions for children with attention-deficit/hyperactivity disorder: A meta-analysis. *School Psychology Review, 26,* 5–27.

DuPaul, G. J., Eckert, T. L., & McGoey, K. E. (1997). Interventions for students with attention-deficit/hyperactivity disorder: One size does not fit all. *School Psychology Review, 26,* 369–381.

DuPaul, G. J., Eckert, T. L., & Vilardo, B. (2012). The effects of school-based interventions for attention deficit hyperactivity disorder: A meta-analysis 1996-2010. *School Psychology Review, 41,* 387–412.

DuPaul, G. J., & Ervin, R. A. (1996). Functional assessment of behaviors related to attention-deficit/hyperactivity disorder: Linking assessment to intervention design. *Behavior Therapy, 27,* 601-622.

DuPaul, G. J., Ervin, R. A., Hook, C. L., & McGoey, K. E. (1998). Peer tutoring for children with attention deficit hyperactivity disorder: Effects on classroom behavior and academic performance. *Journal of Applied Behavior Analysis, 31,* 579-592.

DuPaul, G. J., Gormley, M. J., & Laracy, S. D. (2012). Comorbidity of LD and ADHD: Implications of DSM-5 for assessment and treatment. *Journal of Learning Disabilities, 46,* 43-51.

DuPaul, G. J., Guevremont, D. C., & Barkley, R. A. (1991). Attention-deficit hyperactivity disorder in adolescence: Critical assessment parameters. *Clinical Psychology Review, 11,* 231-245.

DuPaul, G. J., Guevremont, D. C., & Barkley, R. A. (1992). Behavioral treatment of attention-deficit hyperactivity disorder in the classroom: The use of the Attention Training System. *Behavior Modification, 16,* 204-225.

DuPaul, G. J., & Henningson, P. N. (1993). Peer tutoring effects on the classroom performance of children with attention deficit hyperactivity disorder. *School Psychology Review, 22,* 134-143.

DuPaul, G. J., Jitendra, A. K., Volpe, R. J., Tresco, K. E., Lutz, J. G., Vile Junod, R. E., et al. (2006). Consultation-based academic interventions for children with ADHD: Effects on reading and mathematics achievement. *Journal of Abnormal Child Psychology, 34,* 635-648.

DuPaul, G. J., & Kern, L. (2011). *Young children with ADHD: Early identification and intervention.* Washington, DC: American Psychological Association.

DuPaul, G. J., Kern, L., Volpe, R. J., Caskie, G. I. L., Sokol, N., Arbolino, L., et al. (2013). Comparison of parent education and functional assessment-based intervention across 24 months for young children with ADHD. *School psychology Review, 42,* 56-75.

DuPaul, G. J., McGoey, K. E., Eckert, T. L., & VanBrakle, J. (2001). Preschool children with attention-deficit/hyperactivity disorder: Impairments in behavior, social, and school functioning. *Journal of the American Academy of Child and Adolescent Psychiatry, 40,* 508-515.

DuPaul, G. J., & Power, T. J. (2000). Educational interventions for students with attention-deficit disorders. In T. E. Brown (Ed.), *Attention-deficit disorders and comorbidities in children, adolescents, and adults* (pp. 607-635). Washington, DC: American Psychiatric Press.

DuPaul, G. J., Power, T. J., Anastopoulos, A. D., & Reid, R. (1998). *ADHD Rating Scale-IV (for Children and Adolescents): Checklists, norms, and clinical interpretation.* New York: Guilford Press.

DuPaul, G. J., & Rapport, M. D. (1993). Does methylphenidate normalize the classroom performance of children with attention deficit disorder? *Journal of the American Academy of Child and Adolescent Psychiatry, 32,* 190-198.

DuPaul, G. J., Rapport, M. D., & Perriello, L. M. (1991). Teacher ratings of academic skills: The development of the Academic Performance Rating Scale. *School Psychology Review, 20,* 284-300.

DuPaul, G. J., & Stoner, G. (2010). Interventions for attention-deficit hyperactivity disorder. In H. M. Walker & M. R. Shinn (Eds.), *Interventions for achievement and behavior in a three-tier model including RTI* (3rd ed., pp. 825-848). Bethesda, MD: National Association of School Psychologists.

DuPaul, G. J., Stoner, G., & O'Reilly, M. J. (2008). Best practices in classroom interventions for attention problems. In A. Thomas & J. Grimes (Eds.), *Best practices in school psychology* (5th ed., pp. 1421-1437). Bethesda, MD: National Association of School Psychologists.

DuPaul, G. J., Weyandt, L. L., O'Dell, S. M., & Varejao, M. (2009). College students with ADHD: Current status and future directions. *Journal of Attention Disorders, 13,* 234-250.

DuPaul, G. J., Weyandt, L. L., Rossi, J. S., Vilardo, B. A., O'Dell, S. M., Carson, K. M., et al. (2012). Double-blind, placebo-controlled, crossover study of the efficacy and safety of lisdexamfetamine dimesylate in college students with ADHD. *Journal of Attention Disorders, 16*(3), 202-220.

Dyer, K., Dunlap, G., & Winterling, V. (1990). Effects of choice making on the serious problem behaviors of students with severe handicaps. *Journal of Applied Behavior Analysis, 23,* 515-524.

Eckert, T. L., DuPaul, G. J., McGoey, K. E., & Volpe, R. J. (2002). *Young children at-risk for attention-deficit/hyperactivity disorder: A needs assessment of parents, community service providers, and experts.* Unpublished manuscript, Lehigh University, Bethlehem, PA.

Eddy, J. M., Reid, J. B., & Curry, V. (2002). The etiology of youth antisocial behavior, delinquency, and violence and a public health approach to prevention. In M. R. Shinn, H. M. Walker, & G. Stoner (Eds.), *Interventions for academic and behavior problems, II: Preventive and remedial approaches* (pp. 27-51). Bethesda, MD: National Association of School Psychologists.

Edwards, G., Barkley, R. A., Laneri, M., Fletcher, K., & Metevia, L. (2001). Parent-adolescent conflict in teenagers with ADHD and ODD. *Journal of Abnormal Child Psychology, 29,* 557-572.

Egger, H. L., Kondo, D., & Angold, A. (2006). The epidemiology and diagnostic issues in preschool attention-deficit/hyperactivity disorder: A review. *Infants and Young Children, 19,* 109-122.

Elia, J., & Rapoport, J. L. (1992). Ritalin versus dextroamphetamine in ADHD: Both schould be tried. In L. L. Greenhill & B. B. Osman (Eds.), *Ritalin: Theory and patient management* (pp. 69-74). New York: Liebert.

Epstein, J. L. (1986). Parents' reactions to teacher practices of parent involvement. *Elementary School Journal, 86,* 277-294.

Epstein, J. N., Erkanli, A., Conners, C. K., Klaric, J., Costello, J. E., & Angold, A. (2003). Relations between continuous performance test performance measures and ADHD behaviors. *Journal of Abnormal Child Psychology, 31,* 543-544.

Epstein, J. N., Langberg, J. M., Lichtenstein, P. K., Kolb, R., Altaye, M., & Simon, J. O. (2011). Use of an Internet portal to improve community-based pediatric ADHD care: A cluster randomized trial. *Pediatrics, 128,* e1201-e1208.

Ervin, R. A., DuPaul, G. J., Kern, L., & Friman, P. C. (1998). Classroom-based functional and adjunctive assessments: Proactive approaches to intervention selection for adolescents with attention deficit hyperactivity disorder. *Journal of Applied Behavior Analysis, 31,* 65-78.

Ervin, R. A., Ehrhardt, K. E., & Poling, A. (2001). Functional assessment: Old wine in new bottles. *School Psychology Review, 30,* 173-179.

Escobar, R., Montoya, A., Polavieja, P., Cardo, E., Artigas, J., Hervas, A., et al. (2009). Evaluation of patients' and parents' quality of life in a randomized placebo-controlled atomoxetine study in attention-deficit/hyperactivity disorder. *Journal of Child and Adolescent Psychopharmacolgoy, 19,* 253-263.

Evans, R. W., Gualtieri, C. T., & Amara, I. (1986). Methylphenidate and memory: Dissociated effects in hyperactive children. *Psychopharmacology, 90,* 211-216.

Evans, S. W., Allen, J., Moore, S., & Strauss, V. (2005). Measuring symptoms and functioning of youth with ADHD in middle schools. *Journal of Abnormal Child Psychology, 33,* 695-706.

Evans, S. W., Axelrod, J. L., & Langberg, J. (2004). Efficacy of a school-based treatment program for middle school youth with ADHD: Pilot data. *Behavior Modification, 28,* 528-547.

Evans, S. W., Owens, J. S., & Bunford, N. (in press). Evidence-based psychosocial treatments for children and adolescents with attention-deficit/hyperactivity disorder. *Journal of Clinical Child and Adolescent Psychology.*

Evans, S. W., Owens, J. S., Mautone, J. A., DuPaul, G. J., & Power, T. J. (2014). Toward a comprehensive, life course model of care for youth with ADHD. In M. Weist, N. Lever, C. Bradshaw, & J. S. Owens (Eds.), *Handbook of school mental health* (2nd ed., pp. 413-426). New York: Springer.

Evans, S. W., & Pelham, W. E. (1991). Psychostimulant effects on academic and behavioral measures for ADHD junior high school students in a lecture format classroom. *Journal of Abnormal Child Psychology, 19,* 537-552.

Evans, S. W., Pelham, W. E., Smith, B. H., Bukstein, O., Gnagy, E. M., Greiner, A. R., et al. (2001). Dose-response effects of methylphenidate on ecologically valid measures of academic performance and classroom behavior in adolescents with ADHD. *Experimental and Clinical Psychopharmacology, 9,* 163-175.

Evans, S., Schultz, B., DeMars, C., & Davis, H. (2011). Effectiveness of the Challenging Horizons after-school program for young adolescents with ADHD. *Behavior Therapy, 42,* 462-474.

Evans, S. W., Schultz, B. K., Casey White, L., Brady, C., Sibley, M. H., & Van Eck, K. (2009). A school-based organization intervention for young adolescents with attention deficit/hyperactivity disorder. *School Mental Health, 1*(2), 78-88.

Evans, S. W., Serpell, Z. N., Schultz, B. K., & Pastor, D. A. (2007). Cumulative benefits of secondary school-based treatment of students with attention deficit hyperactivity disorder. *School Psychology Review, 36,* 256-273.

Eyberg, S. M., Funderburk, B. W., Hembree-Kigin, T. L., McNeil, C. B., Querido, J. G., & Hood, K. K. (2001). Parent-child interaction therapy with behavior problem children: One and two year maintenance of treatment effects in the family. *Child and Family Behavior Therapy, 23,* 1-20.

Eyberg, S. M., Nelson, M. M., & Boggs, S. R. (2008). Evidence-based psychosocial treatments for children and adolescents with disruptive behavior. *Journal of Clinical Child and Adolescent Psychology, 37,* 215-237.

Fabiano, G. A., Pelham, W. E. Jr., Coles, E. K., Gnagy, E. M., Chronis-Tuscano, A., & O'Connor, B. C. (2009). A meta-analysis of behavior treatments for attention-deficit/hyperactivity disorder. *Clinical Psychology Review, 29,* 29-140.

Fabiano, G. A., Pelham, W. E., Gnagy, E. M., Kipp, H., Lahey, B. B., Burrows-MacLean, L., et al. (1999, November). *The reliability and validity of the Children's Impairment Rating Scale: A practical measure of impairment in children with ADHD.* Poster presented at the annual meeting of the Association for the Advancement of Behavior Therapy, Toronto, Ontario, Canada.

Fabiano, G. A., Pelham, W. E., Jr., Gnagy, E. M., Burrows-MacLean, L., Coles, E. K., Chacko, A., et al. (2007). The single and combined effects of multiple intensities of behavior modification and methylphenidate for children with attention deficit hyperactivity disorder. *School Psychology Review, 36,* 195-216.

Fabiano, G. A., Pelham, W. E., Jr., Manos, M. J., Gnagy, E. M., Chronis, A. M., Onyango, A. N., et al. (2004). An evaluation of three time-out procedures for children with attention deficit/hyperactivity disorder. *Behavior Therapy, 35,* 449-469.

Fabiano, G. A., Pelham, W. E., Jr., Waschbusch, D. A., Gnagy, E. M., Lahey, B. B., Chronis, A. M., et al. (2006). A practical measure of impairment: Psychometric properties of the Impairment Rating Scale in samples of children with attention deficit hyperactivity disorder and two school-based samples. *Journal of Clinical Child and Adolescent Psychology, 35,* 369-385.

Faraone, S. V., Biederman, J., Krifcher, B., Lehmann, B., Keenan, K., Norman, D., et al. (1993). Evidence for the independent familial transmission of attention deficit hyperactivity disorder and learning disabilities: Results from a family genetic study. *American Journal of Psychiatry, 150,* 891-895.

Faraone, S. V., Biederman, J., Weber, W., & Russell, R. L. (1998). Psychiatric, neuropsychological, and psychosocial features of DSM-IV subtypes of attention-deficit/hyperactivity disorder: Results from a clinically referred sample. *Journal of the American Academy of Child and Adolescent Psychiatry, 37,* 185-193.

Faraone, S. V., & Buitelaar, J. (2010). Comparing the efficacy of stimulants for ADHD in children and adolescents using meta-analysis. *European Child and Adolescent Psychiatry, 19,* 353-364.

Faraone, S. V., & Glatt, S. J. (2010). Effects of extended-release guanfacine on ADHD symptoms and sedation-related adverse events in children with ADHD. *Journal of Attention Disorders, 13,* 532-538.

Feil, E. G., Walker, H. M., & Severson, H. H. (1995). Young children with behavior problems: Research and development of the Early Screening Project. *Journal of Emotional and Behavioral Disorders, 3,* 194-202.

Feingold, B. F. (1975). Hyperkinesis and learning disabilities linked to artificial food flavors and colors. *American Journal of Nursing, 75,* 797-803.

Fergusson, D. M., & Horwood, L. J. (1995). Early disruptive behavior, IQ, and later school achievement and delinquent behavior. *Journal of Abnormal Child Psychology, 23,*

183-199.

Fergusson, D. M., Horwood, L. J., & Lynskey, M. T. (1993). The effects of conduct disorder and attention deficit in middle childhood on offending and scholastic ability at age 13. *Journal of Child Psychology and Psychiatry, 34,* 899-916.

Fergusson, D. M., Lynskey, M. T., & Horwood, L. J. (1997). Attentional difficulties in middle childhood and psychosocial outcomes in young adulthood. *Journal of Child Psychology and Psychiatry, 38,* 633-644.

Fielding, L. T., Murphy, R. J., Reagan, M. W., & Peterson, T. L. (1980). An assessment program to reduce drug use with the mentally retarded. *Hospital and Community Psychiatry, 31,* 771-773.

Finn, C. A., & Sladeczek, I. E. (2001). Assessing the social validity of behavioral interventions: A review of treatment acceptability measures. *School Psychology Quarterly, 16,* 176-206.

Fischer, M. (1990). Parenting stress and the child with attention deficit hyperactivity disorder. *Journal of Clinical Child Psychology, 19,* 337-346.

Flood, W. A., & Wilder, D. A. (2002). Antecedent assessment and assessment-based treatment of off-task behavior in a child diagnosed with attention deficit hyperactivity disorder (ADHD). *Education and Treatment of Children, 25,* 331-338.

Floyd, R. G., Hojnoski, R. L., & Key, J. M. (2006). Preliminary evidence of technical adequacy of the Preschool Numeracy Indicators. *School Psychology Review, 35,* 627-644.

Forness, S. R., & Kavale, K. A. (2001). ADHD and a return to the medical model of special education. *Education and Treatment of Children, 24,* 224-247.

Forness, S. R., Kavale, K. A., Sweeney, D. P., & Crenshaw, T. M. (1999). The future of research and practice in behavioral disorders: Psychopharmacology and its school treatment implications. *Behavioral Disorders, 24,* 305-318.

Frazier, T. W., Demaree, H. A., & Youngstrom, E. A. (2004). Meta-analysis of intellectual and neuropsychological test performance in attention-deficit/hyperactivity disorder. *Neuropsychology, 18,* 543-555.

Frazier, T. W., Youngstrom, E. A., Glutting, J. J., & Watkins, M. (2007). ADHD and achievement: Meta-analysis of the child, adolescent, and young adult literatures and a concomitant study with college students. *Journal of Learning Disabilities, 40,* 49-65.

Frick, P. J., Kamphaus, R. W., Lahey, B. B., Loeber, R., Christ, M. A. G., Hart, E. L., et al. (1991). Academic underachievement and the disruptive behavior disorders. *Journal of Consulting and Clinical Psychology, 59,* 289-294.

Froehlich, T. E., Lamphear, B. P., Epstien, J. N., Barbaresi, W. J., Katusic, S. K., & Kahn, R. S. (2007). Prevalence, recognition, and treatment of attention-deficit/ hyperactivity disorder in a national sample of U.S. children. *Archives of Pediatric and Adolescent Medicine, 161,* 857-864.

Gadow, K. D. (1993). A school-based medication evaluation program. In J. L. Matson (Ed.), *Handbook of hyperactivity in children* (pp. 186-219). Boston: Allyn & Bacon.

Gadow, K. D., Nolan, E. E., Paolicelli, L. M., & Sprafkin, J. (1991). A procedure of assessing the effects of methylphenidate on hyperactive children in public school settings. *Journal of Clinical Child Psychology, 20,* 268-276.

Gadow, K. D., Nolan, E. E., Sverd, J., Sprafkin, J., & Paolicelli, L. (1990). Methylphenidate in aggressive-hyperactive boys: I. Effects on peer aggression in public school settings.

Journal of the American Academy of Child and Adolescent Psychiatry, 29, 710-718.

Gadow, K. D., & Sprafkin, J. (2010). *Early Childhood Inventory-4R: Norms manual.* Stony Brook, NY: Checkmate Plus.

Gadow, K. D., Sprafkin, J., Carlson, C. A., Schneider, J., Nolan, E. E., Mattison, R. E., et al. (2002). A DSM-IV-referenced, adolescent self-report rating scale. *Journal of the American Academy of Child and Adolescent Psychiatry, 41,* 671-679.

Gadow, K. D., Sprafkin, J., & Nolan, E. E. (1996). *ADHD School Observation Code.* Stony Brook, NY: Checkmate Plus.

Gadow, K. D., Sverd, J., Nolan, E. E., Sprafkin, J., & Schneider, J. (2007). Immediate-release methylphenidate for ADHD in children with comorbid chronic multiple tic disorder. *Journal of the American Academy of Child and Adolescent Psychiatry, 46,* 840-848.

Galéra, C., Melchior, M., Chastang, J. F., Bouvard, M. P., & Fombonne, E. (2009). Childhood and adolescent hyperactivity-inattention symptoms and academic achievement 8 years later: The GAZEL Youth Study. *Psychological Medicine, 39,* 1895-1906.

Galéra, C., Messiah, A., Melchior, M., Chastang, J., Encrenaz, G., Lagarde, E., et al. (2010). Disruptive behaviors and early sexual intercourse: The GAZEL Youth Study. *Psychiatry Research, 177,* 361-363.

Garmezy, N. (1978). DSM-III. Never mind the psychologists: Is it good for the children? *Clinical Psychologist, 31,* 1-6.

Gaub, M., & Carlson, C. L. (1997). Gender differences in ADHD: A meta-analysis and critical review. *Journal of the American Academy of Child and Adolescent Psychiatry, 36,* 1036-1045.

Gersten, R., Fuchs, L. S., Williams, J. P., & Baker, S. (2001). Teaching reading comprehension strategies to students with learning disabilities: A review of research. *Review of Educational Research, 71*(2), 279-320.

Gersten, R., Jordan, N. C., & Flojo, J. R. (2005). Early identification and interventions for students with mathematics difficulties. *Journal of Learning Disabilities, 38,* 293-304.

Ghuman, J. K., Arnold, L. E., & Anthony, B. J. (2008). Psychopharmacological and other treatments in preschool children with attention-deficit/hyperactivity disorder: Current evidence and practice. *Journal of Child and Adolescent Psychopharmacology, 18,* 413-447.

Ginsburg-Block, M. D., Rohrbeck, C. A., & Fantuzzo, J. W. (2006). A meta-analytic review of the social, self-concept, and behavioral conduct outcomes of peer assisted learning. *Journal of Educational Psychology, 98,* 732-749.

Gioia, G. A., Isquith, P. K., Guy, S. C., & Kenworhty, L. (2000). *Behavioral Rating Inventory of Executive Function.* Lutz, FL: Psychological Assessment Resources.

Gittelman, R., Mannuzza, S., Shenker, R., & Bonagura, N. (1985). Hyperactive boys almost grown up. *Archives of General Psychiatry, 42,* 937-947.

Gleason, M. M., Archer, A. L., & Colvin, G. (2010). Study skills: Making the invisible visible. In M. R. Shinn & H. M. Walker (Eds.), *Interventions for achievement and behavior problems in a three-tier model including RTI* (pp. 571-607). Bethesda, MD: National Association of School Psychologists.

Golden, S. M. (2009). Does childhood use of stimulant medication as a treatment for ADHD affect the likelihood of future drug abuse and dependence?: A literature review.

Journal of Child and Adolescent Substance Abuse, 18, 343-358.

Goldstein, S., & Goldstein, M. (1998). *Managing attention deficit hyperactivity disorder in children: A guide for practitioners* (2nd ed.). New York: Wiley.

Gordon, M. (1983). *The Gordon diagnostic system.* DeWitt, NY: Gordon Systems.

Gordon, M. (1986). How is a computerized attention test used in the diagnosis of attention deficit disorder? *Journal of Children in Contemporary Society, 19,* 53-64.

Grahan, S., MacArthur, C. A., & Fitzgerald, J. (2013). *Best practices in writing instruction* (2nd ed.). New York: Guilford Press.

Graham-Day, K. J., Gardner, R., III, & Hsin, Y. W. (2010). Increasing on-task behaviors of high school students with attention deficit hyperactivity disorder: Is it enough? *Education and Treatment of Children, 33,* 205-221.

Grauvogel-MacAleese, A. N., & Wallace, M. D. (2010). Use of peer-mediated intervention in children with attention deficit hyperactivity disorder. *Journal of Applied Behavior Analysis, 43,* 547-551.

Greene, R. W., Beszterczey, S. K., Katzenstein, T., Park, K., & Goring, J. (2002). Are students with ADHD more stressful to teach?: Patterns of teacher stress in an elementary school sample. *Journal of Emotional and Behavioral Disorders, 10,* 79-89.

Greene, R. W., Biederman, J., Faraone, S. V., Ouellette, C. A., Penn, C., & Griffin, S. (1996). Toward a new psychometric definition of social disability in children with attention-deficit hyperactivity disorder. *Journal of the American Academy of Child and Adolescent Psychiatry, 35,* 571-578.

Greenhill, L., Kollins, S., Abikoff, H., McCracken, J., Riddle, M., Swanson, J., et al. (2006). Efficacy and safety of immediate-release methylphenidate treatment for preschoolers with ADHD. *Journal of the American Academy of Child and Adolescent Psychiatry, 45,* 1284-1293.

Greenhill, L. L. (1984). Stimulant related growth inhibition in children: A review. In L. Greenhill & B. Shopsin (Eds.), *The psychology of childhood* (pp. 135-157). New York: Spectrum.

Greenwood, C. R., Delquadri, J., & Carta, J. J. (1988). *Classwide peer tutoring.* Seattle, WA: Educational Achievement Systems.

Greenwood, C. R., Maheady, L., & Delquadri, J. (2002). Classwide peer tutoring programs. In M. R. Shinn, H. M. Walker, & G. Stoner (Eds.), *Interventions for academic and behavior problems, II: Preventive and remedial approaches* (pp. 611-649). Bethesda, MD: National Association of School Psychologists.

Greenwood, C. R., Seals, K., & Kamps, D. (2010). Peer teaching interventions for multiple levels of support. In M. R. Shinn & H. M. Walker (Eds.), *Interventions for achievement and behavior problems in a three-tier model including RTI* (pp. 633-675). Bethesda, MD: National Association of School Psychologists.

Gregory, R. J. (1996). *Psychological testing: History, principles, and applications* (2nd ed.). Boston: Allyn & Bacon.

Gresham, F. M. (1989). Assessment of treatment integrity in school consultation and prereferral intervention. *School Psychology Review, 18,* 37-50.

Gresham, F. M. (1991). Conceptualizing behavior disorders in terms of resistance to intervention. *School Psychology Review, 20,* 23-36.

Gresham, F. M. (2009). Evolution of the treatment integrity concept: Current status and future directions. *School Psychology Review, 38*(4), 533–540.

Gresham, F. M., & Elliott, S. N. (2008). *Social Skills Improvement System*. Minneapolis, MN: Pearson Assessments.

Gresham, F. M., & Gansle, K. A. (1992). Misguided assumptions of DSM–III–R: Implications for school psychological practice. *School Psychology Quarterly, 7,* 79–95.

Gresham, F. M., Gansle, K. A., Noell, G. H., Cohen, S., & Rosenblum, S. (1993). Treatment integrity of school-based behavioral intervention studies: 1980–1990. *School Psychology Review, 22,* 254–272.

Gresham, F. M., Watson, T. S., & Skinner, C. H. (2001). Functional behavioral assessment: Principles, procedures, and future directions. *School Psychology Reviews, 30,* 156–172.

Griffin, S. A., Case, R., & Siegler, R. S. (1994). Rightstart: Providing the central conceptual prerequisites for first formal learning of arithmetic to students at risk for school failure. In K. McGilly (Ed.), *Classroom lessons: Integrating cognitive theory and classroom practice* (pp. 25–49). Cambridge, MA: MIT Press.

Grossen, B., & Carnine, D. (1991). Strategies for maximizing reading success in the regular classroom. In G. Stoner, M. R. Shinn, & H. M. Walker (Eds.), *Interventions for achievement and behavior problems* (pp. 333–355). Silver Spring, MD: National Association of School Psychologists.

Guevara, J., Lozano, P., Wickizer, T., Mell, L., & Gephart, H. (2001). Utilization and cost of health care services for children with attention-deficit/hyperactivity disorder. *Pediatrics, 108,* 71–78.

Gureasko-Moore, D. P., DuPaul, G. J., & Power, T. J. (2005). Stimulant treatment for attention-deficit/hyperactivity disorder: Medication monitoring practices of school psychologists. *School Psychology Review, 34,* 232–245.

Gureasko-Moore, S., DuPaul, G., & White, G. (2007). Self-management of classroom preparedness and homework: Effects on school functioning of adolescents with attention-deficit hyperactivity disorder. *School Psychology Review, 36,* 647–664.

Gureasko-Moore, S., DuPaul, G. J., & White, G. P. (2006). The effects of self-management in general education classrooms on the organizational skills of adolescents with ADHD. *Behavior Modification, 30,* 159–183.

Hakola, S. (1992). Legal rights of students with attention deficit disorder. *School Psychology Quarterly, 7,* 285–297.

Handler, M. W., & DuPaul, G. J. (2002). Diagnosis of childhood ADHD: Differences across psychology specialty areas. *ADHD Report, 10*(3), 7–9.

Hansen, D. L., & Hansen, E. H. (2006). Caught in balancing act: Parents' dilemmas regarding their ADHD child's treatment with stimulant medication. *Qualitative Health Research, 16,* 1267–1285.

Harris, K. R., & Graham, S. (1996). *Making the writing process work: Strategies for composition and self-regulation*. Cambridge, MA: Brookline Books.

Harrison, J. R., Bunford, N., Evans, S. W., & Owens, J. S. (2013). Educational accommodations for students with behavioral challenges: A systematic review of the literature. *Review of Educational Research, 83,* 551–597.

Harrison, J. R., Vannest, K., Davis, J., & Reynolds, C. (2012). Common problem behaviors of children and adolescents in general education classrooms in the United States. *Journal of Emotional and Behavioral Disorders, 20,* 55-64.

Harrison, J. R., Vannest, K. J., & Reynolds, C. R. (2011). Behaviors that discriminate ADHD in children and adolescents: Primary symptoms, symptoms of comorbid conditions, or indicators of functional impairment? *Journal of Attention Disorders, 15*(2), 147-160.

Hart, B., & Risley, T. R. (1995). *Meaningful differences in the everyday experience of young American children.* Baltimore: Brookes.

Harty, S. C., Ivanov, I., Newcorn, J. H., & Halperin, J. M. (2011). The impact of conduct disorder and stimulant medication on later substance use in an ethnically diverse sample of individuals with attention-deficit/hyperactivity disorder in childhood. *Journal of Child and Adolescent Psychopharmacology, 21,* 331-339.

Harty, S. C., Miller, C. J., Newcorn, J. H., & Halperin, J. M. (2009). Adolescents with childhood ADHD and comorbid disruptive behavior disorders: Aggression, anger, and hostility. *Child Psychiatry Human Development, 40,* 85-97.

Haynes, S. N. (1986). The design of intervention programs. In R. O. Nelson & S. C. Hayes (Eds.), *Conceptual foundations of behavioral assessment* (pp. 386-429). New York: Guilford Press.

Haynes, S. N., Mumma, G. H., & Pinson, C. (2009). Idiographic assessment: Conceptual and psychometric foundations of individualized behavioral assessment. *Clinical Psychology Review, 29,* 179-191.

Hazell, P. L., Kohn, M. R., Dickson, R., Walton, R. J., Granger, R. E., & van Wyk, G. W. (2011). Core ADHD symptom improvement with atomoxetine versus methylphenidate: A direct comparison meta-analysis. *Journal of Attention Disorders, 15,* 674-683.

Healey, D. M., Miller, C. J., Castelli, K. L., Marks, D. J., & Halperin, J. M. (2008). The impact of impairment criteria on rates of ADHD diagnoses in preschoolers. *Journal of Abnormal Child Psychology, 36,* 771-778.

Heaton, R. K., Chelune, G. J., Talley, J. L., Kay, G. G., & Curtiss, G. (1993). *Wisconsin Card Sorting Test manual.* Odessa, FL: Psychological Assessment Resources.

Heiligenstein, E., & Keeling, R. P. (1995). Presentation of unrecognized attention deficit hyperactivity disorder in college students. *Journal of American College Health, 43*(5), 226-228.

Hinshaw, S. P. (1991). Stimulant medication and the treatment of aggression in children with attentional deficits. *Journal of Clinical Child Psychology, 20,* 301-312.

Hinshaw, S. P. (1992). Academic underachievement, attention deficits, and aggression: Comorbidity and implications for intervention. *Journal of Consulting and Clinical Psychology, 60,* 893-903.

Hinshaw, S. P., Henker, B., & Whalen, C. K. (1984). Self-control in hyperactive boys in anger-inducing situations: Effects of cognitive-behavioral training and of methylphenidate. *Journal of Abnormal Child Psychology, 12,* 55-77.

Hinshaw, S. P., Henker, B., Whalen, C. K., Erhardt, D., & Dunnington, R. E., Jr. (1989). Aggressive, prosocial, and nonsocial behavior in hyperactive boys: Dose effects of methylphenidate in naturalistic settings. *Journal of Consulting and Clinical Psychology, 57,* 636-643.

Hinshaw, S. P., & Melnick, S. (1992). Self-management therapies and attention deficit hyperactivity disorder: Reinforced self-evaluation and anger control interventions. *Behavior Modification, 16,* 253–273.

Hinshaw, S. P., Owens, E. B., Sami, N., & Fargeon, S. (2006). Prospective follow-up of girls with attention-deficit/hyperactivity disorder into adolescence: Evidence for continuing cross-domain impairment. *Journal of Consulting and Clinical Psychology, 74*(3), 489–499.

Hinshaw, S. P., Owens, E. B., Zalecki, C., Huggins, S. P., Montenegro-Nevado, A. J., Schrodek, E., et al. (2012). Prospective follow-up of girls with attention-deficit/hyperactivity disorder into early adulthood: Continuing impairment includes elevated risk for suicide attempts and self-injury. *Journal of Consulting and Clinical Psychology, 80,* 1041–1051.

Hinshaw, S. P., Zupan, B. A., Simmel, C., Nigg, J. T., & Melnick, S. (1997). Peer status in boys with and without attention-deficit hyperactivity disorder: Predictions from overt and covert antisocial behavior, social isolation, and authoritative parenting beliefs. *Child Development, 68,* 880–896.

Hodgens, J. B., Cole, J., & Boldizar, J. (2000). Peer-based differences among boys with ADHD. *Journal of Clinical Child Psychology, 29,* 443–452.

Hoff, K., & DuPaul, G. J. (1998). Reducing disruptive behavior in general education classrooms: The use of self-management strategies. *School Psychology Review, 27,* 290–303.

Hojnoski, R. L., Silberglitt, B., & Floyd, R. G. (2009). Sensitivity to growth over time of the Preschool Numeracy Indicators with a sample of preschoolers in Head Start. *School Psychology Review, 38,* 402–418.

Hook, C. L., & DuPaul, G. J. (1999). Parent tutoring for students with attention deficit hyperactivity disorder: Effects on reading at home and school. *School Psychology Review, 28,* 60–75.

Horner, R. H., Salentine, S., & Albin, R. W. (2003). Self-assessment of contextual fit in school (rating scale). Retrieved from www.pbis.org

Houghton, S., Alsalmi, N., Tan, C., Taylor, M., & Durkin, K. (in press). Treating comorbid anxiety in adolescents with ADHD using a cognitive behavior therapy program. *Journal of Attention Disorders.*

Hoza, B., Pelham, W. E., Dobbs, J., Owens, J. S., & Pillow, D. R. (2002). Do boys with attention-deficit/hyperactivity disorder have positive illusory self-concepts? *Journal of Abnormal Psychology, 111,* 268–278.

Hoza, B., Pelham, W. E., Sams, S. E., & Carlson, C. (1992). An examination of the "dosage" effects of both behavior therapy and methylphenidate on the classroom performance of two ADHD children. *Behavior Modification, 16,* 164–192.

Huff, K. E., & Robinson, S. L. (2002). Best practices in peer-mediated interventions. In A. Thomas & J. Grimes (Eds.), *Best practices in school psychology IV* (pp. 1555–1567). Bethesda, MD: National Association of School Psychologists.

Hunt, R. D., Mindera, R. B., & Cohen, D. J. (1985). Clonidine benefits children with attention deficit disorder and hyperactivity: Report of a double-blind placebo-crossover therapeutic trial. *Journal of the American Academy of Child and Adolescent Psychiatry, 24,* 617–629.

Imeraj, L., Antrop, I., Sonuga-Barke, E., Deboutte, D., Deschepper, E., Bal, S., et al. (2013). The impact of instructional context on classroom on-task behavior: A matched comparison of children with ADHD and non-ADHD classmates. *Journal of School Psychology, 51,* 487-498.

Individuals with Disabilities Education Improvement Act. (2004). Public Law 108-446.

Ingersoll, B., & Goldstein, S. (1993). *Attention deficit disorder and learning disabilities: Realities, myths, and controversial treatments.* New York: Doubleday.

Invernizzi, M., Sullivan, A., & Meier, J. (2001). *Phonological Awareness Literacy Screening for Preschool.* Charlottesville, VA: University Press.

Jacob, R. G., O'Leary, K. D., & Rosenblad, C. (1978). Formal and informal classroom settings: Effects on hyperactivity. *Journal of Abnormal Child Psychology, 6,* 47-59.

Jacob, S., Decker, D. M., & Hartshorne, T. S. (2011). *Ethics and law for school psychologists* (6th ed.). Hoboken, NJ: Wiley.

Jacobsen, N. S., & Truax, P. (1991). Clinical significance: A statistical approach to defining meaningful change in psychotherapy research. *Journal of Consulting and Clinical Psychology, 59,* 12-19.

Jacobson, L. T., & Reid, R. (2010). Improving the persuasive essay writing of high school students with ADHD. *Exceptional Children, 76,* 157-174.

James, R. S., Sharp, W. S., Bastain, T. M., Lee, P. P., Walter, J. M., Czarnolewski, M., et al. (2001). Double-blind, placebo-controlled study of single-dose amphetamine formulations in ADHD. *Journal of the American Academy of Child and Adolescent Psychiatry, 40,* 1268-1276.

Jarrett, M. A., & Ollendick, T. H. (2008). A conceptual review of the comorbidity of attention-deficit/hyperactivity disorder and anxiety: Implications for future research and practice. *Clinical Psychology Review, 28,* 1266-1280.

Jarrett, M. A., & Ollendick, T. H. (2012). Treatment of comorbid attention-deficit/hyperactivity disorder and anxiety in children: A multiple baseline design analysis. *Journal of Consulting and Clinical Psychology, 80*(2), 239-244.

Jensen, P. S., Arnold, L. E., Swanson, J. M., Vitiello, B., Abikoff, H. B., Greenhill, L. L., et al. (2007). 3-year follow-up of the NIMH MTA study. *Journal of the American Academy of Child and Adolescent Psychiatry, 46,* 989-1002.

Jensen, P. S., Martin, D., & Cantwell, D. P. (1997). Comorbidity in ADHD: Implications for research, practice, and DSM-V. *Journal of the American Academy of Child and Adolescent Psychiatry, 36,* 1065-1079.

Jimerson, S. R., Burns, M. K., & VanDerHeyden, A. M. (Eds.). (2007). *Handbook of response to intervention: The science and practice of assessment and intervention.* New York: Springer.

Jitendra, A. K., DuPaul, G. J., Someki, F., & Tresco, K. E. (2008). Enhancing academic achievement for children with attention deficit hyperactivity disorder: Evidence from school-based intervention research. *Developmental Disabilities Research Reviews, 14,* 325-330.

Johnson, J. W., Reid, R., & Mason, L. H. (2012). Improving the reading recall of high school students with ADHD. *Remedial and Special Education, 33,* 258-268.

Johnson, R. C., & Rosén, L. A. (2000). Sports behavior of ADHD children. *Journal of*

Attention Disorders, 4, 150-160.

Johnston, C., & Mash, E. J. (2001). Families of children with attention-deficit/ hyperactivity disorder: Review and recommendations for future research. *Clinical Child and Family Psychology Review, 4,* 183-207.

Johnston, C., Pelham, W. E., Hoza, J., & Sturges, J. (1987). Psychostimulant rebound in attention deficit disordered boys. *Journal of the American Academy of Child and Adolescent Psychiatry, 27,* 806-810.

Kaiser Permanente Center for Health Research. (2013). *Adolescents coping with depression course.* Retrieved from *www.kpchr.org/research/public/acwd/acwd.html*

Kaminski, R. A., & Good, R. H. (1996). Toward a technology for assessing basic early literacy skills. *School Psychology Review, 25,* 215-227.

Karustis, J. L., Power, T. J., Rescorla, L. A., Eiraldi, R. B., & Gallagher, P. R. (2000). Anxiety and depression in children with ADHD: Unique association with academic and social functioning. *Journal of Attention Disorders, 4,* 133-149.

Kavale, K. A., & Mattson, P. D. (1983). One jumped off the balance beam: Meta-analysis of perceptual-motor training. *Journal of Learning Disabilities, 16,* 165-173.

Kazdin, A. E. (1992). *Research design in clinical psychology* (2nd ed.). Boston: Allyn & Bacon.

Kazdin, A. E. (2000). *Psychotherapy for children and adolescents: Directions for research and practice.* London: Oxford University Press.

Kazdin, A. E. (2011). *Single-case research designs: Methods for clinical and applied settings* (2nd ed.). New York: Oxford University Press.

Keenan, K., Shaw, D. S., Walsh, B., Deliquadri, E., & Giovanelli, J. (1997). DSM-III-R disorders in preschool children from low-income families. *Journal of the American Academy of Child and Adolescent Psychiatry, 36,* 620-627.

Kelley, M. L. (1990). *School-home notes: Promoting children's classroom success.* New York: Guilford Press.

Kelly, K. (2001). *An assessment of the peer relationships of elementary school children diagnosed with attention deficit hyperactivity disorder.* Unpublished doctoral dissertation, Lehigh University, Bethlehem, PA.

Kelsey, D. K., Sumner, C. R., Casat, C. D., Coury, D. L., Quintana, H., Saylor, K. E., et al. (2004). Once-daily atomoxetine treatment for children with attention-deficit/hyperactivity disorder, including an assessment of evening and morning behavior: A double-blind, placebo-controlled trial. *Pediatrics, 114,* e1-e8.

Kendall, P. C., & Hedtke, K. A. (2006). *Coping Cat workbook* (2nd ed.). Ardmore, PA: Workbook.

Kent, K. M., Pelham, W. E., Jr., Molina, B. S. G., Sibley, M. H., Waschbusch, D. A., Yu, J., et al. (2011). The academic experience of male high school students with ADHD. *Journal of Abnormal Child Psychology, 39,* 451-462.

Keown, L. J., & Woodward, L. J. (2002). Early parent-child relations and family functioning of preschool boys with pervasive hyperactivity. *Journal of Abnormal Child Psychology, 30,* 541-553.

Kern, L., Childs, K. E., Dunlap, G., Clarke, S., & Falk, G. D. (1994). Using assessment-based curricular intervention to improve the classroom behavior of a student with emotional and behavioral challenges. *Journal of Applied Behavior Analysis, 27,* 7-19.

Kern, L., DuPaul, G. J., Volpe, R. J., Sokol, N. G., Lutz, J. G., Arbolino, L. A., et al. (2007). Multisetting assessment-based intervention for young children at risk for attention deficit hyperactivity disorder: Initial effects on academic and behavioral functioning. *School Psychology Review, 36,* 237-255.

Kessler, R. C., Avenevoli, S., Costello, J., Georgiades, K., Green, J. G., Gruber, M. J., et al. (2012). Prevalence, persistence, and sociodemographic correlates of DSM-IV disorders in the National Comorbidity Survey Replication Adolescent Supplement. *Archives of General Psychiatry, 69,* 372-380.

King, S., Waschbusch, D. A., Pelham, W. E., Jr., Frankland, B. W., Andrade, B. F., Jacques, S., et al. (2009). Social information processing in elementary-school aged children with ADHD: Medication effects and comparisons with typical children. *Journal of Abnormal Child Psychology, 37,* 579-589.

Klorman, R., Brumaghim, J. T., Salzman, L. F., Strauss, J., Borgsted, A. D., McBride, M. C., et al. (1988). Effects of methylphenidate on attention-deficit hyperactivity disorder with and without aggressive/noncompliant features. *Journal of Abnormal Psychology, 97,* 413-422.

Knowledge Adventure, Inc. (producer). (2013). *Math Blaster.* Retrieved from *www.knowledgeadventure.com/school/mathblaster/Defalut.aspx*

Koegel, R. L., Dyer, K., & Bell, L. K. (1987). The influence of child-preferred activities on autistic children's social behavior. *Journal of Applied Behavior Analysis, 20,* 243-252.

Kofler, M. J., Rapport, M. D., & Alderson, R. M. (2008). Quantifying ADHD classroom inattentiveness, its moderators, and variability: A meta-analytic review. *Journal of Child Psychology and Psychiatry, 49,* 59-69.

Kollins, S., Greenhill, L., Swanson, J., Wigal, S., Abikoff, H., McCracken, J., et al. (2006). Rationale, design, and methods of the Preschool ADHD Treatment Study (PATS). *Journal of the American Academy of Child and Adolescent Psychiatry, 45,* 1275-1283.

Kratochwill, T. R., & Levin, J. R. (Eds.). (1992). *Single-case research design and analysis: New directions for psychology and education.* Hillsdale, NJ: Erlbaum.

Kwon, K., Kim, E. M., & Sheridan, S. M. (2012). A contextual approach to social skills assessment in the peer group: Who is the best judge? *School Psychology Quarterly, 27,* 121-133.

Lahey, B. B., & Carlson, C. (1992). Validity of the diagnostic category of attention deficit disorder without hyperactivity: A review of the literature. In S. E. Shaywitz & B. A. Shaywitz (Eds.), *Attention deficit disorder comes of age: Toward the twenty-first century* (pp. 119-144). Austin, TX: Pro-Ed.

Lahey, B. B., Pelham, W. E., Loney, J., Kipp, H., Ehrhardt, A., Lee, S. S., et al. (2004). Three-year predictive validity of DSM-IV attention deficit hyperactivity disorder in children diagnosed at 4-6 years of age. *American Journal of Psychiatry, 161,* 2014-2020.

Lahey, B. B., Pelham, W. E., Loney, J., Lee, S. S., & Willcutt, W. (2005). Instability of the DSM-IV subtypes of ADHD from preschool through elementary school. *Archives of General Psychiatry, 62,* 896-902.

Lahey, B. B., Pelham, W. E., Stein, M. A., Loney, J., Trapani, C., Nugent, K., et al. (1998). Validity of DSM-IV attention-deficit/hyperactivity disorder for younger children.

Journal of the American Academy of Child and Adolescent Psychiatry, 37, 695-702.

Lahey, B. B., & Willcutt, E. G. (2010). Predictive validity of a continuous alternative to nominal subtypes of attention-deficit/hyperactivity disorder for DSM-V. *Journal of Clinical Child and Adolescent Psychology, 39,* 761-765.

Lam, A. L., Cole, C. L., Shapiro, E. S., & Bambara, L. M. (1994). Relative effects of self-monitoring on-task behavior, academic accuracy, and disruptive behavior in students with behavior disorders. *School Psychology Review, 23,* 44-58.

Lambek, R., Tannock, R., Dalsgaard, S., Trillingsgaard, A., Damm, D., & Thomsen, P. H. (2011). Executive dysfunction in school-aged children with ADHD. *Journal of Attention Disorders, 15,* 646-655.

Lambert, N. (2005). The contribution of childhood ADHD, conduct problems, and stimulant treatment to adolescent and adult tobacco and psychoactive substance abuse. *Ethical Human Psychology and Psychiatry, 7,* 197-221.

Landau, S., Milich, R., & Widiger, T. A. (1991). Conditional probability of child interview symptoms in the diagnosis of attention deficit disorder. *Journal of Child Psychology and Psychiatry, 32,* 501-513.

Langberg, J., Epstein, J., Urbanowicz, C., Simon, J., & Graham, A. (2008). Efficacy of an organization skills intervention to improve the academic functioning of students with ADHD. *School Psychology Quarterly, 23,* 407-417.

Langberg, J., Molina, B., Arnold, L., Epstein, J., Altaye, M., Hinshaw, S., et al. (2011). Patterns and predictors of adolescent academic achievement and performance in a sample of children with attention-deficit/hyperactivity disorder (ADHD). *Journal of Clinical Child and Adolescent Psychology, 40,* 519-531.

Langberg, J. M. (2011). *Homework, Organization, and Planning Skills (HOPS) interventions.* Bethesda, MD: National Association of School Psychologists.

Langberg, J. M., Epstein, J. N., Becker, S. P., Girio-Herrera, E., & Vaughn, A. J. (2012). Evaluation of the Homework, Organization, and Planning Skills (HOPS) intervention for middle school students with attention deficit hyperactivity disorder as implemented by school mental health providers. *School Psychology Review, 41,* 342-364.

Langley, K., Fowler, T., Ford, T., Thapar, A. K., van den Bree, M., Harold, G., et al. (2010). Adolescent clinical outcomes for young people with attention deficit hyperactivity disorder. *British Journal of Psychiatry, 196*(3), 235-240.

Lavigne, J. V., LeBailly, S. A., Hopkins, J., Gouze, K. R., & Binns, H. J. (2009). The prevalence of ADHD, ODD, depression, and anxiety in a community sample of 4-year-olds. *Journal of Clinical Child and Adolescent Psychology, 38,* 315-328.

Lee, L., Harrington, R. A., Chang, J. J., & Connors, S. L. (2008). Increased risk of injury in children with developmental disabilities. *Research in Developmental Disabilities, 29,* 247-255.

Lee, S. S., Humphreys, K. L., Flory, K., Liu, R., & Glass, K. (2011). Prospective association of childhood attention-deficit/hyperactivity disorder (ADHD) and substance use and abuse/dependence: A meta-analytic review. *Clinical Psychology Review, 31,* 328-341.

Lee, S. S., Lahey, B. B., Owens, E. B., & Hinshaw, S. P. (2008). Few preschool boys and girls with ADHD are well-adjusted during adolescence. *Journal of Abnormal Child Psychology, 36,* 373-383.

Lenz, B. K., Ehren, B. J., & Deshler, D. D. (2005). The Content Literacy Continuum: A school-reform framework for improving adolescent literacy for all students. *Teaching Exceptional Children, 37*(6), 60-63.

Levin, J. R., Ferron, J. M., & Kratochwill, T. R. (2012). Nonparametric statistical tests for single-case systematic and randomized ABAB . . . AB and alternating treatment intervention designs: New developments, new directions. *Journal of School Psychology, 50,* 599-624.

Levy, F., Hay, D. A., McStephen, M., Wood, C., & Waldman, I. (1997). Attention-deficit hyperactivity disorder: A category or a continuum? Genetic analysis of a large-scale twin study. *Journal of the American Academy of Child and Adolescent Psychiatry, 36,* 737-744.

Lillie, D. L., Hannun, W. H., & Stuck, G. B. (1989). *Computers and effective instruction.* New York: Longman.

Lindsley, O. R. (1991). From technical jargon to plain English for application. *Journal of Applied Behavior Analysis, 24,* 449-458.

Loney, J., Weissenburger, F. E., Woolson, R. F., & Lichty, E. C. (1979). Comparing psychological and pharmacological treatments for hyperkinetic boys and their classmates. *Journal of Abnormal Child Psychology, 7,* 133-143.

Lord, C., Rutter, M., & Le Couteur, A. (1994). Autism Diagnostic Interview-Revised: A revised version of a diagnostic interview for caregivers of individuals with possible pervasive developmental disorders. *Journal of Autism and Developmental Disabilities, 24,* 659-685.

Mahone, M. E., Crocetti, D., Ranta, M. E., Gaddis, A., Cataldo, M., Silfer, K. J., et al. (2011). A preliminary neuroimaging study of preschool children with ADHD. *The Clinical Neuropsychologist, 25,* 1009-1028.

Mangus, R. S., Bergman, D., Zieger, M., & Coleman, J. J. (2004). Burn injuries in children with attention-deficit/hyperactivity disorder. *Burns, 30,* 148-150.

Mannuzza, S., & Klein, R. G. (2000). Long-term prognosis in attention-deficit/ hyperactivity disorder. *Child and Adolescent Psychiatric Clinics of North America, 9*(3), 711-726.

Mannuzza, S., Klein, R. G., Truong, N. L., Moulton, J. L., III, Roizen, E. R., Howell, K. H., et al. (2008). Age of methylphenidate treatment initiation in children with ADHD and later substance abuse: Prospective follow-up into adulthood. *American Journal of Psychiatry, 165,* 604-609.

Marks, D. J., Mlodnicka, A., Bernstein, M., Chacko, A., Rose, S., & Halperin, J. M. (2009). Profiles of service utilization and the resultant economic impact in preschoolers with attention deficit/hyperactivity disorder. *Journal of Pediatric Psychology, 34,* 681-689.

Martel, M. M., Nikolas, M., Jernigan, K., Friderici, K., Waldman, I., & Nigg, J. (2011). The dopamine receptor D4 gene (DRD4) moderates family environmental effects on ADHD. *Journal of Abnormal Child Psychology, 39,* 1-10.

Mautone, J. A., DuPaul, J. A., & Jitendra, A. K. (2005). The effects of computer-assisted instruction on the mathematics performance and classroom behavior of children with ADHD. *Journal of Attention Disorders, 9,* 301-312.

Mayer, G. R., Sulzer-Azaroff, B., & Wallace, M. (2014). *Behavior analysis for lasting change* (3rd ed.). Cornwall-on-Hudson, NY: Sloan.

Mayes, R., Bagwell, C., & Erkulwater, J. (2008). ADHD and the rise of stimulant use among children. *Harvard Review of Psychiatry, 16,* 151-166.

McBurnett, K., Pfiffner, L. J., & Frick, P. (2001). Symptom properties as a function of ADHD type: An argument for continued study of sluggish cognitive tempo. *Journal of Abnormal Child Psychology, 29,* 207-213.

McConaughy, S. H., Achenbach, T. M., & Gent, C. L. (1988). Multiaxial empirically based assessment: Parent, teacher, observational, cognitive, and personality correlates of child behavior profile types for 6- to 11-year-old boys. *Journal of Abnormal Child Psychology, 16,* 485-509.

McConaughy, S. H., Volpe, R. J., Antshel, K. M., Gordon, M., & Eiraldi, R. B. (2011). Academic and social impairments of elementary school children with attention deficit hyperactivity disorder. *School Psychology Review, 40,* 200-225.

McDermott, P. A., Leigh, N. M., & Perry, M. A. (2002). Development and validation of the Preschool Learning Behaviors Scale. *Psychology in the Schools, 39,* 353-365.

McGee, R., & Share, D. L. (1988). Attention deficit disorder-hyperactivity and academic failure: Which comes first and what should be treated? *Journal of the American Academy of Child and Adolescent Psychiatry, 27,* 318-325.

McGee, R. A., Clark, S. E., & Symons, D. K. (2000). Does the Conners' Continuous Performance Test aid in ADHD diagnosis? *Journal of Abnormal Child Psychology, 28,* 415-424.

McGoey, K. E., & DuPaul, G. J. (2000). Token reinforcement and response cost procedures: Reducing the disruptive behavior of preschool children with ADHD. *School Psychology Quarterly, 15,* 330-343.

McGoey, K. E., DuPaul, G. J., Haley, E., & Shelton, T. L. (2007). Parent and teacher ratings of attention-deficit/hyperactivity disorder in preschool: The ADHD Rating Scale-IV Preschool Version. *Journal of Psychopathology and Behavioral Assessment, 29,* 269-276.

McGoey, K. E., Eckert, T. L., & DuPaul, G. J. (2002). Early intervention for preschool-age children with ADHD: A literature review. *Journal of Emotional and Behavioral Disorders, 10,* 14-28.

McKinley, L. A., & Stormont, M. A. (2008). The School Supports Checklist: Identifying support needs and barriers for children with ADHD. *Teaching Exceptional Children, 41*(2), 14-19.

Mendel, P., Meredith, L. S., Schoenbaum, M., Sherbourne, C. D., & Wells, K. B. (2008). Interventions in organizational and community context: A framework for building evidence on dissemination and implementation in health services research. *Administration and Policy in Mental Health and Mental Health Services, 35,* 21-37.

Merikangas, K. R., He, J., Burstein, M., Swendsen, J., Avenevoli, S., Case, B., et al. (2011). Service utilization for lifetime mental disorders in U.S. adolescents: Results of the National Comorbidity Survey-Adolescent Supplement (NCS-A). *Journal of the American Academy of Child and Adolescent Psychiatry, 50,* 32-45.

Merrell, K. (2003). *Preschool and Kindergarten Behavior Scales* (2nd ed.). Longmont, CO: Sopris-West.

Merrell, K. W. (1994). *Preschool and Kindergarten Behavior Scales.* Brandon, VT: Clinical Psychology.

Merrell, K. W., Ervin, R. A., & Gimpel Peacock, G. (2012). *School psychology for the 21st Century: Foundations and practices* (2nd ed.). New York: Guilford Press.

Meyer, L. H., & Evans, I. M. (1989). *Nonaversive interventions for behavior problems: A manual for home and community*. Baltimore: Brookes.

Meyer, K., & Kelley, M. L. (2007). Improving homework in adolescents with attention-deficit/hyperactivity disorder: Self vs. parent monitoring of homework behavior and study skills. *Child and Family Behavior Therapy, 29*, 25-42.

Mick, E., Biederman, J., Faraone, S. V., Sayer, J., & Kleinman, S. (2002). Case-control study of attention-deficit hyperactivity disorder and maternal smoking, alcohol use, and drug use during pregnancy. *Journal of the American Academy of Child and Adolescent Psychiatry, 41,* 378-385.

Mick, E., Biederman, J., Prince, J., Fischer, M. J., & Faraone, S. V. (2002). Impact of low birth weight on attention-deficit hyperactivity disorder. *Journal of Developmental and Behavioral Pediatrics, 23,* 16-22.

Mikami, A. Y., Griggs, M. S., Lerner, M. D., Emeh, C. C., Reuland, M. M., Jack, A., et al. (2013). A randomized trial of a classroom intervention to increase peers' social inclusion of children with attention-deficit/hyperactivity disorder. *Journal of Consulting and Clinical Psychology, 81,* 100-112.

Mikami, A. Y., Lerner, M. D., Griggs, M. S., McGrath, A., & Calhoun, C. D. (2010). Parental influence on children with attention-deficit/hyperactivity disorder: II. Results of a pilot intervention training parents as friendship coaches for children. *Journal of Abnormal Child Psychology, 38,* 737-749.

Milberger, S., Biederman, J., Faraone, S. V., Chen, L., & Jones, J. (1996). Is maternal smoking during pregnancy a risk factor for attention deficit hyperactivity disorder in children? *American Journal of Psychiatry, 153,* 1138-1142.

Milich, R., Balentine, A. C., & Lynam, D. R. (2001). ADHD combined type and ADHD predominately inattentive type are distinct and unrelated disorders. *Clinical Psychology: Science and Practice, 8,* 463-488.

Milich, R., Carlson, C. L., Pelham, W. E., Jr., & Licht, B. G. (1991). Effects of methylphenidate on the persistence of ADHD boys following failure experiences. *Journal of Abnormal Child Psychology, 19,* 519-536.

Milich, R., Landau, S., Kilby, G., & Whitten, P. (1982). Preschool peer perceptions of the behavior of hyperactive and aggressive children. *Journal of Abnormal Child Psychology, 10,* 497-510.

Miller, M., Nevado-Montenegro, A. J., & Hinshaw, S. P. (2012). Childhood executive function continues to predict outcomes in young adult females with and without childhood-diagnosed ADHD. *Journal of Abnormal Child Psychology, 40,* 657-668.

Miller, T. W., Nigg, J. T., & Miller, R. L. (2009). Attention deficit hyperactivity disorder in African American children: What can be concluded from the past ten years? *Clinical Psychology Review, 29,* 77-86.

Minuchin, S. (1974). *Families and family therapy*. Cambridge, MA: Harvard University Press.

Molina, B. S. G., Hinshaw, S. P., Arnold, L. E., Swanson, J. M., Pelham, W. E., Hechtman, L., et al. (2013). Adolescent substance use in the Multimodal Treatment Study of Attention-Deficit/Hyperactivity Disorder (ADHD MTA) as a function of childhood ADHD, random assignment to childhood treatments, and subsequent medication. *Journal of the American Academy of Child and Adolescent Psychiatry, 52,* 250–263.

Molina, B. S. G., Hinshaw, S. P., Swanson, J. M., Arnold, L. E., Vitiello, B., Jensen, P. S., et al. (2009). MTA at 8 years: Prospective follow-up of children treated for combined-type ADHD in a multisite study. *Journal of the American Academy of Child and Adolescent Psychiatry, 48,* 484–500.

Molina, B. S. G., Pelham, W. E., Jr., Cheong, J., Marshal, M. P., Gnagy, E. M., & Curran, P. J. (2012). Childhood attention–deficit/hyperactivity disorder and growth in adolescent alcohol use: The roles of functional impairments, ADHD symptom persistence, and parental knowledge. *Journal of Abnormal Psychology.*

Morgan, P. L., Staff, J., Hillemeier, M. M., Farkas, G., & Maczuga, S. (2013). Racial and ethnic disparities in ADHD diagnosis from kindergarten to eighth grade. *Pediatrics, 132,* 85–93.

Mrug, S., Molina, B. S. G., Hoza, B., Gerdes, A. C., Hinshaw, S. P., Hechtman, L., et al. (2012). Peer rejection and friendships in children with attention–deficit/ hyperactivity disorder: Contributions to long-term outcomes. *Journal of Abnormal Child Psychology, 40,* 1013–1026.

MTA Cooperative Group. (1999). A 14–month randomized clinical trial of treatment strategies for attention–deficit/hyperactivity disorder. *Archives of General Psychiatry, 56,* 1073–1086.

Murray, H. A. (1943). *Thematic Apperception Test.* Cambridge, MA: Harvard University Press.

Murray, L. K., & Kollins, S. H. (2000). Effects of methylphenidate on sensitivity to reinforcement in children diagnosed with attention deficit hyperactivity disorder: An application of the matching law. *Journal of Applied Behavior Analysis, 33,* 573–591.

National Association of School Psychologists. (2010a). *National Association of School Psychologists model for comprehensive and integrated school psychological services.* Bethesda, MD: Author.

National Association of School Psychologists. (2010b). *National Association of School Psychologists principles for professional ethics.* Bethesda, MD: Author.

National Association of School Psychologists. (2011). *Students with attention deficit hyperactivity disorder* (Position statement). Bethesda, MD: Author.

National Institute of Mental Health. (2013). *ADHD.* Retrieved August 1, 2013, from *www.nimb.nib.gov/health/publications/attention-deficit-hyperactivity-disorder/index.shtml*

National Reading Panel. (2000). *Teaching children to read: An evidence-based assessment of the scientific research literature on reading and its implications for reading instruction.* Available at *www.nichd.nih.gov/publications/nrp/ smallbook.htm*

National Research Council. (1998). *Preventing reading difficulties in young children.* Washington, DC: National Academy Press.

Nigg, J. T. (2006). *What causes ADHD?: Understanding what goes wrong and why.* New York: Guilford Press.

Nigg, J. T., Goldsmith, H. H., & Sachek, J. (2004). Temperament and attention deficit hyperactivity disorder: The development of a multiple pathway model. *Journal of Clinical Child and Adolescent Psychology, 33,* 42–53.

Nixon, R. D. (2002). Treatment of behavior problems in preschoolers: A review of parent training programs. *Clinical Psychology Review, 22,* 525–546.

Noell, G. H., Witt, J. C., Slider, N. J., Connell, J. E., Gatti, S. L., & Wi, K. L. (2005). Treatment implementation following behavioral consultation in schools: A comparison of three follow-up strategies. *School Psychology Review, 34,* 87-106.

Northup, J., Fusilier, I., Swanson, V., Huete, J., Bruce, T., Freeland, J., et al. (1999). Further analysis of the separate and interactive effects of methylphenidate and common classroom contingencies. *Journal of Applied Behavior Analysis, 32,* 35-50.

Northup, J., & Gulley, V. (2001). Some contributions of functional analysis to the assessment of behaviors associated with attention deficit hyperactivity disorder and the effects of stimulant medication. *School Psychology Review, 30,* 227-238.

Northup, J., Jones, K., Broussard, C., DiGiovanni, G., Herring, M., Fusilier, I., et al. (1997). A preliminary analysis of interactive effects between common classroom contingencies and methylphenidate. *Journal of Applied Behavior Analysis, 30,* 121-125.

Northup, J., Wacker, D., Sasso, G., Steege, M., Cigrand, K., Cook, J., et al. (1991). A brief functional analysis of aggressive and alternative behavior in on outclinic setting. *Journal of Applied Behavior Analysis, 24,* 509-522.

Notari-Syverson, A., O'Connor, R. E., & Vadasy, P. F. (1998). *Ladders to literacy: A preschool activity book.* Baltmore: Brookes.

Ohan, J. L., & Johnston, C. (2011). Positive illusions of social competence in girls with and without ADHD. *Journal of Abnormal Child Psychology, 39,* 527-539.

Olazagasti, M. A. R., Klein, R. G., Mannuzza, S., Belsky, E. R., Hutchison, J. A., Lashua-Shriftman, E. C., et al. (2013). Does childhood attention-deficit/hyperactivity disorder predict risk-taking and medical illnesses in adulthood? *Journal of the American Academy of Child and Adolescent Psychiatry, 52,* 153-162.

O'Leary, K. D. (1980). Pills or skills for hyperactive children. *Journal of Applied Behavior Analysis, 13,* 191-204.

Olfson, M., Marcus, S. C., Weissman, M. M., & Jensen, P. S. (2002). National trends in the use of psychotropic medications by children. *Journal of the American Academy of Child and Adolescent Psychiatry, 41,* 514-521.

Olympia, D. E., Jenson, W. R., & Hepworth-Neville, M. (1996). *Sanity savers for parents: Tips for tackling homework.* Longmont, CO: Sopris-West.

O'Reilly, M. J. (2002). *The early literacy skill development of kindergartners and first graders at-risk for externalizing behavior disorders.* Unpublished manuscript, University of Massachusetts, Amherst.

O'Shea, L. J., Sindelar, P. T., & O'Shea, D. J. (1987). The effects of repeated readings and attentional cues on the reading fluency and comprehension of learning disabled readers. *Learning Disabilities Research, 2,* 103-109.

Ostrander, R., & Herman, K. C. (2006). Potential cognitive, parenting, and developmental mediators of the relationship between ADHD and depression. *Journal of Consulting and Clinical Psychology, 74*(1), 89-98.

Ota, K. R., & DuPaul, G. J. (2002). Task engagement and mathematics performance in children with attention deficit hyperactivity disorder: Effects of supplemental computer instruction. *School Psychology Quarterly, 17,* 242-257.

Owens, J. S., Goldfine, M. E., Evangelista, N. M., Hoza, B., & Kaiser, N. M. (2007). A critical review of self-perceptions and the positive illusory bias in children with ADHD.

Clinican Child and Family Psychology Review, 10, 335-351.

Owens, J. S., Holdaway, A. S., Zoromski, A. K., Evans, S. W., Himawan, L. K., Girio-Herrera, E., et al. (2012). Incremental benefits of a daily report card intervention over time for youth with disruptive behavior. *Behavior Therapy, 43,* 848-861.

Owens, J. S., Johannes, L. M., & Karpenko, V. (2009). The relation between change in symptoms and functioning in children with ADHD receiving school-based mental health services. *School Mental Health, 1,* 183-195.

Pakyurek, M., Schweitzer, J., & Yellowlees, P. (2013, February). Telepsychiatry and ADHD. *The ADHD Report, 21*(1), 1-5, 11.

Paniagua, F. A. (1992). Verbal-nonverbal correspondence training with ADHD children. *Behavior Modification, 16,* 226-252.

Pany, D., Jenkins, J. R., & Schreck, J. (1982). Vocabulary instruction: Effects on word knowledge and reading comprehension. *Learning Disability Quarterly, 5,* 202-214.

Parker, J. G., & Asher, S. R. (1987). Peer relations and later personal adjustment: Are low-accepted children at risk? *Psychological Bulletin, 102,* 357-389.

Pastor, P. N., & Reuben, C. A. (2002). Attention deficit disorder and learning disability: United States, 1997-98. In *National Center for Health Statistics: Vital Health Statistics* (DHHS Publication No. PHS 2002-1534). Hyattsville, MD: Department of Health and Human Services.

Pastor, P. N., & Reuben, C. A. (2008). Diagnosed attention deficit disorder and learning disability: United States, 2004-2006. National Center for Health Statistic. *Vital and Health Statistics, 10*(237). Retrieved from www.cdc.gov/nchs/products/series/series10.htm

Patterson, G. R., & Chamberlain, P. (1994). A functional analysis of resistance during parent-training therapy. *Clinical Psychology: Science and Practice, 1,* 53-70.

Patterson, G. R., Reid, J. B., & Dishion, T. J. (1992). *Antisocial boys.* Eugene, OR: Castalia.

Pelham, W. E. (1989). Behavior therapy, behavioral assessment, and psychostimulant medication in treatment of attention deficit disorders: An interactive approach. In J. Swanson & L. Bloomingdale (Eds.), *Attention deficit disorders: IV. Current concepts and emerging trends in attentional and behavior disorders of childhood* (pp. 169-195). London: Pergamon Press.

Pelham, W. E., Bender, M. E., Caddell, J., Booth, S., & Moorer, S. H. (1985). Methylphenidate and children with attention deficit disorder. *Archives of General Psychiatry, 42,* 948-952.

Pelham, W. E., Carlson, C., Same, S. E., Vallano, G., Dixon, M. J., & Hoza, B. (1993). Separate and combined effects of methylphenidate and behavior modification on boys with attention deficit-hyperactivity disorder in classroom. *Journal of Consulting and Clinical Psychology, 61,* 506-515.

Pelham, W. E., Foster, E. M., & Robb, J. A. (2007). The economic impact of attention-deficit/hyperactivity disorder in children and adolescents. *Journal of Pediatric Psychology, 32,* 711-727.

Pelham, W. E., McBurnett, K., Harper, G. W., Milich, R., Murphy, D. A., Clinton, J., et al. (1990). Methylphenidate and baseball playing in ADHD children: Who's on first? *Journal of Consulting and Clinical Psychology, 58,* 130-133.

Pelham, W. E., & Milich, R. (1991). Individual differences in response to Ritalin in classwork and social behavior. In L. L. Greenhill & B. B. Osman (Eds.), *Ritalin: Theory and patient management* (pp. 203-221). New York: Liebert.

Pelham, W. E., & Murphy, H. A. (1986). Attention deficit and conduct disorders. In M. Hersen (Ed.), *Pharmacological and behavioral treatment: An integrative approach* (pp. 108-148). New York: Wiley.

Pelham, W. E., Vodde-Hamilton, M., Murphy, D. A., Greenstein, J. L., & Vallano, G. (1991). The effects of methylphenidate on ADHD adolescents in recreational, peer group, and classroom settings. *Journal of Clinical Child Psychology, 20,* 293-300.

Pelham, W. E., Jr., & Fabiano, G. A. (2008). Evidence-based psychosocial treatments for attention-deficit/hyperactivity disorder. *Journal of Clinical Child and Adolescent Psychology, 37,* 184-214.

Pelham, W. E., Jr., Fabiano, G. A., & Massetti, G. M. (2005). Evidence-based assessment of attention deficit hyperactivity disorder in children and adolescents. *Journal of Clinical Child & Adolescent Psychology, 34,* 449-476.

Perepletchikova, F., Treat, T. A., & Kazdin, A. E. (2007). Treatment integrity in psychotherapy research: Analysis of the studies and examination of the associated factors. *Journal of Consulting and Clinical Psychology, 75,* 829-841.

Pfiffner, L. J., Barkley, R. A., & DuPaul, G. J. (2006). Treatment of ADHD in school settings. In R. A. Barkley, *Attention-deficit hyperactivity disorder: A handbook for diagnosis and treatment* (3rd ed., pp. 547-589). New York: Guilford Press.

Pfiffner, L. J., & DuPaul, G. J. (in press). Treatment of ADHD in school settings. In R. A. Barkley, *Attention-deficit hyperactivity disorder: A handbook for diagnosis and treatment* (4th ed.). New York: Guilford Press.

Pfiffner, L. J., & McBurnett, K. (1997). Social skills training with parent generalization: Treatment effects for children with attention deficit disorder. *Journal of Consulting and Clinical Psychology, 65,* 749-757.

Pfiffner, L. J., & O'Leary, S. G. (1987). The efficacy of all-positive management as a function of the prior use of negative consequences. *Journal of Applied Behavior Analysis, 20,* 265-271.

Pfiffner, L. J., & O'Leary, S. G. (1993). School-based psychological treatments. In J. L. Matson (Ed.), *Handbook of hyperactivity in children* (pp. 234-255). Boston: Allyn & Bacon.

Pfiffner, L. J., O'Leary, S. G., Rosen, L. A., & Sanderson, W. C., Jr. (1985). A comparison of the effects of continuous and intermittent response cost and reprimands in the classroom. *Journal of Clinical Child Psychology, 14,* 348-352.

Pfiffner, L. J., Villodas, M., Kaiser, N., Rooney, M., & McBurnett, K. (2013). Educational outcomes of a collaborative school-home behavioral intervention for ADHD. *School Psychology Quarterly, 28,* 25-36.

Phillips, P. L., Greenson, J. N., Collett, B. R., & Gimpel, G. A. (2002). Assessing ADHD symptoms in preschool children: Use of the ADHD Symptoms Rating Scale. *Early Education and Development, 13,* 283-299.

Pierce, E. W., Ewing, L. J., & Campbell, S. B. (1999). Diagnostic status and symptomatic behavior of hard-to-manage preschool children in middle childhood and early adolescence. *Journal of Clinical Child Psychology, 28,* 44-57.

Pingault, J. B., Tremblay, R. E., Vitaro, F., Carbonneau, R., Genolini, C., Falissard, B., et al.

(2011). Childhood trajectories of inattention and hyperactivity and prediction of educational attainment in early adulthood: A 16-year longitudinal population-based study. *American Journal of Psychiatry, 168,* 1164-1170.

Platzman, K. A., Stoy, M. R., Brown, R. T., Coles, C. D., Smith, I. E., & Falek, A. (1992). Review of observational methods in attention deficit hyperactivity disorder (ADHD): Implications for diagnosis. *School Psychology Quarterly, 7,* 155-177.

Pliszka, S. R. (2011). *Treating ADHD and comorbid disorders: Psychosocial and psychopharmacological interventions.* New York: Guilford Press.

Pliszka, S. R., Carlson, C. L., & Swanson, J. M. (1999). *ADHD with comorbid disorders: Clinical assessment and management.* New York: Guilford Press.

Plotts, C. A., & Lasser, J. (2013). *School psychologist as counselor.* Bethesda, MD: National Association of School Psychologists.

Plumer, P. J., & Stoner, G. (2005). The relative effects of classwide peer tutoring and peer coaching on the positive social behaviors of children with attention deficit hyperactivity disorder. *Journal of Attention Disorders, 9*(1), 299-300.

Pope, D., Whiteley, H., Smith, C., Lever, R., Wakelin, D., Dudiak, H., et al. (2007). Relationships between ADHD and dyslexia screening scores and academic performance in undergraduate psychology students: Implications for teaching, learning, and assessment. *Psychology Learning and Teaching, 6*(2), 114-120.

Powell, S. G., Thomsen, P. H., Frydenberg, M., & Rasmussen, H. (2011). Longterm treatment of ADHD with stimulants: A large observational study of real-life patients. *Journal of Attention Disorders, 15,* 439-451.

Power, T. J. (2002). Preparing school psychologists as interventionists and preventionists. In M. R. Shinn, H. M. Walker, & G. Stoner (Eds.), *Interventions for academic and behavior problems: II. Preventive and remedial approaches* (pp. 1047-1065). Bethesda, MD: National Association of School Psychologists.

Power, T. J., DuPaul, G. J., Shapiro, E. S., & Kazak, A. E. (2003). *Promoting children's health: Integrating school, family, and community.* New York: Guilford Press.

Power, T. J., Karustis, J. L., & Habboushe, D. F. (2001). *Homework success for children with ADHD: A family-school intervention program.* New York: Guilford Press.

Power, T. J., Mautone, J. A., & Ginsburg-Block, M. (2010). Training school psychologists for prevention and intervention in a three-tier model. In M. R. Shinn & H. M. Walker (Eds.), *Interventions for achievement and behavior problems in a three-tier model including RTI* (pp. 151-173). Bethesda, MD: National Association of School Psychologists.

Power, T. J., Mautone, J. A., Soffer, S. L., Clarke, A. T., Marshall, S. A., Sharman, J., et al. (2012). Family-school intervention for children with ADHD: Results of a randomized clinical trial. *Journal of Consulting and Clinical Psychology, 80,* 611-623.

Power, T. J., Werba, B. E., Watkins, M. W., Angelucci, J. G., & Eiraldi, R. B. (2006). Patterns for parent-reported homework problems among ADHD-referred and non-referred children. *School Psychology Quarterly, 21,* 13-33.

Powers, R. L., Marks, D. J., Miller, C. J., Newcorn, J. H., & Halperin, J. M. (2008). Stimulant treatment in children with attention-deficit/hyperactivity disorder moderates adolescent academic outcome. *Journal of Child and Adolescent Psychopharmacology, 18,* 449-459.

Pryor, J. H., DeAngelo, L., Palucki Blake, L., Hurtado, S., & Tran, S. (2010). *The American freshman: National norms fall 2010*. Los Angeles: Higher Education Research Institute, University of California, Los Angeles.

Purpura, D. J., & Lonigan, C. J. (2009). Conners' Teacher Rating Scale for preschool children: A revised, brief, age-specific measure. *Journal of Clinical Child and Adolescent Psychology, 38*, 263-272.

Ramsay, J. R., & Rostain, A. L. (2006). Cognitive behavior therapy for college students with attention-deficit/hyperactivity disorder. *Journal of College Student Psychotherapy, 21*(1), 3-20.

Rapoport, J., Buchsbaum, M., Weingartner, H., Zahn, T., Ludlow, C., Bartko, J., et al. (1980). Dextroamphetamine: Cognitive and behavioral effects in normal and hyperactive boys and normal adult males. *Archives of General Psychiatry, 37*, 933-946.

Rapport, M. D. (1987a). Attention deficit disorder with hyperactivity. In M. Hersen & V. B. Van Hasselt (Eds.), *Behavior therapy with children and adolescents* (pp. 325-361). New York: Wiley.

Rapport, M. D. (1987b). *The attention training system: User's manual*. DeWitt, NY: Gordon Systems.

Rapport, M. D., Chung, K. M., Shore, G., Denney, C. B., & Isaacs, P. (2000). Upgrading the science and technology of assessment and diagnosis: Laboratory and clinic-based assessment of children with ADHD. *Journal of Clinical Child Psychology, 29*, 555-568.

Rapport, M. D., & Denney, C. B. (1997). Titrating methylphenidate in children with attention-deficit/hyperactivity disorder: Is body mass predictive of clinical response? *Journal of the American Academy of Child and Adolescent Psychiatry, 36*, 523-530.

Rapport, M. D., & Denney, C. B. (2000). Attention deficit hyperactivity disorder and methylphenidate: Assessment and prediction of clinical response. In L. L. Greenhill & B. B. Osman (Eds.), *Ritalin: Theory and practice* (2nd ed., pp. 45-70). Larchmont, NY: Liebert.

Rapport, M. D., Denney, C. B., DuPaul, G. J., & Gardner, M. J. (1994). Attention deficit disorder and methylphenidate: Normalization rates, clinical effectiveness, and response prediction in 76 children. *Journal of the American Academy of Child and Adolescent Psychiatry, 33*, 882-893.

Rapport, M. D., DuPaul, G. J., & Kelly, K. L. (1989). Attention-deficit hyperactivity disorder and methylphenidate: The relationship between gross body weight and drug response in children. *Psychopharmacology Bulletin, 25*, 285-290.

Rapport, M. D., DuPaul, G. J., & Smith, N. F. (1985). Rate-dependency and hyperactivity: Methylphenidate effects upon operant performance. *Pharmacology, Biochemistry, and Behavior, 23*, 77-83.

Rapport, M. D., DuPaul, G. J., Stoner, G., & Jones, J. T. (1986). Comparing classroom and clinic measures of attention deficit disorder: Differential, idiosyncratic, and dose-response effects of methylphenidate. *Journal of Consulting and Clinical Psychology, 54*, 334-341.

Rapport, M. D., Jones, J. T., DuPaul, G. J., Kelly, K. L., Gardner, M. J., Tucker, S. B., et al. (1987). Attention deficit disorder and methylphenidate: Group and single-subject analyses of dose effects on attention in clinic and classroom settings. *Journal of*

Clinical Child Psychology, 16, 329–338.

Rapport, M. D., & Kelly, K. L. (1991). Psychostimulant effects on learning and cognitive function: Findings and implications for children with attention-deficit hyperactivity disorder. *Clinical Psychology Review, 11,* 61–92.

Rapport, M. D., Kofler, M. J., Coiro, M. M., Raiker, J. S., Sarver, D. E., & Alderson, R. M. (2008). Unexpected effects of methylphenidate in attention-deficit/hyperactivity disorder reflect decreases in core/secondary symptoms and physical complaints common to all children. *Journal of Child and Adolescent Psychopharmacology, 18,* 237–247.

Rapport, M. D., & Moffitt, C. (2002). Attention deficit/hyperactivity disorder and methylphenidate: A review of height/weight, cardiovascular, and somatic complaint side effects. *Clinical Psychology Review, 22,* 1107–1131.

Rapport, M. D., Murphy, A., & Bailey, J. S. (1980). The effects of a response cost treatment tactic on hyperactivity children. *Journal of School Psychology, 18,* 98–111.

Rapport, M. D., Murphy, A., & Bailey, J. S. (1982). Ritalin vs. response cost in the control of hyperactive children: A within-subject comparison. *Journal of Applied Behavior Analysis, 15,* 205–216.

Rapport, M. D., Scanlan, S. W., & Denney, C. B. (1999). Attention-deficit/hyperactivity disorder and scholastic achievement: A model of dual developmental pathways. *Journal of Child Psychology and Psychiatry, 40,* 1169–1183.

Rapport, M. D., Stoner, G., DuPaul, G. J., Kelly, K. L., Tucker, S. B., & Schoeler, T. (1988). Attention deficit disorder and methylphenidate: A multilevel analysis of dose-response effects on children's impulsivity across settings. *Journal of the American Academy of Child and Adolescent Psychiatry, 27,* 60–69.

Rapport, M. D., Tucker, S. B., DuPaul, G. J., Merlo, M., & Stoner, G. (1986). Hyperactivity and frustration: The influence of size and control over rewards in delaying gratification. *Journal of Abnormal Child Psychology, 14,* 191–204.

Reeve, E., & Garfinkel, B. (1991). Neuroendocrine and growth regulation: The role of sympathomimetic medication. In L. L. Greenhill & B. B. Osman (Eds.), *Ritalin: Theory and patient management* (pp. 289–300). New York: Liebert.

Reich, W. (2000). *Diagnostic Interview for Children and Adolescents: Preschool Version.* St. Louis, MO: Washington University.

Reid, J. B., & Eddy, J. M. (1997). The prevention of antisocial behavior: Some considerations in the search for effective interventions. In D. M. Stoff, J. Breiling, & J. D. Maser (Eds.), *Handbook of antisocial behavior* (pp. 343–356). New York: Wiley.

Reid, R., DuPaul, G. J., Power, T. J., Anastopoulos, A. D., & Riccio, C. (1998). Assessing culturally different students for attention deficit hyperactivity disorder using behavior rating scales. *Journal of Abnormal Child Psychology, 26,* 187–198.

Reschly, D. J. (2008). School psychology paradigm shift and beyond. In A. Thomas & J. Grimes (Eds.), *Best practices in school psychology V* (pp. 3–15). Bethesda, MD: National Association of School Psychologists.

Resnick, A., & Reitman, D. (2011). The use of homework success for a child with attention-deficit/hyperactivity disorder, predominantly inattentive type. *Clinical Case Studies, 10,* 23–36.

Reynolds, C. R., & Kamphaus, R. W. (2004). *BASC-2: Behavior Assessment System for Children, second edition manual.* Circle Pines, MN: American Guidance Service.

Reynolds, W. M. (2002). *Reynolds Adolescent Depression Scale-Second Edition: Professional manual.* Odessa FL: Psychological Assessment Resources.

Rhode, G., Morgan, D. P., & Young, K. R. (1983). Generalization and maintenance of treatment gains of behaviorally handicapped students from resource rooms to regular classrooms using self-evaluation procedures. *Journal of Applied Behavior Analysis, 16,* 171-188.

Richard, M. (1992). Considering student support services in college selection. *CH.A.D.D.ER, 5*(6), 1, 6, 7.

Riddle, M. A., Yershova, K., Lazzaretto, D., Paykina, N., Yenokyan, G., Greenhill, L., et al. (2013). The Preschool Attention-Deficit/Hyperactivity Disorder Treatment Study (PATS) 6-year follow-up. *Journal of the American Academy of Child and Adolescent Psychiatry, 52,* 264-278.

Riley-Tillman, T. C., & Burns, M. K. (2009). *Evaluating educational interventions: Single-case design for measuring response to intervention.* New York: Guilford Press.

Risley, T. R., & Hart, B. (1968). Developing correspondence between the nonverbal and verbal behavior of preschool children. *Journal of Applied Behavior Analysis, 1,* 267-281.

Robb, J. A., Sibley, M. H., Pelham, W. E., Jr., Foster, E. M., Molina, B. S. G., Gnagy, E. M., et al. (2011). The estimated annual cost of ADHD to the U.S. education system. *School Mental Health, 3,* 169-177.

Roberts, M. L., & Landau, S. (1995). Using curriculum-based data for assessing children with attention deficits. *Journal of Psychoeducational Assessment, ADHD Special Edition,* 75-88.

Robin, A. L. (1998). *ADHD in adolescents: Diagnosis and treatment.* New York: Guilford Press.

Robin, A. L., & Foster, S. L. (1989). *Negotiating parent-adolescent conflict: A behavioral-family systems approach.* New York: Guilford Press.

Rose, T. L., & Sherry, L. (1984). Relative effects of two previewing procedures on LD adolescents' oral reading performance. *Learning Disability Quarterly, 7,* 39-44.

Rosen, L. A., O'Leary, S. G., Joyce, S. A., Conway, G., & Pfiffner, L. J. (1984). The importance of prudent negative consequences for maintaining the appropriate behavior of hyperactive students. *Journal of Abnormal Child Psychology, 12,* 581-604.

Rosvold, H. E., Mirsky, A. F., Sarason, I., Bransome, E. D., & Beck, L. H. (1956). A continuous performance test of brain damage. *Journal of Consulting Psychology, 20,* 343-350.

Rourke, B. P. (1988). Socioemotional disturbances of learning disabled children. *Journal of Consulting and Clinical Psychology, 56,* 801-810.

Rowe, K. J., & Rowe, K. S. (1992). The relationship between inattentiveness in the classroom and reading achievement, part B: An explanatory study. *Journal of the American Academy of Child and Adolescent Psychiatry, 31,* 357-368.

Safer, D. J., & Zito, J. M. (2000). Pharmacoepidemiology of methylphenidate and other stimulants for the treatment of attention deficit hyperactivity disorder. In L. L. Greenhill & B. B. Osman (Eds.), *Ritalin: Theory and practice* (2nd ed., pp. 7-26). Larchmont,

NY: Liebert.

Sallee, F. R., Lyne, A., Wigal, T., & McGough, J. J. (2009). Long-term safety and efficacy of guanfacine extended release in children and adolescents with attention-deficit/hyperactivity disorder. *Journal of Child and Adolescent Psycho-pharmcology, 19,* 215–226.

Sallee, F. R., McGough, J., Wigal, T., Donahue, J., Lyne, A., & Biederman, J. (2009). Guanfacine extended release in children and adolescents with attention-deficit/hyperactivity disorder: A placebo-controlled trial. *Journal of the American Academy of Child and Adolescent Psychiatry, 48,* 155–165.

Salvia, J., & Ysseldyke, J. (1998). *Assessment in special and remedial education* (7th ed.). Boston: Houghton Mifflin.

Salvia, J., Ysseldyke, J. E., & Bolt, S. (2013). *Assessment for special and inclusive education* (12th ed.). Belmont, CA: Wadsworth, Cengage Learning.

Samuels, S. J. (1979). The method of repeated readings. *The Reading Teacher, 32,* 403–408.

Schacht, T., & Nathan, P. E. (1977). But is it good for the psychologists?: Appraisal and status of DSM-III. *American Psychologist, 32,* 1017–1025.

Schatz, D. B., & Rostain, A. L. (2006). ADHD with comorbid anxiety: A review of current literature. *Journal of Attention Disorders, 10*(2), 141–149.

Scheffler, R. M., Brown, T. T., Fulton, B. D., Hinshaw, S. P., Levine, P., & Stone, S. (2009). Positive association between attention-deficit/hyperactivity disorder medication use and academic achievement during elementary school. *Pediatrics, 123,* 1273–1279.

Schnoes, C., Reid, R., Wagner, M., & Marder, C. (2006). ADHD among students receiving special education services: A national survey. *Exceptional Children, 72*(4), 483–496.

Schopler, E., Reichler, R. J., & Renner, B. R. (1988). *The Childhood Autism Rating Scale (CARS).* Los Angeles: Western Psychological Services.

Schrag, P., & Divoky, D. (1975). *The myth of the hyperactive child.* New York: Pantheon.

Schumaker, J. B., Denton, P. H., & Deshler, D. D. (1984). *The paraphrasing strategy.* Lawrence: University of Kansas Press.

Schumaker, J. B., & Deshler, D. D. (2010). Using a tiered intervention model in secondary schools to improve academic outcomes in subject-area courses. In M. R. Shinn & H. M. Walker (Eds.), *Interventions for achievement and behavior problems in a three-tier model including RTI* (pp. 609–632). Bethesda, MD: National Association of School Psychologists.

Schwartz, I. S., & Baer, D. M. (1991). Social validity assessments: Is current practice state of the art? *Journal of Applied Behavior Analysis, 24,* 189–204.

Schwebel, D. C., Speltz, M. L., Jones, K., & Bardina, P. (2002). Unintentional injury in preschool boys with and without early onset of disruptive behavior. *Journal of Pediatric Psychology, 27,* 727–737.

Schwiebert, V. L., Sealander, K. A., & Bradshaw, M. L. (1998). Preparing students with attention deficit disorders for entry into the workplace and postsecondary education. *Professional School Counseling, 2,* 26–33.

Semrud-Clikeman, M., Biederman, J., Sprich-Buckminster, S., Lehman, B. K., Faraone, S. V., & Norman, D. (1992). Comorbidity between ADDH and learning disability: A review and report in a clinically referred sample. *Journal of the American Academy of Child and Adolescent Psychiatry, 31,* 439–448.

Shapiro, E. S. (1996). *Academic skills problems: Direct assessment and intervention* (2nd ed.). New York: Guilford Press.

Shapiro, E. S. (2011a). *Academic skills problems: Direct assessment and intervention* (4th ed.). New York: Guilford Press.

Shapiro, E. S. (2011b). *Academic skills problems fourth edition workbook.* New York: Guilford Press.

Shapiro, E. S., & Cole, C. L. (1994). *Behavior change in the classroom: Self-management interventions.* New York: Guilford Press.

Shapiro, E. S., DuPaul, G. J., & Bradley, K. L. (1998). Self-management as a strategy to improve the classroom behavior of adolescents with ADHD. *Journal of Learning Disabilities, 31,* 545–555.

Shapiro, E. S., & Kratochwill, T. R. (Eds.). (2000). *Behavioral assessment in schools: Theory, research, and clinical foundations* (2nd ed.). New York: Guilford Press.

Shaw-Zirt, B., Popali-Lehane, L., Chaplin, W., & Bergman, A. (2005). Adjustment, social skills, and self-esteem in college students with symptoms of ADHD. *Journal of Attention Disorders, 8*(3), 109–120.

Shaywitz, B. A., Fletcher, J. M., & Shaywitz, S. E. (1995). Defining and classifying learning disabilities and attention-deficit/hyperactivity disorder. *Journal of Child Neurology, 10,* 50–57.

Shaywitz, B. A., & Shaywitz, S. E. (1991). Comorbidity: A critical issue in attention deficit disorder. *Journal of Child Neurology, 6,* 13–22.

Shelton, T. L., Barkley, R. A., Crosswait, C., Moorehouse, M., Fletcher, K., Barrett, S., et al. (2000). Multimethod psychoeducational intervention for preschool children with disruptive behavior: Two-year post-treatment follow-up. *Journal of Abnormal Child Psychology, 28,* 253–266.

Shelton, T. L., Woods, J. E., Williford, A. P., Dobbins, T. R., & Neal, J. M. (2002). *Project Mastery: Early intervention with Head Start preschoolers at risk for AD/HD.* Unpublished manuscript, University of North Carolina at Greensboro.

Sheridan, S. M. (1995). *The tough kid social skills book.* Longmont, CO: Sopris-West.

Sheridan, S. M., Dee, C. C., Morgan, J. C., McCormick, M. E., & Walker, D. (1996). A multimethod intervention for social skills deficits in children with ADHD and their parents. *School Psychology Review, 25,* 57–76.

Sheridan, S. M., & Kratochwill, T. R. (2008). *Conjoint behavioral consultation: Promoting family-school connections and interventions* (2nd ed.). New York: Springer-Verlag.

Sheridan, S. M., Kratochwill, T. R., & Bergan, J. (1996). *Conjoint behavioral consultation: A procedural manual.* New York: Plenum Press.

Shimabukuro, S. M., Prater, M. A., Jenkins, A., & Edelin-Smith, P. (1999). The effects of self-monitoring of academic performance on students with learning disabilities and ADD/ADHD. *Education and Treatment of Children, 22*(4), 397–414.

Shinn, M. R. (Ed.). (1989). *Curriculum-based measurement: Assessing special children.* New York: Guilford Press.

Shinn, M. R. (Ed.). (1998). *Advanced applications of curriculum-based measurement.* New York: Guilford Press.

Shinn, M. R. (2010). Building a scientifically based data system for progress monitoring and universal screening across three tiers, including RTI using curriculum-based measurement. In M. R. Shinn & H. M. Walker (Eds.), *Interventions for achievement and behavior problems in a three-tier model including RTI* (pp. 259-292). Bethesda, MD: National Association of School Psychologists.

Shinn, M. R., & Walker, H. M. (Eds.). (2010). *Interventions for achievement and behavior problems in a three-tier model including RTI.* Bethesda, MD: National Association of School Psychologists.

Shipstead, Z., Redick, T. S., & Engle, R. W. (2012). Is working memory training effective? *Psychological Bulletin, 138,* 628-654.

Sibley, M. H., Evans, S. W., & Serpell, Z. N. (2010). Social cognition and interpersonal impairment in young adolescents with ADHD. *Journal of Psychopathology and Behavioral Assessment, 32,* 193-202.

Sibley, M. H., Pelham, W. E., Evans, S. W., Gnagy, E. M., Ross, J. M., & Greiner, A. R. (2011). An evaluation of a summer treatment program for adolescents with ADHD. *Cognitive and Behavioral Practice, 18,* 530-544.

Sibley, M. H., Pelham, W. E., Jr., Molina, B. S. G., Gnagy, E. M., Waschbusch, D. A., Garefino, A. C., et al. (2012). Diagnosing ADHD in adolescence. *Journal of Consulting and Clinical Psychology, 80,* 139-150.

Sibley, M. H., Smith, B. H., Evans, S. W., Pelham, W. E., & Gnagy, E. M. (2012). Treatment response to an intensive summer treatment program for adolescents with ADHD. *Journal of Attention Disorders, 16*(6), 443-448.

Sihvoia, E., Rose, R. J., Dick, D. M., Korhonen, T., Puikkinen, L., Raevuori, A., et al. (2011). Prospective relationships of ADHD symptoms with developing substance use in a population-derived sample. *Psychological Medicine, 41,* 2615-2623.

Silver, L. B. (1990). Attention deficit-hyperactivity disorder: Is it a learning disability or a related disorder? *Journal of Learning Disabilities, 23,* 394-397.

Simmons, D. C., Kame'enui, E. J., Good, R. H., III, Harn, B. A., Cole, C., & Braun, D. (2002). Building, implementing, and sustaining a beginning reading improvement model: Lessons learned school by school. In M. R. Shinn, H. M. Walker, & G. Stoner (Eds.), *Interventions for academic and behavior problems, II: Prevention and remedial approaches* (pp. 537-569). Bethesda, MD: National Association of School Psychologists.

Simonsen, B., MacSuga-Gage, A. S., Briere, D. E., III, Freeman, J., Myers, D., Scott, T. M., et al. (in press). Multitiered support framework for teachers' classroom-management practices: Overview and case study of building the triangle for teachers. *Journal of Positive Behavior Interventions.*

Sindelar, P. T., Lane, H. B., Pullen, P. C., & Hudson, R. F. (2002). Remedial interventions for students with reading decoding problems. In M. R. Shinn, H. M. Walker, & G. Stoner (Eds.), *Interventions for academic and behavior problems: II. Prevention and remedial approaches* (pp. 703-729). Bethesda, MD: National Association of School Psychologists.

Sindelar, P. T., & Stoddard, K. (1991). Teaching reading to mildly disabled students in regular classes. In G. Stoner, M. R. Shinn, & H. M. Walker (Eds.), *Interventions for achievement and behavior problems* (pp. 357-378). Silver Spring, MD: National Association of School Psychologists.

Sinkovits, H. S., Kelly, M., & Ernst, M. (2003). Medication administration in day care centers for children. *Journal of the American Pharmacists Association, 43,* 379-382.

Skiba, R., & Peterson, R. (2003). Teaching the social curriculum: School discipline as instruction. *Preventing School Failure: Alternative Education for Children and Youth, 47*(2), 66-73.

Skinner, C. H., Johnson, C. W., Larkin, M. J., Lessley, D. J., & Glowacki, M. L. (1995). The influence of rate of presentation during taped-words interventions on reading performance. *Journal of Emotional and Behavior Disorders, 4,* 214-223.

Smith, B. H., Pelham, W. E., Jr., Evans, S., Gnagy, E., Molina, B., Bukstein, O., et al. (1998). Dosage effects of methylphenidate on the social behavior of adolescents diagnosed with attention-deficit hyperactivity disorder. *Experimental and Clinical Psychopharmacology, 6,* 187-204.

Smith, B. H., Pelham, W. E., Jr., Gnagy, E., Molina, B., & Evans, S. (2000). The reliability, validity, and unique contributions of self-report by adolescents receiving treatment for attention-deficit/hyperactivity disorder. *Journal of Consulting and Clinical Psychology, 68,* 489-499.

Smith, D. J., Young, K. R., Nelson, J. R., & West, R. P. (1992). The effect of a self-management procedure on the classroom academic behavior of students with mild handicaps. *School Psychology Review, 21,* 59-72.

Snow, C. E., Burns, M. S., & Griffin, P. (Eds.). (1998). *Preventing reading difficulties in young children.* Washington, DC: National Academies Press.

Sokol, N. G. (2002). *Early Numeracy Screening Assessment.* Unpublished test, Department of Education and Human Services, Lehigh University, Bethlehem, PA.

Solanto, M. V. (1984). Neuropharmacological basis of stimulant drug action in attention deficit disorder with hyperactivity: A review and synthesis. *Psychological Bulletin, 95,* 387-409.

Solanto, M. V. (2000). Dose-response effects of Ritalin on cognitive self-regulation, learning and memory, and academic performance. In L. L. Greenhill & B. B. Osman (Eds.), *Ritalin: Theory and practice* (2nd ed., pp. 219-236). Larchmont, NY: Liebert.

Solanto, M. V., & Wender, E. H. (1989). Does methylphenidate constrict cognitive functioning? *Journal of the American Academy of Child and Adolescent Psychiatry, 28,* 897-902.

Sonuga-Barke, E. J., Daley, D., Thompson, M., Laver-Bradbury, C., & Weeks, A. (2001). Parent-based therapies for preschool attention-deficit/hyperactivity disorder: A randomized controlled trial with a community sample. *Journal of the American Academy of Child and Adolescent Psychiatry, 40,* 402-408.

Speer, D. C. (1992). Clinically significant change: Jacobson and Truax (1991) revisited. *Journal of Consulting and Clinical Psychology, 60,* 402-408.

Spencer, T. J., Biederman, J., & Mick, E. (2007). Attention-deficit/hyperactivity disorder: Diagnosis, lifespan, comorbidities, and neurobiology. *Journal of Pediatric Psychology, 32*(6), 631-642.

Spira, E. G., & Fischel, J. E. (2005). The impact of preschool inattention, hyperactivity, and impulsivity on social and academic development: A review. *Journal of Child*

Psychology and Psychiatry, 46, 755-773.

Sprague, R. K., & Sleator, E. K. (1977). Methylphenidate in hyperkinetic children: Differences in dose effects on learning and social behavior. *Science, 198*, 1274-1276.

Stahr, B., Cushing, D., Lane, K., & Fox, J. (2006). Efficacy of a function-based intervention in decreasing off-task behavior exhibited by a student with ADHD. *Journal of Positive Behavior Interventions, 8*, 201-211.

Stein, M. A., & Pao, M. (2000). Attention deficit hyperactivity disorder and Ritalin side effects: Is sleep delayed, disrupted, or disturbed? In L. L. Greenhill & B. B. Osman (Eds.), *Ritalin: Theory and practice* (2nd ed., pp. 287-300). Larchmont, NY: Liebert.

Sterba, S., Egger, H. L., & Angold, A. (2007). Diagnostic specificity and non-specificity in the dimensions of preschool psychopathology. *Journal of Child Psychology and Psychiatry, 48*, 1005-1013.

Stoner, G., Carey, S. P., Ikeda, M. J., & Shinn, M. R. (1994). The utility of curriculum-based measurement for evaluating the effects of methylphenidate on academic performance. *Journal of Applied Behavior Analysis, 27*, 101-114.

Stormont, M. (2001). Social outcomes of children with AD/HD: Contributing factors and implications for practice. *Psychology in the Schools, 38*, 521-531.

Stormont, M., & Stebbins, M. S. (2001). Teachers' comfort and importance ratings for interventions for preschoolers with AD/HD. *Psychology in the Schools, 38*, 259-267.

Strayhorn, J. M., & Weidman, C. S. (1989). Reduction of attention deficit and internalizing symptoms through parent-child interaction training. *Journal of the American Academy of Child and Adolescent Psychiatry, 28*, 888-896.

Strayhorn, J. M., & Weidman, C. S. (1991). Follow-up one year after parent-child interaction training: Effects on behavior of preschool children. *Journal of the American Academy of Child and Adolescent Psychiatry, 30*, 138-143.

Strickland, J., Keller, J., Lavigne, J. V., Gouze, K., Hopkins, J., & LeBailly, S. (2011). The structure of psychopathology in a community sample of preschoolers. *Journal of Abnormal Child Psychology, 39*, 601-610.

Sugai, G., & Horner, R. H. (2006). A promising approach for expanding and sustaining school-wide positive behavior support. *School Psychology Review, 35*, 245-259.

Sugai, G., Horner, R. H., Dunlap, G., Hieneman, M., Lewis, T. J., Nelson, C. M., et al. (2000). Applying positive behavioral support and functional behavioral assessment in schools. *Journal of Positive Behavioral Interventions, 2*, 131-143.

Swanson, J., Greenhill, L., Wigal, T., Kollins, S., Stehli, A., Davies, M., et al. (2006). Stimulant-related reductions of growth rates in the PATS. *Journal of the American Academy of Child and Adolescent Psychiatry, 45*, 1304-1313.

Swanson, J., & Kinsbourne, M. (1975). Stimulant-related state-dependent learning in hyperactivity children. *Science, 192*, 1354-1357.

Swanson, J. M., Kraemer, H. C., Hinshaw, S. P., Arnold, L. E., Conners, C. K., Abikoff, H. B., et al. (2001). Clinical relevance of the preliminary findings of the MTA: Success rates based on severity of ADHD and ODD symptoms at the end of treatment. *Journal of the American Academy of Child and Adolescent Psychiatry, 40*, 168-179.

Swartz, S. L., Prevatt, F., & Proctor, B. E. (2005). A coaching intervention for college students with attention deficit/hyperactivity disorder. *Psychology in the Schools, 42*(6), 647-656.

Szasz, T. S. (1960). The myth of mental illness. *American Psychologist, 15,* 113-118.

Szatmari, P., Offord, D. R., & Boyle, M. H. (1989). Ontario Child Health Study: Prevalence of attention deficit disorder with hyperactivity. *Journal of Child Psychology and Psychiatry, 30,* 219-230.

Telzrow, C. F., & Tankersley, M. (2000). *IDEA amendments of 1997: Practice guidelines for school-based teams.* Bethesda, MD: National Association of School Psychologists.

Theule, J., Wiener, J., Tannock, R., & Jenkins, J. M. (2013). Parenting stress in families of children with ADHD: A meta-analysis. *Journal of Emotional and Behavioral Disorder, 21,* 3-17.

Timmermanis, V., & Wiener, J. (2011). Social correlates of bullying in adolescents with attention-deficit/hyperactivity disorder. *Canadian Journal of School Psychology, 26,* 301-318.

Todd, R. D., Sitdhirakso, N., Reich, W., Ji, T. H., Joyner, C. A., Heath, A. C., et al. (2002). Discrimination of DSM-IV and latent class attention-deficit/hyperactivity disorder subtypes by educational and cognitive performance in a population-base sample of child and adolescent twins. *Journal of the American Academy of Child and Adolescent Psychiatry, 41,* 820-828.

Torgesen, J. K., & Young, K. A. (1983). Priorities for the use of microcomputers with learning disabled children. *Journal of Learning Disabilities, 16,* 234-237.

Touchette, P. E., MacDonald, R. F., & Langer, S. N. (1985). A scatter plot for identifying stimulus control of problem behavior. *Journal of Applied Behavior Analysis, 18,* 343-351.

Tremblay, R. E., Vitaro, F., Bertrand, L., LeBlanc, M., Beauchesne, H., Boileau, H., et al. (1992). Parent and child training to prevent early onset of delinquency: The Montr-éal Longitudinal-Experimental Study. In J. McCord & R. E. Tremblay (Eds.), *Preventing antisocial behavior: Interventions from birth through adolescence* (pp. 117-138). New York: Guilford Press.

Upadhyaya, H. P., Rose, K., Wang, W., O'Rourke, K., Sullivan, B., Deas, D., et al. (2005). Attention-deficit/hyperactivity disorder, medication treatment, and substance use patterns among adolescents and young adults. *Journal of Child and Adolescent Psychopharmacology, 15*(5), 799-809.

Valera, E. M., Faraone, S. V., Murray, K. E., & Seidman, L. J. (2007). Meta-analysis of structural imaging findings in attention-deficit/hyperactivity disorder. *Biological Psychiatry, 61,* 1361-1369.

Valo, S., & Tannock, R. (2010). Diagnostic instability of DSM-IV ADHD subtypes: Effects of informant source, instrumentation, and methods for combining symptom reports. *Journal of Clinical Child and Adolescent Psychology, 39,* 749-760.

Van der Oord, E. J. C. G., Boomsa, D. I., & Verhulst, F. C. (1994). A study of problem behaviors in 10- to 15-year-old biologically related and unrelated international adoptees. *Behavior Genetics, 24,* 193-205.

Van der Oord, S., Prins, P. J. M., Oosterlaan, J., & Emmelkamp, P. M. G. (2008). Efficacy of methylphenidate, psychosocial treatments and their combination in school-aged children with ADHD: A meta-analysis. *Clinical Psychology Review, 28,* 783-800.

Vaughn, A. J., & Hoza, B. (2013). The incremental utility of behavioral rating scales and a structured diagnostic interview in the assessment of attention-deficit/hyperactivity disorder. *Journal of Emotional and Behavioral Disorders, 21,* 227–239.

Verbruggen, F., Logan, G. D., & Stevens, M. A. (2008). STOP-IT: Windows executable software for the stop-signal paradigm. *Behavior Research Methods, 40,* 479–483.

Vile Junod, R., DuPaul, G. J., Jitendra, A. K., Volpe, R. J., & Lorah, K. S. (2006). Classroom observations of students with and without ADHD: Differences across types of engagement. *Journal of School Psychology, 44,* 87–104.

Volkow, N. D., & Swanson, J. M. (2008). Does childhood treatment of ADHD with stimulant medication affect substance abuse in adulthood? *American Journal of Psychiatry, 165,* 553–555.

Volpe, R. J., DuPaul, G. J., Jitendra, A. K., & Tresco, K. E. (2009). Consultation-based academic interventions for children with attention deficit hyperactivity disorder: Effects on reading and mathematics outcomes at 1-year follow-up. *School Psychology Review, 38*(1), 5–13.

Volpe, R. J., & Fabiano, G. A. (2013). *Daily behavior report cards: An evidence-based system of assessment and intervention.* New York: Guilford Press.

Volpe, R. J., Heick, P. F., & Gureasko-Moore, D. (2005). An agile behavioral model for monitoring the effects of stimulant medication in school settings. *Psychology in the Schools, 42,* 509–523.

Vyse, S. A., & Rapport, M. D. (1989). The effects of methylphenidate on learning in children with ADHD: The stimulus equivalence paradigm. *Journal of Consulting and Clinical Psychology, 57,* 425–435.

Waldman, I. D., & Gizer, I. R. (2006). The genetics of attention deficit hyperactivity disorder. *Clinical Psychology Review, 26,* 396–432.

Walker, H. M., Block-Pedego, A., Todis, B., & Severson, H. (1998). *School archival records search (SARS): User's guide and technical manual.* Longmont, CO: Sopris-West.

Wallander, J. L., Schroeder, S. R., Michelli, J. A., & Gualtieri, C. T. (1987). Classroom social interactions of attention deficit disorder with hyperactivity children as a function of stimulant medication. *Journal of Pediatric Psychology, 12,* 61–76.

Watson, T. S., & Steege, M. W. (2003). *Conducting school-based functional behavioral assessment: A practitioner0115s guide.* New York: Guilford Press.

Webster-Stratton, C. (1996). *The parents and children series: A comprehensive course divided into four programs.* Seattle, WA: Author.

Webster-Stratton, C., & Reid, J. M. (2014). Tailoring the Incredible Years parent, teacher, and child interventions for young children with ADHD. In J. K. Ghuman & H. S. Ghuman (Eds.), *ADHD in preschool children: Assessment and treatment* (pp. 113–131). New York: Oxford University Press.

Webster-Stratton, C., Reid, J. M., & Hammond, M. (2001). Preventing conduct problems, promoting social competence: A parent and teacher training partnership in Head Start. *Journal of Clinical Child Psychology, 30,* 283–302.

Wechsler, D. (2003). *Wechsler Intelligence Scale for Children* (4th ed.). San Antonio, TX: Psychological Corporation.

Weiss, G., & Hechtman, L. T. (1986). *Hyperactive children grown up: Empirical findings and theoretical considerations.* New York: Guilford Press.

Weiss, G., & Hechtman, L. T. (1993). *Hyperactive children grown up: ADHD in children, adolescents, and adults* (2nd ed.). New York: Guilford Press.

Weiss, G., Kruger, E., Danielson, U., & Elman, K. (1975). Effects of long-term treatment of hyperactive children with methylphenidate. *Canadian Medical Association Journal, 112,* 159–165.

Werry, J. S., Elkind, G. S., & Reeves, J. C. (1987). Attention deficit, conduct, oppositional, and anxiety disorders in children: III. Laboratory differences. *Journal of Abnormal Child Psychology, 15,* 409–428.

Werry, J. S., Sprague, R. L., & Cohen, M. N. (1975). Conners' Teacher Rating Scale for use in drug studies with children: An empirical study. *Journal of Abnormal Child Psychology, 3,* 217–229.

Weyandt, L. (2007). *An ADHD primer* (2nd ed.). Mahwah, NJ: Erlbaum.

Weyandt, L. L., & DuPaul, G. J. (2013). *College students with ADHD: Current issues and future directions.* New York: Springer.

Weyandt, L. L., Linterman, I., & Rice, J. A. (1995). Reported prevalence of attentional difficulties in a general sample of college students. *Journal of Psychopathology and Behavioral Assessment, 17*(3), 293–304.

Whalen, C. K., Collins, B. E., Henker, B., Alkus, S. R., Adams, D., & Stapp, J. (1978). Behavior observations of hyperactive children and methylphenidate (Ritalin) effects in systematically structured classroom environments: Now you see them, now you don't. *Journal of Pediatric Psychology, 3,* 177–187.

Whalen, C. K., Henker, B., Collins, B. E., Finck, D., & Dotemoto, S. (1979). A social ecology of hyperactive boys: Medication effects in structured classroom environments. *Journal of Applied Behavior Analysis, 12,* 65–81.

Whalen, C. K., Jamner, L. D., Henker, B., Delfino, R. J., & Lozano, J. M. (2002). The ADHD spectrum and everyday life: Experience sampling of adolescent moods, activities, smoking, and drinking. *Child Development, 73*(1), 209–227.

White, M. A. (1975). Natural rates of teacher approval and disapproval in the classroom. *Journal of Applied Behavior Analysis, 8,* 367–372.

Wierson, M., & Forehand, R. (1994). Parental behavior training for child noncompliance: Rationale, concepts, and effectiveness. *Current Directions in Psychological Science, 3,* 146–150.

Wigal, S. B., Childress, A. C., Belden, H. W., & Berry, S. A. (2013). NWP06, and extended-release oral suspension of methylphenidate, improved attention–deficit/hyperactivity disorder symptoms compared with placebo in a laboratory classroom study. *Journal of Child and Adolescent Psychopharmacology, 23,* 3–10.

Wigal, S. B., Wigal, T., Schuck, S., Brams, M., Williamson, D., Armstrong, R. B., et al. (2011). Academic, behavioral, and cognitive effects of OROS®methylphenidate on older children with attention–deficit/hyperactivity disorder. *Journal of Child and Adolescent Psychopharmacology, 21,* 121–131.

Wigal, T., Greenhill, L., Chuang, S., McGough, J., Vitiello, B., Skrobala, A., et al. (2006). Safety and tolerability of methylphenidate in preschool children with ADHD. *Journal of the American Academy of Child and Adolescent Psychiatry, 45,* 1294–1303.

Willcutt, E. G., Nigg, J. T., Pennington, B. F., Solanto, M. V., Rohde, L. A., Tannock, R., et al. (2012). Validity of DSM-IV attention–deficit/hyperactivity disorder symptom dimensions and subtypes. *Journal of Abnormal Psychology, 121,* 991–1010.

Willcutt, E. G., Pennington, B. F., Chhabildas, N. A., Friedman, M. C., & Alexander, J. (1999). Psychiatric comorbidity associated with DSM-IV ADHD in a nonreferred sample of twins. *Journal of the American Academy of Child and Adolescent Psychiatry, 38,* 1355–1362.

Wilson, L. J., & Jenning, J. N. (1996). Parents' acceptability of alternative treatments for attention-deficit hyperactivity disorder. *Journal of Attention Disorders, 1,* 114–121.

Witt, J. C., Daly, E. M., & Noell, G. (2000). *Functional assessments: A step-by-step guide to solving academic and behavior problems.* Longmont, CO: Sopris-West.

Witt, J. C., & Elliott, S. N. (1985). Acceptability of classroom management strategies. In T. R. Kratochwill (Ed.), *Advances in school psychology* (Vol. 4, pp. 251–288). Hillsdale, NJ: Erlbaum.

Wixon, K. K. (1986). Vocabulary instruction and children's comprehension of basal stories. *Reading Research Quarterly, 21,* 317–329.

Wolf, L. E. (2001). College students with ADHD and other hidden disabilities: Outcomes and interventions. In J. Wasserstein, L. E. Wolf, & F. F. LeFever (Eds.), *Adult attention deficit disorder: Brain mechanisms and life outcomes* (pp. 385–395). New York: New York Academy of Sciences.

Wolf, L. E., Simkowitz, P., & Carlson, H. (2009). College students with attention-deficit/hyperactivity disorder. *Current Psychiatry Reports, 11*(5), 415–421.

Wolraich, M. L. (2006). Attention-deficit/hyperactivity disorder: Can it be recognized and treated in children younger than 5 years? *Infants and Young Children, 19,* 86–93.

Wolraich, M. L., Lambert, E. W., Bickman, L., Simmons, T., Doffing, M. A., & Worley, K. A. (2004). Assessing the impact of parent and teacher agreement on diagnosing attention-deficit hyperactivity disorder. *Development and Behavioral Pediatrics, 25,* 41–47.

Yildiz, O., Sismanlar, S. G., Memik, N. C., Karakay, I., & Agaoglu, B. (2011). Atomoxetine and methylphenidate treatment in children with ADHD: The efficacy, tolerability, and effects on executive functions. *Child Psychiatry and Human Development, 42,* 257–269.

Zentall, S. S. (1989). Attentional cuing in spelling tasks for hyperactive and comparison regular classroom children. *Journal of Special Education, 23,* 83–93.

Zentall, S. S., & Leib, S. L. (1985). Structured tasks: Effects on activity and performance of hyperactive and comparison children. *Journal of Educational Research, 79,* 91–95.

Zirkel, P. A. (2013). ADHD checklist for identification under the IDEA and Section 504/ADA. *West's Education Law Reporter, 293,* 13–27.

Zirkel, P. A., & Aleman, S. R. (2000). *Section 504, the ADA and the schools* (2nd ed.). Horsham, PA: LRP.

Zito, J. M., Safer, D. J., de Jong-van den Berg, L. T. W., Janhsen, K., Fegert, J. M., Gardner, J. M., et al. (2008). A three-country comparison of psychotropic medication prevalence in youth. *Child and Adolescent Psychiatry and Mental Health, 2,* Article 26.

Zito, J. M., Safer, D. J., dos Reis, S., Gardner, J. F., Boles, M., & Lynch, F. (2000). Trends in the prescribing of psychotropic medications to preschoolers. *Journal of the American Medical Association, 283,* 1025–1030.

찾아보기

258, 289

Volkow, N. D. 272

Volpe, R. J. 148, 164, 165, 176, 208

Volpe, R. J. 23, 68, 69, 82, 191, 283

Wagner, M. 320

Wakelin, D. 241

Waldman, I. D. 36, 37

Walker, D. 298

Walker, H. M. 61, 62, 134, 138, 204

Walker, K. S. 305

Wallace, M. D. 177, 180, 301

Wallander, J. L. 260

Walsh, B. 130

Walter, J. M. 255

Walton, R. J. 254

Wang, W. 242

Waschbusch, D. A. 84, 85, 86, 140, 222, 225, 226, 259

Watkins, M. W. 24, 66, 84, 133, 307

Watson, T. S. 78

Weaver, A. L. 257, 258

Weber, W. 25, 29, 42, 271

Webster-Stratton, C. 121, 143, 152, 304, 305

Wechsler, D. 53

Weeks, A. 304

Weidman, C. S. 147

Wein, E. E. 40

Weiss, G. 99, 100, 132, 264, 288

Weissenburger, F. E. 261

Weissman, M. M. 249

Welch, A. 132

Wells, K. B. 354

Wells, K. C. 210, 265

Wender, E. H. 270

Werba, B. E. 307

Werry, J. S. 54, 261

West, R. P. 201

Westervelt, V. D. 132

Weyandt, L. L. 23, 221, 241, 242, 243, 244, 245, 246, 247

Whalen, C. K. 100, 117, 199, 260, 261

White, G. 198, 201, 232

White, M. A. 40

White, R. 40, 215

Whiteley, H. 241

Whitten, P. 132

Wi, K. L. 82

Wickizer, T. 26

Widiger, T. A. 55

Wiener, J. 24, 223

Wierson, M. 143

Wigal, S. B. 144, 252, 258

Wigal, T. 145, 253, 258, 271

Wilder, D. A. 195

Wilens, T. E. 25, 42, 253, 271, 272

Wilkinson, I. A. G. 207

Willcutt, E. G. 27, 28, 29, 30, 31, 33, 34

Willcutt, W. 30, 31

Williams, J. P. 207

Williamson, D. 258

Williford, A. P. 153

Wilson, D. 40, 215

Wilson, L. J. 148

Winterling, V. 215

Witt, J. C. 82, 204, 354

Witte, M. M. 254

Wixon, K. K. 207

Wolf, L. E. 241, 243, 246

Wolraich, M. L. 74, 130

Wood, C. 36, 38

Woods, J. E. 153

Woodward, L. J. 131

Woolson, R. F. 261

Worley, K. A. 74

Wright, S. 40, 215

Wymbs, B. T. 305

Wymbs, F. A. 305

Yellowlees, P. 356

Yenokyan, G. 131

Yershova, K. 131

Yeung, E. 42, 143, 223

Yildiz, O. 254

Young, K. A. 212

Young, K. R. 199, 200, 201

Youngstrom, E. A. 24, 53, 66, 84, 133

Ysseldyke, J. E. 48, 57, 329

Yu, J. 222

Zalecki, C. 43

Zentall, S. S. 215, 216

Zhan, C. 26

Zhang, S. 254

Zhe, E. J. 236

Zieger, M. 132

Zirkel, P. A. 124, 321

Zito, J. M. 132, 249, 250, 255

Zmitrovich, A. R. 334

Zoromski, A. K. 189

Zupan, B. A. 25

내용

저자 소개

George J. DuPaul, Ph.D.

George J. DuPaul은 미국 리하이(Lehigh) 대학교의 학교심리학과 교수로 재직하고 있다. 그는 미국심리학회(APA)의 16분과(학교심리학), 53분과(임상 아동 · 청소년 심리학), 54분과(소아심리학)의 펠로우이자 학교심리학연구협회(Society for the Study of School Psychology)의 전 회장이다. DuPaul 박사는 APA 16분과의 수석 과학자 상(Senior Scientist Award)을 수상하였으며, ADHD 아동과 성인을 위한 명예의 전당에 선정됐다. 그의 주요 연구 분야는 적대적 반항장애의 학교 기반 평가 및 치료, 소아 학교심리, 그리고 ADHD를 지닌 대학생의 평가 및 치료다. 공동 집필한 *ADHD Rating Scale-IV*뿐 아니라 ADHD의 평가 및 치료를 다룬 190여 편의 논문과 책을 저술하였다.

Gary Stoner, Ph.D.

Gary Stoner는 미국 로드아일랜드(Rhode Island) 대학교의 심리학과 교수이자 학교심리학과 대학원 과정의 디렉터로 재직하고 있다. 그는 APA의 펠로우이고, APA 16분과의 전 회장이며, 학교심리학연구협회의 회원이다. Stoner 박사의 주요 연구 분야는 학업 및 행동 문제의 예방과 중재, 조기 학업 성취, 부모 및 교사 지원, 학교심리학에서의 전문적인 쟁점들이다. 그는 APA의 학교 및 교육 심리학을 위한 부서 간 협의회(Interdivisional Coalition for Psychology in Schools and Education)의 전 의장이며, 현재는 APA 합동위원회(APA Commission on Accreditation)에서 활동 중이다.

역자 소개

김동일(Kim, Dong-il)

현재 서울대학교 사범대학 교육학과 교육상담전공 및 대학원 특수교육전공 주임교수로 재직하고 있다. 서울대학교 교육학과를 졸업하고 교육부 국비유학생으로 도미하여 미네소타 대학교 교육심리학과(학습장애 전공)에서 석사 · 박사 학위를 취득하였다. Developmental Studies Center, Research Associate, 한국청소년상담원 상담교수, 경인교육대학교 교육학과 교수, 한국학습장애학회 회장, 한국교육심리학회 부회장, (사)한국상담학회 법인이사, 한국청소년상담(복지개발)원 법인이사를 역임하였다. 2002년부터 국가 수준의 인터넷중독 척도와 개입 연구를 진행해 왔으며, 정보화역기능예방사업에 대한 공로로 행정안전부 장관표창을 수상하였다. 현재 BK21PLUS 미래교육디자인연구사업단 단장, 서울대학교 다중지능창의성연구센터(SNU MIMC Center) 소장, 서울대학교 특수교육연구소(SNU SERI) 소장 및 한국아동 · 청소년상담학회 회장, 한국인터넷중독학회 부회장, 여성가족부 청소년보호위원회 위원, (사)한국교육심리학회 법인이사 등으로 봉직하고 있다.

ADHD 학교상담(원서 3판)
ADHD in the Schools(3rd ed.)
- Assessment and Intervention Strategies -

2016년 9월 20일 1판 1쇄 인쇄
2016년 9월 30일 1판 1쇄 발행

지은이 • George J. DuPaul · Gary Stoner
옮긴이 • 김동일
펴낸이 • 김진환
펴낸곳 • (주) **학지사**
    04031 서울특별시 마포구 양화로 15길 20 마인드월드빌딩
대표전화 • 02)330-5114 팩스 • 02)324-2345
등록번호 • 제313-2006-000265호

홈페이지 • http://www.hakjisa.co.kr
페이스북 • https://www.facebook.com/hakjisa

ISBN 978-89-997-1077-3 93180

정가 18,000원

이 도서의 국립중앙도서관 출판시도서목록(CIP)은 서지정보유통지
원시스템 홈페이지(http://seoji.nl.go.kr)와 국가자료공동목록시스템
(http://www.nl.go.kr/kolisnet)에서 이용하실 수 있습니다.
(CIP 제어번호: CIP2016020956)

교육문화출판미디어그룹 **학지사**
심리검사연구소 **인싸이트** www.inpsyt.co.kr
원격교육연수원 **카운피아** www.counpia.com
학술논문서비스 **뉴논문** www.newnonmun.com